中国湖南临武傩文化国际学术研讨会
中国湖南临武傩文化国际学术研讨会合影留念
2012.8.16 中国 临武

大会合影

热烈祝贺中国湖南临武傩文化国际学术研讨会隆重召开！
中国湖南·临武傩文化国际学术研讨会开幕式
主办：中国傩戏学研究会
中国艺术研究院戏曲研究所
湖南省文化厅
郴州市人民政府

大会开幕式

研讨会会场

为会议举办的大型“戏曲晚会”

油湾村全景

临武傩戏图片选

仪式观摩现场

许愿

开光点眼

路桥祭·前往现场的路上

路桥祭·造桥

路桥祭·读祭文

路桥祭·祭路神

拨兵·请神

拢兵 · 差三帝将军

拢兵 · 团兵

还愿 · 起马唱摇子

还愿 · 参庙

还愿 · 杀牲祭

还愿 · 落马收兵唱摇子

九神过关之三娘关

九神过关之夜叉关

九神过关之云长和二郎关

九神过关之土地关

走界

安五方龙神

打狮子

打狮子·抢稻草

行船收邪

斩小鬼

烧船送邪

踏罡

兜神闭坛

临武傩戏面具、神祇图片选

仪式场所供奉的神像

张五郎神像

三娘

来保

土地

猴王

狮王

夜叉

小神

二郎神

关云长

临武县部分非物质文化遗产图片选

南强大头罗汉舞（郴州市级）

武源闹春鼓·草龙添香（郴州市级）

武源闹春鼓·围村打鼓（郴州市级）

武源竹马（郴州市级）

西瑶高台长鼓舞（郴州市级）

接龙夜故事·拜祖围厅（临武县级）

接龙夜故事 · 三气周瑜（临武县级）

接龙夜故事 · 李志其卖麻花（临武县级）

双溪龙须草席传承人陈梅加（郴州市级）

西山米酒（临武县级）

麦万油茶·烘茶（临武县级）

临武县古戏台图片选

三合乡芹菜村刘氏宗祠内的戏台

三合乡芹菜村何氏宗祠内的戏台

麦市乡乐源村蒋氏宗祠内的戏台

花塘乡石门村周公庙戏台

花塘乡罗坪村路边戏台

摄影：朱联群
临武县文化局

舞岳傩神

——中国湖南临武傩文化国际学术研讨会论文集

周华斌　陈秀雨　主编

學苑出版社

本书编委会

目 录

巫·傩·道（代序） 周华斌 / 1

贺信 中华人民共和国文化部非物质文化遗产司 / 7

在开幕式上的讲话 刘 祯 / 8

在开幕式上的致辞 孟庆善 / 10

巫傩习俗

“傩船”禳灾初探——从临武县还傩愿“造船收瘟”谈起 曾志巩 / 3

临武王氏傩坛师传主脉源自梅山巫傩说 李新吾 / 21

管窥湖南临武民俗活动——许“舞岳傩神”愿有感 巫允明 / 33

蓝山县过山瑶族信仰仪式的巫道构成及价值 张劲松 / 40

川西北尔玛人祭神驱邪的民间戏剧遗产 李祥林 / 47

台湾敬字风俗中的“送圣迹”仪式研究 吴炀和 / 59

巡回之神——伊势大神乐 细井尚子 / 74

火·傩·巡演 郑元祉 / 79

韩国晋州五广大的历史与现状 安祥馥 / 89
玛蓉传统戏剧中“仪式性表演”的出师仪式实地考察研究
再纳尔 · 亚都 · 拉迪夫　默罕默德 · 艾芬迪 · 萨姆苏德丁　颜永祯 / 94

傩舞傩戏

临武傩戏初探 周作明 / 107
中国傩戏的形态与研究价值简论 许并生 / 121
傩戏是多种宗教文化互相渗透混合的产物 庹修明 / 125
傩近于戏：福建杂剧中的面具戏考探 叶明生 / 128
韩国巫剧的形成与表演内容 田耕旭 / 147
安化傩狮调查 李　翔 / 155
湘中、湘南 4 地 5 例傩狮舞异同比较报告（提纲）
李新吾　谭晓吾　谢新提　石　萍 / 160
两个神灵世界交错的备中神乐 山本宏子 / 162
现代不丹的圣俗界线
——查姆舞的参与者及其变迁 宫本万里 / 170
武安赛戏《大国称》及“诺诺神”、“水草三官”考 麻国钧 / 174
武安傩戏中的“长（掌）竹”（附：开本） 王进元 / 191
元杂剧与傩祭祀（河北省武安市赛戏） 福满正博 / 205
辰河戏之宗教仪式功能简论 李跃忠　杨　佳 / 211
台湾师公戏“孟姜女”的巫傩意义 杨振良 / 221
西南地区阳戏剧目研究 吴电雷 / 226

刍议甘肃民间小戏中的“神仙道化”剧　王　萍 / 246
山西曲沃任庄扇鼓傩戏的固守与变通　陈美青 / 258
中国湖南临武傩戏“路祭”之意义与价值　李晓晖 / 268

巫傩文化及其他

傩文化在近现代的现实意义　王添羽 / 275
“和梅山”傩仪的象征人类学解析　龚德全　冉文玉 / 280
从“许愿”到“还愿”
——临武傩祭仪式过程的人类学探讨　陈玉平 / 288
古希腊戏剧中的祭祀性特色
——从酒神崇拜和祭祀活动说起　陈　珂 / 295
祭祀文化是渊源于人类先民采集－狩猎时期的慧智遗迹
——临武“路祭”的意义与价值探讨　陈文汉 / 321
傩与“日祭”——从“乡人禓”说起　章军华 / 334
傩文化的时令、祭祀和军事伦理　孙君恒　高　珍 / 341
道真仡佬族傩文化的审美意识　刘　丽 / 351
中国民间傩面具文化与图腾扮饰考论　黎　羌（李　强）/ 359
蛸比鼻，歠丈二
——潮汕俗语中的古文化信息：鼻子与生殖器　隗　芾 / 381
国家第一批非遗——辰州傩的亮点与痛苦　金承乾 / 384

附录

中国湖南临武傩文化国际学术研讨会组委会名单 / 391

湖南省临武县简介 / 393

临武傩戏人文环境 / 396

临武傩戏表演程序 / 398

千年油湾　吴泽军　王贤珍 / 404

傩音飘飘——临武傩戏简介 / 406

通神的表演　生命的诉求
——湖南临武傩戏及其傩文化活动综述　吴泽军 / 408

透过文本说临武傩戏 / 413

临武傩戏·“三娘旗”之文字 / 422

临武傩戏剧本 / 424

中国湖南临武傩文化国际学术研讨会工作总结 / 454

临武县麦市乡乐园村古戏台（祠堂）简介 / 458

临武县麦市乡水源村古戏台（宗祠）简介 / 460

巫·傩·道（代序）

中国传媒大学　周华斌

“傩”的宗旨是“驱鬼逐疫”，以商周时期《周礼》的文字记载为始。数千年来，周代傩仪延伸为傩俗，衍为傩戏，扩散到汉文化圈周边地区的民族和国家——特别如东亚地区的韩国、日本。

“驱鬼逐疫”是原始初民的精神寄托，欧亚地区普遍表现为神鬼信仰和驱赶巫术，体现于仪式。在中国，傩仪、傩礼、傩俗、傩戏在数千年的流传过程中，融入了诸多文化艺术因素，包括诗、歌、乐、舞、戏等。于是，它给文化艺术的起源和发生带来了诸多启迪。在现代社会，由于中国“傩”保留有民族文化的原生态，因此受到国际文化界的重视。

本届国际研讨会通过考察湖南临武县存留的傩文化习俗，进行了国际性研讨。会议考察有一个明显的特点：巫、傩、道融为一体，特别表现出浓郁的道教色彩。如，法师主持，在“福主”家设坛、许愿、度文牒；走坛、杀牲、祭祀；祈神、请天兵神将、引路架桥、斩鬼求福等。整套仪式中的“还愿”，则表现为带有公众狂欢意味的娱乐性表演。整体上，临武傩娱神亦娱人，而且体现出地区性民俗文艺的特点，如《猴王狮王争霸》中的“打狮子”、民众的“抢稻草”；《三娘过关》中风趣诙谐的乡民性格和生活化对白；《走界》中法师的烟火表演等。

这种亦巫亦道的仪式在进行以前，需要在村落中选出操持人，即“信士”。信士包括“主盟”、“干缘”、“香首”、“会首”、“神老”等，既是信奉道教神仙之道之士，也是以“社”为单位的本乡或本宗族乡民。因此，仪式活动的组织者相当于乡民的小“社”“会”。中国农村中的“社火”、“香会”也是同样的组织方式。由此可以发现，基层村落里的道教仪式活动，常常由“法师“与“社主”、“会首”共同操办，中国传统的农业社会便是这样一种宗教、政、文合体的社会体制。

“傩文化”实质是“巫文化”，源于原始文明的灵魂崇拜和万物有灵的自然崇拜。《周礼》称女巫为“巫”，以舞媚神；称男巫为“觋”，借助神灵之力驱除鬼魅。女巫也罢，男巫也罢，文化底蕴都是装神弄鬼的巫文化。巫觋均以神灵代言人的面目出现，是神与人的媒介。

冥冥之中的神鬼无形。女巫“以舞媚神”，用“美”取悦神灵，多体现为阴柔之“情”。巫觋作法需要借助于神灵之力，无敌不克、无往不胜，体现阳刚之气的“力”。故而，由男性“力士”装扮为“方相氏”，进行驱鬼逐疫的跳打舞蹈。文情、武技，遂为原生态的“文艺”。

随着宗教文明的发展，原始的“巫”崇拜（自然崇拜和灵魂崇拜）在中国衍化为道教，延伸出一系列教旨、教义。道教文化的核心是神鬼观念，包括升仙之道、养生之道、炼丹之道、风水之道、修真之道等，而且有相关的一系列仪礼。冥冥之间的天堂地狱、神兵天将、过关渡水等都是由神鬼观念派生出来的。

汉代，佛教从印度传入中原，汉末道教在先秦神仙之道和老、庄哲理的基础上崛起。由巫入道，表现为本土宗教的发展轨迹。

在戏剧发生的意义上，巫道与“戏曲”的关系甚为密切。北宋孟元老《东京梦华录》载：

> 七月十五中元节……自过七夕，便搬《目连救母》杂剧，直至十五日止，观众增倍。

北宋东京在中元节期间搬演《目连救母》杂剧，被认为是“杂剧”成熟的最早标志[1]。北宋提倡本土道教，三元指天、地、水三官，“一切众生皆是天、地、人所统管”，“正月十五为上元，即天官检勾；七月十五为中元，即地官检勾；十月十五为下元，即水官检勾。”（《道藏》）农历七月十五又称“鬼节”，道教寺庙在年节之际做场，万民欢腾，几同狂欢。期间有艺人扮演目连僧到地域里去解救已成饿鬼的母亲，顺理成章。

民间梨园界供奉的祖师爷向来称唐明皇，也与道教关系密切。宋《太平广记》引《唐逸史》载：“八月中秋，道士叶法善作法，带唐明皇夜游月宫。

---

1 “目连救母”原为佛经故事，东汉初由印度传入。因强调孝道，在中原广为流传。其佛事“盂兰盆会”被并入道教的“中元节”。

唐明皇偷偷记住了月宫仙子的仙乐，回宫后让梨园排演了《霓裳羽衣曲》。此事便是唐明皇传为梨园鼻祖的主要依据。”[1]

清康熙乾隆时期，传统戏曲的压卷之作《长生殿》、《桃花扇》，也都与道家观念有关。前者以道士作法，“上穷碧落下黄泉”，寻找已成为蓬莱仙子的杨贵妃幽魂；后者是道教真人在栖霞观前喝破李香君、侯朝宗两个“痴虫”。可见，在传统的戏曲史上，始终贯串有本土的道家文化。

孔子称“文武之道，一张一弛”（《礼记 · 杂记下》），是对民间傩腊之风狂欢场面的有感之言。孔子提倡“一张一弛”用于国家治理，此后，放开民间节日的管束、体现民众的狂欢情结和游戏情结也用于“道”。

道教不像佛教那样严格限制人们的情欲，因此，表现情色的“戏曲”可以容忍。《东京梦华录》载：北宋“幽坊小巷，燕馆歌楼，举之万数”[2]。即使宫廷，也在宫苑门上“高设彩棚，许士庶观赏，呈引百戏”，“游人增倍”[3]，称之为“与民同乐”。道教寺庙则常常在庙殿前的露台上设乐棚，除了有教坊作乐外，还“更互杂剧舞旋”。[4]这是庙台、戏楼的较早记载。由此看来，中元节期间演出七八天《目连救母》杂剧也是顺理成章的事。与此相反，南北社火中广为流传的“月明和尚戏柳翠”表演（即“大头和尚”）恰恰是戏弄佛教“花”和尚的观念。

据山西师范大学戏曲文物研究所调查，山西省现存金元明清各朝代的古戏台和古戏楼，十之八九建于道教寺庙。仅有少量的佛教庙宇亦建戏台，但已经是明末清初戏曲泛滥之后的事。民俗影响宗教由此可见。

于是，涉及佛、道、儒观念糅为一体的民俗——社火。社火源于先秦傩腊之风，宋代以降，称“迎神赛会”。社火之“火”，有热闹的意思。北宋《东京梦华录》卷八“神保观神生日”称：“天晓……社火呈于露台之上，所献之物动以万数。”南宋范成大《石湖集 · 上元记吴中节物》诗注：“民间鼓乐谓之社火。”可见，宋代“社火”南北通行。赛社之“赛”，本意是酬报，即酬报社神，后来转义为堵塞的“塞”和比赛的“赛”，也有社火活动人山人海的内涵。

《东京梦华录》载，社火多有形形色色的小戏扮演，为宋金杂剧之原型。

---

1 清代北京精忠庙梨园子弟会所供奉唐明皇，而且以壁画绘唐皇换游月宫故事。

2《东京梦华录》卷之五“民俗”，上海古典文学出版社 1956 年 11 月第 1 版，29 页。

3 同上注，卷之七“驾幸宝津楼宴殿”，42 页。

4 同上注，卷之八“六月六日崔府君生日，二十四日神保观神生日”，47 页。

又有“肩舆小儿”的小儿杂剧，即“扮故事”的“台阁”，至今犹有遗俗。“扮故事”往往用小儿、童子，合道家“童子无邪”之意，可以驱鬼辟邪。

混沌的民间社火，是中华文艺（包括戏曲）的历史蓄水池和资料库，也是戏曲赖以生存发展的温床。值得注意的是，据清乾隆时期《扬州画舫录》记载：

> “本地乱弹只行之祷祀，谓之‘台戏’。迨五月，昆腔散班，乱弹不散，谓之‘火班’。”又称：各地梆子腔、二簧调、高腔、罗罗腔的江湖戏班也都来到扬州，“始行之城外四乡，继或于暑月入城，谓之赶‘火班’”。[1]

之所以称“台戏”、“火班”，与江湖戏班源出“社火”、“台阁”不无关系。这些“本地乱弹”的台戏、火班，同样举办祈福禳灾的巫傩、巫道仪式。《扬州画舫录》载：扬州西北部有“蜀岗”山，据历史记载，“蜀岗”与四川的地脉相通，有三个高峰。东峰最高，上面建有“观音阁”庙宇群。

> “土俗以二月、六月、九月之十九日为观音圣诞，结会上山，盛于四乡，城内坊铺街巷次之。会之前日，迎神轿、斋戒、祀祷。至期，以贮沉檀诸香于布袋中，书曰‘朝山进香’，极旗章、伞盖、幡幢、灯火、傩逐之盛。土人散发赤足，衣青衣，持小木凳，凳上焚香，一步一礼，诵《朝山曲》，其声哀善，谓之‘香客’。”
>
> “傩在平时谓之‘香火’，杀鸡、巽血，谓之‘剪生’。上殿献舞，鬼魅离立，莫可具状。”[2]

观音虽然是佛教菩萨，但是祈禳仪式已融入了本土道教的“香火”，而且杀牲祭祀。

扬州所在的江淮地区，南通尚存“童子戏”。童子戏又叫“香火戏”，艺人称之为“香童”、“神巫”，或称“法师”、“执事”，常搭设神坛，圈地作场。据童子戏艺人称，“童子”是“唐王”册封的，而且有唐王召张天师捉鬼

1《扬州画舫录》卷五“新城北录下”，中华书局 1960 年版，130 页。

2《扬州画舫录》卷十六“蜀岗录”，中华书局 1960 年版，366 页。

的相关传说故事。

有学者认为，“童子”即“侲童”、“侲子”，是童男童女，南通童子戏有驱鬼逐疫的“傩”的遗风。按《后汉书》等文献记载，汉代宫廷年终举行大傩，确有“侲子万童”配合方相氏跳傩的仪礼。侲子们要齐唱捉鬼歌，驱除强梁、委随等十二种恶鬼。童子驱傩的辟邪观念，在上述社火的“肩舆小儿”、“台阁”表演中犹存遗俗。童子戏艺人被称作“神巫”、“法师”，兼作“执事”，搭神坛神案，带表演。这种情况与临武法师的做坛和表演异曲同工。临武法师相当于江苏南通的“香火童子”。

唐韩愈《师说》称：“巫医乐师百工之人”皆可为师。在传统的农业社会，巫医、巫工、巫艺、巫技都处于半农半艺的栖生状态，渐渐成为“专业”艺人。

道教文化发端于巫傩文化，没有脱离巫傩的旨趣——实用的“驱鬼逐疫”。道教的神鬼文化与中国农业社会长达数千年的封建体制相对应，无论内涵或外延，都比相对单纯的“驱鬼逐疫”要复杂得多。道教神灵可以度人成仙、进入仙境。信奉道教的除了出家的“道士”以外，还有不“出家”的居士。民间不出家的道士同样可以作法事、当法师，体现道教的神鬼信仰——正如当年的巫觋后来可以改行从医一样。就法事而言，道教的仪式有牲祭、文牒、请神、搬兵、巫术、符咒、谶言等。正因为民间的巫崇拜与道教难以绝对区分，所以常被称作“巫道”。

“巫道”驱鬼逐疫的仪礼在中华大地上绵延数千年。神秘的法事、祈福禳灾的愿望、天地人之间的和谐、回归“自然”的内涵、艺术的表现，在道教文化中都联系在一起。由巫入道，体现有中华文明的足迹。

随着20世纪初中国的社会体制走向共和，中华大地上发生了翻天覆地的变化，民生、民主、科学的观念日渐深入人心。不过，历史文明的轨迹不是用简单的、形而上的“破旧立新”做法可以抹掉的。阿富汗塔利班炸掉“巴米扬大佛”，就是文化教训。除了物质的文化遗产以外，还有“非物质”的文化遗留。巫、傩、道就属于即将淡失的“非物质文化”。因此，有记录、研究、开掘其文化内涵的必要。

相对宫廷贵族来说，“民间”意味着民众和公众。民间文艺往往实用、混沌，没有严格的“专业”区分。由“泛”及“专”、从“粗”到“精”，也是文艺发展的规律。礼失而求诸野，此次研讨会有国内外戏剧界诸多专家学者参与，在研讨巫傩文化的同时，更可看作是一次难得的田野考察。

傩腊之风是中华文艺的温床。我特别注意到：此次会议中考察的“路祭”，“三娘旗”写有“正一天师”字样。由此可以断定，其法事属于南方道教的龙虎山张天师“正一道”教派，从而联想到巫傩仪式与民间道教仪式的联系。

是为序。

2013年3月30日于北京

贺 信

中华人民共和国文化部非物质文化遗产司

中共临武县委、临武县人民政府：

欣闻由中国傩戏学研究会、中国艺术研究院戏曲研究所、湖南省文化厅、郴州市人民政府主办的“中国湖南临武傩文化国际学术研讨会”在美丽的临武隆重召开，谨向你们表示热烈的祝贺！

傩戏作为积淀了各个历史时期并融合了宗教文化和民间艺术的一种戏剧形式，其丰富的表演内容和独特的表现形式体现了佛、道、儒诸多文化的交错渗透，是历史、民俗、民间宗教和原始戏剧的综合体，蕴藏着丰富的文化基因，具有重要的历史价值、文化价值和艺术价值，是“戏剧艺术之源”、民间文化的“活化石”，是我国重要的非物质文化遗产，有着重要的研究价值。

临武傩戏历史悠久，从在临武衍生成型至今已有近600年的历史，具有傩戏的原生态特质和临武地方特色。临武傩戏被当地百姓称为“神狮子”，表达了人们对美好生活的祈愿。临武傩戏口传心授，代代相承，是我国傩戏研究的重要范本。2009年2月，被列入湖南省非物质文化遗产保护名录以来，地方政府对临武傩戏给予了大力支持，文化主管部门和保护单位做了大量卓有成效的保护传承工作，取得了可喜的成绩。

此次“中国湖南·临武傩文化国际学术研讨会”的召开，对于进一步发掘傩文化的内涵和价值，加强傩戏的传承和保护以及傩文化学术交流，都具有重要意义。祝愿这次大会为促进中外文化的交流与合作，推动我国非物质文化遗产的保护和传承做出新的贡献。

最后，祝大会圆满成功并取得丰硕的学术成果！

2012年8月16日

在开幕式上的讲话

中国艺术研究院 中国傩戏学研究会　刘祯

各位领导、各位来宾、朋友们：

大家上午好!

由中国傩戏学研究会、中国艺术研究院戏曲研究所、湖南省文化厅、郴州市人民政府、临武县人民政府主办的“中国湖南临武傩文化国际学术研讨会”今天在山川秀丽、历史文化悠久的临武县即将拉开序幕，来自中国、韩国、日本、新加坡、马来西亚、奥地利、美国等国及中国台湾地区的数十位专家学者齐聚临武，切磋学术、观摩表演、考察地方文化民俗，相信大家定会不虚此行，满载而归。

傩，起源于中国远古驱逐法术和巫术，是原始宗教信仰的产物；是驱邪除疫、禳凶纳吉的一种历史悠久的祭祀仪式；是中国最古老、传统文化意蕴最深厚，也最具生命力的活态非物质文化遗产。它包括傩仪、傩戏、傩舞、傩俗等领域。傩、傩仪、傩文化不仅有其历史价值、文化价值和艺术价值，而且它所体现出的千百年来民间百姓、族群一种精神的联系和凝聚力，对走向21世纪的民间文化、社会主义新型文化的构建和发展都是具有启示意义的。因此，对傩文化的重视、保护和研究，对全面、完整和深刻地认识中国传统文化、思想，尤其是民间草根思想文化的一脉相承具有积极的意义。剥离其裹在身上神秘、表层的“面具”，它所呈现的内容不仅丰富多彩，而且鲜活、生动、魅力无限，这是这种民间祭祀文化的生命力所在。

20世纪80年代以来，对傩文化的发掘、抢救、保护和研究取得了丰硕的成果。进入21世纪，随着国家对非物质文化遗产保护工作的开展和重视，各地许多傩文化项目进入国家和省市非遗名录。中国傩戏学研究会是国家民政部1988年批准的一级学会，专事傩戏、傩文化研究，聚集了国内外一大批专家学者，重视理论联系实际，重视田野考察与学术研讨结合，20多年来与各地有关单位在十余个省、区举办了十多次大型国际学术研讨会，在学界有着很高的声誉。中国艺术研究院戏曲研究所是国家级戏曲研究机构，其前身是1951年成立的中国戏曲研究院。60多年来，中国艺术研究院戏曲研究所在戏曲改革、发展，戏曲理论建设、研究方面取得了丰硕成果。这次中国傩戏学研究会、中国艺术研究院戏曲研究所与湖南省方面的合作，必将极大地促进临武傩戏、傩文化的研究。

临武傩戏，俗称“神狮子”，历史悠久、传统有自、心口相传，形成一套完整的祭祀程序，由“许愿”和“还愿”两部分组成，其表现形式有傩仪、傩舞和傩戏，而很多时候这三者又是混融一体的，临武傩戏涵育多种民间艺术和音乐元素，弥漫着神秘的巫楚文化气息，在当地及周边广大地区有广泛的影响。同时，在傩文化家族里，临武傩戏还是一座待开垦的富矿，本次研讨会就是一个很好的新起点。东道主临武县政府为开好本次研讨会做了大量的工作和前期准备，相信他们的努力和辛勤定会结出理想的果实，也十分感谢工作、服务于本次研讨会的每一位工作人员和主办、承办单位。

最后，预祝研讨会取得圆满成功！谢谢大家！

2012年8月16日

在开幕式上的致辞

湖南省文化厅　孟庆善

尊敬的各位领导、各位嘉宾、女士们、先生们：

初秋的五岭大地，热情似火、魅力无限，我们相约在美丽的临武，举办湖南临武傩文化国际学术研讨会，这是我省非物质文化遗产保护工作的一件盛事。在此，我谨代表省文化厅对会议的召开表示热烈的祝贺，向莅临会议的海内外嘉宾和各位专家、学者表示热烈的欢迎，向付出辛勤劳动的郴州市、临武县的有关领导及其有关部门的同志表示衷心的感谢！

傩戏是历史、民俗、民间宗教和原始戏剧的综合载体，蕴涵着丰富而深厚的民族文化基因，具有极其重要的历史人文和艺术研究价值。湖南是中国傩文化的发源地，据国家文物部门的考古发现表明，最早的祭祀图傩面就出土在湖南省西部的怀化市沅水河畔的洪江高庙文化遗址，距今已有7400多年历史。傩戏于康熙年间在湘西形成，由沅水进入长江，向各地迅速发展，形成了不同的流派和风格。至今，在湘西还保存着原始的傩舞、傩戏。临武傩戏的发现是我省非物质文化遗产普查工作的重大成果，它是目前湘南地区唯一留存下来的完整的傩戏。

近些年来，郴州市、临武县各级党委、人大、政府、政协及其有关部门认真贯彻实施国家非物质文化遗产法，以高度的文化自觉和文化自信为临武傩戏的保护做出了卓有成效的工作，挖掘、收集、整理了大量的傩戏的相关资料和实物，恢复了傩戏的演出，改善了傩戏演出的条件，加强了对傩戏传承人的保护和管理，临武傩戏已经成功列入了湖南省第二批非物质文化遗产名录项目。这次举办临武傩文化国际学术研讨会，是临武县委、县政府推进傩戏保护的又一有力措施，也是我省首次举办非物质文化遗产方面的国际学术研讨会。我们希望，非物质文化遗产保护部门抓住这次难得的机遇，以这次研讨会为契机，凝心聚力，加快临武傩文化生态保护村的建设，抓紧做好临武傩戏申报国家级非遗项目的工作，为临武傩戏的研究、保护进一步拓展新思路、推出新举措，为保护好傩戏这一历史悠久的传统文化作出更大贡献。

最后，祝临武傩文化国际学术研讨会圆满成功！祝各位领导、各位嘉宾健康、幸福！

2012 年 8 月 16 日

巫傩习俗

“傩船”禳灾初探

——从临武县还傩愿“造船收瘟”谈起

江西省南丰县文联　曾志巩

在湖南临武傩文化国际学术研讨会上，大冲乡油湾村表演了“舞岳傩神”，包括当年正月“许愿”和翌年正月“勾愿”。“勾愿”即还傩愿，程序甚多，其中造船、行船、送船仪式值得深究。

法师将稻草编结的草龙船放在主家，舞剑请神，先造五方河水，后请鲁班师傅伐木造船，又请丹青祖师彩绘装饰，随将百怪精邪收入船中，宁宅靖境。再请唐葛周三将军和五营兵马，给扮神人戴面具、着神装、附神魂，摆兵布阵。傩神队伍绕村串巷，三娘行前，掌船人将村中牲畜栏门口放的盐、茶、米纸包收起放在船上，关云长随后，在牲畜栏门口杀三刀，表示斩尽余孽。傩队行至村外，云长斩杀小鬼后，又将草船送到村口或溪边焚烧，法师一边磔鸡，一边念咒送邪，将一切疫鬼送走，至此还愿程序结束，主家和村民当年获得安宁。

上述造船收瘟、迎船逐疫、送船禳灾，是以舟船为载体的驱鬼逐疫仪式，不仅在一些乡傩中流传，而且各地风俗多有记载。笔者以江西记载为主，选取邻省方志记载和遗存共25条，借用“傩船”[1]一词概括这种禳灾风俗，并对其形态作初步探讨。限于篇幅和查阅不足，很多地方“傩船”禳灾风俗未能列入。

---

1 明代管时敏《题宁波乐节妇卷（其夫观傩船溺死）》：“岁俗傩船渡未休，孤灯白发几多愁？至今九派江头水，不尽当年妾泪流。”

一、“傩船”禳灾的各地记载

（一）江西（10例）

1. 赣北南昌、湖口、安义3例：

清同治《南昌府志·风俗》：“五月五日为旱龙舟，令数十人舁之，传葩代鼓，填溢充衢。士女施钱祈福，竞以爆竹辟除不祥。”

同治《湖口县志·风俗》：“五月十八日为干船，五巨制龙文装戏游市中，备极巧丽。十七日及是日，先后送北门外焚之。所过家投以五谷、盐、茶，曰‘收瘟’。历任知县屡禁屡复，今始禁绝焉。”

同治《安义县志·风俗》：“上元近城内外，灯火辉煌，笙歌嘹呖，起十一，终十五，烟火鳌山，龙灯鹤焰，所在皆有禳灾船，最为巨观。其制以竹编成巨筏，糊以红纱，上置小纱笼千百。仓中为三间大夫像，侍从舟子悉具数十人舁之，游行街市，鼓乐喧天，和以俚歌。朱玉超作竹枝词纪其事。咸丰六年兵燹，后遂废。”

2. 赣西萍乡1例：

《萍乡傩文化寻踪》介绍：

> 人于“许愿”（向神祈求某事）之后，要在当年或次年下半年某日“还愿”。其过程分四步：
>
> （1）启师事先用竹篾扎一船形骨架，供奉主家神龛上，燃香、鸣爆，掌案人念“启师咒”。
>
> （2）造船唱“造船咒”，一边唱一边用纸糊“船壳”。
>
> （3）收瘟将船抬到屋内各个角落，“收瘟摄毒”，装进船中。
>
> （4）焚船傩队抬船到河边，唱：“弟子行来到江边，河伯水官坐两边。五瘟使者随船去，光明大路上西天。”[1]

3. 赣西南万安、南康2例：

同治《万安县志·风俗》：“元宵……百嘉、窑头两市，自十三日起，有所谓‘装船’，穿袍靴、戴神头面游行，各庙划船三次，极热闹。而尤莫盛于城内之儿郎灯，每一神护灯鼓吹者辄数十人，食用素，必斋戒，以

---

1 萍乡市政协文史学习委员会编：《萍乡傩文化寻踪》，江西人民出版社2001年版66、37页。

祈神佑。百嘉则有男船女船之分。装女船者，不戴头面，扮以杂戏，观者若狂。……既望：城东伏虎庙以康王神头面装载，坐虎皮轿；以赖爷神头面装载，跨马，手执弓弹出游;又装龙船，疾趋前导，经过之处，香花满路，亦曰‘收摄’。”

同治《南康县志·风俗》:（上元）“又劈竹为船，糊以五彩，内设仪仗甚整，男、妇望辄罗拜，尊之曰‘大神’。至上元后一日向午，一人提剑，数人鸣金，随之踉跄，叱咤如有所追逐者，沿门收取春贴、香梗、烛烬之属委其船，鼓吹送野焚之，曰‘禳灾’。”崇义与南康为邻，记载略同。

4. 赣东临川、金溪、宜黄3例：

同治《临川县志·风俗》:“春末秋初，乡市召巫师设坛建醮，作五彩龙舟以送疠疫，磔牲以祭，仿古人傩礼（祈禳）。”

同治《金溪县志·风俗》:“端午……近水者亦或竞渡，城中则作船形，扮人物杂戏于上，数十人舁行陆地，观者如堵，如此者七日。相传建县之初，堪舆杨院士以县治对面山形如舟，恐溪民无安土之乐，故设此以禳之，后遂沿为故事，其亦方相逐傩之意。”

清道光《宜黄县志·风俗》:“上元前后，各于保甲内土神庙作年规会，建醮祈年禳灾。壮士擎纸船、锣鼓，引道士沿户入门洒净，袚除不祥。男、妇惟虔，如古傩礼。端午节前，土人舁龙船头、锣鼓，导至各户洒净如上元。龙舟竞渡唱太平歌，悠扬入听。”

5. 赣东南瑞金1例：

道光《瑞金县志·风俗》:“元旦夜傩以驱疫，男神船则龙头，中间杂扮故事，后为龙尾，押以社官、土地。”又日本藏清康熙《瑞金县志·风俗》载:“元旦以后事傩最盛，男神则龙头，而中间妆故事为龙身，或天上星像，或地府神祇，或前朝故事;至以牌名后，装以本社主神。男、妇持兰桨押之，到其门即要礼物。女神则凤首而蕉其尾。傩，古俗也，而今之妆俏奢矣。”

（二）湖南（3例，临武略）

光绪《衡山县志·风俗》:“端午前后，或道或巫为纸船，若龙舟状，首尾系锣一鼓一，至人门首击且唱，谓之‘收瘟’。妇女竞以米投之。”

同治《攸县志·风俗》:“上元城市，自初十日至十五日，每夜张灯，爆竹喧阗，又用纸画彩舡，轮年分值，用歌郎鼓吹达旦，十六早焚于江浒，即古人傩礼遗意。”茶陵与攸县为邻，记载略同。

（三）湖北（2例）

清道光《云梦县志略·风俗》："端午……四城以五彩绫绢作龙舟迎赛，设层楼飞阁，于其脊中塑忠臣屈原、孝女曹娥及瘟神、水神各像，傍列水手十余，妆束整齐，金鼓、箫板、旗帜导龙而游，曰'迎船'。好事者取传奇中故事，扮肖人物，极其诡丽。数日后以茶、米、楮币实仓中，如前仪导送河干焚之，曰'送船'。前此守土者以为有伤民财、易滋事端，每禁之卒不能止。"

同治《大冶县志·风俗》："五月十八日为龙舟之会，自四月即染纸造龙舟，长丈余，中像三闾大夫，冠服器用、绮绣银锡，余亦尽饰。先期一日，罗列珍玩，远人来观，比屋衢饮，欢呼达旦。东西二船，靡费各百余金。至期迎至青龙堤，火之，谓为'送瘟'云。"

（四）安徽（3例）

同治《祁门县志·风俗》：四月"十五日，船会迎竹于市，诣双忠庙制神船。五月初一日，福会以彩楮制元帅像，舁游四隅；船会扮十二神，诵唝啰曲以驱疫。端午日……福会、船会迎神船，袭画似鰍（以十二人为神），载而游诸市，钲鼓导引（自宋大观迄今七百余年，举其事者致斋虔祷于双忠庙，所部署上下户率不改其旧……）。乡间有以木制神船，彩画装金，肩舁游村落驱疫（相传亦以驱蝗。祁门赵司训克勤《神船行》序云：神船，古乡傩之遗也，岁举以逐疫焉）。"

民国《歙县志·风土》："三月三日竞渡。河干，或造神舟陆游，□旐毕具，存修禊意，又名祓禊。"

民国《衢县志·节序》："中元俗称鬼节，是月大傩……傩名清醮，以道徒五七人，金铙鼓角送纸船出河烧之，以为逐疫。……今四乡尚用蒙倛之面，作种种怪状者，或即古方相氏遗忘，见者为之一噱。"

（五）浙江（1例）

清《嘉定州志·风俗考》："每岁逢四季，闾阎中推一人为会首，敛金治香楮酒肴，巫觋作伎于会首之家，扎竹为船，譒以彩纸，列官与仪从其上，送至江边焚之，名曰'送瘟'，亦逐疫之遗意也。……西乡则夏秋之际，扎造龙舟，装饰彩绘，磔牲酾酒，名曰'保安'。"

（六）福建（2例）

明正德《福州府志·风俗》:（端午）“又有岸舟，箫鼓导迎；至端午次日，为纸舟，焚于水次，俗以为送疫。”

清《福建志书·将乐县》:“自元日至七日，于含云寺中开会，少长云集，笙歌盈耳。傩日，在城以十七日，水南以十五日，俱于先一日晚，鸣锣遍市巷，彻夜以逐疠疫。至日剡木为船以送之。”

（七）广东（1例）

道光《肇庆府志·风俗》:“十一二月举法事，曰‘禳灾’，又曰‘保境’，作纸船送江上。”

（八）四川（1例）

民国《合川县志·风俗》:“今民间或疾或祟，即招巫祈赛驱逐之，曰‘禳傩’。其傩必以夜，至冬为盛。盖先时因事许愿，故报赛多在岁晚……其术名师娘教。所奉之神，制二鬼头，一赤面长须曰师爷，一女面曰师娘，谓是伏羲女娲……右设一小案，上供神曰五猖，亦有小像。巫当椎锣击鼓……或歌或舞，抑扬拜跳以娱神。……至夜深，大巫舞袖拗诀，小巫戴鬼面，随扮土地神者导引，受令而入，受令而出，曰‘放五猖’。……以酒肉载以茅舟，出门焚之，曰‘劝茅、送茅’，谓使替灾难也。……考《洞山织（？）志》，言苗人腊祭曰‘报草’，祭用巫，设女娲伏羲位，则此乃沿苗风也。”

（九）贵州（1例）

明嘉靖《贵州通志》:“除夕逐疫（俗于是夕具牲醴、扎草舡，列纸马，陈火炬，家长督之，遍各房室，驱呼怒吼，如兵遣状，谓之逐鬼，即古傩意也）。”

此外，康熙《贵州通志》载《木佬祭鬼图》。木佬即仫佬族。画面在一河边，地上放一草扎龙船，上插五面三角旗。

二、“傩船”禳灾的综合分析

（一）“傩船”禳灾类型和特点

1. 乡傩中舟船送疫仪式。其特点是造船、行船、送船仪式都在傩事活

木佬祭鬼图

动中进行，是整个傩祭仪式的重要内容。如江西瑞金元旦夜傩，装龙船扮神鬼游街驱疫；福建将乐正月“傩日”前晚“彻夜以逐疠疫，至日刳木为船以送之”；湖南临武和江西萍乡正月间“还傩愿”造船送疫；四川合川“禳傩”，“以酒肉载以茅舟，出门焚之”；安徽衢县七月大傩，“送纸船出河烧之”。

2. 类傩的舟船逐疫仪式。仿效乡傩沿门逐疫仪式，或旱船载人装鬼神游街，或陆舟随神队逐疫收瘟，或扛龙船头入户洒净，或以草船、纸船等送瘟，被认为“似古人之傩”、“如傩礼”、“古乡傩遗意”。此类形式甚多，按进行时间可分：

（1）元宵节“傩船”沿门逐疫。正月十五日是中国的传统元宵节，又称“上元节”，相传起于汉代，唐代以来有观灯风俗，所以又叫“灯节”。明清后，元宵期间的娱乐活动更多，各地张灯结彩，歌舞鼓乐，喧闹达旦。加之春傩多在正月举行，“傩船”禳灾事例很多。如江西《安义县志》记载：“上元近城内外，灯火辉煌，笙歌嘹呖，起十一，终十五，烟火鳌山，龙灯鹤焰，所在皆有禳灾船，最为巨观。其制以竹编成巨筏，糊以红纱，上置小纱笼千百。仓中为三闾大夫像，侍从舟子悉具数十人舁之，游行街市，鼓乐喧天，和以俚歌。”“傩船”（禳灾船）融入灯节之中。又如《南康县志》记载：“上元前数日，悬灯为乐，或用竹丝织为龙，分五节，曰龙灯，张以为戏；又劈竹为船，糊以五彩，内设仪仗甚整，男、妇望辄罗拜，尊之曰‘大神’。”湖南攸县上元“纸画采舡，轮年分值，用歌郎鼓吹达旦”。这些“傩船”禳灾，为元宵民间娱乐活动增添了色彩。

（2）端午节“傩船”沿门逐疫。端午习俗原本避恶消灾，当楚人纪念屈原、越人纪念勾践、吴人纪念伍子胥和曹娥等解释性传说附着于端午后，竞渡逐疫的传说和行动被挤压，民间另以旱舟（傩船）陆行来代替水中龙舟竞渡。清光绪《南昌县志·风土》说：“俗以五月阴阳交，为毒月，瘟神降，故召道士设醮于神庙，制龙舟送瘟神。又有旱龙船，舁行村市，沿门击鼓，歌送神辞，妇女以香枝掬米与之，亦有裹盐米投火以厌之。凡迎送瘟神，始四月朔日至五月五日止。”江西金溪和湖口、安徽祁门和歙县，都以旱船装神鬼和杂戏游街逐疫。江西宜黄土人舁龙船头至各户“洒净”，湖南衡山用纸龙舟系锣鼓至人门首“收瘟”。湖北云梦和大冶，在舟船上塑屈原等神像，因他们并非寿终正寝，而是含冤而死，戾气深重，隆重祭祀后和瘟神等一起礼送河边焚烧，以防他们返回为害生人。

（3）其他时间“傩船”逐疫。东汉郑玄注《周礼·夏官司马·方相氏》：“时难（傩），四时作。”即一年四季都可进行傩事活动。因此“傩船”禳灾一年四季都有记载，如浙江嘉定州每年四季民间会首请巫觋编竹纸彩船“送瘟”；“西乡则夏秋之际，扎造龙舟，装饰彩绘，磔牲酾酒，名曰‘保安’”。安徽歙县三月三日“造神舟陆游”；广东肇庆府十一二月举法事，“作纸船送江上”禳灾；贵州省除夕各家“具牲醴、扎草舡、列纸马、陈火炬”遍各房室逐鬼。

（二）傩船制作和装扮

1. 纸画彩舡。湖南攸县是此形式，画面内容不明。

2. 茅草编扎。湖南临武“还傩愿”用稻草编扎龙舟，长约三尺，可以提拎；四川合川“禳傩”用“茅舟”；贵州除夕逐疫备“草舡”；“木佬祭鬼图”中也是草船，插五面三角旗。

3. 竹筋纸糊。江西南康“劈竹为船，糊以五彩”；萍乡用纸糊竹篾船架；宜黄上元“擎纸船”；湖南衡山“纸船，若龙舟状”；浙江嘉定州“扎竹为船，譒以彩纸”；湖北大冶“染纸造龙舟，长丈余，中像三闾大夫，冠服器用、绮绣银锡，余亦尽饰……东西二舟，靡费百余金”；广东肇庆府、安徽衢县用纸船。

4．绫绢制作。湖北云梦“四城以五彩绫绢作龙舟迎赛，设层楼飞阁，于其脊中塑忠臣屈原、孝女曹娥及瘟神、水神各像，傍列水手十余”。

5．削木为船。福建将乐“剡木为船”；安徽歙县黄白山《神船八章》云“刻木为舟，束草为人，首尾象龙，彩绘如真”，称“神舟”。

6．竹编巨筏。江西安义“以竹编成巨筏，糊以红纱，上置小纱笼千百，仓中为三闾大夫像，侍从舟子悉具数十人舁之”，称“禳灾船”。

7．用龙船头。江西宜黄端午前“土人舁龙船头”入户“洒净”。

8．木制大船。明代刘章彝《溪俗奇观记》江西金溪鬼船：“修丈有六尺，广四尺许，博三尺，绘以龙文；泛海之槎，高峙其四；横以木板，人立其上，有力者负之，而趋以游”；正船“高者几五丈”。万安县百嘉、窑头两地，“装船，穿袍靴、戴神头面游行”。安徽祁门“迎神船，袭画似鮲（以十二人为神）”；“乡间以木制神船，彩画装金”。南昌府旱龙舟“数十人舁之”，应是木制。湖口“为干船，五巨制龙文，装戏游市中”。

（三）活动参与者和主持人

1．活动参与者。主要是城乡百姓，或装神鬼，或扮杂戏，或张灯彩，或抬神舟，或唱俚歌，或击锣鼓。也有妇女参加，如万安县百嘉乡有“女船者不戴头面，扮以杂戏”；瑞金装龙舟，“男、妇持兰桨押之”；还有土著越人和少数民族，前者如宜黄县“土人舁龙船头”，后者如贵州“木佬祭鬼图”（木佬即仫佬族）。

2．仪式主持者。多用道士、法师、巫师，如湖南衡山“或道或巫为纸船”；临武“勾愿”，请法师造船；江西萍乡“还傩愿”请道士造船；临川“召师巫设坛建醮”、宜黄“引道士沿户入门‘洒净’”；安徽衢县“以道徒五七人”送纸船出河；浙江嘉定州“巫觋作伎于会首之家，扎竹为船”；广东肇庆府“举法事曰‘禳灾’”；四川合川“招巫祈赛”。

主持者也有民间选出的会首、傩班掌案人等，如浙江嘉定“每岁逢四季闾阎中推一人为会首”，集资组织；安徽祁门“福会、船会迎神船”；江西萍乡“还傩愿”，主家也请傩班“掌案人”主持造船送疫仪式。

三、“傩船”禳灾的形成和形态

（一）“傩船”禳灾是越人舟船崇拜的反映

从方志记载和实地考察可以看到，“傩船”禳灾在赣、湘、鄂、浙、皖、闽、粤、黔诸省都流行，这使人想起古越族（越与粤通）的分布和古越人的习俗。《汉书·地理志》注引臣瓒说：“自交趾至会稽七八千里，百粤杂处，各有种姓，不尽少康之后也。”自今江苏、浙江、福建、江西、广东、广西以至云贵地区，分别称作于越（杨越）、东越（东瓯）、闽越、南越、瓯越（西瓯）、骆越（今越南北部）和滇越等。

百越之族虽然部族支系繁多，内部社会发展也不平衡，但具有共同文化特征。如“饭稻羹鱼”，楼居“干栏”；“水行而山处，以船为车，以楫为马，往若飘风”（《越绝书·记地传》）；恐惧水患，祭拜水神；崇龙奉蛇，“剪发文身”（《说苑·奉使》）；喜龙舟竞渡之戏，有船棺崖葬之俗。水是百越民族赖以生存的物质基础和精神寄托，舟船则是古越人生产、生活工具和崇拜之物。

2002年浙江萧山跨湖桥遗址独木舟的发现，表明我们祖先早在七八千年前就能制造出庞大的船只，但龙舟出现的时间无法考证。战国时魏襄王（前318—前296）古墓中发现的《穆天子传》载：“天子乘鸟舟、龙舟，浮于大沼。”《大戴礼》载：“颛顼乘龙游四海。”屈原在其辞赋中更多次写到龙舟，如《九歌·东君》中“驾龙辀兮乘雷，载云旗兮委蛇”；《湘君》中“驾飞龙兮北征，邅吾道兮洞庭”；《河伯》中“乘水车兮荷盖，驾两龙兮骖螭”；1973年长沙出土的战国楚墓的帛画《人物御龙图》，一男子站在龙船上，上有舆盖，下有游鱼（鲤鱼），不论是墓主人升天或水神河伯出游，龙舟都是神灵的交通工具。可见春秋战国之际，龙舟已经盛行江南，神船崇拜广为普及。

“傩船”禳灾自然以舟船为载体，综观各类禳灾舟船，不论是纸画彩舡、茅草编扎、竹筋纸糊、绫绢制作、竹编巨筏，或是载人的木制大船，都喜以龙舟、龙船、神舟、神船命名，如大冶设“龙舟会”，南昌、云梦造“旱龙舟”，临川“作五彩龙舟”，瑞金、万安装龙船，临武、萍乡用草龙船，衡山“纸船状龙舟”，宜黄“土人舁龙船头”等，都反映了古越人对龙神和舟船的崇拜，带有浓郁的神秘色彩。歙县的神船“袭画似鳅”，泥鳅似蛇。越人刺画身体（文身）“以像龙子”，龙子即蛇，这也是古越人龙蛇信仰和舟船崇拜的反映。

（二）“傩船”禳灾是江南流传甚早的风俗

“傩船”禳灾，除了舟船崇拜，还需和傩仪结合。汉代宫廷大傩和唐代送穷风俗，是“傩船”禳灾形成的两个关键因素。

东汉张衡《东京赋》薛综注引《旧汉仪》曰：“昔颛顼氏之有三子，已而为疫鬼，一居江水为疟鬼；一居若水为魍魉蜮鬼；一居宫区隅，善惊小儿，于是以岁十二月使方相氏蒙虎皮，黄金四目，玄衣朱裳，执戈持盾，帅百隶及童子而时傩，以索室中而驱疫鬼也。”

唐代送穷风俗是另一种民间依据。宋陈元靓《岁时广记》引《宋宗备问》记载：“颛顼高辛时，宫中生一子，不著完衣，宫中号称穷子。其后正月晦死，宫中葬之，相谓曰‘今日送穷子’。”后演变为民间岁时送穷鬼的风俗。唐代诗人姚合《晦日送穷三首》第一首曰：“年年到此日，沥酒拜街中。万户千门看，无人不送穷。”可见习俗之普遍。

因穷鬼（穷子）和汉代宫廷大傩逐疫的三个疫鬼同为颛顼的四个“不才子”，故民间“驱傩”和“送穷”常在一起进行。如北宋史浩《感皇恩·除夜》词曰：“结柳送穷文，驱傩吓鬼。爆火薰天漫儿戏。”送穷鬼形式很多，唐代韩愈在《送穷文》中写道“主人使奴星结柳作车，缚草为船，载糗与粻，牛系轭下，引帆与樯”，三揖穷鬼，请其离开。“缚草为船”是送穷的形式之一。清同治《大冶县志》介绍造龙舟“送瘟”风俗后说：“闻古缚茅为船，如‘送穷’之制，故谓之‘茅船’，后易以纸，寻以为侈矣。”绫绢制作、彩画装金、层楼飞阁、备极巧丽等巨制竹筏、载人木船都已出现。

从资料看，“傩船”禳灾至迟宋代已经形成。安徽《祁门县志》介绍端午福会、船会迎神船游诸市后说：“自宋大观迄今七百余年，举其事者致斋虔祷于双忠庙，所部署上下户率不改其旧”。江西金溪于北宋淳化五年（994）建县。清同治《金溪县志·风土》记载：“相传建县之初，堪舆杨院士以县治对面山形如舟，恐溪民无安土之乐，故设此以禳之，后遂沿为故事，其亦方相逐傩之意。”

“傩船”禳灾在宋代诗词中也有反映，如南宋陆游《朝中措·梅》词：“冬冬傩鼓饯流年。烛焰动金船。”描写驱傩仪式中，陈列一旁的送疫舟船在烛光耀动下闪着金光。《门外野望》诗：“僧呗家禳疫，神船社送穷。丰年随处乐，忘却鬓如蓬。”记述陆游晚年时退居家乡，山阴（今浙江绍兴）

一带的僧人诵经禳疫，神船送穷。宋末董嗣杲《江州重午》诗："蒲节殊乡借楚夸，绕城社鼓不停挝。争歌神曲羞溪藻，遥送瘟船滚浪花。"反映的是江西九江端午竞渡送瘟神。上述三首诗词记载"傩船"禳灾的时间并不相同，说明习俗相当普遍，如"时傩四时作"，四时均可进行。

（三）"傩船"禳灾具有古傩文化许多特征

从各地记载和遗存看，"傩船"禳灾具有许多古傩文化特点：

1. 都以逐疫为目的

《吕氏春秋》:"季冬之月，命有司大傩，旁磔。"《续汉书·礼仪志中》:"大傩，谓之逐疫。"《释名·释天》:"疫，役也，言有鬼行疫也。"驱疫范围很广，凡妨碍人身健康和农业生产的疾病瘟疫，甚至不祥之梦都包括在内。汉王充《论衡》曰："岁终事毕，驱逐疫鬼，因以送陈、迎新、纳吉也。"

"傩船"禳灾和傩驱鬼疫目的相同，如瑞金"元旦夜傩以驱疫"，装龙船游街市。宜黄上元前后，"壮士擎纸船、锣鼓，引道士沿户入门洒净，祓除不祥……如古傩礼"。祁门"乡间以木制神船，彩画装金，肩舁游村落驱疫"（相传亦以驱蝗。祁门赵司训克勤《神船行》序云："神船，古乡傩之遗也，岁举以逐疫焉。"）。歙县三月三日"造神舟陆游……存修禊意，又名祓祝"。福州府"端午次日为纸舟，焚于水次，俗以为送疫"。将乐"傩日，在城以十七日，水南以十五日，俱于先一日晚，鸣锣遍市巷，彻夜以逐疠疫"。临川春末秋初，"作五彩龙舟以送疠疫，磔牲以祭，仿古人之傩礼"。嘉定州西乡"夏秋之际，扎造龙舟，装饰彩绘，磔牲酾酒，名曰'保安'"。金溪端午迎鬼船，上有扮二神者，"各执色旗，书'迎祥集福'字"。驱疫、驱蝗、送疠疫、送瘟、洒净、修禊、祓祝、保安、保境、祓除不祥、集福迎祥等记载，都是后世行傩目的。

2. 有的佩戴傩面具

面具是傩的主要象征符号，也是神的装扮，此类记载甚多。从方相氏戴"黄金四目"面具、唐代宫廷大傩"侲子五百……戴面具"，到北宋禁中大傩千余人"戴假面"，乃至民间各地戴面具表演的傩舞傩戏，无疑对"傩船"禳灾有重要影响。

"傩船"禳灾以人扮鬼神队伍最为突出。明人刘章彝《溪俗奇观记》金溪"鬼船用七人，皆被朱衣；一人三头六鬓，秉斧钺于前；一人居中位最高，金冠而赤面；其次二人并立，青面秃角，目光如炬，各执色旗，书'迎祥集福’字；一人状如行者，手（执）飘带跳跃于梢。此五人者皆舟中之怪，云小鬼鸣金，判官伐鼓，按节以送之。回则竞为得胜之声”。这段记载，完全是乡傩的装扮和表演，那个“三头六鬓，秉斧钺于前”者，很像清代傩舞中的开山神（即开路神君）。又如万安“百嘉、窑头两市……有所谓装船、穿袍靴、戴神头面游行”。此神头面具与傩面具无异。再如祁门“船会扮十二神，诵喷啰曲以驱疫”；至初五，“福会、船会迎神船，袭画似鳅（装十二神），载而游诸市”。此十二神，可以看到汉唐宫廷大傩中十二神的影子。还有宜黄舁龙船头洒净。洪占铨作于乾（隆）嘉（庆）间的《宜川四季风土歌·夏季歌》曰：“五色龙舟戏水时，岸龙也有鼓歌随，祓除更戴兰陵面，傩礼要传是古遗。”兰陵面具传为北齐兰陵武王高长恭打仗时所戴威吓敌人的假面具，因面具狰狞可怖，后泛指恐吓疫鬼的傩面具。

3. 行沿门逐疫仪式

《论语·乡党》曰：“乡人傩，朝服而立于阼阶。”这是记载最早的沿门逐疫。宋孟元老《东京梦华录》记十二月：“自入此月，即有贫者三数人为火，装妇人神鬼，敲锣击鼓，巡门乞钱，俗呼为打夜胡。”吴自牧《梦粱录》作同样记载。

沿门逐疫也是“傩船”禳灾的普遍仪式。如江西南昌“五月五日为旱龙舟，令数十人舁之，传葩伐鼓，填溢通衢，士女施钱祈福”；瑞金元旦后事傩，龙船妆故事，“到其门即要礼物”；南康上元后一日“一人提剑，数人鸣金，随之踉跄，叱咤如有所追逐者，沿门收取春贴、香梗、烛烬之属委其船”；宜黄上元前后“壮士擎纸船”，“引道士沿户入门洒净”；衡山端午做“纸船若龙舟，首尾系一锣一鼓，至人门首击县唱，谓之收瘟，妇女竞以米投之”；湖口五月十七、十八日装五条巨制龙船游街，“所过家投以五谷、盐、茶，曰‘收瘟’”；万安城东伏虎庙神出游，“装龙船，疾趋前导，经过之处，香花满路，亦曰‘收摄’”。

4. 大多在水边送疫

《续汉书·礼仪志》记载的大傩，比先秦傩制增加了送疫仪式：“持炬火送疫出端门。门外驺骑传炬火出宫，司马阙门门外五营骑士传火弃洛水中。”北宋禁中大傩仿效了这种送疫仪式：千余人“自禁中驱祟，出南薰门外转龙弯，谓之‘埋祟’而罢”。南宋禁中驱傩，也在东华门外龙池湾“埋祟”。送疫、埋祟都在水边进行，这为“傩船”禳灾水滨送疫提供了官方依据。

前述25例“傩船”禳灾中，除金溪鬼船逐疫后，“以斩其缆，藏舟于庙”，14个府县记载礼送舟船至水滨，或立即焚烧，或让水流走，不让疫鬼返回危害生人。如嘉定州每岁四季扎竹为船，“送至江边焚之”；攸县上元纸画彩舡，“用歌郎鼓吹达旦，十六早焚于江浒”；云梦端午将龙舟“导送河干焚之”；福州府“端午次日为纸舟，焚于水次，俗以为送疫”；肇庆府十一二月举法事禳灾，“作纸船送江上”；《贵州通志》所载“木佬祭鬼画图”，描绘的也是在江边准备处理草龙船。也有两例送荒野焚之：南康正月十六日舟船沿门逐疫后，“鼓吹送野焚之”；湖口五月十七、十八日将五条大龙船先后送北门外焚烧。将疫鬼驱入水中或送之荒野，是“傩船”禳灾风俗的一种模式。

5. 具有一定观赏性

“傩船”禳灾多在春节、元宵、端午期间进行，因此融合了许多节日文化。如万安元宵“装船”，“穿袍靴、戴神头面游行各庙，划船三次，极热闹。而尤莫盛于城内儿郎灯，每一神护灯鼓吹者辄数十人”。又如大冶，五月十八日为龙舟之会，先期一日，在龙舟所“罗列珍玩，远人来观，比屋衢饮，欢呼达旦”。

明清时，戏曲（包括傩戏）演出非常活跃，受其影响，“傩船”禳灾时，也吸收了戏曲文化内容。《溪俗奇观记》金溪五月初三装正船，“皆古今传奇，高者几五丈，有凌霄之意。天中之节，尤极其盛，聚而观者几数万人。瑞金正月后事傩装龙舟，“男神则龙头，而中间妆故事为龙身，或天上星像，或地府神祇，或前朝故事；至以牌名后，装以本社主神。”戏曲故事是其中主要装扮。万安县百嘉乡正月“装女船者不戴头面，扮以杂戏，观者若狂”。云梦县端午作龙舟送瘟时，“好事者取传奇中故事，扮肖人物，极其诡丽”。湖口端午“五巨制龙文，装戏游市中，备极巧丽”。“傩船”禳灾结合戏曲文化，增加了这种风俗的观赏性。明代管时敏《题宁波乐节妇卷》就写其夫观“傩船”溺死而为她叹息。

附：《“傩船”禳灾记载和分布表》

“傩船”禳灾记载和分布表

序号	流传地域	记载年代	造船		迎船		送船		目的和说明
			时间	形式	时间	仪式及主持人	时间	仪式	
1	江西南昌	清同治	四月初一	旱龙舟	五月初五	召道士设醮制龙舟，数十人舁行村市，沿门击鼓，歌送神辞，通衢士女施钱祈福			
2	江西湖口	清同治		干船五条绘龙纹	五月十七、十八	装戏游市中，备极巧丽所过家投以五谷、盐、茶	五月十七、十八	先后送北门外焚之	收瘟
3	江西安义	清同治	正月十一至十五	竹编巨筏，糊以红纱，置千百小纱笼，仓中装屈原像	上元	侍从舟子数十人舁之，游行街市，鼓乐喧阗，和以俚歌			
4	江西萍乡	清代	当年或次年还愿日	以竹篾扎船形骨架，以纸糊船	还傩愿时	主家选择傩神掌案人或道士，将纸船放在屋内盛水大盆中，先耍傩，走时抓一些屋内泥沙（代表鬼魂）放在船内，收瘟摄毒	还愿日	抬纸船到河边焚烧	乡傩仪式

续表

序号	流传地域	记载年代	造船		迎船		送船		目的和说明
			时间	形式	时间	仪式及主持人	时间	仪式	
5	江西万安百嘉窑头	清同治	元宵前	百嘉男船戴头面，女船扮杂戏	正月十三起	装船，穿袍靴、戴神头面游行，各庙划船三次。城内每一神护灯鼓吹者数十人			
	万安城东			装龙船	二月初一	伏虎庙康王、赖爷神出游，龙船疾趋前导	二月初一		曰“收摄”
6	江西南康	清	上元前数日	劈竹为船，糊以五彩，内疫仪仗	正月十六	一人提剑，数人鸣金，随之跟跄叱咤，如有所追逐者，沿门收取春贴、香梗、烛烬之属委其船	十六晌午	鼓吹送野焚之	曰“禳灾”
7	江西临川	清	春末秋初	五彩龙舟	春末秋初	乡市召师巫，设坛建醮，磔牲以祭	春末秋初	送疠疫	仿古人傩礼
8	江西金溪	宋建县之初，堪舆杨院士设此禳灾	四月出舟通衢	鬼船长丈六尺、广四尺，博三尺，绘龙纹，装鬼神；正船高几五丈，扮杂戏	五月初一出鬼船，初三出正船，至初七止	鬼船用七人，被朱衣，一人三头六鬓，秉斧钺于前；一人居中，位最高，金冠赤面；次二人并立，青面秃角，各执色旗“迎祥集福”，一人状如行者，手执飘带跳跃于梢；又有小鬼鸣金，判官伐鼓，按节以送，舁行陆地	五月初七	至七日，多传降魔伏怪之奇，以斩船缆，藏舟于庙。	正船为乐舞之遗；鬼船祓除不祥，似古人之傩事，亦方相逐傩之意
9	江西宜黄	清同治	上元前	纸船	上元前后	各于保甲内土神庙，作年规会，建醮祈年禳灾，壮士擎纸船、锣鼓，引道士沿户入门洒净			如古傩礼
			端午前	抬龙头，称岸龙	端午前	土人舁龙船头，锣鼓，导至各户洒净如上元，有的戴类似兰陵王面具			

续表

序号	流传地域	记载年代	造船		迎船		送船		目的和说明
			时间	形式	时间	仪式及主持人	时间	仪式	
10	江西瑞金	清代	元旦	装龙船	元旦夜傩	男神则龙头，龙身妆故事，或天上星像，或地府神　，或前朝故事；牌名后装本社主神。男、妇持兰桨押之，到其门即要礼物。女神则凤首而蕉其尾			乡傩
11	湖南衡山	清光绪	端午前	纸船状如龙舟	端午前后	或道或巫为纸船，系一锣一鼓，至人门首击且唱，妇女竞以米投之			谓“收瘟”
12	湖南攸县	清	上元前数日	纸画彩船	十三至十五	轮年分值，用歌郎鼓吹达旦	十六早	焚于江浒	古人傩礼遗意
13	湖南临武	清	次年正月	以草扎龙船	还傩愿日	舞狮子后，造船收瘟疫，绕村串巷，将畜栏门口盐、茶、米纸包置船上，送出村外	还愿日	先斩小鬼，在村口水边烧草船	乡傩仪式
14	湖北云梦	清同治	端午前	五彩绫绢作龙舟，层楼飞阁，脊中塑屈原曹娥瘟神水神，傍列水手十余	端午前后	金鼓、箫板、旗帜导龙而游，曰“迎船”；好事者又取传奇中故事，扮肖人物，极其诡丽	端午后数日	导送河干焚烧	曰“送船”

续表

序号	流传地域	记载年代	造船		迎船		送船		目的和说明
			时间	形式	时间	仪式及主持人	时间	仪式	
15	湖北大冶	民国	四月	染纸造龙舟，长丈余，中塑屈原像	五月十七	在龙舟处罗列珍玩，远人来观，比屋衢饮，欢呼达旦，东西二舟靡费百余金	五月十八	迎至青龙焚烧	曰“送瘟”
16	安徽祁门	宋大观始	端午前	船会造神船，袭画似鳅，乡间木制神船，彩画装金	五月初一至初五	初一船会扮十二神，诵唢呷曲以驱疫；端午福会船会迎神船，以十二人为神，载而游诸市，钲鼓导迎；乡间肩舁木制神船，游村落驱疫。		驱疫，亦以驱蝗	神船，古乡傩之遗，岁举以逐疫
17	安徽歙县	民国	三月前	刻木为舟，束草为人，首尾象龙，彩绘如真	三月初三	唐安禄山反叛，张巡、许远守睢阳，以身殉国，死为厉鬼，谓神司瘟，竞渡送瘟，河干造神舟陆游			存修禊意，又名祓祝
18	安徽衢县	民国	七月前	纸船	中元节	傩名“清醮”，道徒五七人，金铙鼓角送船。	七月十五	送纸船出河焚烧	古方相氏遗
19	浙江嘉定州	清代	每岁四季	扎竹船，以彩纸张，列官于从其上	立春夏秋冬日	每岁逢四季，闾阎中推一人为会首，敛金治香楮酒肴，巫觋作伎于会首之家造船。	立春夏秋冬日	送江边焚烧	曰“送瘟”，逐疫遗意
	嘉定西乡		夏秋之际	扎造龙舟，装饰彩绘	夏秋之际	西乡则，礫牲酾酒，	夏秋之际		曰“保安”

续表

序号	流传地域	记载年代	造船		迎船		送船		目的和说明
			时间	形式	时间	仪式及主持人	时间	仪式	
20	福建福州府	明正德年	端午前	木船、纸舟	端午	岸舟，箫鼓导迎	端午次日	焚于水次	送疫
21	福建将乐	清代	元宵前	刳木为船	正月十五、十七傩日	水南正月十四日晚、城市十六日晚，鸣锣遍市巷，彻夜逐疠疫。	正月十五日、十七	送疫	
22	广东肇庆府	清道光		作纸船	十一、十二月	举法事		纸船送江上	曰“禳灾”又曰“保境”
23	四川合川	民国		扎茅舟	冬天禳傩日晚	陈列伏羲女娲及五猖神像，大巫舞袖拗诀，小巫戴鬼面，随扮土地神者导引出入房室，曰“放五猖”。	冬天禳傩日晚	以酒肉载以茅舟，出门焚之	
24	贵州省	明嘉靖	年前	扎草船	除夕	具牲醴、扎草船、列纸马、陈火炬，家长督之，遍各房室，驱呼吼怒，如兵遣状。			谓逐鬼，古傩遗意
25	贵州	清康熙		草船，插五面三角旗		《木佬祭鬼图》，一插雉鸡毛者跪地祷告，一男持鸡，一女捧酒		水边送疫	

临武王氏傩坛师传主脉源自梅山巫傩说

湖南省冷水江傩文化研究基地　李新吾

临武油湾王氏傩坛传承的傩戏被直接命名为“临武傩戏”，从其在当地的代表性角度考察，我以为是适宜的。关于其来历的渊源，当地学者给出了“江西传入”与“本土产生”[1]两种推测。由于机缘，我曾两上油湾，但因王坛傩艺师们都忙于表演，无法做深入调查，也看不到与其师传相关的文本资料，而且其表演内容又经过压缩编排，而无法考察其原始流程以及关键细节。即便如此，仅就两次现场目击的坛场下坛装置、主要执事神祇和傩狮表演等重要事相，笔者以为，还是可以追溯其产生和传承演变的脉络，即：其主源出自湘中梅山巫傩，在流传至落地生根的过程中，又机缘巧合地吸纳了大量的、属性各异的新元素，形成了目前所见的形式独特、内含丰富，让人一时无法在自己的知识库中归类的“活化石”。

对此点的管见支持依据为如下。

一、王氏傩坛的下坛主神是“梅山祖师翻坛倒峒张五郎”

梅山祖师翻坛倒峒张五郎，是庞大而多元的梅山傩神系统中特别引人注目的中心神祇。在古梅山峒区，其名号因源自不同师传而各有异称，如：梅山法主翻坛倒洞张五郎、梅山启教翻天倒挂张五郎、翻天打倒张五郎、祖师张五郎、坛主张五郎、翻坛五郎、耍山五郎。甚至还有认为他叫陈十五郎，或就是张赵二郎的另一个名称的。叫法虽有不同，但对其作为梅山法主、启教、祖师的地位，则都是确认的。其造型为一个红衣绿（蓝）裤、

1　详见谭孝红《透过文本说临武傩戏》，《中国湖南临武傩文化国际学术研讨会会议手册》，中国湖南临武傩文化国际学术研讨会编辑委员会，2012年4月，98、99页。

双手撑地、两脚朝天的倒立山民，也是一致的。其神位，为下坛之主，建筑在堂屋神龛之下或旁边，不上正中神位，也是基本一致的。[1]

要了解这位傩神，先必须了解“梅山”概念的基本含义。据《宋史·梅山峒蛮传》，梅山是今湘、资、沅三水中段山地在唐晚期至北宋中叶的旧称，历史上主要为九黎、三苗的遗族聚居。[2]宋神宗熙宁五年此地归化建县以后，这个名称的地名含义被新建的新化、安化二县分割，新化县为上梅山，安化县为下梅山；族称含义则被当年不愿归化，举家西南迁徙和部分被允许聚居于今新化县以南、城步苗族自治县以北、雪峰山主峰周边山地的苗瑶侗壮诸族先民沿用。明正统十四年（1449），贵州爆发苗民起义，景泰元年（1450）三月，朱明宗室封驻宝庆的广通王和武冈的崇阳王伺机策动绥宁、靖州、会同和新宁一带苗民起事响应，连攻辰溪、叙浦、沅州、新宁、安化、湘乡；景泰二年（1451）正月即公开亮出反旗攻长沙、宝庆、武冈等处，整个梅山峒区陷入战乱。“宗室二王”被朝廷设计幽禁后，峒区苗民即陷入更严峻的境况，又有人陆续举家西南迁。[3]到弘治十四年（1501），新化人李再万、李再昊兄弟被迫以“天王总兵”名义率“四十八寨苗獠”起事，不久即失利，又导致规模最大的一次（人数约 6 万）先民群体迁往岭南事件发生，基本形成了此后“岭南无山不有瑶”的满天星格局。梅山，则就此成为今西南各省区以瑶胞为主体的诸多兄弟民族心目中的“祖山”。[4]

梅山祖师张五郎，实际上就是这片山地上诸多民族祖灵崇拜的集合体，重叠了先民众多英雄祖先的身影。他的神格，是“猖兵之主”，来源于《史记》所述九黎首领蚩尤的“兵主”；他的造型，是个倒立山民，来源于畲人和部分苗瑶同胞的始祖盘瓠和桂中瑶人的“五方开方先公”[5]；他的名号，

1 详情请参阅拙著《梅山蚩尤——南楚根脉，湖湘精魂》第八章第一节，湖南文艺出版社 2012 年 9 月版。

2《宋史·卷四百九十四·列传第二百五十三·西南溪峒诸蛮下·梅山峒》记：“梅山峒蛮，旧不与中国通。其地东接潭，南接邵，其西则辰，其北则鼎、澧，而梅山居其中。”其核心区即今湘中的雪峰山区。

3 伍新福《湖南通史》，湖南出版社 1994 年版，544–549 页。

4 详情请参阅李新吾、李志勇、李新民《梅山蚩尤——南楚根脉，湖湘精魂》第三章第一、二节，湖南文艺出版社 2012 年 9 月版。

5 盘瓠倒立神像可参阅宋兆麟《巫觋——人与鬼神之间》，学苑出版社 2001 年 12 月版，卷首《畲族祖图》。瑶族五方开方先公倒立神像见广西恭城县博物馆藏俸姓瑶人清乾隆《梅山图》，有复制件展出。

则源自宋末元初上梅山的抗元义士张虎。据《宋史·文天祥传》、《元史》的《世祖本纪》、《地理志》和《阿里海牙》、《奥鲁赤》、《郭昂》等纪、传和清道光《宝庆府志·大政记》记述，张虎是宋末新化、今冷水江市金竹山镇杨源村人，宋端宗景炎二年（1277）即元世祖至元十四年，三月，响应文天祥“召湖南溪峒勤王”的号召，在宝庆（今邵阳市）起兵抗元，原梅山峒民群起响应，一举收复了新化、安化、益阳、宁乡、湘乡诸县，致使元朝政府不得不把荆湖行省省治从武昌搬到今长沙，调集重兵围剿。文天祥被俘时，张虎也曾被俘，但他诈降逃回梅山重新起兵，南宋灭亡后竟还兀自坚持了两年。五年抗战的结果虽然是兵败被杀，也使他从此成为总领梅山诸峒猖兵之神，受到峒区及周边地区社会各行业的敬奉。他名号中的“翻坛”，意指他曾被俘诈降；“倒峒”，是指他曾收复峒区五县；而“张五郎”，则出自他的排行和“虎”字的谐音。使用这样的名号和安置在下坛的神位，保存的是山民应对蒙元官方针对“南人”残酷高压政策的记忆。

综上所述，在辨析长江中下游地区民间文化元素渊源来历时，当地民间信仰体系中有没有倒立神，这个倒立神是不是立在下坛，是不是名号张五郎，就成了这个体系是不是与梅山民间信仰有关，是与梅山哪个时期的民间信仰有关的简易识别码。而临武油湾，虽僻处南岭山脉的高山之巅，却仍在“岭南无山不有瑶”民谚所指的范围。其师承来历的模糊难辨，则是事出有因。我以为，其主要原因就是出在王氏傩坛的下坛法主张五

王氏傩坛修复的张五郎及其神位（图片拍摄：谭晓吾、石萍）

郎缺位之上。

在2009年11月下旬初上油湾村之前，我就听湖南省文化部门的有关专家介绍过，油湾王氏傩坛的坛场装置中没有下坛张五郎倒立神像。临场目击，情况也确实是这样。第二天在县城的座谈会上，我问到会介绍情况的傩坛掌坛师王太保：“你的傩坛下坛是不是少了样东西？”他说是“少了个张五郎神像”。我问“怎么不安奉？”他说是“10多年前就被人偷走了”。而“偷张五郎”一事，其实也是梅山民间盛行的习俗，说法是“要偷来的张五郎才灵验”。所以我就没再追问了。2011年10月的重庆酉阳会议期间，与会的王太保说他们将在明年的学术会议期间表演傩戏，征求我的看法，我才提了“要尽量复原傩坛原有的装置，给学术研究提供一个完整真实的信息源”的意见。2012年8月再上油湾时，我特意留心了他的坛场装置，发现他已经重新雕塑了一尊张五郎的倒立神像，并且安奉在与古梅山峒区所有傩坛相一致的下坛神位上。我再找王太保问这尊倒立神的名号，他清楚地说是张五郎。据此，我以为，王氏傩坛的师源来历，肯定与元代以后的梅山民间巫傩信仰习俗有关。

二、王坛傩事的主要执事神祇是唐、葛、周“三元将军”

“三元将军”是中国南方民间对唐、葛、周三位道教护法真君的统称，典出《上清灵宝大法·卷二》。据《搜神记·卷二》记述，北宋祥符元年（1008）真宗在泰山封禅时，封唐宏为上元道化真君，葛雍为中元护正真君，周武为下元定志真君。“祠封大顶，建号三灵”。宋神宗开梅建县后，道教传入峒区，梅山巫傩法师们将其纳入自家神系，让他们担负保护人的三魂职责，称为“上元一魂唐宏将军”、“中元二魂葛雍将军”、“下元三魂周武（也有人写做周斌）将军”，主要在巫傩学徒行出师大典及出师后为替人收魂时请他们履职。景泰二年（1451）“明宗室二王谋反”事件后，梅山巫傩法派传入岭南，在瑶、壮、侗、仫佬等族群中形成以保护人的灵魂为主的法派，“三元将军”就此成为这个法派崇奉的主要神祇。法派弟子中以道士身份出现的，一般自称“道教梅山派”，以巫傩身份出现的，就干脆自称为“梅山教”。1991年后，中、法学者为之综合冠名为“瑶传道教”[1]。

1 胡起望，《论瑶传道教》，《云南社会科学》，1994年第1期，61页。

在梅山神系中，还有一个常被人与“三元将军”混淆的名号，叫“三元法主”。实际上这也是个统称，具体名号为教主、法主、座主，指称的是巫傩师的祖师、本师和度师三大主要师尊。其中，教主（祖师）指整个巫傩系统的主神，称为“元皇”，现在一般都附会为太上老君，称号出自唐王朝给太上老君谥上的“混元皇帝”尊号。即便是自称为“梨园教”、奉唐明皇和田元帅为“教主”的专业傩戏坛班，如新邵县坪上镇的周氏戏班，也认为自己的教门归属于“天下四万八千正教教门”，总教主是太上老君。法主（本师）指巫傩师所习各种科法的开山创法祖师，如张五郎，其称号之一就是“梅山法主”。座主（度师）也称“座师”，则指巫傩师本人所师从傩坛的掌坛师。这就是说，法主和座主，是两个多元一体的神号，如梅山峒核心区的冷水江市苏氏傩坛，“法主”就有梅山张五郎、道教闾山许旌阳真君、佛教南泉普庵大和尚等好几个；座主的具体担当者，则因具体传承关系而定，各个坛都是不同的。

而临武王氏傩坛所构建的傩神系统，不仅绝大部分出自“三元门下”，傩事的主要执事神祇，也是唐、葛、周“三元将军”。据当地学者整理的文本材料[1]和笔者在表演现场观摩访问所得印证，在整堂“舞岳傩神”的傩事流程中，构建傩事框架即最为重要的“许愿”、“装神”、“拨兵”、“会兵”、“出行”、“勾愿”、“造船”、“行船”、“烧船”等9大项仪程，所启请的主要傩神是“三元法主”；所调用的神兵神将是“三元将军”所部军队；所延请的丹青（彩绘开光）、处师（木雕）、木石工匠（造桥、造船），无一不是出自“三元门下”；所组织的“拨兵”、“会兵”、“行兵”等群体性军事行动，无一不以“三元将军”名义号令。这些事相，说明王氏傩坛法派，不仅与元代以后的梅山民间巫傩信仰习俗有关，而且，与明中叶（景泰二年，1451）以后在岭南、特别是桂北、桂东北山区形成的“瑶传道教”，有着更为直接的渊源关系。

三、王氏傩坛舞“岳傩狮”与梅山“傩头狮子舞”同出一源

临武王氏傩坛最主要、也是最重要的大型傩事是许、还“舞岳傩神金

1 详见谭孝红《透过文本说临武傩戏》，《中国湖南临武傩文化国际学术研讨会会议手册》，中国湖南临武傩文化国际学术研讨会编辑委员会，2012年4月，98、99页。

毛狮子良愿”，俗称“舞岳傩神”。舞岳傩神的关键性程序，是舞（表演）“傩狮舞”，这也是整堂傩事得名的由来。其形式，是以一个大型的彩绘木雕吞口做狮子头，连接一床约2.5米长、1.8米宽的红花方布（俗称“狮被”）做狮身，两个人在狮被下，一人以手擎狮头、一人以背撑狮身配合表演；同时另以一人戴猴面具扮演猴王，一人手持红绣球充当“宝珠”。其内容，是由演员持宝珠引导狮猴两兽争夺，讲述一个猴王智擒狮王、夺得宝珠，狮王从山上被牵下、途经长沙、衡阳时被“岳傩神”所度的故事。故事的结尾，则是这堂傩事的“福主”和全体村民争抢表演场中铺地的稻草，因为这稻草拿回去垫猪圈，能使“猪长得快”。这一关键性情节点明：这堂傩事的主题，就是“祈福”，“福”的具体诉求标的，是“六畜兴旺”。

从目前全国普遍存在的“舞狮”民俗考察，我们应可将这种民俗活动大致分做三大类型，即其社会功能主要为群众性集会增添喜乐元素的演技型、主要为显能夺标的竞技型和主要为表述群众的宗教性心理诉求的叙事型。临武王氏傩坛的“岳傩狮”，显然可归类于“叙事型”。而与此同类型

狮舞及其铺满稻草的舞狮场所（图片拍摄：谭晓吾、石萍）

争抢铺草（图片拍摄：谭晓吾、石萍）

的“傩狮舞”，在古梅山峒核心区，则曾是一种相当普遍的傩事活动。时至今日，这个核心区内，也至少还有新化邹氏、安化李氏和涟源谢氏等家族，在他们的世居村落里定点传承。

在表现形式上，梅山峒区各地傩狮舞和临武的“岳傩狮”，是大同而小异。其中主角狮王的造型是基本一致的，即上述的“以一个大型的彩绘木雕吞口做狮子头，连接一床约2.5米长、1.8米宽的红花方布（俗称“狮被”）做狮身，两个人在狮被下，一人以手擎狮头、一人以背撑狮身配合表演”，差异只在“狮头”吞口傩面的纹饰繁简、粗细和“狮被”面料的图案、色彩搭配。配角的设置，有一个“持宝人”也是一致的，各地的差异在于：新化水车邹氏的，配角有母狮和幼狮；安化滔溪李氏的，配角主要有母狮，同行的还有龙灯、彩车、武术表演队；涟源枫坪谢氏的，配角有牵狮人（类似于驯兽师）和猴王、猪精、土地爷共四个，同行的也有龙灯队和武术队。

在组织方法上，各地的共同之处在于：都是以族姓为基础的群体祈福民俗活动。差异是：临武王氏是以巫傩师为主要组织者和主要演员，而且是设置在一堂巫傩法事中作为一个特定程序敷演；梅山各地则是以族老为主要组织者，族人为主要演员，并且是作为一场独立的“舞狮子”活动进行的。其中，新化邹氏和安化李氏，在活动的起手和结束两个节点，必由族内巫傩师启请“五猖之主”张五郎“发猖”、“收猖”；涟源谢氏，则由族内儒教礼生（司仪）起手时“祭狮王”，结束时送“狮王归山”。

在活动的诉求目的上，同是“祈福”，但具体标的也是各有特色，且由各自不同的表演内容来表述。梅山各地与临武的差异是：新化邹氏的“傩头狮子舞”，由一公一母两头狮子以肢体语言共同表演进门拜祖、奋威、发情、交配、产子、辞祖等 36 个回合，表述“人丁兴旺”诉求；安化李氏的，由一头或几头（据李氏族人说最初是一公一母，后来家族繁衍分支聚居，演变成 5 个聚居的自然村都雕刻有一对或一头狮子）用肢体语言表演打尖锋、拜五方等开场行为，和团鱼挖沙、懒牛耕田、黄龙穿洞、乌龙甩尾、划将帅船、踏九州等 30 多个造型为主的曲目，配之以武术、龙灯表演，用于驱邪、求雨、驱蝗等具体目的；涟源谢氏的，则由一头狮子和四个傩神，用肢体语言热情演绎文王跑马、太公钓鱼、美女梳头、张屠杀猪、赵根打虎、马婆生仔、仙鹅抱蛋等 70 余个曲目的情节故事，配以龙灯、武术，以求风调雨顺、人畜兴旺，并向地方各族显示家族实力。

从以上粗略的异同比较中，我们不难看出，各地“傩狮舞”形态虽差异较多，但只是流传过程中不同的环境需求所致，其主体部分基本一致，说明它们应该出自一源，是同源而异流。那么，其源又在哪里呢？

众所周知，狮子不产于中国。据巫允明先生所爬梳，“‘狮子’作为具有驱除人间邪恶魔力的神兽，在早于佛教之前的印度教中已存在……佛教中的神兽‘狮子’是菩萨普贤的坐骑，被供奉于各寺院大雄宝殿释迦牟尼的身旁”[1]。丝绸之路开通后，从“出土于陕西古代长安附近周至县的汉代陶罐上，所展示伎人逗弄狮子的生动形态，便可推断当时的‘戏狮’已是众人皆晓的活动”，“杨衒之的《洛阳伽蓝记》中，从‘四月四日此象常出，辟邪狮子引导其前’的叙述，即可知北魏时的民间‘走会’中已充分体现了‘狮子’的宗教属性”。巫先生所述这些事相，不仅成型于临武王氏傩

1　巫允明《中国原生态舞蹈文化》，上海音乐出版社 2010 年 12 月版，130 页。本段文字中此注以下引言，出自同书 131–135 页。

坛形成的“大明成化年间（1465–1487）”之前，同时也在梅山开化建县的北宋熙宁五年（1072）之前。巫先生在其专著《中国原生态舞蹈文化》一书中，还以《略阳狮舞》专题介绍了四川省略阳县民间流传的《笑和尚耍狮》，“据说略阳《笑和尚耍狮》早年共有108个段子可进行表演，但目前只保留下不足一半。其中“狮子上老杆”、“懒婆娘赶场”、“美女梳头”等段子，是最被人喜爱的优秀节目”，“舞者根据剧情运用‘蹭蹭步’、‘蹉步’、‘抖灰’、‘扭摆步’、‘刷毛’、‘亮腰’等多种喜剧性动态，塑造青年男女、老婆、老汉等人物在日常劳动、生活中的情状和形象”。这些记述，说明远在四川东北的略阳狮舞，与湘中梅山、湘南临武的傩狮舞，不论是形式还是内容，都极为相近，应属同一“叙事”类型。

这样，我们按数学中求最小公倍数的运算法则，追溯各地同类“狮舞”之源，就当是北魏时期已有“辟邪狮子”活动于民间的中原古都洛阳了。

四、推论

（一）巫傩、狮舞融合于明中叶的梅山峒核心区域

这一推论的主旨是明确“傩狮舞”这一特殊的民间文艺品种产生的大致时间和地点，而“傩狮舞”这个名称中，则包含了“巫觋”、“傩舞”和“舞狮子”三大古代民间文化元素。文中把“巫”与“傩”合为一个偏正词组，以“巫”为“傩”定性，文意在框定湖南、特别是湘中傩文化诸多元素由巫觋信仰承载的共同属性，以区别于“大傩”、“乡人傩”、“军傩”等概念。“湘中傩文化诸多元素由巫觋信仰承载”一说，历史依据来自南宋时驻宝庆府的“湖南提举常平”胡石壁的著名判词《巫觋以左道疑众者当治、士人惑于异者亦可责》中的名句:“所追到木鬼戏面等，并当厅劈碎，市曹焚烧。”[1] 胡石壁是湖湘学派巨擘胡安国之孙，胡宏之子，湘潭人，名颖，字叔献，石壁是其号，南宋绍定五年（1232）进士。他既出身梅山东部较早移民进峒的儒学世家，又曾出任湖南提举常平实职，《宋史·卷四一六》为他所立的专传称：“性不喜邪佞，尤恶言神异，所至毁淫祠数千区，以正风俗。”这篇判词就是为禁毁宝庆一带“淫祠”而写的，其时距开梅山建新化县隶属宝庆府管辖约已170年，事由是他下令没收了巫觋的“木鬼戏面”并当

1 中国社科院历史研究所编校《名公书判清明集·下》，中华书局1987年版，548页。

众劈碎烧毁。“木鬼”即木雕神像，“戏面”即傩面具，此事充分说明，早在封建文化冲击梅山土著巫傩文化之前，梅山民间的傩文化元素，是由巫觋承载并传续的。

而据现有文献资料和学者研究显示，“舞狮子”民俗北魏时已成型于中原洛阳，可见相对于梅山巫傩传统，这一元素是后天引入的。引入、融合进而以民间“吞口”傩面当狮头成型的“傩狮舞”，就成了一个有别于其他地方“狮舞”的新品种，这样才有了追溯其产生的时间地点的必要性。

而本文推论的第一点“巫傩、狮舞融合于明中叶的梅山峒核心区域”的理由，因为有直接记述的文献资料太有限，笔者就只能用“排除法”来推演了：

1. 临武王氏傩坛所给出的传习时间上限是“大明成化年间”。

2. 临武王氏傩坛传习有“瑶传道教”元素，而“瑶传道教”傩事中未见有“傩狮舞”活动踪迹。

3. “瑶传道教”法派的传承主体是明景泰二年（1451）“明宗室二王谋反”事件后才开始迁离梅山本土，其大型傩事活动只有“庆盘王”、“度戒”和“梅山会”等，未见有“傩狮舞”，可能是他们迁离时，“傩狮舞”还没有成型。这一点如果成立，那么，“傩狮舞”成型的时间上限，就不可能早于明景泰二年，即公元 1451 年。

4. “傩狮舞”在古梅山峒区主要存现于新化、安化和涟源三县市，新化以南各县市也未见踪迹。在明、清两代，这三县市属于宋时“经制”的新化、安化两个县，即古“梅山峒”的核心区；新化以南仅有武冈、绥宁、城步三个旧县。今城步三县以北、新化以南的新邵、隆回、洞口三县地域多属“蛮峒”，为弘治中大举南迁的“四十八寨”瑶族先民和他们的后代所居。

5. 弘治南迁先民的原居地至今没见“傩狮舞”踪迹，说明“傩狮舞”成型地可以排除这个区域，剩下的就只有新、安两县所属的核心区了。

6. 综上所述，梅山傩狮舞应是明景泰至成化（1450–1487）年间成型于新化、安化一带。

（二）临武王氏傩坛师传主脉源自梅山巫傩

这个论点依托于如次两个基本前提：一是“傩狮舞”对于临武的王氏傩坛和梅山本土的所有巫傩坛而言，都只是傩事活动中的一个部分，而且既不是傩事主体，更非傩事全部。即便是在以其得名的王坛“舞岳傩神”活动中，它也只是全部23道仪程中的一道。[1]二是王氏傩坛所属王氏家族原居地曾为“宝庆府”，即今天的邵阳市。据王太保2009年11月下旬在县城的座谈会上介绍，他所归属的油湾王氏祖籍山西，历迁湖北、湘西、宝庆府、新宁县，至明成化年间，才迁到今油湾定居。如果这条迁徙路线无误，则“临武王氏傩坛师传主脉源自梅山巫傩”推论，以及前述的“张五郎”、“三元将军”和“傩狮舞”各个节点，都顺理成章地找到了流传演变的承载依据。这一推论的逻辑环节是：

1. 临武王氏傩坛的开坛始祖，即当地文本所述其“十七世祖思能公”学法开坛于“大明成化年间”[2]，这一开坛时间节点，应也是其迁至油湾定居的起始时间。

2. 王公思能的学法地点，当在宝庆府或新宁县某地，此地与其北梅山核心区的新化、安化县，当时均为隶属宝庆府管辖的“经制县”，这样，他才有可能学习到以倒立神张五郎为“法主”、“兵主”的梅山巫傩法事。

3. 定居油湾村并开宗立坛后，其后代掌坛人又接受了岭南“瑶传道教”影响，以“三元将军”为傩事执事主神，并根据地理位置所在的当地民俗，形成了“舞岳傩神”这样以巫傩法事为主体、以傩狮舞为标志的、独具一格的地方傩事仪式。

4. 如果王思能之前的王氏远祖从山西经湖北、湘西到宝庆的迁徙路径属实，则还存在其远祖途经中原时传习了洛阳发脉的“舞狮子”习俗并将其携带到了宝庆，新化成为宝庆所辖的经制县以后，王氏传习的“舞狮子”与新化土著的巫傩法统融合，传到思能公一代时迁居临武，其后代又融入了“瑶传道教”元素，才形成今天的与梅山核心区“傩狮舞”同源异流格局的这么一种可能性。[3]

---

1 详见谭孝红《透过文本说临武傩戏》，《中国湖南临武傩文化国际学术研讨会会议手册》，中国湖南临武傩文化国际学术研讨会编辑委员会，2012年4月，98、99页。

2 同上。

3 另一种重要的可能性仍是“江西传入说”。明洪武年间的“两江填湖广、湖广填四川”“军屯”大移民，有相当于湖南本地人口总量十分之一到六分之一的江苏、江西“戍兵”及“军余（家属）”移驻湖南各县屯垦并就此定居，将北宋“靖康之难”后流入长江下游地区的洛阳“舞狮”民俗带入湖南各地，是完全可能的。此事详见《梅山蚩尤——南楚根脉，湖湘精魂》第四、五、六章各节。

5. 不论第 4 点可能性存不存在，都不影响本文的主要推论，即临武王氏傩坛的师传主脉，源自梅山巫傩。

（三）说明

由于笔者对临武王氏傩坛了解、掌握的材料太有限，立论依据不稳固的可能性必然存在，论证也尚嫌粗疏，祈学界各位先进不吝赐教，以利对其渊源来历的探讨逐步接近史实。

管窥湖南临武民俗活动
——许“舞岳傩神”愿有感

中国艺术研究院　巫允明

2009年仲秋，我有幸到湖南省郴州市临武县大冲乡油榨湾村，观看令人耳目一新的民俗活动——许“舞岳傩神”愿，民间俗称“神狮子”。

临武县大冲乡油榨湾村，位于湘南骑田岭与桂岭两山脉环抱的马侯岭丛山密林之中，其地势陡峭、崎岖、海拔高、多雨雪、交通闭塞，即使有着珍贵的天然资源，也导致宋代之前为难见人烟的荒芜之地。据当地史料记载，至宋代康定年间王氏始祖仁鞠公迁至蓝山县开基立业，以后几代分别围绕蓝山县周边定居。明代天顺年间第十七代祖思能公，卜吉相距不甚遥远的油湾为风水祥顺之地，便带领族人迁徙至此地立业、发展。

起源于先秦时代的“傩仪”，随着中原文化向广大农耕地区传播与发展的同时，各地民俗与地方信仰的不断融入，逐渐形成了具有丰厚文化底蕴的“傩文化”类活动传衍于民间。明代建立后，力主重振华夏文化而首推中国本土宗教“道教”，致使上至两都、下至偏远村镇中大小“道观”如雨后春笋般林立，信奉者如潮。与此同时，明始祖朱元璋为稳固西南边防，在相当长时间内不断从盛行“傩文化”风俗的江西、安徽、浙江等多处调集军兵数万，经湖南、湖北至贵州等省屯兵驻防。文化与习俗最为重要的传播与演变方式，莫过于随人群的迁徙和与落足之处民俗的结合。而当时已成为浙、赣、皖地区百姓精神寄托的民俗活动“傩仪”，以及具有娱神兼娱人双重功能的“傩戏”，便自然而然地被带入两湖及西南地区。

综观流布于我国各地的“傩文化”活动，虽从“开坛”请神直至“闭坛”送神全部民俗仪礼所使用的程式几乎相同，如“傩仪”活动中，傩坛布置、神职人员服饰、所使用法器种类、卜卦方式以及符箓撰写等等，无一不与道教的教义、文化内涵以及做“道场”的仪轨等等有着密切关系。这种“傩文化”活动多与道教程式相结合的共同点，我认为与明代大力推崇道教和中原文化有着难以分割的关系。但只要深入观看不同地区的此类活动，即又会发现不同地区的民众在延续古代“傩仪”传统文化和接受道教仪轨的前提下，因融入了不同的地域文化及民俗，而以各地的不同特色构成我国民间传统“傩文化”活动大花园中之奇葩。

位居湘南临武县、湘中冷水江市和湘西新化县三地所举行的“傩文化”活动，均保持较浓厚的道教文化因素，但又因道教门派不同和周边民俗文化的差异，使这三地同类型的“傩文化”活动中均独领风骚、各具特色。

临武县大冲乡油榨湾村的民俗活动许“舞岳傩神”愿，即“神狮子”，是由王氏家族自明代至今经若干代法师在几百年的历史过程中，将传习于浙赣等省已具有道教文化因素与仪式程序的“傩文化”活动传入油榨湾村后，又根据家族与当地民众之需，不断融入湘南地区文化、习俗、多种宗教信仰以至早期巫术等，而逐渐成熟为一种具有综合性文化内涵、服务于王氏家族进行“许愿”、“还愿”之需的习俗活动。由于至今在许“舞岳傩神”愿民俗活动中，还包含为娱神而舞的传统“傩戏”，以及在“拨兵·请神”、“斩鬼·祈福”程式中所展现的“路祭”，这种在今日已不多见的仪式以及颇具特色的娱神“傩戏”，不但成为国内外傩学界与民俗专家瞩目的亮点，同时也受到各级文化部门的重视，以“临武傩戏”项目为名，跻身于2009年“湖南省非物质文化遗产”名录。

油榨湾村为本家族成员所需而举办的许“舞岳傩神”愿活动，仪式场地并非限于祠堂而是根据程式所需选择地点。该活动虽有着浓厚的道教文化氛围，但置于祠堂的崇拜偶像却是以两位家族祖先为主，所敬奉的神祇均为“舞岳傩神”范畴诸神而别于中原传统“傩神”。从“许愿”到“还愿”时跨两年的整个仪式活动过程中，我有幸见老掌坛师王本佑与王太保法师所主持的仪式，他们父子二人始终以仪态庄重、游刃有余的潇洒之举，将各部程序贯穿于散发着古老风采的“道场”仪轨之中，并与王氏家族近百号人马娴熟呼应，更添加了活动氛围的古朴与肃穆而令人震撼。此外，于村外三岔路口所举行“拨兵·请神”与“斩鬼·祈福”程式的“路祭”：在充满浓厚乡音乐曲伴奏下，傩队前往村口的浩荡；村外三岔路口将神灵偶像与“舞岳傩神”众神面具排列于红布之上所呈现的“祭坛”；于“斩鬼·祈福”过程中，关云长与众神在远处的呐喊，以及为驱除魔怪、福祉永驻而在喧天锣鼓下高举火把的迅跑……这紧张而精彩的幕幕场景，一一展示在被浓雾、细雨所笼罩而不见尘世一切的山野中的境界，至今每当我想起时仍觉历历在目使人流连忘返。事后，听当地老乡说，每当油榨湾村举行“路祭”，无论取于何时必定天色阴霾、小雨淅沥，看来天公也愿为世间的祥和而降甘露以涤浊。

随着历史的发展与延续，在继以古代“傩仪”为主的民间驱鬼活动中，为酬神和媚神而表演的所谓“娱神”程序逐渐得以发展和丰富，成为了“傩文化”活动在鲜活的历史长河中得以传留于民间的重要因素。因此，来自于中原文化、地方戏曲、民间音乐歌舞以及多种特技等等，纷纷融入“傩文化”活动而备受广大民众喜爱，而丰富和成就了被统称为“傩戏”的娱神程序环节。同样。油榨湾村许“舞岳傩神”愿活动虽以“许愿”、“还愿”为目的，但其中来自于传统“傩文化”的娱神部分也占有着重要地位与比重。与其他各地十分不同的是，此地现已被称为“傩戏”的娱神表演的剧目，并非是传承于传统“傩戏”的某些独立剧目，也不是源于民间的歌舞小戏或传说、故事的戏剧化，而是以“舞岳傩神”中的三娘、来宝、土地、关公、二郎神、狮王、猴王等神灵，共同演绎：三娘、来宝姐弟为寻找姐夫范石郎一路北上所经历的坎坷为情节，分段为《三娘关》、《夜叉关》、《云长二郎关》、《土地关》，融说唱、对白、表演为一体，颇具早期戏剧形态的剧目。有意思的是，对于看惯了传统剧目的人来说，在观看“临武傩戏”《三娘关》和《云长二郎关》时，印象更为深刻的传统剧目《孟姜女》中的“孟姜女千里寻夫”和“护皇嫂”等剧目的影子，总似浮云般地在远处飘浮、摇曳。看来，“临武傩戏”是在传统傩文化和临近南粤文化的两重影响之下，使三娘在自报家门时改为了家住“广东韶州府”的道白。也许这正是民间艺术所以能在不同地域得到演化和发展而更具有生命力的所在吧。

以艺人乔装表演的“狮子舞”，是东汉时期传入长安的西域假型类舞蹈。又因佛教也于东汉时期传入我国，并于唐代成为儒、释、道三教合一的信仰传播内地，备受广大民众崇信。而立于大雄宝殿释迦牟尼旁侧的文殊菩萨，以具有驱除世间邪恶魔力的神狮为坐骑，为此狮子便成为汉地民众心目中可荡涤一切魑魅魍魉之瑞兽，而以多种形式的“狮舞”表演进入了中原文化范畴，成为人们在各重大祭祀活动中不可或缺的内容，并致每逢年节，民众在爆竹声中饰演“狮舞”以求吉祥、康泰，便成为了中原地区的传统民俗。为此，不少地区在以驱邪纳吉为主旨的“傩文化”活动中，将不同形式进行表演的“狮舞”纳入仪式程序也就成为无可非议、顺理成章之举。

油榨湾村仪式活动中的亮点“舞狮子”，是以舞蹈形式来表现猴王与

梅

许“舞岳傩神”愿民俗活动组图

狮王在山中相会，为争夺宝珠而相互斗智斗勇，猴王最终与被擒狮王由北向南路经长沙、衡阳等地直至郴州临武，被“舞岳傩神”度回等情节的表演。虽然目前该“狮舞”的表演情节难以追诉其由来，但其中猴王与狮王最后被度回“舞岳傩神”所行经的路线方位与王氏祖先最后落户于油榨湾村是否存有蛛丝马迹之联系，应是以后可待众家的探讨内容。为体现瑞兽雄狮能为百姓驱邪纳福之神力，油榨湾村的“舞狮子”无论表演于室内、室外，无一例外地要事先在表演场地地面上铺撒稻草，任凭狮王在舞蹈中通过任意的踩踏、翻滚，使地面稻草被赋予除邪驱疫的功能，而使表演一旦结束民众便蜂拥而上争先恐后地捡拾稻草，挂在家中以驱邪纳吉。

在湘中冷水江市已进入国家级非遗名录的“梅山傩”仪式中，艺人在相叠的五张方桌上表演各种惊险技巧的节目“搬五台山”，实际应是源于现已失传于民国时期杨源张坛所表演，以人佯装狮子在高达九张方桌之上的“舞狮”，而经简化后改为由二人在五张方桌上演练技巧和表演“洗脸”、“洗澡”、“开荒”、“弹棉”、“纺纱”、“制鞋”等内容的哑剧片段。目前在举行两天以上的大型“傩文化”活动或民俗节日时，仍保留着舞于地面、具有简单情节的“狮舞”。如冷水江市梅山峒区枫坪镇枫坪村，由谢姓所表演以哑剧形式出现的近80个“狮舞”剧目，如《文王跑马》、《张屠杀猪》、《张根打虎》、《喜鹊衔梅》等都备受民众喜爱。至于冷水江市所属的一些地区，在表演具有情节内容的“狮舞”时也有舞于稻之上的记载这一事实，是否也曾具有驱邪逐疫因素，而与大冲乡油榨湾村的“舞狮子”具有异曲同工之处呢？是否应引起大家的注意而给予探讨，以填补民间传统文化传衍过程中的空白？

仅留存于湘西新化县水车与古城两镇的“傩面狮子”表演，是每年正月初一和十五两日，在举行“傩仪”活动分别处于头尾部分“发猖”与“收猖”两个程序中不可或缺的节目。该舞由四人分别装扮雄雌二狮、幼狮，“狮子郎”是在新春之际为驱邪逐魔、祈求添丁增口为目的进行舞蹈表演。该“狮舞”按情节分为十六段：一、朝天三炷香，二、钻被，三、舔毛，四、比翅（即互比高低、确认对方性别），五、发情，六、洗脸，七、翻狮皮，八、打滚，九、交配，十、撒娇，十一、怀孕，十二、滚球，十三、扫屋舍（即奋威驱邪），十四、产子，十五、叼钱（由雌狮叼点燃纸钱酬谢猖兵），十六、辞祖结束。近半小时的拟人化“狮舞”表演惟妙惟肖，尤其“产子”一段，雌雄二狮在相互边舞边紧靠后，紧接着在出乎人们意料的一个左右侧滚翻中，从母狮腹下呈现出了一只由孩童扮演、充满天真稚气的小狮子，顿时人们掌声雷动、锣鼓喧天，为新春佳节锦上添花。

新化县水车与古城两镇表演的“狮舞”所以称之为“傩面狮子”，出于“狮面”形象似狮，又有“傩仪”中驱鬼者“吞口”之像；冷水江市的“狮舞”也同样使用大型傩面为狮头；而细看油榨湾村的“狮子”，其实所使用的“狮头”也属于类似傩面的大型狮面范畴，而且三地均以形式相同的“狮被”佯装狮身。我个人认为，此点可说明处于湖南不同地区的临武县、新化县、冷水江市，在保留传统“傩文化”活动中的共性所在。

最后我还想对大冲乡油榨湾村参与许“舞岳傩神”愿民俗活动人员的“服饰”提出一点看法：众人皆知于明代初期，民间的传统“傩仪”活动便从我国东部的江西等省逐渐向西流布，经两湖至贵州等省及地区。“傩仪”的流传必然包括其中的各种程式、表演内容以及表演者的服饰和舞姿。而大冲乡油榨湾村参与许“舞岳傩神”愿中的人员，均以红色小花布包头一点，完全同于江西省南丰县石邮村参与“傩仪”活动者的装扮；另，在作为娱神部分的“傩戏”表演中，双人对舞过程中所出现的“对脚”、“相互换位”的方式与姿态，也基本同于南丰石邮村的傩舞。是否这两地在“傩文化”范畴中在“服饰”和“舞姿”方面存在着一定的流传与继承关系，本人目前未进行调查与考证，希望以后能得到有关人士的探究。

蓝山县过山瑶族信仰仪式的巫道构成及价值

湖南省文联　张劲松

2002年我出版了与人合作撰写的《蓝山县瑶族传统文化田野调查》(岳麓书社2002年版）一书，因该书报告的过山瑶罕见的古老文化遗存和立体的调查与撰写方法而受到国内外学界的重视,2004年获中国民间文化“山花奖”第二届学术著作一等奖，对中国民俗文化很有研究的日本神奈川大学教授广田律子由此书而对瑶族文化产生了浓厚的兴趣，2008年在日本成立了以她为所长的瑶族文化研究所，聘请我为客员教授。鉴于《蓝山县瑶族传统文化田野调查》一书对过山瑶信仰仪礼的很多资料尚未得到收集和整理，故中日学者便从对瑶族社会影响最大的度戒仪式的更细致深入的田野调查开始，其后又调查了“还家愿”和“收瘟送船”仪式。我们的田野作业是多手段的，用照相、录影、录音和文字记录下每一文化事项的全过程。再以整理好的资料为基础，向传承人作反复细致的访谈，以求调查的全面和准确。为了给更多瑶族文化研究者提供参考，神奈川大学瑶族文化研究所开设了专用网页（http://www.yaoken.org/)，依次把收集到的有关文献和音像资料公开，同时，还出版了《瑶族文化研究所通讯》(1–3号)，召开了两次国际研讨会（2009年、2010年）。经过多次的调查和与众多的瑶族文化研究者进行交流，我对蓝山县过山瑶族的信仰仪式有了更多更深的认识，2010年在日本举办的国际学术会上提交了《中国蓝山县过山瑶度戒仪式过程的信仰意义及度戒之功能》论文，此次国际会议我就本题谈点自己肤浅的看法，以求教于专家学者。

蓝山县过山瑶族信仰仪式的巫道构成

蓝山县过山瑶族现存的信仰仪式既有以巫文化为主的仪式，也有深受汉族道教影响的仪式。追寻过山瑶社会接受道教影响的踪迹：一是源自所居地区的民间道教科仪。二是为充实丰富原有仪式而将民间道教科仪与本民族的巫仪相嫁接。

先说以巫文化为主体的仪式。蓝山县过山瑶所有信仰仪式的执掌者都是不脱离日常劳作的“筛翁”（即巫师），民国年间手抄本的经书仍见“叩诚巫教”等词。这里族群、集群的还盘王愿，家户“还家愿”中的“还盘王愿”，集群的“收瘟送船”，非度戒者的丧葬科仪、烧尸巫术和狩猎法术等仪式，从仪场的设置、巫师服饰、所请神圣、法器法术、歌舞等都是本民族传承的巫文化。之所以说这类仪式的巫文化是为主而不是全部，是因为其仪式也受道教符咒的影响。在这类以巫文化为主的仪式中至今可见某些巫文化事项的原始性，如巫师纸剪神像的团鱼、鲤鱼、蜘蛛、蜈蚣、蛇、鸡公尾花、茶子花等等，这些所崇拜的动植物精灵源起远古。这里较原始的农作生产一年四季至今仍遭遇不同的天灾虫害，因此每季所行的具古傩遗意的“收瘟送船”仪式都祭祀时间爷爷，谓不同季节的时间爷爷是本季里能消灾除害以护农作物生长之神，四季的“时间爷爷”是史前就已产生并见诸商周仪礼的四季神。巫文化仪式中仍保留了原始的象文化，如“还盘王愿”仪式的“招五谷魂”科仪，巫师高擎一根系有“五谷”的带叶新竹，站立庙外高处，招兵师领着众巫师向四方五路高声呼唱“禾魂转哪，禾魂还哟，禾魂禾魂归笼仓”的招谷魂词。“收瘟送船”的一行人去到家户时，家户主人将装有如空稻壳、空包谷壳等粮食作物的空壳、水、火炭灰、猪毛、鸡毛等东西的小纸包放进竹篾扎制的小船里，最后将这些东西架在溪水上烧掉，让水冲走，谓是将各种瘟神送去大海。以五谷代表“禾魂”，以粮食作物的空壳、水、火炭灰、猪毛、鸡毛等代表天瘟、地瘟、水瘟、火瘟、六畜瘟等，这些都是原始时代就已存在的以物之本体为物魂或精灵之象的遗存。

蓝山县过山瑶受民间道教影响很深的仪礼有集体的“度戒”仪式，为度戒亡人举办的“大道场”仪式，家户“还家愿”前半段的“还缘盆愿、还催春愿、还五谷愿”等。追寻过山瑶社会接受道教影响的踪迹：一是源自所居地区的民间道教仪式，以度戒为例，蓝山县汇源乡过山瑶族度戒坛班的清代手抄本经书有的书“太上正一鸣扬传度加职保安清醮”，有的书“太上奉行正一先天闾梅诸司府驱邪院三戒法师”，有的书“太上奉行北极驱邪院川通闾梅二教三戒弟子”等。度戒坛班的经书以正一、闾山、梅山等教派为祖坛是可信和值得重视的，因为闾山教和梅山教是中国南方深受道教正一派影响的地方民间道教，而湖南地区的过山瑶族是信奉梅山教的主体民族之一，湖南的过山瑶在迁徙流转中也接受闾山教的影响。度戒仪式场张挂的主神除正一道的三清、玉皇大帝、四府、九天东厨、四值功曹、十殿及道教祖师等神祇，还有梅山教的“张赵二郎”，筛翁口诵经书所请也有闾山教的“闾山九郎”等。仪式的执掌者12位巫师，是为主醮师（亦称传度师）、引度师、证盟师、保举师、书表师、总坛师、同坛师、纸缘师、执香师、茶酒师、鼓锣师、吹笛师等。其中重要职掌的传度师、证盟师、保举师（亦称引度师）同于正一道授箓主持道师的师职名称。度戒的主要信仰科仪有：立众坛，落兵，立孔子誊录先师神位，拨三清兵、疏表兵、拨桥，封小斋，封大斋，拨加职兵、补充兵，影三清，寄魂，升锣鼓、串坛，请初夜道场圣，下禁，发功曹，接师接圣、安途落马、合兵合将，奏初夜黄表，请中夜道场圣，封刀、闭刀，升刀山、翻刀山、拔刀山，敕变刀梯，贺星、贺表，合星拜斗，还四府愿，大运钱，奏中夜补职黄表，请末夜道场圣，回奏功曹，挂大罗明灯，试开天门，敕变水槽、度水槽、拨水槽，供青词，上刀梯，敕变印、抛印，奏刀梯表、拨刀梯，度棘床、拨棘床，含犁头捧火砖，拨“扶罡扶诀”，升职位，游兵游将，奏迎兵表，签名押字，奏清词、贺清词，招兵、接兵、分兵，开斋，传大戒文，吃老君饭，合婚合伙，奏谢罪黄表，拆破宫门，谢师，送神，开禁，送库，拜师拜散，撤兵归坛，带新度兵归家坛、招五谷兵，送船等等。这些科仪名及内容有些可从道教经义和民间道教仪式中找到根据，有些科仪如谓能使度戒者人魂与天神地祇相通的翻刀山、度水槽、度棘床等“三度”及这些科仪中的刀山法、水槽法、棘床法等可能是道教科仪与当地巫术的演绎，而犁头法、火砖法、雪水法可能是道教利用巫法的再造和自造。[1] 过山瑶族接受道教影响的第二种方式是将瑶族巫仪与民间道教仪式相嫁接，如“还家愿”后半部的“还盘王愿”（即祖先愿）仪式源于视犬为图腾祖先的瑶族盘瓠神话，盘瓠神话在东汉的《风俗通义》中已有著录，晚于《风俗通义》约170年的《搜神记》又有“用掺杂鱼肉，叩槽而号，以祭盘瓠，其俗至今”的祭仪记载，可见还盘王愿仪式是瑶民族图腾信仰仪式的传承与发展。而“还家愿”仪式前半部的还缘盆愿、还催春愿和还五谷愿等科仪属民间道教科

---

1 张劲松《法术信仰与瑶族神话传说》，载《楚风》1991年增刊号。

仪，这显然是后来增入进去的，经嫁接而使“还家愿”仪式得以充实丰富。

前述两种受民间道教影响很深的仪式中，我们可见到不少巫文化内容。例如度戒仪式场张挂的神像有瑶族的“海番”，巫师口诵所请也有瑶族巫教神祇。再如仪式中巫法和道教法术互渗互用，虽然已很难分清哪些是巫法的，那些是道家法术的，但巫杖、牛角、各种赦变、收邪师、下禁坛、卜卦、藏身、禁忌、祈禳咒语等等当是来自巫法的。可见前述两种仪式是地方民间道教仪式和瑶族巫文化仪式的糅合及杂糅，糅合及杂糅的例子举不胜举，读者可参阅笔者的《蓝山县瑶族传统文化田野调查》一书和日本神奈川大学开设的专用网页（http://www.yaoken.org/）。

蓝山县过山瑶族的度戒遗存有汉人道教早期集体度戒的某些传统。如东汉张陵在巴蜀创立五斗米道时，其斋醮活动有道民的广泛参与，并形成一套礼仪制度。作为祭祀仪式前的清洁身心，五斗米道有厨会制度，以供道民斋戒。厨会分上斋七日，中斋三日，下斋一日。五斗米道的厨会守斋，要求禁断房室、五辛、生菜、肉食，一日仅食米一升。这种素食斋戒，称为“修厨会之具”。道民要祈神求愿，须先修厨会之具。[1]这种厨会制度往后延续的证据，在曹魏以后北方天师道唯一存留下来的教内文献《老君音诵诫经》也有记载。而蓝山县过山瑶的度戒，授箓者12人，是为集体度戒。作为仪式前的清洁身心也有七日斋戒，即度戒者在仪式正式起首前七日齐聚仪式场“吃斋”，严禁与妻子同房，忌食五辛、生菜、肉食，这当是汉人道教早期集体度戒传统的遗存。法国科学院东南亚及南中国研究所所长雅克·勒穆瓦纳教授也说：“瑶族道教直到本世纪仍保持着六朝时代（222–589）汉人道教集体度戒的传统。”[2]对蓝山县过山瑶为何遗存有汉人道教早期集体度戒某些传统的学术问题，有待学者深入研究。

蓝山县过山瑶的度戒仪式也存留某些巫仪演进为道教仪式的实例。如“上光”科仪由称为“上光童子”的四位师徒科演请师、上光（见日光）、猜光（以日为光）、引光（学法）、献光（献引光童子和功曹使者）等小科仪，目的是让上光童子的阳魂转为阴魂、以得阴阳相通而请来天神地祇，为阳人办事。最后上光童子“脱童”（即回转阳世）。“上光”科仪蕴涵的对光

1 张泽洪《道教斋醮符咒仪式》，巴蜀书社1999年版，278页。

2 雅克·勒穆瓦纳《论瑶族文化及有关问题》，载《瑶族研究论文集》，民族出版社1988年版，189–200页。

的崇拜和神话产生于史前，认为光先于万物存在，在所有的光中，以太阳光为最强，速度最快。“上光”科仪仍存较多的巫歌巫词，如祖师歌、盘王歌、三庙歌、海番歌、梅山歌、杨山歌、家先歌、南蛇出世歌、白象出世歌、土主歌、灶鬼歌等，“上光”应是模拟光崇拜神话的巫仪。宫观道教的“开光”，是使道教神灵法力附于道教物品之上，以为信仰者服务的仪礼。为神像“开光点眼”时，在殿外由一道士用镜子将阳光反映神圣眼睛中，以喻借太阳的神光使神像能洞察人间，这是视光为生命的符号、神力的象征。宫观道教的“开光”可能曾受巫仪“上光”的影响，是巫仪“上光”被道教演进为“开光”的实例。

蓝山县过山瑶族信仰仪式的价值

蓝山县过山瑶族传统信仰仪式中的许多内容及形式与当代社会的科学文明是相悖的，随着瑶族社会的经济和文化的发展，传统信仰仪式当会逐渐消失，但笔者作为学者在此应该提出，瑶族传统信仰仪式作为一种无文字记述的历史文化存在在当代社会仍有一定的价值。

一、学术价值

蓝山县过山瑶现存信仰仪式的巫文化根基深远，多元文化糅合的层积厚重，汇源乡过山瑶的度戒仪式竟历时 15 个昼夜，是巧妙地将度戒、度身、入道、巫师出师礼、还愿、祈禳等多功能集于一炉的仪式，这种内容丰富又具有独特性的民族民间信仰仪式，在民俗学、宗教学、文化人类学、历史学等多学科的研究价值是显而易见的。我们深入研究蓝山县过山瑶信仰仪式可为我们研究一民族一地区信仰仪式提供启迪，对民族民间精神文化的科学而深刻的了解，有利于当地政府制定民族民间文化建设与发展政策。

二、劝善戒恶价值

蓝山县过山瑶信仰仪式中有很强的劝善戒恶功能。以度戒为例，仪式要求度戒者必须走人生正道，修正心身，行善为本。度戒者从许愿之日起就必须以行善的规范律求自己，仪式开始的封小斋、封大斋等要诚心敬意地洁身清心，在挂大罗明灯、吃老君赐饭（亦名“吃合欢饭”）、合婚合伙等科仪中要诚心接受行善戒恶的言语戒文。所“传大戒文”之所以都是戒恶的条文，是认为人一生中最重要的是必须严守那些能够免灾避祸的道德底线。禳灾法事中常常掺入忏悔罪过的内容，表现了要求个人对从善戒恶的坚守。信仰认为：三代人不还家愿，不度戒，不在这些仪式中接受道德内化，其子孙会成为不正道的人，再年深日久，必灾难重重，最终走向灭绝。蓝山县过山瑶族地区旧时文化教育十分落后，民众几乎未接受过道德说教，但却自古民风淳朴，这与其信仰仪式的劝善戒恶功能有关。传统的劝善戒恶资源仍是当代瑶族社会所需要的，我们应该在民族教育中给予科学阐述，在歌舞艺术中加以表现。我们应该创造新的为民众所接受的文化载体，在继承传统劝善戒恶资源的基础上，增加适应社会主义需要的道德规范，以满足当代瑶族人民精神道德生活的需求。

三、文学艺术价值

蓝山县过山瑶信仰仪式的文学艺术资源是非常丰富的。例如，《盘王大歌》是“筛翁”在“还盘王愿”时吟唱于盘王圣像前的瑶歌，是历代瑶师不断创作、完善和收集民间歌谣而集成的最完整的史诗。蓝山县过山瑶的《盘王大歌》流传至今仍有上千行，内容丰富多彩。该县过山瑶科仪音乐古老和层积厚，正在对其作系统记录和研究的学者认为是非常独特而宝贵的遗产。该县过山瑶信仰仪式的舞蹈积层厚也较独特，主要有跳祭祀舞、踏踩罡步、挽手诀、掐掌诀等。祭祀舞达数十种之多，有请祖师神圣舞、招神兵舞、送神兵舞、开天门舞、关天门舞。有纪念祖先盘王的盘古舞，纪念先民渔猎生活的“串团舞”等等。罡步主要有七星罡、八卦罡、九州罡、八卦九州罡等。挽诀主要有老君诀、祖师诀、交合诀、和合诀、五雷诀、藏身诀、龙诀、鹤诀、虎诀、马诀、刀诀等数十个。关于瑶族舞蹈，笔者在《蓝山县瑶族巫师在还愿仪式中的身体技法》一文中作了详细介绍，此文是在日本神奈川大学召开的“所谓非文字资料即为人类文化的记忆与记录”国际研讨会上的发言，后来登载在日本出版的学术刊物上。

四、原生自然式旅游价值

蓝山县汇源瑶族乡湘南村和荆竹村所遗存的瑶族传统文化是非常丰富、最为典型的，该地自然生态环境也非常优美，如果以该村落的自然生态、古老的生产生活方式、尤其是古老文化为旅游内容，让游客亲身与当地瑶民交流，甚至亲身参加他们的劳作和感受当地的文化生活，定能在满足游客“求新、求奇、求乐、求知”的心理需求的同时，也能加深对古老文化的记忆和认识。如果借用艺术的创造对传统信仰礼仪进行符合当代精神文明的转型和创意，能使游客获得独特的精神美和艺术美的享受。

五、创意产业价值

前文已经提到，该县过山瑶信仰仪式的文化根基深，层积厚，风情别具，形式独特，遗存的文化母题、神话、传说、歌舞、曲艺等是动画、影视、电脑游戏、广告等创意产业非常宝贵的资源。

既然蓝山县过山瑶族的信仰仪式有一定的价值，故笔者期望学界、当地政府和民众对学术抢救和利用该文化遗存加以重视。

川西北尔玛人祭神驱邪的民间戏剧遗产

四川大学文学院　李祥林

“在少数民族戏剧领域里，还有不少是刚被开垦的处女地和尚待开垦的处女地”[1]，1984年5月在青海召开的全国少数民族题材戏剧创作座谈会上曲六乙有此言。会上，曲先生从作者、题材、剧种等多方面谈及中华本土的少数民族戏剧。他指出，目前已知有藏剧、壮剧、侗剧、傣剧、苗剧、彝剧、门巴剧、毛难剧等隶属13个少数民族的22个剧种（舞剧未计），但不见有羌族、水族、怒族等32个民族的戏剧，对此他感慨甚多。的确，长城内外，大江南北，多民族中国拥有丰富的戏剧文化资源。在此国度，除了以昆曲、京剧为代表的汉族传统戏曲，还有多姿多彩的其他民族戏剧。综观中华大地，汉族以外民族中确实还存在这种有待我们深化认识的“处女地”，比如川西北地区尔玛人祭神驱邪的民间戏剧。

一

“尔玛”是羌人自称，乃羌语之汉文译音。历史上，“羌”是华夏族的主要族源之一，其大部分已融入汉以及其他民族中，如今主要聚居在山高谷深的四川西北部。川西北尔玛人的民间戏剧遗产，以释比戏（从释比诵唱经文衍生）为核心，其多年来不在主流学界视野中。20世纪80年代出版的《中国大百科全书·戏曲曲艺》，集举国之力而成，该书“中国戏曲剧种”条目之后附有“中国戏曲剧种表”，列出的全国各地区及各民族剧种共有300多种，但是，不见有羌戏的条目。从收入书中的戏剧类型看，

1　曲六乙《漫谈少数民族戏剧的发展问题——在全国少数民族题材戏剧创作座谈会上的讲话》，载《中国少数民族戏剧丛书青海卷》，中国戏剧出版社1989年版。

有民间歌舞小戏，有少数民族戏剧，还有跟民间巫傩文化相关的区域性剧种，却没有载入既有演出剧目又有表演艺人的释比戏、花灯戏等羌族民间戏剧。类似情形，亦见于《民族艺术与审美》（青海人民出版社 1994 版）、《少数民族与中华文化》（上海人民出版社 996 版）、《全国剧种剧团现状调查报告集》（中国戏剧出版社 2005 版）等书，并非偶然现象。即使像十大文艺集成志书之一《中国戏曲志》，也由于当时学界的认识局限，未将尔玛人的释比戏作为少数民族剧种纳入书中。总之，长期以来，由于种种原因，人们对羌族民间戏剧的发掘和认识极为有限。然而，据笔者所知，在新中国成立不久的 20 世纪 50 年代后期，阿坝州汶川县已有根据羌族民间戏剧样式新编的剧目在刷经寺参加首届州文艺调演，只是亮相在州内而不为外界所知罢了。就这样，羌戏存在的事实和羌戏研究的缺席，成为多年来的悖论。

目前供职于高校的刘志荣是笔者的羌族朋友，在他与人合著的《羌族》一书中，介绍了尔玛民间歌舞之后述及羌笛和羌戏，该章节题目亦为“著名的羌笛和尚待振兴的羌戏”。《羌族》作为民族知识丛书之一，1993 年由民族出版社出版，其中“尚待振兴”四字即透露出该遗产的危机状况。作为省内傩学研究成果，20 世纪末笔者参与编纂的《四川傩戏志》中，为羌戏立有专条，云：“释比戏是羌族傩戏剧种，流传于阿坝藏族羌族自治州的茂县、汶川、理县和绵阳市北川等羌族地区，羌语叫‘刺喇’或‘俞哦’，习称羌戏。由于羌族祭神、祈吉等祭仪与戏剧表演均由释比主持并扮演，故以释比戏相称。”或者说：“释比戏是一种集祭祀礼仪与戏剧表演于一体的一种民间宗教色彩相当浓厚的‘神戏’。”[1] 大致说来，以释比命名的羌戏作品有《羌戈大战》、《木姐珠与斗安珠》、《赤吉格补》，以及《婚嫁》、《送鬼》、《斗旱魃》、《木姐珠剪纸救百兽》等等。2003 年出版的于一（汉族）、李家骥（藏族）、罗永康（羌族）等合著的《羌族释比文化探秘》，书中附录既有论文《释比戏考述》又有“释比戏剧本选”，后者包括《送鬼》、《赤吉格补》等剧目。在 2004 年问世的《羌族词典》里，也收入“羌戏”、“花灯戏”等涉及羌戏的条目。对于一等人合著之书，民族学家李绍明序赞其有“新的资料”和“新的看法”，傩学专家曲六乙序亦肯定该书“对专门演唱羌族诗史的释比戏的内容及其古朴、稚拙而独具原始戏剧的风格，进

1《四川傩戏志》，四川文艺出版社 2004 年版，54 页。

行了详细的描述和诠释”。可见，在四川本地，有识见的学术研究者对羌族民间戏剧遗产并未盲视。

从民俗艺术角度将尔玛人的释比戏纳入傩文化研究视野，盖在其原本属于仪式戏剧范畴。释比是羌民社会中沟通人、神、鬼关系的民间宗教人士，但其并不脱离日常的生产生活，他们也娶妻生子，他们也下地劳动，主持仪式时是神圣的法师，平常生活中是世俗的乡民，其身份在“圣”、“俗”转换之间。对于有语言无文字的羌人来说，释比熟知本民族社会历史与神话传说、主持春祈秋报的重大祭祀活动、进行驱鬼治病除邪镇祟，他们实际上是羌族传统文化的极重要掌握者和传承者，某种程度上堪称是羌民社会中的“精神领袖”，人们在生产生活中每逢大事要请他们到场唱经做法事。走访岷江上游羌族村寨，笔者常常听见乡民讲释比不是任何人都能做的，其对一个人的品德、行为、才智都要求甚高，“记忆力强，心无恶念”是最起码的标准。一般说来，根据所做法事性质及适用场合不同，释比唱经有三坛之分：上坛为神事，即向神灵许愿还愿，以村寨为单位，春播时许愿，秋收后还愿；以家庭为单位，因稀儿少女、爹娘生病、修房造屋而许愿还愿，向神灵祈求或答谢人寿年丰，合家安乐，地方太平。中坛为人事，以家庭或村寨为单位，做法事以解秽、驱邪、治病，或是在婚丧嫁娶时敬神祈禳等，主要是向神灵祈求人兴财发，林茂粮丰，人畜两旺，家庭或村寨无灾无难。下坛为鬼事，一般以家庭为单位，驱鬼治病，为凶死者招魂超度，打扫山场等等。[1]至于不久前成书的《羌族释比经典》，则是按照史诗、创世纪、敬神解秽、婚姻丧葬、天文历算、科技工艺、乡规民约等来划分篇章的。

人类学尤其重视“口头传统”(oral traditions)，因为归根结底，其远比书面文献有更悠久的历史和更丰富内涵。面对羌族这种迄今仍属有语言无文字的民族，就更需如此。“口头传统是指文化中非书面的故事、信仰和习俗。口头艺术是包括叙事、戏剧、诗歌、咒语、谚语、谜语和文字游戏。”[2]古往今来，尔玛人有发达的口述传统，体现在神话、传说、故事、歌谣、谚语、戏剧等方面，尤其通过堪称其社会中“知识分子”的释比们

1《中国原始宗教资料丛编羌族卷》，上海人民出版社 1993 年版，516 页。

2［美］哈维兰《文化人类学》(第十版)，瞿铁鹏等译，上海社会科学院出版社 2006 年版，449 页。

传承下来。据调查，依靠释比口述而流传下来的经文有数十部之多。从茂县羌族朋友向我提供的他们近年整理的《西羌古唱经》来看，其上坛经为：(1) 得为；(2) 勿邪；(3) 日堵；(4) 莫河而格；(5) 木姐珠；(6) 索初；(7) 啊日耶；(8) 兹；(9) 嗟波刹格；(10) 阿吧白耶。中坛经为：(1) 植；(2) 咭；(3) 耶；(4) 迷啊；(5) 择吉格驳；(6) 罗；(7) 如姑；(8) 格扭；(9) 别；(10) 养蜂酿酒。下坛经为：(1) 咄；(2) 独；(3) 而目；(4) 壳；(5) 拾八；(6) 白莫及苦；(7) 石；(8) 垮；(9) 格觉；(10) 耶；(11) 嗡；(12) 哦。各部经文名称为羌语音译，如"植"是请神开坛、"咄"是解秽驱邪、"索初"是启亮神、"勿邪"是分万物、"啊日耶"是排神位、"莫河而格"是修房造屋，等等。古往今来，释比唱经作为民间口头作品，尽管因流行地域、传承版本有别而出现多种异文，从总体上看，其内容皆跟尔玛人的社会历史、生产生活、精神信仰、文学艺术、风土人情密切相关。神奇的羌族民间戏剧，就孕育和生长在此厚实的社会文化土壤中，具有独特的价值和意义。

二

"以歌舞演故事"是华土传统戏剧的特征所在。较之汉区成熟的"代言体"戏剧，川西北尔玛人中洋溢着民俗气息的释比戏无论从表演形式还是从艺术风格看都古朴原始。释比戏表演不像汉族戏曲那样分行当，释比作为表演主体，他一人可以扮演多个角色，或唱男角，或饰女子，或扮神灵，或演魔怪，在角色的往来穿插中，全凭其语音语调、身段动作的变化来演绎故事。从表演看，释比的腿部动作尤其突出，多以双腿跳跃或单腿、单脚跳跃，前后左右交替进行，人称"禹步"。古有"禹兴于西羌"之说，羌人也崇拜大禹，称为"阿爸禹基"，视其为"先祖"，由此形成了"在地性"特色鲜明的叙事及符号系统[1]。在川西北羌区，如汶川、茂县、理县、北川，至今仍多有禹迹及传说且为人们津津乐道。以"5 · 12"地震后笔者赴岷江上游羌区做田野调查所见，对大禹的崇拜在今天尔玛人当中可谓有增无减。2011 年 5 月，笔者在理县桃坪寨读到地方学者为大禹像撰写的赋文，其开篇即称"西羌圣地，神禹故里"，继而曰"紫气东来，广柔神禹，光

1 李祥林《大禹崇拜在川西北羌族地区》，载韩国《中国地域文化研究》第九辑，祥明大学韩中文化信息研究所 2010 年 8 月出版。

耀华夏，一代圣王，彰显人杰地灵；霞光西照，文山古庙，石纽岩刻，一脉圣迹，堪谓物华天宝”。2012年4月，笔者赴茂县在岷江西岸的村寨走访，见当地人提及禹、羌、巫、傩关系时亦云："大禹，古羌统帅，一代君王，也是羌族首巫——释比的开山鼻祖。因长期治水，足腿有疾，在祭祀时，形成屈腿蹲胯的'禹步'，一直是羌族巫师——释比世代相传的独特步态"。如此表述，反映出当地人对此传说历史的"主位"（emic）看法，以及对大禹信仰的族群认同。

关于羌区释比的"禹步"，有日本学者撰写文章《从中国周缘地区看中国文明》，从文献与田野对应角度作了如下论述："这是端公祭祀时敲打羊皮鼓跳起的舞步。这种舞步在羌语中称为'布药检'或禹步。根据近年出土的《日书》——写在竹简上的占书可以看到，战国时代的人们外出或归来时，都会到城门祭祀禹神，保佑平安。禹步时在地面上画的五道线或四纵五横的九字格中起舞。汉代巫祝把这种步伐称为'禹步'。这被以后的道教所吸收，道士作法时踏出的舞步或步罡踏斗。中国神话研究大家袁珂这样说道：东汉末年，张陵在四川创立道教时，他融合吸收了羌人巫教的因素。另一方面，后世羌族端公礼仪中也大量吸收了道教的因素。"他指出，"端公和道士共同的祖师便是神话传说中的大禹。"[1]这位异邦研究者曾经深入川西北羌族地区调查，他说的"端公"在此指释比，乃羌族释比的汉语俗称，至于"道士"则是就汉区道教而言的。关于道教跟包括羌人在内的西南少数民族原始宗教之间的瓜葛，学界不乏论说。例如，向达在《南诏史论略》中以天师道初创之中心信仰为天地水三官，联系历史上巴賨李雄、氐族苻坚、羌族姚苌等皆信天师道及天官，他怀疑创立五斗米道的张陵入蜀地鹤鸣山所学之道"是氐羌民族的宗教信仰，而缘饰以《老子》之五千文"，钱安靖引此后指出："此论颇有助于揭开张陵入蜀鹤鸣山学道之谜。"[2]由此看来，尔玛人传统社会中释比唱经跳皮鼓舞的这种奇特步子，有着古老的起源。而从艺术人类学解读，由大禹王开创的这"禹步"，实际上是他"祭祀天地、山川、神祇、祖先和求神问卜时所跳的一种舞步"[3]，后世巫师效法之，并在民间演艺活动中得到发挥。

---

1 卢丁、工藤元男主编《中国四川西北人文历史文化综合研究》，四川大学出版社2003年版，79—80页、200页。

2 钱安靖《试论西南少数民族与道教的关系》，载《贵州民族研究》1983年第4期。

3 周冰《巫舞八卦》，新华出版社1991年版，80页。

作为祭神驱邪的仪式戏剧，释比戏有别于人们熟悉的舞台剧，其在尔玛人村寨中是随地作场的。神山、神林、草坪、庭院、堂屋，大凡有仪式活动举行之地，便有其亮相的“舞台”。如《送鬼》，是在主家的屋里；《斗旱魃》，是在村外的山上。从音乐构成看，释比戏唱腔音律起伏较大，节奏偏缓慢，每句唱腔的终结有延音，唱段与唱段之间、章节与章节之间夹有音调夸张的道白，民间把这种声腔称为“神腔”。至于伴奏的乐器，主要有羊皮鼓、盘铃、唢呐、锣、钹、镲等。服装道具方面，有猴皮帽、羊皮鼓、铠甲、竹帽、神杖、法印、铜镜、令牌、骨珠等。根据仪式活动需要，其在使用上自有讲究。羌人尊奉猴头祖师，相关的神话传说多多。猴皮帽尤为释比的身份象征，其作为神圣之物平时要供在神龛上，只有在举行仪式时才请出使用。猴皮帽用金丝猴皮缝制，无檐，呈山字形，帽顶从左至右有三个凸峰，一般认为其分别代表黑白分明、天、地（或曰代表天神木比塔、地神日布泽和祖师爷神）。帽子上装饰有贝壳，有的还饰以银牌等。表演中，若是扮演先圣神灵时，戴猴皮帽；若表演驱邪逐妖时，则戴竹帽；若是表现战斗场面或演唱英雄时，要披挂铠甲；若是表演一般人物时，则穿上日常服装，多为白衣、白羊皮褂和白围裙。如此安排，多多少少显露出程式化趋向。以上道具和乐器，诸如猴皮帽、羊皮鼓、盘铃等更是重要的仪式法器，具有民间宗教的神圣性，这是我们研究尔玛人民间释比戏时务必注意的。

有的释比戏剧目本身便是祀神驱鬼仪式，如汶川流传的《斗旱魃》。在岷江上游，尔玛人大多居住在偏干旱的高半山上，雨水对于他们的农耕生活意义重大。仪式分为几段：首先，由释比挑选某人扮作旱魃，让其去山林中躲藏起来；继而，释比指点村寨民众说天旱是因旱魃作祟，于是男女老少鸣锣执棍上山去捉拿之；接着，扮旱魃者被发现后拼命奔跑，释比率众人追赶；最后，精疲力竭的奔跑者被捉住，象征旱魃已被降服，甘霖即将降临。整个过程，既有角色装扮又有情景展演，既有仪式的神圣性又有游戏的狂欢性，从中可见戏剧性扮演与宗教性仪式合一，也可看到村寨百姓既是观众又是演员的身份重叠。这种双重性，原本是民间演剧特点所在。曾为“西戎牧羊人”的羌族，如今主要聚居在川西北岷江、涪江上游，以及陕西宁强、甘肃文县等，处于民族文化交流频繁的汉、藏之间。20世纪90年代，笔者在某次戏剧研讨会上遇见羌族友人罗永康，我们谈到羌族民间戏剧，彼此兴致甚高。会议结束后，时任阿坝藏族羌族自治州创作室主任的他给我寄来了他的文章《开发民族戏剧丰富巴蜀戏剧舞台》，其中述及释比戏等羌族民间戏剧时说道:“从现在搜集到‘释比戏’、‘花灯戏’的剧目中除了大量反映羌族神灵、英雄、历史的故事如《木姐珠与斗安珠》、《木姐珠剪纸救百兽》外，还有不少从汉地移植的剧目，如《关公保皇娘》、《赵匡胤千里送京娘》、《钟馗嫁妹》等等”。从剧目名称上，即不难看出文化上的羌汉交融以及汉地戏曲对羌族戏剧的影响，尤其是唱灯、跳灯这种民间演艺。

三

按照文化人类学理论,“释比戏”实为来自研究者的“客位”(etic) 叫法。那么，在尔玛人当中，他们对之的“主位”（emic）称呼如何呢？据羌族友人告知，羌语中对释比戏的称呼除了前述“刺喇”或“俞哦”，还有称为“比萨”（汉语译音）的。其中，“比”指释比，“比萨”即是就释比演唱而言的。羌语有南、北方言之分，由于处在山高谷深的复杂地理环境中，这条沟与那条沟、这个寨与那个寨之间的“乡谈”或“地脚话”亦往往有差异。因此，当地人对于释比唱经或演戏有多样化称呼，这并不奇怪。

释比戏《赤吉格补》取材于羌族民间故事，从宗教人类学看，其属于“坛戏”。剧中,“赤吉”是人名,“格补”指孤儿。根据剧情，赤吉年幼的时候，依多（羌语“成都”）来兵侵扰寨子，其父母双双遭残害。长大之后，“赤吉发誓雪仇恨”，率领兵马去攻打依多（类似战争在民间文学中多有言说，折射出过去汉族中心地带与周边民族地区的紧张关系，可供史学家研究）。几经交战，“依多败退羌兵胜”。此次发兵东行，赤吉的赤子之心和英雄精神得以彰显，受到族人尊敬，如剧末所唱：“胜利回到如波寨，羌民庆贺闹欢腾。九代猪膘拿出来，陈年咂酒才启封。犒赏兵将太辛苦，饮酒吃肉庆胜利”。这是一曲民族英雄的颂歌，反映了羌人的英雄崇拜情结。关于这位英雄，汶川流传的民间故事中还讲他在与戈基人的战争中曾立下赫赫功勋，成为“西沟羌王”。该剧作为仪式戏剧，又跟羌族民间宗教仪式有密切关联。在村寨祭神还愿等重大活动中，主持仪式的释比演唱此剧，从宗教层面看，是通过把英雄当做神灵来请出，达到驱邪逐祟的目的；从现实层面看，是通过调动起这种英雄崇拜情结，以增强羌民内部的族群认同；从审美层面看，是通过唱戏看戏满足大众娱乐需求。尔玛人信奉万物有灵，祭山还愿是其生活中大事，“在还愿会上，为增加娱乐性，提高本民族的凝聚力，释比还要借聚会搬唱羌族史诗《羌戈大战》，颂扬祖先神艰难创业及英雄业绩的传统史话《木姐珠与斗安珠》、《赤吉格补》等‘释比戏’”[1]。而将作为叙事诗的《赤吉格补》和作为释比剧的《赤吉格补》加以对比（今天整理的羌族释比经典中，二者皆有收录），不难看出彼此在内容繁简及结构安排上的异同，由此庶几可悟从前者向后者的演化。

走访川西北羌区可知，尔玛人向来有崇拜女神的民族传统。[2]其中，天王的女儿木姐珠（汉语译音又作“木吉卓”）尤是他们世代敬奉的女祖，《木姐珠与斗安珠》（或作《木姐珠与燃比娃》）的神话在羌区流传甚广，尔玛人相信天仙女木姐珠为他们制定了种种规矩，如其婚礼唱词有道“开天辟地到如今，男女婚配木姐定”[3]。又如，释比唱经《比格溜》（羌语译音，意译为“吆猪经”，讲述尔玛人自北向南迁徙到达岷江上游的历史），其版本之一讲述尔玛人与戈基人交战，是女神木姐珠用白石化作大雪山挡住了后者，帮助前者脱离了危险。除了祭山会上释比演唱的《木姐珠》，除了汶、理、茂、北四县流传的相关文本，尚有今人以“羌族神话戏”定位的《木姐珠剪纸救百兽》，后者是当代作家叶星光搜集的。剧中讲述铜羊寨头人为庆贺七十大寿，决定举办百兽宴尽显豪奢，于是逼迫打山娃子坑耿山保去施以“黑山”法术猎取动物，要他三天之内交出100条獐子。顿时，“山中遭大难，山神心如焚”。目睹此情此景，心地仁慈的天仙女木姐珠不忍心百兽惨遭杀戮，连夜赶回天庭向父王禀明情况，并且启运神力，用剪纸化为百兽作替代。最后，在众神的帮助下，打死了恶毒的头人和管家，拯救了山中百兽，铜羊寨人民重享太平日子。该剧包括“黑山”、“告状”、“除恶”等五场戏，另加序幕和尾声，有情节有人物，有表演有对白有唱腔，故事曲折起伏，人物形象鲜明，以惩恶扬善的大团圆结局告终。剧末，铜羊寨民众拥戴坑耿山保为王，齐声唱道：“你是天王派来的使者，我们拥戴你为寨中之王。部落不能没有领袖，羊子走路全靠头羊。感谢天王除恶扬善，让铜羊寨重见太阳……”2010年6月，在某地举办的羌族文学研讨会上，笔者同叶星光这位来自阿坝州的羌族作家相遇，彼此以书相赠。我

1 非物质文化遗产代表作申报书《羌族释比还愿会》，中国古羌释比文化传承研究会编印，2005年8月。

2 李祥林《羌族民间文学中的女神崇拜与族群意识》，载《文化遗产》2012年第1期。

3《中国歌谣集成四川卷》，中国ISBN中心2004年版，1013页。

向他询问昔日搜集整理《木姐珠剪纸救百兽》的情况，他说这是 20 世纪 80 年代初深入理县偏远山寨所得，该羌戏曾在汶川、理县等地民间流传，但随着时代变迁和岁月流逝，今人已知之甚少。关于该戏，他还曾撰文加以介绍。

根据文献记载和田野考察，唱灯、跳灯也是尔玛人喜闻乐见的文艺形式。如《羌族》一书所言："'花灯戏'，源于民间，所反映的全是羌民族向往和理想中平静安宁的生活，如萨朗舞一般的轻松自如。"[1] 所谓"萨朗"，乃羌语之译音，意为"唱起来，跳起来"，指尔玛人的民间歌舞。在尔玛人中，唱灯跳灯见于涪江上游的北川，也见于岷江上游的茂县、汶川等地。譬如，汶川过去春节期间有唱灯队伍，游走于村寨间，表演时"拉土制胡琴以配音提调"，剧目有《正月去看灯》、《朝贺庙宇宴》等等。又如北川墩上乡，有"许家湾十二花灯戏"。位于大山中的墩上乡在北川西部，与茂县接壤，是北川通往茂县、松潘地区的关口，其地势西北高东南低，海拔 840—3033 米，面积 67 平方公里，分为 5 个村，羌族占全乡人口的 90%。该乡岭岗村原名许家湾，当地羌文化保存较好，如木姐珠神话在这里便有流传。该地花灯表演有特色，其原本是乡民庆贺丰收及春节时围灯边唱边舞的"跳灯"，后来民间艺人在此基础上将动作改编，配以山歌曲子，发展为有故事有情节的"灯戏"。表演者手持五彩灯笼，故以"花灯"名之；所谓"十二"，乃指花灯十二盏。花灯招乡民喜欢，其演唱内容也跟尔玛人的生产生活贴近，如《闹元宵》："说一子，道一子，正月里来舞狮子，二月春分孵蚕子……"许家湾花灯戏的主要内容，是讲天神木比塔的七个女儿来到人间拯救受苦受难的羌族百姓的故事。立足原型批评，从中可以看到以女神崇拜为基础的救苦救难的"女超人"式神话母题。当然，花灯表演艺人亦可根据时间、地点、场景即兴创作唱词，灵活自由。从民间信仰看，花灯在尔玛人心目中是神的象征，能驱邪逐鬼、镇恶除祟，且听释比唱经："天上挂月地上灯，普照凡民免灾星，上照三十三天界，下照十八地狱门……"（《敬灯神》）总之，跟尔玛人生活及信仰息息相关的花灯戏表演，对他们来说不单单是供娱乐的，也不是随随便便的事情，这从演出前艺人要去庙里祭拜神灵可知。"神灯一照，鬼魅难逃"，村寨民众对此深信不疑。

---

1 周锡银、刘志荣《羌族》，民族出版社 1993 年版，120 页。

四

非物质文化遗产保护，以技艺传承为头等要事。释比戏的表演主体是释比，其技艺传承非释比莫属。释比文化的传承，或子承父业，或拜师学艺，有严格的学艺要求，不是简单容易的事。笔者曾去汶川龙溪沟深处的巴夺寨做田野调查，这一带是岷江上游羌区有名的释比文化传承地。该寨有余姓“释比世家”，其传承谱系已有六代，从第一代余尚德（生卒年不详）到第五代余世荣（1949 年出生）均为本姓家族传承，第五、六代既有本姓家族传承的余正荣、余正国（1982 年出生），也有异姓师徒传承的朱金龙（1951 年出生）、杨林（1982 年出生）等。2006 年据阿坝州友人马成富告知，释比戏传人有茂县的龙国志、肖永庆，汶川的余明海、余世荣和王治升，理县的王九清、王定香和韩全保，等等。回顾本土半个多世纪的历史，由于极“左”思潮冲击，释比文化长时期都被粗暴地视为“封建迷信”扫地出门。2001 年，中、日双方合作调查四川、甘肃的羌族文化，就指出释比“最近 30 年来，呈快速衰退的趋势”，释比唱经“也随着一代代的传承而日益不完善”[1]，十分令人担忧。岁月流逝，羌族释比文化传承者的数量在不断减少，他们中好些人年事越来越高，如王九清、龙国志、余明海这些知名度响亮的老释比已离世。村寨中，主持仪式的老释比越来越少，全面通晓释比技艺的释比更是屈指可数，尔玛人古老的释比文化遗产濒临绝境，亟待抢救保护。同样，有如释比戏，羌区灯戏受学术界的关注亦相当有限，而“5 · 12”地震又加大了尔玛人这份民间文化遗产的濒危度。由于种种原因，民间灯戏传承今在川西北羌区亦不乐观，如许家湾花灯戏，队伍老化，人员递减，愿习此艺的后继者缺乏，这也是行内人士时有的感叹。

2008 年骤然发生的“5 · 12”大地震，中心恰恰就在川西北羌区，使尔玛人的文化受到重创。2012 年 6 月 16 日在香港中央图书馆，笔者应邀做关于四川文化遗产的专题讲座时，多次讲到这点。据当地报告，“5 · 12”地震使“40 多位羌族文化传人罹难，有些文化项目成了绝唱。汶川龙溪乡 3 位释比遇难。北川羌族自治县 6 名羌族音乐、舞蹈创编人员全部遇难。禹羌文化 7 名研究人员，其中 5 人罹难。理县的佳山寨、若达寨、西山寨；

1 卢丁、工藤元男主编《中国四川西北人文历史文化综合研究》，四川大学出版社 2003 年版，79—80 页、200 页。

汶川的萝卜寨房屋全部倒垮，萝卜寨死亡 44 人……”[1] 再看省级文件所言：“羌族聚居区是汶川地震核心区，羌族文化赖以生存的生态环境遭到严重破坏，部分处于半山、高半山的羌族民众被迫离开了自己的家园。非物质文化遗产的载体遭受毁损，一大批传统羌族民居受到不同程度的毁坏，如汶川萝卜寨房屋全部垮塌，列入世界文化遗产预备名录的羌藏碉楼部分垮塌。以大禹文化为特色的民间传说载体、民族信仰及相关遗址受到严重毁坏。”[2] 羌区环境受损情况，以汶川为例，“汶川县原有耕地 106500 亩，地震导致灭失土地 42000 亩，严重损毁 48000 亩，仅存 1 万多亩耕地”。[3] 生存环境被破坏，使高山上有的尔玛人村寨不得不整体迁往异地，如笔者走访过的夕格寨[4]。对这次灾难，冯骥才先生有个比喻：“整个震区就像受难的泰坦尼克号，船上多半是羌人。”为保护羌族文化遗产四处奔走呼吁的他指出，羌这个古老的族群跟中华民族有根脉联系，“他们的羌绣浓重而华美，他们的羊皮鼓舞雄劲又豪壮，他们的释比戏《羌戈大战》和民俗节日‘瓦尔俄足节’带着文化活化石的意味”，可是，“当我们还没有来得及对羌文化进行整理的时候，这个文化就受到了迎头的摧毁性打击”[5]。形势严峻，对于原本就边缘化在主流学界视野外的羌族民间戏剧遗产来说，抢救保护更是迫在眉睫。

2008 年是中国改革开放的第 30 个年头。对川西北地区尔玛人戏剧文化遗产的关注，也主要见于改革开放之后。20 世纪 80 年代，在政府主持下，为编纂十大文艺集成志书而进行的民族民间文艺资源普查中，基层工作者对这方面信息渐渐留意。新时期以来，随着“傩”文化研究成为学界热点，当年在四川省傩文化研究会同仁的田野考察和学术研究中，对包括释比戏在内的羌族民间文化遗产进行了有意识的资源访查和材料搜集。相

---

1 阿坝州羌学学会《保护羌族文化的报告》，http://hi.baidu.com/%CE%F7%C7%BC%D6%AE%BA%F3/blog/item/86f75e132fae84d5f7039ecf.html。

2《四川省地震灾后非物质文化遗产抢救保护与恢复重建规划纲要》，四川省文化厅编印，2008 年 6 月。

3《8 级羌震：4000 年禹羌文化之殇》，http://epaper.bjnews.com.cn/html/2008-06/18/content_223428.htm。

4 李祥林《南宝山上的羌民新村》，载《羌族文学》2012 年第 1 期。

5 冯骥才《羌去何处》、《快向羌族伸出援手》、《担当起文化救灾的责任》，均见《羌去何处——紧急保护羌族文化遗产专家建言录》，中国文联出版社 2008 年版。

关成果，如今较为集中地反映在2004年四川文艺出版社出版的《四川傩戏志》里。作为文艺集成志书编纂工作的延伸，《四川傩戏志》的编纂计划在20世纪末即定了下来，到2000年时完成了整部书稿，其体例基本沿袭《中国戏曲志》。作为该书编撰者，我们在书中有意识地加强了涉及“释比戏”的条目及内容。如今，“羌族释比戏”和“羌族花灯戏”已被阿坝藏族羌族自治州正式列入首批非物质文化遗产名录，2008年四川民族出版社出版的《羌族释比经典》中亦有“释比戏”专篇并收入剧目若干。此外，北川羌族自治县的“许家湾花灯戏”目前也被列入省级非物质文化遗产名录，并向国家级名录推荐。关于羌区民间灯戏，笔者另有专文论述，此处不再赘言。

台湾敬字风俗中的“送圣迹”仪式研究

台湾美和科技大学　吴炀和

一、前言

文字在中国有久远的历史，《周易·系辞》：“上古结绳而治，后世圣人易之以书契，百官以治，万民以察。”《淮南子·本经训》：“昔者仓颉作书而天雨粟，鬼夜哭。”汉代谶纬之学等在说明文字从发明开始，即与“权力”、“神圣”密不可分，“敬字”遂成为各朝代的普遍风气。明代以后因科举制度更关键性地决定社会阶级流动，因此以文人为主动力的“敬字”风俗逐渐形成、流行。清代，“敬字”组织在民间大量兴起，结合文昌信仰，成为文教风俗一环。

台湾是移民社会，清初大陆移民迁居本地，随着社会组织成熟，文教兴起，敬字风俗也在官员、地方士绅倡导下在台湾各地由上而下流传。清代普遍流传于台湾西部地区的“敬字”风俗，可说是整体汉文化中与教育密切相关的文化风俗模式，而具体表现为建筑敬字亭，举行“送圣迹”仪式。作为汉文化移入地区的台湾，开发初期属汉文化的边陲区域，然随着移民进入、社会组织复杂化及整体政治结构愈趋严密，传统的文化模式经由有心人士的传入倡导逐渐在此重建，台湾逐渐纳入成为整体汉文化的一环，以文人士绅为主要动力的“送圣迹”仪式也在文教事业兴盛后在台湾各地扩展。

二、清代台湾的“送圣迹”风俗

“敬字”风俗随着台湾地区开发先后，呈现从南至北、由西向东的传播过程。“敬字”是民间众多善行之一，清代各地区书院为主要推动机关；

文人、地方士绅为主要倡导者；成立敬字组织雇工捡拾字纸，并择期举行“送圣迹”仪式；凸显敬字风俗以士绅阶级为主体的特性。

清代，台湾地区的书院是“敬字”风俗的推动场所。祭祀五文昌[1]、魁星、仓颉等神祇，设置焚纸敬字亭、提拨经费雇工捡拾字纸、举行“送圣迹”祭典等是清代台湾书院的普遍现象，如《澎湖厅志》“卷九民俗服习”记载：

> 士民最重圣迹，鸠赀合雇数人，每月赴各乡拾取字纸，积贮书院中，每岁送之清流，沿为成例。举其端者，诸生陈大业也。同治十一年，绅士许树基、陈维新、蔡玉成、陈雁标、林琼树等议，于送字纸时，士子衣冠，齐集书院，以鼓吹仪仗，奉制字仓圣牌位，迎至妈宫；及送毕，乃返驾于书院。各澳轮年董理，于是四标弁丁及郊户商民，亦各备鼓吹，共襄盛举焉。[2]

同治十一年（1872）澎湖妈宫地区在士绅倡导下民众回应，举行盛大的送圣迹祭典。清代，台湾各地书院是推动“敬字”信仰的主体，地方士绅是推动的主力。

光绪十六年庚寅（1890）《点石斋画报·申集》记录一则台北府“恭送圣迹”祭典，文字详细记录送圣迹祭典盛大隆重：

> 台北府西门外，向有惜字文社一所，每届三年，将平日焚化之字纸灰送诸大海，本年三月二十日踵行是例，各绅士醵资赛会，备极繁华，前导有绣纛一面，上书恭送圣迹四字，次则鼓吹执事无不具备，最可观者有髫年女子九人演吴宫教美人战故事；其后者扮做男装，手执令旗，人曰此孙武子也；继以诸女子劲装古服，尽态极妍，端立于五彩制成之台阁上，而以十数人舁之而行。又有一人在帐内葛巾儒服，状若宿儒，帐前有童子十余人，皆衣冠整洁，手执书卷，识之者曰此仿马融设绛帐故事也。其余钟鼓亭、秋千架，五光十色，璀璨陆离，

---

1 台湾民间流行五文昌的说法。五文昌包括文昌帝君、魁星爷、关圣帝君、吕洞宾和朱衣星君，均为与文教相关神祇。

2 林豪《澎湖厅志》“卷九民俗服习”，光绪十八年（1892）编，台湾文献丛刊第164种，台湾省文献会1994年版，304页。

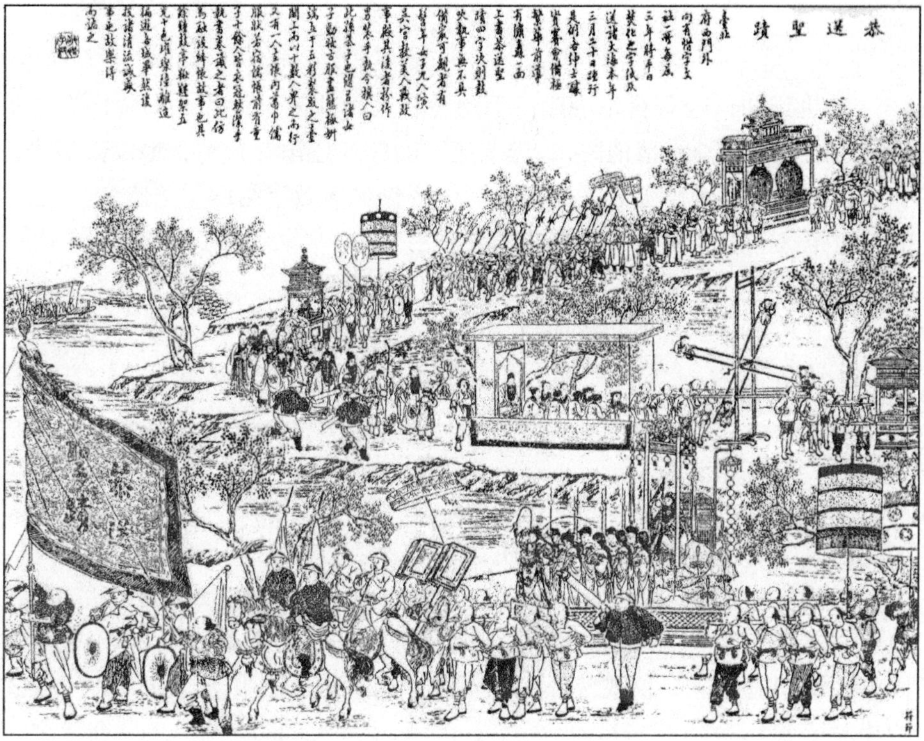

1890 年《点石斋画报》台北府恭送圣迹图

待遍游各城毕，然后投诸清流，诚盛事也。[1]

清代时期，台湾南北各地均有以书院读书人为主体所组成或推动的“送圣迹”祭典、字纸会，“送圣迹”祭典，具体表现对于文字的敬重，背后思维系来自于科举功名成就期望。清末废除科举制度，科举制度作为阶级流动的功能消失，台湾地区多数基于科举需求产生的“字纸会”也因废除科举、日人统治后改行新式教育制度而日趋没落。甲午战败，清廷割让台湾与日本，台湾受日人统治，实施日化教育，民众转而追求透过教育成就改变个人阶级身份的心理渴望并未消失，同样的心理动机正是支撑“送圣迹”祭典继续存在的动力。

1《点石斋画报 · 大可堂版》申集，上海画报出版社 2001 年版，第 7 册 102 页。

三、仪式的传承与转化

20世纪初，随着科举废除、书院被日人新式教育取代。书院作为送圣迹仪式的载体逐渐没落消失，“送圣迹”的仪式逐渐在台湾各地没落消失。

台湾南部高雄市美浓区尚存台湾地区仅见由敬字组织“圣迹会”[1]主导的“送圣迹”仪式；该会执事邱辛金表示：

> 感谢制字先师仓颉的功绩，将一年来搜集的字纸灰载至河边“行圣迹”。将字纸灰倒到河中，希望河伯水官把圣迹送到天庭，以前捡字纸的人，很多是没有读书的人，自动自发，希望作一些善事，后代子孙会更好。[2]

出人头地，正是这种心理动机的具体表现。

台湾高雄美浓“圣迹会”源于1920年由美浓地方文人钟作岳倡议，由地方鸾堂广善堂[3]为主体的地方士绅倡导建立，与明清代各地以书院为主体举办的“送圣迹”仪式筹办主体不同。前此地方上并无“送圣迹”仪式的相关记载。

圣迹会与鸾堂信仰结合，透过广善堂信仰圈的扩展，圣迹会有计划地在各庄头奖励捡拾字纸、敬重字纸的理念普遍深入美浓地区各庄头。加上成立圣迹会推动敬字纸祭典，逐渐形成美浓地区不同于台湾南部其他客家聚落的特色。“送圣迹”祭典在美浓地区的兴起关键，就在于一群地方精英有意识地提倡推动而成，也成为日后美浓地区的特色。敬字风俗，带有一定的正向的功利思维，正是这种思维激励一般民众接受敬字的理念，进而化为具体实践。

圣迹会成立初期“送圣迹”仪式并无详细记录。1951年后圣迹会运作实际上由广善堂接掌，固定于每年农历正月九日客家“天公生”的日子，举行“送圣迹”仪式。“送圣迹”仪式由广善堂主导后，结合原属广善堂

---

1 “圣迹会”地方上一称“字纸会”。

2 报道人：邱辛金，台湾高雄美浓。2005年7月20日。

3 鸾堂是台湾地方上一种以供奉关圣帝君（关羽）、孚佑帝君（吕洞宾）、司命真君（灶君）为主神，扶乩劝善、醵资济世为宗旨的民间信仰。

办理的宗教祭典仪式，包括：祭拜河伯水官、放生等组合而成，形成一种综合性民俗祭典仪式。在河边的仪式结束后，回到广善堂还有为“天公生”举行的诵经法会，所以初九日仪式是一组综合性的仪式组成。仪式需要事前规划以及动员鸾堂信众参与，每一次的参与都会再次激励强化信众的信仰理念。

“送圣迹”仪式几经演变方趋稳定，“送圣迹”日期创会之初并不固定。据《圣迹会记录簿》记录，1920 年圣迹会成立之初，每年农历二月二十六日举行会员大会；1929 年，会员大会决议改为农历正月九日，尔后即未改变。初期“送圣迹”及会员大会的地点亦不固定，1923 年在会员宋寿清家；1924 年在会员林通昌家；1931 年在会员钟云喜家；1932 年后固定在广善堂举行“行圣迹”及会员大会，记录上并未载明改在广善堂的动机或转折，或许是相较于在会员家举行祭仪、会员大会，广善堂作为一间民间信仰的庙宇，更符合举行宗教仪式的便利性、适当性。

新的宗教仪式，对于信众而言，可能因缺乏参与经验而减损其参与的动力；为激励信众踊跃参与“送圣迹”仪式，鸾堂也会借乩笔鼓励信众，如广善堂于 1922 年扶著的善书《择善金篇》〈卷首·凡部〉，著录三首诗话；署名“鉴巡关太子兴到诗”，于该年 2 月 26 日寅刻送圣迹日前乩笔诗：

> 久未飞鸾说典章，才闻诵诰复来堂，明天恭送圣贤字，一点心诚感上苍。

勉励信众“恭送圣迹”心诚方可感天。诗句后附诗话：

> 特来临堂，看尔等有此诚心，可喜，明天恭送圣迹，需要谨严，既有一点微诚，方可感格苍穹，况圣迹乃天下之至宝，尔等不可不恭，明天派定职务，我等拥护，不可视为无关，将此付上天曹，龙颜喜悦，圣迹复明，科甲复兴，从此人人敬惜，亦可感格吾神，飞鸾降驾，皆字迹所由来也，尔等心诚求之，虽不中不远矣，叮咛此示，吾不多训。[1]

---

1 1920 年美浓广善堂著造善书《择善金篇》分凡、训、蒙、须、讲、究六卷。此引文见卷首凡部第 40 页。

本段诗话，系将乩诗加以诠释，以为信众只要敬惜圣迹，必能科甲复兴，以此劝导信众要敬重字迹；然诗话中最值得注意的是“飞鸾降驾，皆字迹所由来也”句，说明鸾堂飞鸾与文字的密切关系，间接说明鸾堂强调“敬惜文字”，除了文人的重字传统外，也是因为鸾堂教化需依赖大量文字，舍弃文字，则鸾堂宣教的工作将无法进行，故“敬惜文字”乃是确保鸾堂文字宣教工作可以持续的重要精神，因文字受重视，鸾堂的宣教文字才会受到重视，宗教劝善工作方能持续发展。

“送圣迹”仪式自1951年恢复举行迄今，目前“送圣迹”祭典，每年固定由广善堂举办。前一日，广善堂派人至美浓区圣迹亭清理一年来累积的字纸灰，将之载回广善堂，于是日合并广善堂一年来积存的字纸灰、金纸灰一起处理；少数信众，多属老年信众，亦会将字纸灰装袋送到广善堂或径送美浓河边；早期字纸灰是由信众随着仪式队伍挑至美浓河畔，近几年因挑字纸灰的人减少，农历正月初九日晨在仪式开始前，广善堂派人先行将收集的字纸灰，以农用搬运车载至美浓河边祭典场地堆放，待仪式结束后一起倒入河中流放。近年因环境保护意识兴起，字纸灰仅堆置在河边，不倾倒入河。

祭典仪式简单，近几年政府及民间重视乡土教育，在学校及文史工作者参与下，附近福安国小动员全校师生参加，负责游行中的旗队、舞狮队，祭典仪式进行时观礼。2008年行政院客委会主委李永得参与祭典，依古礼着蓝布长衫，在广善堂堂主引领下，行礼如仪，仪式并未因其身份而受到影响或有所改变。

“送圣迹”仪式由广善堂资深礼生主导，依靠集体记忆引导，故每年仪式皆会有些许差异，一般而言大同小异，仪式约略可分为以下程序：

八时，上香、请神：广善堂前堂正殿主祀三恩主（关圣帝君、孚佑帝君、司命真君）；杨公先师、城隍老爷、王大天君、灵侯太子、周大将军、理鸾福神为陪祀神；仪式开始，现场八音齐奏，“恭送圣迹”神牌先行请出置于前堂正殿大门口神桌香炉前，主祭者带领众人上香毕；通生于前堂正殿门口高宣“众生各钟乃职，迎圣典礼，司鼓生击鼓、司钟生敲钟、奉迎生奉迎圣驾”，此时钟鼓齐鸣、鸣炮，礼生一人执“恭送圣迹”神牌，一人执广善堂令旗；另礼生二人进入正殿，分执置于神龛旁的凉伞（右）、凉扇（左），在神坛前单膝跪请，左右交换三次后步出正殿，礼生执凉伞、凉扇同“恭送圣迹”牌出发至仪式现场；仪式队伍由八音团前导，依令旗、

“恭送圣迹”牌、凉伞、凉扇在其左右、诵经经生、广善堂主祭者、挑字纸笼妇女、挑字纸灰妇女、广善堂旗帜、三角花布旗帜、国旗队伍在后，以往旗帜队多由妇女担任，2008 年迄今由福安国小学童担任；队伍沿福美路经广善堂牌楼，往美浓河畔出发。

美浓河畔祭坛，广善堂先已派人布置妥当：祭坛面对美浓河方向，由两张八仙桌合并而成，中置香炉，上插红纸书写“河伯水官香座位”牌位，左右分置两瓶鲜花、两瓶菠萝造型蜡烛；香炉后放神茶座，准备三杯神茶，茶水后是五杯酒，左右放置龟版；神茶后分别是 5 盘水果、5 盘糖果、5 盘素菜、1 碗白饭。仪式队伍到达之后，执广善堂令旗、“恭送圣迹”牌礼生先后在神坛前向“河伯水官香座”鞠躬礼敬后，令旗、“恭送圣迹”牌以字朝外方位置于神坛前正中央；执凉伞、凉扇礼生接着于神坛前单膝跪拜，左右交换五次后，分置“恭送圣迹”牌左右，前置香炉，无特别请神安座仪式。1957 年农历正月初九日会员大会温象贤提议：敬惜字纸是尊圣人之德，故收拾字纸，明年祀典之日可设置“圣人之香座”可以敬拜云云。后未实施。

仪式，先由诵经团引领主祭者、与祭者、信众上香祭拜，执事进财宝(焚烧纸钱)。上香结束后，诵经团开始诵经法会；主祭者、与祭者、信众在后，依序行三跪九叩礼，礼敬完后可在旁边陪祭，或在旁休息。诵经团诵经迎请“三十三天霞光殿上紫府云中金身不坏无上大宝法王如来千手千眼广大灵感观世音菩萨摩诃萨”、“海晏河清风怡浪静水府司权泽国至尊水府国中真官大帝”、“尽虚空遍法界十方常住佛法僧三宝”各方神明。奉请神明仪式完成后，诵经团对“南无河水伯官菩萨”诵念心经，进行变食、甘露、供养仪式完成；法师诵读圣迹文。圣迹文内容如下：

中华民国○年岁次○○月建○○利日○○祭祀日○○之良辰今有美浓镇广善堂圣迹会员后裔芳名（信众名单略）

放生（信众名单略）

谨具斋蔬粄果香烛米酒鲜花财帛清酌之仪等

致敬于

河伯水官香座前

赞书曰

恭维

至圣制字传人，上通天地，下达鬼神，后人前古，无革有因，纸张书就，世界更新，缅结绳之世代，苦记事之艰辛，鹅雁尚之排摆，士人那不承遵，恩深莫匹，德大无伦，筑亭炉而焚化，虽灰烬亦璘彬，恭陈酒醴，敬告

神真，非云报答，略表微诚，衣冠整肃，鼓乐留春，送付流水，冀涤浼尘，

并祈

水官鉴顾

河伯清澄，谅愚民之敬惜，荫我辈而文兴，伏维

尚飨。[1]

信众名单除广善堂执事、圣迹会员、民众捐助香油钱者亦列入。圣迹文诵读完成后，依例将一年来积存的字纸灰倒入美浓河中放水流，诵经团法师亦在旁举赞，赞曰：

仓颉制字，德冠三皇，传流字迹遍通传。惠泽四方扬，奎璧文光，万古作纲常，南无制字圣菩萨摩诃萨。（三遍）[2]

2005 年后，因为在河流中倾倒字纸灰，引发污染疑虑，故是年迄今，所有的字纸灰只是装袋堆在河边，并未倾倒美浓河；2010 年因应媒体拍摄需求，象征性地在美浓溪畔倾倒两麻袋字纸灰。送字纸仪式完成后，接续进行放生仪式，诵经团诵念放生经忏，最后法师举赞，赞曰：

胎卵湿化，多劫沉迷，皈依三宝发菩提，笼网捕免离，海阔天飞，随佛生忉利。南无升天界菩萨摩诃萨（三遍）[3]

同时工作人员将放生的鱼放入美浓河中，鱼的来源为广善堂购置，亦有民众自行购置放生；种类则多为南洋鲫鱼、或鲤鱼等淡水鱼，偶尔也有

1 根据 2007 年 2 月 26 日（农历正月初九日）美浓广善堂“送圣迹”仪式《送圣迹文》。

2 根据 2007 年 2 月 26 日（农历正月初九日）美浓广善堂“送圣迹”仪式《放字迹、放生法则》。

3 同上。

民众准备鸽子放生。一说放生“鲫鱼”，寓意吉祥，但观诸每年放生鱼种，似并未特别讲究，配合水性均为淡水鱼类。2006年起，福安国小动员学童参与“送圣迹”祭典，2008年以后学校制作平安符，以红线穿过清代铜钱，每名学童一份；学童手执平安符，依序在老师带领下，将平安符在“恭送圣迹”前香炉过炉，让学童感受神真，学校配合祭典的“祈福”、教育意涵，创造加入一个新的仪式内容。

放生仪式完成，诵经团诵念经忏，工作人员即化财进宝、焚化圣迹文、鸣炮、八音齐奏。礼生执令旗、“恭送圣迹”牌、凉伞、凉扇，高举从香炉上过炉，一起向“河伯水官香座”牌位鞠躬礼敬；执凉伞（右）、凉扇（左）礼生2人，另行在神坛前单膝跪请，左右交换五次，依原出发顺序，在八音团引导下，返回广善堂；原由福安国小学童负责之旗队，因学生返校上学，故旗帜由搬运车载回。河边工作人员迅速收拾神坛，“河伯水官香座”牌位取下焚化，供品：龟板、糖果、水果可食用者，在场信众分食之。

送圣迹队伍回到广善堂，鸣炮欢迎，八音齐奏，礼生执令旗、“恭送圣迹”牌、凉伞、凉扇者，一起向鞠躬礼敬；令旗、“恭送圣迹”牌放置于前堂正殿门口神桌香炉前，执凉伞（右）、凉扇（左）二人，进入前堂正殿神坛前单膝跪拜，左右交换五次，将凉伞、凉扇放置于神坛左右，再行三跪九叩礼后退出前堂。众人在主祭者带领下，依序向正殿奉祀神祈、“恭送圣迹”牌行三跪九叩礼，典礼完成。诵经团依序在前堂、中殿（文昌殿）、后殿（玉皇大帝）诵经祝祷。是日中午广善堂准备素宴，宴请圣迹会员、工作人员。如前所述，经费部分由圣迹会分担、会员缴交，其余由广善堂补贴。一年一度的“送圣迹”祭典大功告成。

1920年《择善金篇》首卷凡部2月27日寅刻“南天文衡圣帝到诗”记录“迎送圣迹”仪式结束，广善堂乩笔劝勉信众：

诸生致意注馨香，天上仙神好善良，虔具疏文送圣迹，吾今展阅喜眉扬。

鸾堂创设挽颓风，圣训谆谆教化同，若得潜修完本性，著书达上奏奇功。

飞腾驾到广村庄，庆尔诸生乐善堂，静守潜修功不懈，成全美举感穹苍。

勉励信众恭送圣迹辛劳，然在诗后所附诗话，尚检讨送圣迹的缺失：

> 诸生今日开堂劝世，际此灾劫频遭，吾乃喜出望外，兼能恭送圣迹，派吾拥护，达上天曹，圣佛仙神，无不欢矣，但尔等恭送圣迹，信疑参半，今后尔等切要凛遵，方得其美，此谕。[1]

直指信众对于送圣迹一事“信疑参半”，语中颇有责备之意。1920 年钟作岳创设“字纸会”，钟作岳也担任“择善金篇”造书时之誊正生。是年 2 月 27 日举行送圣迹。应是最早的迎送圣迹祭典。或是因为信众对于相关祭典的陌生与接受度，故“关太子兴”警示堂下诸生“半信半疑”，显然说明当时举行新设祭典的真实情形。故上述广善堂有关送圣迹活动的诗话，或许正说明对于新祭典，信众因其陌生感，故表现出来的一种茫然态度，鸾堂乩笔也就借机加以勉励信众要坚持信念、奉行不懈，方能有功。

美浓地区的民众积极参与“送字纸灰”祭典，目的如各种民间信仰，受到“因果报应”思想及功利心理的影响，期望透过祭拜活动，让信仰者与信仰对象、人与神佛、人与圣贤进行交际和交通的行为方式，表现了人对神佛、圣贤的感情和期待。通过献祭和祈祷的宗教行为与其所信仰的神圣对象打交道，求得神的帮助来达到和满足自己的需要和渴望。美浓地区的“送圣迹”祭典，也正是这一种思维的体现。广善堂主导的送圣迹仪式，也传至附近六龟乡新威村劝善堂。

四、仪式扩散

目前美浓地区上留有大规模送圣迹活动的有 2 处，一为美浓镇广善堂，另一为六龟乡新威村劝善堂，均是客家鸾堂。新威劝善堂，由美浓镇往六龟乡方向，沿着 184 号县道走，位于六龟乡新威村的圳头冷坑佛山脚下。1918 年新威庄民邱安生由美浓广善堂迎立三恩主，在自家正厅供奉，并供信徒膜拜；1924 年庄民邱阿周捐地，信徒集资，建立土砖平房庙宇；劝善

1 1920 年美浓广善堂著造善书《择善金篇》分凡、训、蒙、须、讲、究六卷。此引文见卷首凡部第 41 页。

堂主祀三恩主、玉皇大帝、司命刘天君。目前每年农历三月初八日关圣帝君诞辰前一天，新威劝善堂、圣君庙[1]信众于前一日举行祭河江、送字纸灰祭仪；晚上举行祭义冢仪式。仪式起源于何时并无文献记载，信众亦无法具体说明确切日期。

目前新威劝善堂“送字纸灰”仪式于每年农历三月七日早与“祭河江”仪式共同举行。是日早信众在劝善堂主引领下，备妥神轿、凉伞，先至劝善堂迎接“王大天君”，再到圣君庙迎接“萧公圣君”、“三太子”、“福德正神”、五营令旗等。在锣鼓车前导下，一路锣鼓喧天将神明及字纸灰、金香灰送至市前选定之荖浓溪畔，因每年洪水季节冲刷，荖浓溪河床均会改变，故每年选定的地点有稍有不同，但以平坦可供摆放供桌祭品为原则。迎神队伍到达预先选定地点，因有两种祭拜仪式，故祭河江、送字纸灰的供桌分别摆放。仪式进行顺序，先举行“送字纸灰”仪式，后举行“祭河江”仪式。

送字纸灰仪式，信众先于面向荖浓溪方位，摆设供桌一张，以红纸制作“大成至圣孔圣先师香位前”牌位，插在香炉上，旁插两只金花；香炉旁点两支蜡烛、摆置龟粄、发粄；香炉依序摆置3杯酒、5盘水果、5盘糖果、5盘斋菜（香菇、笋干、粉丝、金针、海带）均已经水发过；供桌前设置3个跪垫；摆设完成之后，由劝善堂主率领信众上香、念送字纸文，内容为求存真，故不加更动如下：

送字纸文

恭维

天运岁次〇〇年〇〇月〇〇日之良辰今有

台湾省高雄县六龟乡新威劝善堂堂下堂主钟文财副堂主詹锦开刘仁超沐恩信士（下略）等即日诚惶诚恐为敬送字纸灰事谨具斋蔬果品香茶酒粄之仪致谢于大成至圣孔圣先师香位前

文言曰

至圣制字传人，留通天地，下达鬼神，上古而今，无革有因，纸

1 根据六龟乡新威村圣君庙〈圣君庙沿革〉，清乾隆五年（1740），广东梅县客家先民约20余户，渡海来台，沿荖浓溪畔入垦新威地区，时称新民庄。因天灾瘟疫不断，又原住民出没杀人，先人不安，乃筹建庙宇，自美浓九芎林圣君庙分香，迎张、萧、刘、连四位圣君到庄中奉祀。

张书就，世界更新，缅结绳之世代，若记事之艰辛，鹅雁尚知利摆，下民那不知承尊。

蒙制字流传，而今世上流通，蒙思我德，上尊下钦，恩深画匹，德大无伦，古今敬惜，字纸筑亭炉，焚化成灰，虽炉灰亦璘彬，仅以果品香茶。

敬祝

神真，非云报答，略表微诚，兹今送付水流，冀涤浼尘。[1]

祝文宣读完毕，信众行三跪九叩礼，与祭者焚烧祝文、金纸；其他人将金香灰、字纸灰倒至荖浓溪中，随水漂流。鸣放鞭炮，焚化牌位，仪式历时20分钟完成。2008年后因荖浓溪冲刷、河床改道，举行祭河江仪式的河边空地较窄，故提前一天举行送字纸灰的仪式。送字纸灰仪式完成后，接着举行祭河江仪式；祭拜“龙宫水府暨列尊神香位前”、“本溪属内河伯水陆男女无祀诸魂香位前”牌位，进行普度仪式。新威劝善堂结合圣君庙于农历三月七日举行的祭典，涵盖祭河江、送字纸灰、祭义冢等仪式。主要是祭河仪式，送字纸灰只是祭典的一部分，较为简单。

新威劝善堂“送敬字纸文”内容近似美浓广善堂“送圣迹文”，然部分文字或因传抄而有出入，如美浓广善堂送圣迹文书“鹅雁尚之排摆”，新威劝善堂书“鹅雁尚知利摆”，美浓广善堂送圣迹文书“恩深莫匹”，新威劝善堂书“恩深画匹”，所以如此，应是传抄过程笔误所致，而后续者又习焉不察所致。

对于疏文中的抄写错误，语意不通部分，劝善堂堂主在仪式中依旧逐字诵读疏文，近年来均是如此；疏文通常是由鸾堂专门人员负责抄写，广善堂现存一本名为《总文章》的手抄本，将所有神明及各种仪式应用祝文、疏文均抄录在内，需用时只需按图索骥抄录应用即可。劝善堂疏文抄录讹误，是否说明疏文的文字内容或已经超出目前负责人的阅读能力，尚需验证，然观察祭祀时行礼如仪，却也说明并未影响信众的信仰虔诚度。

鸾堂信仰，虽以扶鸾乩笔，文字传达神旨为一大特色，然非所有信众都具备文字解读能力，故后继者只是沿袭前法，并不深入理解所作为的内在真实含义；另一方面，疏文就如同善书文字，乃是神明乩笔扶鸾产生，

---

1 根据2007年4月23日（农历三月七日）新威劝善堂“祭河江”仪式《送字纸文》。

具神圣性，鸾堂执事不得妄加议论、随意增删。劝善堂1930年发刊《劝善新篇》，堂规中明确记载：

一、此书间有音韵未谐，词语不工者，砂盘中俨若龙蛇飞舞，走马观峰，非抄录之讹，即传宣之误，其中亦有古韵相通者，读之不可妄生议论，须体谅之。

一、是书校正之人，不敢妄加增减，其中有字义未惬者，细心体会，斟酌尽善，祷告神前，方敢修饰，断不能任意笔削，致负诸真列圣之妙奥。[1]

“不可妄生议论”、“不能任意笔削”正显示鸾堂文书的神圣性，故对于疏文中文字不通之处，多半只是“细心体会”，鸾堂执事不得亦不敢任意笔削，以免“妄生议论，致惹天诛”。故最无争议的做法即是遵循前人做法，自然可以得到福报，传抄过程中的讹误也就无法避免。从某个角度讲，或许这也正表现出“心诚则灵”的宗教信仰特色。

五、结论

清代台湾西部地区透过国家权力、文人士绅宣扬推展，“敬字”风俗呈现由上而下、由核心而外围的传播过程，民间参与相关活动仪式的文献记录说明民间普遍接受“敬字”的价值理念，并期待透过活动参与后达到阶级向上流动的可能，推动“敬字”风俗的核心动力即是相信宗教的“因果报应”理念带来的科举功名及其他各种成就。19世纪后期迄今，随着统治权力更迭、教育制度变革、宗教信仰传播、社会环境改变等因素，“敬字”风俗在台湾各地呈现不同的文化消长模式；清代台湾地区以书院官署为空间、科举为动力、文人为主体推衍出来的“敬字”风俗，因上层动力逐渐消散，“敬字”风俗也渐趋衰退；然20世纪后，台湾南部“敬字”风俗转由新兴的鸾堂信仰宣扬、推广，鸾堂成为推动“敬字”风俗的主要动力，借由鸾堂信仰向台湾南部各处扩散，“敬字”逐渐形成台湾南部一种具有

1 1930年今高雄县六龟乡新威村劝善堂著造善书《劝善新篇》，分为覆、奏、明、章四部，1930年刊行。

区域特色的风俗。

"送圣迹"祭典，具体表现对于文字的敬重，背后思维系来自于科举功名成就期望的延续，科举制度废除后，科举制度作为提供阶级流动的功能消失。加上台湾受日人统治，实施日化教育，民众转而追求透过教育成就改变个人阶级身份的心理渴望并未消失，同样的心理动机正是支撑"送圣迹"祭典，在美浓地区发展的动力；如圣迹会执事邱辛金所言：

感谢制字先师仓颉的功绩，将一年来搜集的字纸灰载至河边"行圣迹"。将字纸灰倒到河中，希望河伯水官把圣迹送到天庭，以前捡字纸的人，很多是没有读书的人，自动自发，希望作一些善事，后代子孙会更好。[1]

出人头地，正是这种心理动机的具体表现。清代时期，台湾南北各地均有以书院读书人为主体所组成或推动的"送字纸灰"祭典、字纸会，当时台湾南部客家领域只有美浓地区有成立"字纸会"的记载，而这些基于科举需求产生的"字纸会"也因为科举废除、日人统治而销声匿迹；美浓"圣迹会"是20世纪初，以广善堂的鸾堂信仰为主体的地方士绅倡导建立，与明清代各地举办"送圣迹"仪式的动机相同，但筹办主体已有不同。

美浓地区的民众积极参与"送圣迹"祭典，目的如各种民间信仰，受到"因果报应"思想及功利心理的影响，期望透过祭拜活动，让信仰者与信仰对象、人与神佛、人与圣贤进行交际和交通的行为方式，表现了人对神佛、圣贤的感情和期待。通过献祭和祈祷的宗教行为与其所信仰的神圣对象打交道，求得神的帮助来达到和满足自己的需要和渴望。今日台湾高雄美浓地区的"送圣迹"祭典，也正是这一种思维的体现。

目前，台湾地区文教神信仰，以孔子、韩愈、文昌、仓颉及"敬字"民俗等为核心，其性质特别重视教育、功名，宗教祈福功能相对突显；究其因乃是考试制度持续发挥筛选上层精英的制度化功能，对于低录取率所带来的上榜不确定性，文教神信仰系统，适时扮演心理支撑功能。"送圣迹"仪式，就成为追求向上提升的一种仪式表现。

参考文献

1. 林豪《澎湖厅志》卷九民俗服习，光绪十八年（1892）编，台湾文献丛

---

1 报道人：邱辛金，台湾高雄美浓。2005年7月20日。

刊第164种，台湾省文献会1994年版。
2.《点石齐画报、大可堂版》申集第七册，上海画报出版社2001年9月年版。
3.美浓广善堂《择善金篇》分凡、训、蒙、须、讲、究六卷，1920年版。
4.高雄县六龟乡新威村劝善堂《劝善新篇》，分为覆、奏、明、章四部，1930年版。
5.美浓广善堂《送圣迹文》，2007年版。
6.美浓广善堂《放字迹、放生法则》，2007年版。

巡回之神
——伊势大神乐

日本立教大学　细井尚子

序

伊势大神乐[1]是以现在的三重县桑名市太夫和三重县四日市市东阿仓川为据点，在日本北陆、近畿、中国、四国地区2府11县巡回的神事艺能。每年定期来到村落的伊势大神乐在村落的产土社（村落中共同祭祀神道之神的社）或广场表演神乐，挨家挨户发神符[2]、念祝词、为灶头祓除及为驱邪跳狮子舞。伊势大神乐的艺能包括狮子舞、放下艺（源于室町时代中期前后的杂艺。"放下"为禅宗之词）、万岁（妙语连珠、引人发笑的滑稽艺）。人们从狮子头中感受到"神"性，戴着狮子头（下文均称"狮子"）者手执御币，为灶头祓除。而在融合了狮子舞和放下艺的新曲中，并不排除狮子模仿女性样子的内容。本文将以每年约长达290日[3]的伊势大神乐[4]为例，考察巡回之神的"神"性及人们的信仰。

一、日本的神乐与狮子舞

在重点考虑伊势大神乐前，先对日本的神乐和狮子舞做一简述。

---

1 伊势大神乐之"大"，也可用"太"和"代"来表示，本篇遵从负责伊势大神乐的宗教法人"伊势大神乐讲社"的标记，写为"大"。

2 当初属伊势神宫所有。

3 据被认为是伊势大神乐宗家的山本源太夫家的山本源太夫所说。（NHK主办第11届"地域传统艺能节"（2011年2月26、27日于N H K大厅）。

4 属于1954年组建的宗教法人伊势大神乐讲社的6组。另有还有历史上属于伊势大神乐讲社的组，派生出并分别活动的组。

神乐虽是“神之音乐”之意，但其日文发音“かぐら（kagula）”出自“神座（かむくら，kamukula）”，可解释为神灵聚集的场所、安魂与招魂的场所等。神乐是随乐起舞，平安时代宫中所举行的称为“御神乐”、民间所举行的称为“里神乐”（一般叫“神乐”），里神乐下还有很多分类。伊势大神乐是里神乐之一种，属于下一级分类中的“狮子神乐”。狮子神乐将“狮子”视为御神体（神灵），除伊势大神乐外，还有东北地区的“山伏神乐”。[1]

日本传承下来的狮子舞中分伎乐[2]和风流[3]两个流派，伊势大神乐属于以西日本为中心的伎乐流派。

二、伊势大神乐

伊势大神乐这一词是指神事艺能、艺能形态、与之相关的人（“太夫”）等，其历史可追溯到太夫居住的现太夫村之兴起。据正德五年（1715）的记载，山本十右卫门与山本市太夫开村，单靠农业无法维持生计，因此他们将现爱知县津岛神社[4]的牛头天王的护身符发放到各地，以此为生。庆长年间（1596–1615）与十右卫门有关的，如今是滋贺县的佐佐木氏的下属变为神职人员。随后成为伊势神宫的御师的门弟，以大神乐为生奔走于西日本。山本十右卫门家负责师职家（御师[5]），山本市太夫家负责神乐家（艺

1 修验道是指，古神道的山岳信仰与佛教习合，再加上道教、阴阳道的日本独有的宗教信仰体系。其修行者称为“山伏”。

2 奈良时代从大陆（中国和朝鲜）传过来的日本最古老的外来艺能。用“全面具”。参见拙文《伎乐に关する一考察——中国の假头及び佛教から》、《アジアの无形文化における假头の研究——反面との比较から》，立教大学亚洲地域研究所 2011 年。

3 读音是“ふりゅう”。中世纪以后，在日本令人惊叹不已、重视华美的审美意识高涨，按此风格表演的艺能也称为风流。风流派是以关东、东北地区为中心，1 人负责一只狮子，边敲击挂在腹部的太鼓，边跳舞。多数为二雄一雌的 3 人表演形式，也有 7–8 人表演的地区。而且因为当时日本没有狮子，有些地方以古代日语中“しし”所指的鹿或猪当做狮子（しし）头。

4 古名津岛牛头天王社，有540年历史。是遍布日本全国的天王社的总社，分灵社约有3000社。

5 关于在外工作的神职人员。伊势神宫的御师与作为信徒的檀那缔结师檀关系，巡回于檀那祓除，发神符，收取一些初穗料。在普及对伊势神宫的信仰之同时，还解决了伊势神宫的部分收入问题。（《第 25 回春季特别展　春の丹波に狮子が舞う　诸国をめぐる伊势大神乐》，龟冈市资料馆 2009）

能部分）。[1]

伊势神宫[2]是为供奉太阳神天照大御神而建造的日本皇室氏神。在中世成为全日本的镇守，而到了近世“伊势参拜”大为流行，参拜的人从全国各地云集此地。他们将神符发给信徒们，也就是说起到代替信徒们去神社参拜的作用来取得报酬为生。从这一点来看，比起津岛神社，选择信徒层次高人数多的伊势神宫是明智之举。到了明治四年（1861 年），御师制度被废除，在外工作的神职人员停止了活动，伊势大神乐则由神乐家们继承下来，持续至今。18 世纪各据点中有 6 组，而今减少到才 6 组。各组有其固定的檀那场，各组每年均由滋贺的檀那场开始，走遍上述大片地区。[3]伊势大神乐中的狮子之来源与大海人皇子（之后的天武天皇 631–686 年）的故事有关，有“天木绵筒命”之神名。[4]但据北川（2006）所述，迎接伊势大神乐的人们几乎都不知其神名，“将狮子作为‘伊势神明’来信仰”。[5]

对于狮子的信仰范围很广，伊势大神乐的组中有一派将本部迁至江户（东京），被认为是江户神乐中的伊势派。记得笔者四五岁时，狮子舞来到东京都世田谷区的居所，为了让笔者“不感冒”而让狮子咬了脑袋。为了得到某种保佑“让狮子咬脑袋”这一风俗在近江最流行，[6]在伊势大神乐据点之一的位于东阿仓川地域的南势，有将狮子头作为神供奉的御头神事。[7]

北川（2000）根据诸文献分析，认为伊势大神乐的狮子舞源于三重县铃鹿市的椿大神社与伊奈富神社的狮子神乐，因迁徙至太夫村的人们举办该两社狮子神乐而使其得以传播。他还利用先行研究，弄清了因这些迁徙过来的人们原本为阴阳师，阴阳师的艺能是万岁，并且放下艺和万岁于 16

1 北川央〈伊势大神乐——その成立を巡って〉《シリーズ近世日本の身份的周缘 2　艺能 · 文化の世界》，横田冬彦编著，吉川弘文馆 2000 年，127–128 页。

2 正式名称为“神宫”。拥有供奉天照大御神的皇大神宫（内宫，纪元前 3 年）、供奉衣食住之守护神——丰受大御神的丰受大神宫两个正宫的神道中的最高等级神宫。

3 现在对他们发的是宗教法人伊势大神乐讲社的东西。（上述《第 25 回春季特别展　春の丹波に狮子が舞う　诸国をめぐる伊势大神乐》）

4 北川央《伊势大神乐の回檀と地域社会》、《漂泊の艺能者》园田学园女子大学历史民俗学会，岩田书院 2006 年，30–31 页。

5 同上。

6 堀田吉雄《大神乐の发祥と信仰》堀田吉雄编《伊势大神乐》20–20 页，伊势大神乐讲社昭和 44 年。

7 同上。

世纪初已经相结合，故伊势大神乐由狮子舞、放下艺、万岁三部分构成这一背景。

三、小结——巡回之神

日本有很多巡回之神。例如抬着神舆巡回的有东京的三社祭等许多例子，但其巡回范围是该神的管辖范围，土地神系统的话，其范围在空间上是确定的。但是对伊势神宫的信仰已跨越了村落单位而扩展至整个日本，尽管因地域不同其信仰程度也不同，但是与“伊势参拜”这一旅游形式结合这一点不容忽视。也就是说，与信仰相关的重大活动，在时间上是由日常性的“秽”中解放出来的“晴”，从劳动中解放出来的时间，是包含“秽”中所没有的娱乐要素的时间。人们通过“对伊势神宫的信仰”和“对狮子信仰”这二层信仰来迎接伊势大神乐。巡回于村落的伊势大神乐举行净化炉灶及驱邪，不仅仅发神符，还带来了作为“晴”要素的狮子舞、放下艺及万岁。通常“晴”之日选在正月等特殊节日，神佛诞辰日等固定日子，或者是成人、结婚等通过礼仪之日，但伊势大神乐则是一年中巡回于檀那场，并非按上述日子到来的。伊势大神乐到来之日，对迎接的人来说就是“晴”的日子。在村落中，伊势大神乐巡回各户的顺序，以及谁（哪家）为他们准备午饭等都牵涉到其在该村落中的身份，而同样的舞因村落不同，而被认为能够得到的灵验也有所不同。[1] 带来“晴”之日的伊势大神乐，不仅为人们提供了机会来重新认识共同体组织，而且是让人们根据自己的生活随便解释的，顺应于迎接的人的“神”。

根据下述文献制表：

堀田吉雄编《伊势大神乐》，伊势大神乐讲社昭和 44 年。

铃木武司《伊势大神乐探访》（私家版）。

北川央《神と旅する太夫さん　国指定重要无形民俗文化财〈伊势大神乐〉》，岩田书店 2008 年。

---

1 据说“乐乐之舞”在琵琶湖的冲岛，是为祈求渔业丰收的舞蹈，而在备前则是祈求牛马安全的舞蹈。（上述北川央《伊势大神乐の回檀と地域社会》，21—34 页）

伊势大神乐之八舞八曲

种	顺序·名称	道具	内容	备考	
舞‖狮子神乐	1 铃之舞	铃	神乐开场的礼仪舞、安魂	神事舞	大神乐之原型 猿田彦（佩带国津神、天狗面、乌兜）为狮子领路
	2 四方之舞	笼	为天地四方祓除净化		
	3 跳之舞	笼	为奇魂安魂		
	4 扇之舞	扇子	为天照大御神（太阳神）之幸魂安魂		
	10 乐乐（细竹）之舞	忌竹（在细竹上系御币）	祝丰年		
	7 吉野舞	宝剑、御币、扇子	大海人皇子的故事	固有神乐舞	祓除之舞
	1 1剑之舞	宝剑	驱除邪气		
	13 神来舞	铃、御币	一年驱邪		
曲‖放下艺	5 翻花鼓之曲	三根木棒	织献给天照大御神（太阳神）之神衣的织布机的机杼的动态	放下的古曲	使用道具的杂技 加入滑稽场面
	6 水之曲	竿、皿	赞美水神、祓除农业方面的灾难、祈愿五谷丰穰		
	8 手毬之曲	木棒、毬、扇子			
	9 伞之曲	唐伞、手毬、茶碗等			
	12 献灯之曲（奉灯之曲）	十二只茶碗	向天照大御神（太阳神）奉献一年十二月的灯火		
	15 剑三番叟	六支短剑、铃、扇子、竿			
	14 玉狮子之曲		狮子夺老翁之玉，夺回的老翁与达磨起舞	放下新曲	合放下艺与狮子舞者
	16 魁曲	伞	收尾，狮子变为花魁、天钿女命		

火·傩·巡演

韩国全北大学　郑元祉

序言

傩所具有的逐疫功能来源于火的咒术性，从之发展而来的队舞也仍然具有逐疫的功能。本文试图以此为切入点，对作为中国传统巡演文化底层机制的逐疫功能的渊源及其特点作一番考察。

一、火的咒术性

关于火的咒术性，西方的 Mircea Eliade、James Frazer 曾经从太阳说及净化说的角度进行过讨论。中国的古代文献中也提到过有关火的属性问题。其中有代表性的观点都认为，火具有“驱逐灾殃、助阳”的功能和属性。在借助西方学者对火咒术性解释的基础上，本文意欲考察中国民俗中的火所具有的咒术性内涵，并且探讨其与傩仪及元宵节巡演之间所具有的关联。

（一）火在欧洲文化中的咒术性内涵

Frazer 在《金枝》中谈到，欧洲的火庆典具有惊人的普遍性：先点燃熊熊的篝火，然后人从其上跨过，并且驱赶畜牧，让它们越过火或者围着篝火打转。这是欧洲流行的一种普遍习俗。

火不管是在固定的场所被用为祝祷之火，还是被用作可移动的火炬，都可以用来帮助刺激农作物、人、动物，使它们被动地避免威胁它们生命安全的灾殃，如打雷、闪电、火灾、枯死、露菌病、害虫、不孕、疾病、特别是魔法之类的东西。人们相信通过这一手段能够保证农作物的成长及人与家畜的安全。因此，对他们来说，火庆典是有祈愿丰收与驱鬼逐疫的功能和目的的，而这在中国也是如此。

在欧洲，自古以来就有农夫们在每年特定的日子点燃祝火，或者坐在其周围或者跳舞或者跨越祝火的习俗。或者拿着火炬围着果园、果树、田地及鸡窝巡游，以祈求丰年。[1]

在比利时、法国北部、德国的很多地方，人们喜欢在四旬节的第一个星期日点燃火炬进行祝祷。而19世纪初之前的Brabant地区，女人和着女装的男人会在四旬节的第一个星期日手举燃烧的火炬到田里去。这些仪式，在欧洲都是祈愿丰收带有咒术性的习俗。虽然眼里看不见，但人们跳着舞并唱着古怪的歌，以驱逐“播种恶之种子者”。

所以，说白了，火庆典就是人们根据“咒术模仿原理”，在地上模仿作为光与热之根源（即太阳）的一种仪式与活动。通过点火，人们确保人与动植物所需光的供给。这种将火庆典当做是太阳咒术或者咒术性的仪式的理论就是太阳说理论。它最早由Wilhelm Mannhardt提出。

爱德华威斯特马克（Edward · Westermarc）和尤 · 莫克主张，火仪式不一定跟太阳有关，它也许只是具有一种净化的功能。不管是魔女、妖怪等人格性的存在，还是污浊、恶等非人格的东西，它们都是火仪式所要净化和摧毁的有害力量。这种观点就是“净化说”。

对于在仪式中起主要功能的火的理解，这两种观点各自立有不同的前提。第一种观点认为，火像太阳光一样，它能促进动植物的生长，是促使万物繁荣盛壮的一种创造性的力量。第二种观点认为，不管是精神性的还是物质性的，只要危害到人和动植物的生命，火都能将燃烧、摧毁，它是一种能净化世界的力量。也就是说，在前者看来，火是一种刺激剂，而在后者看来，火则是一种消毒剂。前者是主动性的，后者是被动性的。[2]

太阳说把火看作是一种类似太阳的存在物；而净化说则强调火的燃烧、驱逐功能，即它能摧毁疾病之类的有害势力。以此来观照中国民俗中的火，则它驱鬼逐疫的功能是比较接近于净化一说的。但是，如果考虑到《史记》中有关火的记录，那么它同时还符合太阳说对于火的功能的认定。因此，我们认为中国的火与这两种解释都有关联。

---

1 张秉吉译《金枝》，三省出版社1989年版，307页。

2 张秉吉译《金枝》，三省出版社1989年版，342页。

我们如果可以将像元宵节中的灯火、庭燎等仪式看成是与欧洲的火仪式相类似的存在的话，也许就能借鉴《金枝》对火仪式的两种理论来解释元宵节中火的含义。

（二）火在中国的咒术性

在《后汉书 · 礼仪志》中，曾记载通过火炬来消灭疫病，这里火的功能接近于净化说。又唐代韩鄂的《四时纂要》卷五中的“庭燎”条，谈到庭燎具有辟灾的作用，这种说法也接近于净化说。

消灭灾殃接近于净化说，助阳则接近于太阳说。消灭灾殃随之而来的是迎接福气，这种福气是灾殃撤退之后的结果，因此我们不用把它理解为太阳说。下面我们具体来看看中国古代关于火的咒术性的记载。

“庭燎”条:“岁除夜，积柴于庭，燎火，辟灾而助阳气。”[1]这里火的咒术性作用，主要表现在庭燎的辟邪迎春上。

宋代陈元靓的《岁时广记》卷四十中有好几条都提到在除夜举办“辟灾而助阳气”的事例。这里列举其中有代表性的例子。《岁时广记》卷四十《燎骨骨出（骨出为一个字)》条 :“《岁华纪丽》:‘除夜烧骨骷，为熙庭助阳气。”燃皂角条 :《岁时杂记》:“除夜空房中集众燃皂角，令烟不出，眼泪出为限，亦辟疫气。”这是用烟消毒室内，除去疫病的意思。又在“焚废药”条 :“《岁时杂记》:‘除日，集家中不用之药，焚之中庭，以辟瘟疫之气。’”[2]

清代顾禄的《清嘉录》“灯节”条中指出，为了禳祓的目的，人们悬挂灯笼，[3]这一习俗也是后代继承火仪礼的一种变形。

利用火的咒术性的这些岁时风俗都跟傩中利用火驱逐灾殃的情形一样。两者在使用时间上也是一致的，即都是在除夜或者新年举行。

1《四时纂要校释》，唐代韩鄂原编、缪启愉校释，农业出版社 1981 年版 ,263 页。

2《岁时广记》（中华书局）439−440 页。在放爆竹、点火炬的习俗中也融入了驱逐灾殃、助阳的观念。宋代孟元老在《东京梦华录》卷十中，提到在除夕“夜禁中爆竹山呼”应该隐含了这种观念。南宋吴自牧《梦粱录》卷中的“禁中除夜呈大驱傩仪……自禁中动鼓吹，驱祟出东华门外，转龙池湾，谓之埋祟而散”，也是这种观念的表现。

3“比户燃双巨蜡于中堂，或安排筵席，互相宴赏。神祠，会馆，鼓乐以酬，华灯万盏，谓之灯宴。……桥梁植木桅，置竹架如塔形，逐层张灯其上，沿河神庙亦植竿引索悬灯，云造桥灯，皆以禳祓。”清代顾禄《清嘉录》，中华书局 2008 年版，64 页。

二、傩——火与仪礼

火的功能被引入傩戏，赋予其特定的程序和目的，于是，火所拥有的咒术性就直接转移到了傩仪礼中。据Frazer的《金枝》，秘鲁的印加族有利用太阳光的力量，定期驱邪的习俗。雨季开始的9月份，他们举行一个叫做situar的庆典。在这个庆典中，人们把所有灾害与疾病驱逐到首都和郊区的外面。等到太阳升起后，人们向太阳磕头，祈求其将城内所有邪恶的东西驱逐出去。而作为太阳的使者，承担驱逐恶灵任务的皇室成员，手举用羽毛装饰起来的矛，用之敲打另外四个使者所持的矛。然后，四个使者各自跑向从首都通往四方的四条王道上去。通过这一过程，印加族人试图把灾殃驱逐出首都之外。最后，使者们跳进河中，洗净自己的身体和手上所持的矛，并将长矛立在河边，作为拦截灾殃的标志。[1]

《后汉书·礼仪志》记载的大傩仪礼中，关于火的说明，也与西方的情况类似。即都体现了逐疫的功能。

> 先腊一日，大傩，谓之逐疫。其仪：……因作方相与十二兽舞。嚾呼，周遍前后省三过，持炬火，送疫出端门：门外驺骑传炬出宫，司马阙门外五营骑士传火弃雒水中。百官官府各以木面兽能为傩人师讫，设桃梗，郁櫑苇茭毕，执事陛者罢。[2]

与汉代类似的情形还能在唐代看到。

藏俗岁末，家家都要行驱鬼避邪仪式，当除夕之夜，藏人持火把，逐屋驱赶室内之恶鬼，并持刀在后追杀，追赶到聚集的广场，然后将所有火把投掷到广场中央恶鬼聚集处将他们烧死。[3]

据此，我们可以认为，利用火的咒术性特点发展起来的仪礼之一就是傩（傩礼）。

---

1 张秉吉译《金枝》，三省出版社1989年版，237—238页。

2《后汉书·礼仪志》785页。

3 蒋啸琴《大傩考》，兰亭书店1988年版，2页。

三、元宵节的巡演与逐疫功能

（一）元宵节队舞的逐疫功能

队舞的组成部分都有逐疫功能，而这种逐疫功能可能来源于火的咒术性。

关于隋代元宵节巡演队舞的各个场景和特点，本文试图以薛道衡《和许给事善心戏场转韵诗》和《隋书 · 音乐志》中收录的柳彧奏文为主要依据进行探讨。前者描写了以隋代戏场（巡演散乐，即巡演百戏的露天巡演场所）为背景的元宵节场景。后者建议禁止演出流行于隋代的角抵戏。柳彧《奏禁上元角抵戏》[1] 中出现的“鼓”、“火炬”、“兽面”、“男为女服”、“诡状异形”、“用鄙亵为笑乐”，根据这些描述，我们能看出当时元宵节巡演的大致面貌。如：“鸣鼓聒天，燎炬照地，人戴兽面，男为女服，倡优杂技，诡状异形。以秽嫚为欢娱，用鄙亵为笑乐，内外共观，曾不相避”。

从以上两种材料，我们可以得出元宵节巡演的五个特点。

（二）火炬与灯笼

因为元宵节的巡演一般都在夜间进行，所以，自然需要点上火炬或灯笼进行照明。但是实际上，除了照明的功能以外，火炬和灯笼还有火的咒术功能。[2]

《隋书 · 音乐志》中的“大列炬火，光烛大地，百戏之盛，振古无比”

---

1 其原文为：“或见近代以来，都邑百姓每至正月十五日，作角抵之戏，递相夸竞，至于靡费财力，上奏请禁绝之，曰：臣闻昔者明王训民治国，率履法度，动由礼典，非法不服，非道不行，道路不同，男女有别，防其邪僻，纳诸轨度。窃见京邑，爰及外州，每以正月望夜，充街塞陌，聚戏朋游。鸣鼓聒天，燎炬照地，人戴兽面，男为女服，倡优杂技，诡状异形。以秽嫚为欢娱，用鄙亵为笑乐，内外共观，曾不相避。高棚跨路，广幕陵云，袨服靓妆，车马填噎。肴醑肆陈，丝竹繁会，竭赀破产，竞此一时。尽室并孥，无问贵贱，男女混杂，缁素不分。秽行因此而生，盗贼由斯而起。浸以成俗，实有由来，因循弊风，曾无先觉。非益于化，实损于民，请颁行天下，并即禁断。”《北齐书周书隋书》,797–798 页。

2 为了咒术性的目的，人们常常利用火来强化太阳的作用，关于这一点，可参考 Julius E.Lips在 *The Origin of Things* (George G.Harrap&Co.LTD,1949)314 页中的陈述:“到了一年中白天最短的冬至，人们认为太阳疲劳，利用火堆鼓舞太阳”。另外，欧洲学者对火庆典有两种代表性的解释。一是太阳说，另一是净化说。大傩的“驱鬼逐疫”应该可以理解为净化说。

场景，说明百戏的繁荣及其演出场所的辉煌、灿烂。所以火炬的出现可能首先是考虑到了照明的目的。但是追溯到古代，我们也能推知，火不仅可用作照明，同时还能助阳、逐疫。

《后汉书·礼仪志》中，在谈到傩戏中有关火的内容时，很明确地提到了火的逐疫功能。如下：

> 先腊一日，大傩，谓之逐疫。其仪……因作方相与十二兽儛。嚾呼，周遍前后省三过，持炬火，送疫出端门；门外驺骑传炬出宫，司马阙门外五营骑士传火弃雒水中。百官官府各以木面兽能为傩人师讫，设桃梗，郁櫑苇茭毕，执事陛者罢。[1]

又如上所述，唐韩鄂《四时纂要》的“庭燎”条中，“庭燎”也具有“辟灾助阳”的意义。如下：

> 庭燎，岁除夜，积柴于庭，燎火，辟灾而助阳气。[2]

另外，张灯是指张挂灯笼的意思，是一种排列悬挂各种纸灯并对之进行品赏活动。这种活动也跟火的咒术性有关。魏朝已经有使用灯笼的记载。如“魏武都邺，正会门昌殿，用汉仪，又设百华灯”中，“百华灯”即是。又如西晋傅玄《元日朝会赋》中，也有“华灯若乎火树。炽百枝之煌煌”的句子[3]。“华灯”也不只是用为照明，它有助阳、迎春的作用，有预示着春即将到的原始的含义。[4]

同样，元宵节挂灯笼的行为在隋炀帝的《正月十五日于通衢建灯夜升南楼诗》中也有迎春（迎福）的含义。如：“法轮天上转，梵声天上来。灯树千光照，火焰七枝开。月影凝流水，春风含夜梅。幡动黄金地，钟发琉璃台。”其中“灯树千光照”与“春风含夜梅”即有着隐含的联系。

1 《后汉书·礼仪志》，785 页。

2 唐代韩鄂《四时纂要校释》，农业出版社 1979 年版，263 页。

3 清代严可均《全上古三代秦汉三国六朝文》全晋文卷四十五，上海世纪出版有限股份公司、上海古籍出版社 2009 年版，291 页。

4 麻国钧《中国古典戏剧流变与形态论》（文化艺术出版社 2010 年版，112 页）中指出：正月望日的火炬、悬灯行为中含有“迎春”、“助阳”意义。

不管是柳或奏文中的“燎炬照地”的燎炬，还是薛道衡《和许给事善心戏场转韵诗》“竟夕鱼负灯，彻夜龙衔烛”中的“鱼负灯”和“龙衔烛”，它们在当时可能都有助阳、逐疫的作用。

总之，元宵节的火炬游戏和元宵节巡演时点的灯笼都起到了抑阴扶阳的作用。

（三）噪音（爆竹）

从旧石器文化开始，或者为了劳动节奏的需要，或者为了单纯音响的需要，或者为了影响自然或精灵的目的，总之，在那时就产生了能够发出噪音的工具。

如果从后一点来考虑的话，噪音的产生，是跟驱逐恶鬼有关联的。大部分情况下，人们认为令人不安的可怕的声音能战胜一切邪恶。通过噪音，人们试图威胁凶神和恶鬼，驱赶害虫和猛兽。从这种原始意义出发，又引申出迎接鬼神、驱赶疫病、应诏风雨、祈愿丰收等各种情形。[1] 高承《事物起源》中有一段话：“《岁时广记》曰：‘元日爆竹于庭，以辟山臊。山臊，恶鬼也。’”其中的爆竹或噪音即具有驱鬼逐疫的作用。

另外，接近于噪音的吵闹声音跟爆竹一样，也被看做具有驱鬼逐疫的功能。柳或《奏禁上元角抵戏》中说到与之相关的一种情形。“每以正月望夜，充街塞陌，聚戏朋游，鸣鼓聒天，燎炬照地。”[2]“鸣鼓聒天”这句话指人们的吵闹声、敲鼓打锣声混合在一起，像爆竹一样，发出了很大的噪音。

烟火和爆竹都是利用火药发出大的噪音，而之所以要制造出这些噪音，其目的应该都是着眼于逐疫功能这一点。关于爆竹的记录，可以见于元周达观所撰《真腊风土记》正朔时序[3]。它可以帮助我们从辟邪这方面去理解

1 CurtSachs 著，野村雄、岸邊成雄译《比较音乐学》，全音乐谱出版社 1985 年版，29 页。

2《隋书》，第 797–798 页。

3 其原文为：“每用中国十月以为正月。是月也，名为佳得。当国宫之前，缚一大棚，上可容千余人，尽挂灯球花朵之属。其对岸远离二三十丈地，则以木接续缚成高棚，如造塔扑竿之状，可高二十余丈。每夜或设三四座，或五六座，装烟火爆仗于其上，此皆诸属郡及诸府第认直。过夜则请国主出观。点放烟火爆仗，烟火虽百里之外皆见之。爆仗其大如炮，声震一城。其官属贵戚，每人分以巨烛槟榔，所费甚多，国主亦请奉使观焉。如是者半月而后止……”元代周达观撰《真腊风土记》正朔时序 9 页。

爆竹的作用。

（四）面具

傅起凤、傅腾龙的《中国杂技》指出，图腾崇拜大大影响了杂剧扮演的诸方面。早期杂技里出现的各种各样的神鬼、神兽的原型，都是由各种各样的图腾提供的。龙与凤凰就是最有代表性的例子。另外，原始时期充当鬼神和人之间媒介的巫觋，则是幻术家的前身。巫觋和幻术家的互换关系一直存在，据说现在某些地方还存在很多善于幻术的巫觋。

重要的一点是，百戏中出现的动物面具，其灵感正是来源于驱鬼逐疫过程中把动物神看作驱鬼之神的行为。[1] 后世演员所佩戴的面具无疑是从古代驱鬼逐疫的过程中产生的。柳彧上奏文《奏禁上元角抵戏》中说"人戴兽面"进行巡演，多少说明了这一点。

在薛道衡《和许给事善心戏场转韵诗》提到有关面具的两处内容中。其中一处就是"竟夕鱼负灯，彻夜龙衔烛。欢笑无穷已，歌吹还相续。羌笛陇头吟，胡舞龟兹曲，假面饰金银……"，这是一副用金银装饰起来的面具。另外一处则指动物面具，"青羊跪复跳，白马回旋驶。忽睹罗浮起，俄间郁陶至。峰岭即崔嵬，林丛亦青翠。麋鹿下腾倚，猴猿或蹲跂"。"青羊"指的是西域罽宾国产的有翡翠尾巴的羊。翡翠色指的是面具的颜色。而"白马回旋驶"，则描述了白马跪、跳、旋转、跑的场景。接下来的内容，则给观众展现了一个神仙世界的全景。"忽睹"以下的六句就是描写这一神仙世界的。"罗浮"是山的名称，原名为凤来山，浮在日中。郁陶也是一个浮在波浪上的一个岛屿。在当时的巡演中，可能在大型的木材上涂上颜色，把它做成有神仙居住的山和岛，然后又使戴着鹿和猴子面具的演员在上面表演。

薛道衡的这首诗歌中提到的面具，应该都是演员们演出时佩戴的。它们在当时除了艺术上装扮的需要之外，可能还带有逐疫的现实目的。稍晚的《岁时杂记》在谈到面具时，我们尚能察觉出它的逐疫作用。"除日作面具，或作鬼神，或作儿女形，或施于门楣，驱傩者以蔽其面，或小儿以

1 我们可以参考 Eliade 的看法。巫觋用像谜语一样的言语跟动物神灵进行对话。这种动物神灵则通过面具、动作、舞蹈人格化。Mircea Eliade《萨满教》喜鹊，104 页。

为戏”。[1] 在这里驱傩者佩戴面具正是为驱逐疾疫而戴的。薛道衡这首诗中提到面具，其作用应该与此类似。

（五）男扮女装

在《隋书 · 音乐志》中，有两处关于男扮女装的记载。“伎人皆衣锦绣缯彩，其歌舞者，多为妇人服，鸣环佩，饰以花毦者，殆三万人。”[2] 另一处就是：“好令城市少年有容貌者，妇人服而歌舞相随，引入后庭，与宫人观听，戏乐过度，游幸无节焉。”[3]

除此之外，薛道衡《和许给事善心戏场转韵诗》中，也有男扮女装的描写。如：“佳丽俨成行，相携入戏场，衣类何平叔，人同张子房”。这一部分描写了列队登场的女装的艺人的场景。“佳丽”指的是男艺人。在第三、第四句“衣类何平叔，人同张子房”中，能明显地看出男扮女装的情形。因为据《宋书》[4]的记载，何晏平叔喜欢穿妇人之服；据《史记》[5]，张良（子房）的外貌像妇女。

值得注意的是，唐代《秦中岁时记》及宋代《东京梦华录》中都记载了男扮女装与逐疫作用的关联。《秦中岁时记》言，“秦中岁除日傩，皆作鬼神状，二老各作傩翁傩母”，其中“二老各作傩翁傩母”可以理解为通过男扮女装来逐疫。《东京梦华录》卷十“十二月”条中，提到“打夜胡”时说：“自入此月，即有贫者三数人为一火，装妇人神鬼，敲锣击鼓，巡门乞钱，俗呼为打夜胡，亦驱祟之道也”。[6] 从中可以推测男扮女装在当时是有逐疫作用的。不过逐疫时为什么必须是男人装扮为妇女？这个问题，我们也还不太清楚。只能够将它理解为一种与逐疫作用相关的装束。

（六）猥琐

柳彧上奏文《奏禁上元角抵戏》在建议禁止角抵戏时，指出角抵戏中多有淫秽、丑陋的行为，而且人们常常把这种淫秽、丑陋的行为当做笑料。

1 南宋陈元靓《岁时广记》“为面具”条，440–441 页。

2《隋书 · 音乐志》。

3《隋书 · 音乐志》。

4《宋书 · 五行志》：“魏尚书何晏，好服妇人之服。”

5《史记 · 留侯世家》：“太史公曰：余以为其人计魁梧奇伟，至见其图，状貌如妇人好女。”

6 宋代孟元老撰、邓之诚注《东京梦华录注》，香港商务印书馆 1975 年版，258 页。

如：“以秽蔓为欢娱，用鄙亵为笑乐，……无问贵贱，男女混杂，缁素不分。秽行因此而生……”。这种行为在正统士大夫柳彧看来，是有伤风化的，因此，他要加以反对。但是 Eliade 在《宇宙与历史》中指出，通过“结婚、性的放纵、罪的表白、驱赶替罪羊”可以得到集体性的净化。[1] 因此，柳彧提到的角抵戏中的这种丑陋、鄙陋的行为，可以理解为与集体性的净化、逐疫作用一脉相承的行为。

（七）小结

本文从逐疫的角度对噪音、火炬活动、灯笼活动、面具、男扮女装、猥琐进行了探讨。这些活动，或者从隐性的，或者从显性的层面，最终都能归结到逐疫作用上。因此，我们自然也就能将它们和傩关联起来。[2]

四、结语

本文指出，傩中含有的逐疫作用可能来源于火的咒术性。以隋代的队舞为个案，我们对傩的逐疫作用在中国传统巡演文化中的影响进行了探讨。总体来说，促使中国古代演艺文化出现的原因之一或许就来自火的咒术性。

---

1 Mircea Eliade 著、郑镇弘译《宇宙和历史》，《现代思想史》，1976 年版，92 页。

2 我们进一步可以注意到，从韩国高丽时期到朝鲜时期以来的巡演中，辟邪的意义贯穿了整个时期。《东国岁时记》中的正月元日条和 12 月除夕条提到做花盘或者青坛的一个活动。这跟隋代的巡演活动可能有同样的意义。相关内容以后有待探讨。Hwang Gyeongsuk《韩国的辟邪文化与演戏文化》，月印，2000 年版，174–175 页。

韩国晋州五广大的历史与现状

韩国江陵原州大学校　安祥馥

一、序言

目前东亚各国都对传统文化的保存和传承十分关注，特别是对于非物质文化遗产的韩国地方政府和学界的关心与日俱增。在此，笔者借由韩国假面剧中的晋州五广大的历史与现状的论述，希望能对在已发生变化的时代环境里共同探索民间祭祀戏剧有效传承方案的研究者有所帮助。

二、晋州五广大的历史与沿革[1]

韩国传统的假面剧可以分为两大系统，一是本山台戏系统，二是洞祭戏系统。前者包括首尔和京畿道的山台戏，黄海道的假面舞，庆尚南道东部（洛东江以东）的野游，庆尚南道西部（洛东江以西）的五广大等。后者包括庆尚北道安东的河回别神祭假面戏和屏山别神祭假面戏，庆尚北道京山的慈仁八广大戏，江原道江陵的官奴假面剧等。

晋州五广大是指流传于庆尚南道西部晋州市[2]的本山台戏系统假面剧。因此，为了了解其历史背景，我们有必要先回顾一下本山台戏系统假面剧的历史。

据研究，本山台戏系统假面剧是三国时代的散乐杂戏历经统一新罗时代、高丽时代、朝鲜时代而逐渐形成的。各王朝时代的有关假面剧的主要

1 本节内容主要参见田耕旭《韩国的传统戏剧》(学古斋出版社 2004 年版)、徐渊昊《野游·五广大假面戏》（悦话堂出版社 1994 年版）和郑尚朴《五广大与野游研究》（集文堂出版社 1994 年版）等。

2 据 2011 年的调查，晋州市是居住人口 33 万余的规模比较小的城市。

文献记录如下：

统一新罗后期人崔致远的汉诗《乡乐杂诗》5首中《大面》、《束毒》、《狻猊》等3首都描写了假面戏。

《大面》：黄金面色是其人，手抱珠鞭役鬼神。疾步徐趋呈雅舞，宛如丹凤舞尧春。

《束毒》：蓬头蓝面异人间，押队来庭学舞鸾。打鼓冬冬风瑟瑟，南奔北跃也无端。

《狻猊》：远涉流沙万里来，毛衣破尽着尘埃，摇头掉尾驯仁德，雄气宁同百兽才。

据《高丽史》，1244年4月高丽高宗在宫中宴会时观赏过假面戏。

《高丽史》卷23世家23高宗："丁亥曲宴崔怡进假面人杂戏。"

朝鲜中宗25年（1525），朝鲜前期文人金綠在李密阳宅宴席上观赏假面戏以后写了一首汉诗《李密阳宅宴席观优戏作》：

机幻张皇鼓吹宣，真形假面眩人魂。真真假假何须辨，真假从来只一根。[1]

1778年，朝鲜后期文人姜彝天（1769—1801）也在自己的汉诗《南城观戏子》里描写了假面戏本山台戏：

平陂更展席，僧雏舞缁素。仙娥自天降，唐衣复绣裤。汉女弄珠游，洛妃清波步。老释自何来，拄杖衣袂裕。……神巫摆从铃，如泣复如诉。翩然铁拐仙，偃蹇植双胯。辣眉仍攒手，东驰又西骛。（后半部：一共五言五十六句）

以前流浪艺人集团竹广大牌经常到庆尚南道陕川郡德谷面栗旨里的市场来表演包括假面剧在内的种种杂戏，据此，学界一般认为野游和五广大都来源于这个流浪艺人集团的假面剧。野游流传于东莱、水营、釜山镇等地。五广大流传于草溪、新反、统营、固城、驾山、马山、镇东、驾洛、巨济、晋州、山清、鹤山、道洞、西区、南区等地。

关于五广大名称的由来有两种说法，一说是因为剧中有五个广大上场演戏，另一说是因为全剧共由五个科场组成。

据宋锡夏的调查显示，晋州五广大的演出从1895年开始一直持续到1920年。进入20世纪30年代以后开始消失。1934年妇人在亲契和第三

1《自庵集》，《韩国文集丛刊》24，民族文化推进会编，民族文化推进会1988年版。

夜学会及各新闻支局等组织的主导下开始支援复兴五广大。为五广大的演出举行了“踏地神”仪式，并为经费而向一般老百姓募捐物品。当时，五广大的演出在正月十五晚上举行。20 世纪二三十年代的演员有郑钟根、姜硕珍、崔善俊、金致健、慎吉龙、梁德现、朴龙根、姜大昌等。

1945 年光复后，五广大的传承曾被中断，1998 年被复原，并在 2003 年被指定为庆尚南道无形文化财第 27 号。

三、晋州五广大的表演内容

目前可用的早期晋州五广大演出剧本共有三本：1928 年姜硕珍口述郑寅燮采录的采录本、1934 年朴龙根口述宋锡夏采录的采录本、1957 年崔善俊口述崔常寿采录的采录本等。其中前一本内容不完整，后两本大同小异，所以，下面根据宋锡夏的采录本[1]简单介绍晋州五广大的表演内容。全剧总共由四个科场组成，各科场的主要内容如下：

第一科场：五方神将舞。东方青帝将军、西方白帝将军、北方黑帝将军、南方赤帝将军、中央黄帝将军分别戴着青、白、黑、赤、黄色的面具出场，不说台词只跳舞。他们的舞蹈可以说是在假面剧开始之前为了净化演出场地而举行的一种辟邪性质的仪式舞蹈。

第二科场：癞病患者之戏。五个癞病患者分别戴着青、白、黑、赤、黄色的面具出场跳舞赌博。一个孩子在旁边看热闹并向他们索要头钱，他们不给，孩子就向巡查告发了他们，巡查就把他们抓走了。这里癞病患者们的表演与其说具有悲剧性不如说具有喜剧性，因为观众们看他们的表演感到非常愉快。

第三科场：仆人与两班之戏。一个仆人在和三个生员的对话中尽情地羞辱他们。三个生员即代表了传统时代的两班也就是士族阶级全体。本科场的主旨在于戏弄和讽刺两班。

第四科场：和尚和两班之戏。内容上可分为两个部分，前半部讽刺了破戒僧，后半部表现了夫妻之间及妻妾之间的感情纠葛。前半部：有个老僧拐走两班的小妾即女小巫，两班得知后发怒，派仆人去抓来老僧，至此老僧把小巫还给两班。后半部：两班的老婆与小巫相见时殴打小巫，两班

1 徐渊昊《野游 · 五广大假面戏》，悦话堂出版社 1994 年版，107–110 页。

为此生气而打死他的老婆。而后两班为了救活他的老婆使用种种方法，可是都没有效果。最后，巫婆上场做“镇恶鬼”法事，两班的老婆才复苏。

以上晋州五广大的表演内容可概括为以下几点：(1) 开场和最后的一段表演非常明显地保留着祭祀性仪式或法事。(2) 癞病患者之戏烘托出癞病患者集体居住过的庆尚南道西部的地方特色。(3) 正剧即第三科场与第四科场的主旨在于戏弄两班、讽刺破戒僧、表现夫妻之间及妻妾之间的感情纠葛。这三大主旨与其他本山台戏系统假面剧没有两样。

四、晋州五广大的现状[1]

1996 年：晋州五广大庆典筹备委员会在晋州市开办韩国最早的假面剧庆典。

1998 年：晋州五广大庆典委员会在第 3 届晋州假面剧庆典上复原了晋州五广大的原貌。

2003 年：晋州五广大被指定为道级非物质文化遗产（庆尚南道无形文化财第 27 号）。

2007 年：晋州五广大庆典委员会在全体市民的支持下，开始将晋州假面剧庆典扩大成韩中日三个国家演出队参加的东亚假面剧庆典。

自 2007 年至今年：每年召开一次国际学术研讨会（一共 6 次），邀请到中国和日本的表演团（一共十二个表演团）。中日两国演出团的演出节目请参见后附的参考资料。

通过这种国际性的庆典，晋州五广大庆典委员会和晋州市民为晋州五广大的保存和传承找到了新的活路。

五、结语

以上对晋州五广大的历史沿革、表演内容与现状等进行了简单的介绍。晋州五广大虽然只不过是流传于小规模城市的道级非物质文化遗产之一，但当地人却在努力探索扩展及传承的方案，并予以实践。

21 世纪东亚各国，特别是韩、中、日三国的社会环境与封建时代已大

1 参见 http://www.jinjutal.com。

不相同。因此，有些非物质文化遗产无论是在城市还是农村都很难传承。如果再不探索如何在新的环境里生存下去的方案，像晋州五广大这样的非物质文化遗产就会容易遭到淘汰甚至消失。

幸亏现在东亚各国对庆典文化的关心与日俱增并大力支持。如果我们以国际性庆典与学术研讨会的方式来加强、促进国际文化交流及学术交流，必然会给像民间祭祀戏剧这样的非物质文化遗产的传承创造良好的环境和局面。笔者认为，在21世纪这个新的环境里，我们应该重视国际性的文化交流。

附：《中日两国演出团的演出节目》（自2007年至2012年）

2007年：（中国）安徽省池州黄梅戏与傩戏，（日本）高千穗神乐。

2008年：（中国）江苏省南通童子戏，（日本）伊势大神乐。

2009年：（中国）上海市马桥手狮舞，（日本）石鸠冈神乐。

2010年：（中国）江西省南丰傩舞，（日本）南川神乐。

2011年：（中国）福建省晋江掌中木偶戏，（日本）文乐。

2012年：（中国）广东省佛山狮子舞，（日本）法灵神乐。

玛蓉传统戏剧中“仪式性表演”的出师仪式实地考察研究

马来西亚马来亚大学　再纳尔·亚都·拉迪夫
默罕默德·艾芬迪·萨姆苏德丁　颜永祯

序

玛蓉（Mak Yong[1] 或 Makyung[2]），是个具有强烈仪式基础的马来西亚传统戏剧。玛蓉结合了说、唱、逗、舞、演及音乐演奏等表演艺术元素，一般在马来西亚的吉兰丹州与登嘉楼州的乡村进行表演。根据学者们的研究假设，玛蓉起源自万物有灵，并受到多个宗教信仰如印度教，佛教和伊斯兰教的影响。玛蓉是一种口传身授的表演艺术，代代相传，共有两种表演形式：娱乐性表演和仪式性表演。仪式性表演包含心灵治疗和玛蓉演员的出师仪式两种。在 2005 年，联合国教科文组织宣布玛蓉为人类非物质文化遗产。

珍帕卡威利斯（Cempaka Wilis）——为数不多的玛蓉戏班

2010 年 11 月，马来亚大学文化中心戏剧系对玛蓉戏班的出师仪式进行实地考察。珍帕卡威利斯戏班来自于登嘉楼州瓜拉贝苏[3]地区的彭佳兰亚

1 按艾芬迪博士的论文词汇表（2011）解说：Mak Yong 指的是玛蓉里的女性角色，扮演伯蓉妻子的角色。

2 同上。Makyung 指的是著名传统戏剧表演艺术的名称。该剧在吉兰丹、登嘉楼、泰国南部、印度尼西亚的廖内群岛和棉兰出现。

3 瓜拉贝苏（Kuala Besut）是马来西亚登嘉楼州贝苏区海岸上的一个小渔村，坐落于吉兰丹州的哥打巴鲁和登嘉楼州的瓜拉登嘉楼之间。

图一 左起：玛苏蒂，戏班导演兼创办人；其弟弟亚都 · 卡迪尔 · 都拉，舞蹈老师

达村，是马来西亚现今为数不多的玛蓉戏班之一。由于资金[1]的匮乏，戏班的出师仪式被迫延后一年半举办，直到获得马来亚大学的资助[2]才得以顺利进行。二十位具备出师资格的学徒多数都与老师有血缘关系，其中不乏老师的儿孙。

珍帕卡威利斯戏班的老师原名叫切西蒂 · 都拉（又称西蒂都拉女士），一般人都称呼她为玛苏蒂（见图一）。来自泰国南部的玛苏蒂是一名暹马混血儿，她从小和弟弟亚都 · 卡迪尔 · 都拉（见图一）一起学习玛蓉艺术。70 年代，玛苏蒂正式全职投入玛蓉艺术，并多次跟随泰国玛蓉剧团到马来西亚的瓜拉贝苏地区进行演出。自那时起，玛苏蒂和弟弟决定留在马来西亚，直到现在，他们已成功获得马来西亚永久居民的身份。玛苏蒂创立了珍帕卡威利斯玛蓉戏班，她的弟弟则是该团的舞蹈老师。除了本地演出，他们也经常代表国家到海外进行玛蓉表演。

出师仪式

出师仪式的名称在马来西亚和泰国是不同的[3]。在泰国，暹马人称之为“森巴咕噜”（Sembah Guru），马来西亚人则称之“培丽茂[4]”（Pelimau）。在出师仪式中，玛蓉老师只负责演出项目，祭祀仪式则由都 · 敏督[5]巫师和

---

1 珍帕卡威利斯戏班里的老师和多数成员以白天在饼干厂当工人的收入为生。

2 仪式经费约马币 4000 元。

3 参考艾芬迪（2011）博士论文里的词汇表，371 及 372 页。马来语“森巴”指的是敬礼；“咕噜”指的是老师。由于宗教的因素，马来西亚马来人只能对创造者——神敬礼。

4 马来传统武术希拉特与皮影戏的出师仪式也称之为培丽茂。

5 都指的是男巫师的称号。马来语敏督指的是母亲或主体的意思，都 · 敏督是祭祀仪式里的主要负责人。

都·德利[1]巫师全权负责。祭祀中所用的咒语以口传方式传授，并没有文字记载，都·敏督和都·德利靠自己的方式铭记于心。珍帕卡威利斯戏班的出师仪式共持续两天，第一天晚上上演《穆达神》[2]，过程与常规娱乐演出一样，没有涉及任何关于出师仪式的祭祀活动，第二天晚上则进行一系列的祭祀仪式与《培尔切尔神》的剧目演出。

出师仪式的仪式准备

出师仪式在晚上[3]进行，戏班成员包括老师和巫师会在白天准备好祭祀用品。巴莱、郎吉布、黄糯米和洗浴用柠檬是出师仪式里必备的祭品。每个祭品将在不同的环节使用，代表着不同的含义。

传统的玛蓉剧场称为“庞宫”或“邦萨尔”，剧场以特定设计和对称原则而建。开放式的剧场是用木板和竹子建造的，屋顶则铺以亚答叶。这种乡村式剧场并非只是用完即拆的临时性使用，而是将剧场长期保留。表演区域称为“格朗刚”，地面上铺以草席。扮演特定角色的演员会到舞台中间区表演，其余演员则坐在草席边缘当歌队。由于剧场里没有更衣室，所以演员需要借用附近的民宅更换戏服。

郎吉布，或“天布”（见图二），是一条悬挂在舞台上空的长棉布。布条下会挂上不同的祭祀品，包括鲜花，虾饼和槟榔叶等。这些祭品被相信具有驱散任何恶意影响的力量。在祭祀的最后环节，天布会被扯下。这仪式象征灵魂们返回住所的通道已经打开，他们可通过剧场

图二 郎吉布 (Kain Langit)

1 都·德利是都·敏督的助手，主要负责玛彦德利环节。

2《穆达神》(DewaMuda）和《培切尔神》(DewaPechil）是玛蓉的十二部主要剧目里作为仪式性表演的两个剧目。

3 一般晚上 9 点开始至深夜结束。仪式性的时长可到隔日黎明结束。

的屋顶返回各自的住所。

图三 巴莱（Balai）

巴莱，或“宫殿”（见图三），由都·敏督巫师用竹子制造。根据都·敏督巫师的解释，巴莱的结构共有三层：最高层为神明的住所；中间为国王的住所；底层则是魂灵的住所。在祭祀仪式里，供奉品包括食物如烤鸡会放在巴莱里。在“弃宫”仪式中，巴莱和所有祭品会被扔弃在离小孩和住所很远的地方，以免被人接触。古时候，巴莱会被扔弃在海边，由于地理问题，现在的巴莱被扔弃在深山野林里，但具体地点仍旧无人知晓。

作为仪式供奉品的黄糯米（见图四）使用于祭风礼[1]。黄糯米的数量按出师学徒的人数准备。糯米团的烹煮材料包括盐、糖、椰浆及染色糯米。糯米团会在容器里固定形状，然后倒在银色托盘上，用鸡蛋与鲜花来装饰。都·德利巫师解释说明，糯米之所以染成黄色并没有特殊理由。

图四 黄糯米（Pulut Kuning）

图五 洗浴用的柠檬与水缸

1 祭风礼，驱散风所带来的不良影响。不良的风气如贪念，欲望和消极会不经意进入人的身体，使人生病。这些病痛需要透过传统祭祀仪式才能痊愈。玛蓉学生由于长期上演《穆达神》和《培切尔神》，也会被其角色影响身心灵。

用青柠檬或酸橙来洗浴[1]是仪式里的洗礼环节。巫师会准备一个大缸，注入大量的水、青柠檬、鲜花和水果（见图五）。在洗礼过程，巫师会对着水缸念咒语，出师的演员们会排着队，一个接着一个地接受洗礼。巫师用舀子将水自演员头上淋下。

出师仪式的演出构架

出师仪式的主要构架可分为七项：开幕式、玛蓉剧、嘱咐礼、洗礼、玛彦德利－玛蓉（Main Ter-Makyung[2]）、弃宫礼和闭幕式。这些仪式在第二天的夜晚举行。

开幕式

开幕式是结合了一连串的祭祀仪式来进行的，其中包括朗读仪式、烟熏仪式和乐器开封礼。在开幕式进行前，所有用具会摆放在都·敏督巫师的面前，然后由戏班班主来请示巫师的允许以开始仪式。都·敏督开始进行朗读仪式（见图六），并宣告真主，接着朗读一百位神明的名字、卡里玛莎哈达和可兰经的诗句。巫师用当地口音与神沟通，祈求阻止恶魔与其同党的教唆与骚扰。在烟熏仪式里，所有演出用具、乐器、供奉的食物、祭品都要用可米安烟来熏绕（见图七）。在乐器开封礼中，巫师将乐团的乐器一个个握在手上，先从弦琴开始，然后是大鼓、小鼓、大锣和小锣。乐器被烟熏后，巫师在静默中与乐器里的灵魂沟通并提出请求（见图八），虽然这些乐器已被巫师开封，但是还不能使用。在开幕式中，

图六 开幕式——朗读仪式

---

1 古拉姆萨尔瓦尔·尤索夫，2011年，第26页，解说仪式也称为培丽茂（Pelimau）或贝尔希兰姆（Bersiram）。

2 古拉姆萨尔瓦尔·尤索夫，1976年，第182–205页，玛彦德利（MainTeri）又译作玛彦布德利（MainPuteri）。

图七 开幕式——烟熏仪式

图八 开幕式——乐器开封礼

巫师会手握满满的一撮米靠近嘴边，数秒后猛烈把米撒在前方及自己的肩膀上。这个仪式会用鼓和锣来伴奏曲子。巫师拿着香炉将烟雾熏向剧场的四个角落后，一个净化的剧场才可以正式使用。

玛蓉剧

玛蓉仪式性表演的重要剧目是《培切尔神》。培切尔神的命运和穆达神的命运是相反的。穆达神是个有钱有势的王子，他一生的追求就是满足自己的私欲。培切尔神虽然也是皇族，非但没有享受到荣华富贵，更不曾拥有属于自己统治的王国和王位。《培切尔神》[1] 讲述培切尔神和切玛拉贝尔玛斯公主原已成亲，索玛达鲁国王（邻国国王）从侍从身上得知公主拥有超凡的美貌，虽不曾见过公主却已经坠入爱河，索玛达鲁国王愿意不惜一切代价地占有公主。他亲自拜访公主的母亲阿尤庞果维旦，并赠送大量的礼物和财宝给她。贪婪的母后为了得到财富，强迫培切尔神和自己的女儿

1 参考古拉姆萨尔瓦尔，2011 年版，30 页。

离婚，培切尔神因拒绝遭放逐。离别时，公主答应培切尔神会逃离皇宫追随他一起流亡。培切尔神在去往山路的途中以公主咀嚼过的槟榔叶和公主衣服的金渔线作记号，公主最终逃离皇宫，沿着记号找到了培切尔神。在仪式性表演中，只上演《培切尔神》的局部故事片段，故事结束于公主逃进森林里终于找着了培切尔神。

嘱咐礼或敬师礼

玛蓉剧结束后，出师的演员会盘坐在玛蓉老师玛苏蒂的面前（见图九）。老师拿着麦克风用玛蓉剧的说唱方式对即将离开的学生给予最后的叮咛。出师的演员可以当玛蓉老师继续传承玛蓉技艺，或是创立自己的戏班。这也意味着玛苏蒂即将退休，让学生接管自己的戏班。每位学生从舞蹈老师亚都·卡迪尔·都拉手中得到一根白蜡烛和槟榔叶卷纸。学生将白蜡烛点燃，并随着自己的意愿将蜡烛安放在剧场的任何角落。按照传统说法，将蜡烛放在弦琴边上的学生，未来将大有作为，给老师带来荣耀。舞蹈老师会把四张槟榔叶卷纸夹在左手指缝之间（见图十），让学生随着内心的感觉抽取。按照传统说法，选择夹在无名指与中指之间的槟榔叶卷纸的学生将会前途无量。

图九 敬师礼

图十 敬师礼——舞蹈老师会把槟榔叶卷纸夹在左手指缝之间，让学生随着内心的感觉抽取

洗礼[1]

还未洗礼之前，巫师会先对水缸施法（见图十一）。都·敏督带领着

1 与马来传统武术希拉特与皮影戏的出师仪式的洗礼一样。

图十一 洗礼施法仪式

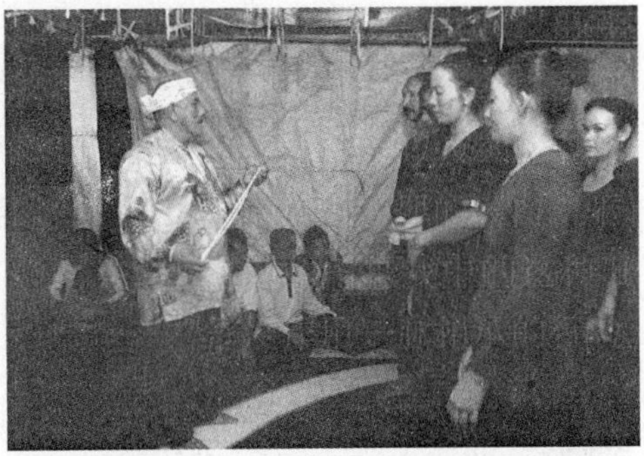

图十二 巫师手上握着玛彦德利中使用的白绳

出师的演员到剧场外进行洗礼。都·敏督用舀子把水从演员头顶淋下，接着用湿润的双手擦拭演员的脸。洗礼能帮助去除超自然力量所产生的负能量。

玛彦德利－玛蓉

玛彦德利是个传统治疗仪式，通过祭风礼来治愈病患的灵魂。治疗仪式由都·敏督和都·德利来执行。患者的精神与灵魂受到穆达神和培切尔神的影响而感到困扰，严重者会精神恍惚，发呆甚至晕倒。患者可以是表演者，观众或任何在剧场里的人。他们随着音乐进行“乔吉特”舞蹈或“希拉特”武术。都·敏督会进入“放空”状态，不同的灵魂会进入他的身体，都·德利会跟被灵魂附体的都·敏督进行一场对话。当灵魂所提出的条件被满足后，灵魂将远离患者，患者也会慢慢神志清醒。都·德利会在他们的额头涂上白色粉笔印儿，然后用白绳系好的绳圈套向他们的头直至脚部（见图十二），所有人最终恢复了正常状态，整个仪式就此结束。

弃宫礼与闭幕式

弃宫礼就是将仪式中所用的祭祀器具与供品放进巴莱宫殿中扔弃。在进行弃宫礼之前，都·德利巫师会召唤培切尔神进入祭祀宫殿（见图十三）。宫殿里放满了食物和鲜花以吸引培切尔神。接着，巫师念着咒语，一群人抬着祭祀宫殿快速离开剧场将它扔弃在森林里。闭幕式就是拆下天布（见图十四），告诉所有的灵魂，可以从屋顶通道返回各自的住所。

图十三 弃宫礼——请神入殿

图十四 闭幕式——巫师手上握着拆下的郎吉布

结语

玛蓉戏班和玛蓉仪式性表演在马来西亚已经逐渐减少。仪式性表演的生存率不及娱乐性表演。面对现实的挑战，独特且复杂的仪式性表演被迫简化。玛蓉是一种口传身授的表演艺术，不过祭祀仪式的细节只有巫师懂得如何操纵与准备。玛蓉老师能传授的是表演上的技巧，音乐演奏则需要依靠资深的乐师来栽培年轻的乐手。表演艺术是需要许多部门通力合作才得以完成的。玛蓉曾面临过多次的“灭门”波折，其中包括吉兰丹大水灾[1]（1926 年）、日军占领[2]（1941 年）和禁止演出[3]（1991 年）。在学术研究者和玛蓉艺术家的坚持下，玛蓉才得以保留至今。玛蓉艺术还有许多有待研究的空间，不过随着资深玛蓉艺术家老化的问题，导致很多研究无法及时开展。此次研究也发现了有待争议的新问题。著名剑桥学者布兰登

1 参考拉希米丁 · 扎哈里 .& 苏冬 · 乌玛尔 · RS.，2011 年，第 72 页。1926 年吉兰丹大水灾也称为红水灾或乌劳乌水灾，使人们遭受巨大的财物损失和疾病。玛蓉艺术家为了生存，不得不停止所有演出活动。水灾后，玛蓉艺术家分散到不同的村庄以开始新的生活，玛蓉演出也因此逐渐没落。

2 参考拉希米丁 · 扎哈里 .& 苏冬 · 乌玛尔 · RS.，2011 年，第 73 页。为了生存，玛蓉艺术家重返田园劳动。日军停止所有娱乐活动，包括玛蓉。

3 参考拉希米丁 · 扎哈里 .& 苏冬 · 乌玛尔 · RS.，2011 年，第 71 页。由于政治因素，玛蓉剧在吉兰丹被禁止公开演出。禁令实施后，玛蓉艺术家只能在其他州属如登嘉楼进行演出。

(1993:198) 曾经提到玛蓉是个女性演出的舞剧，而吉特[1] (1986:36) 也在书中提到玛蓉里的角色无论男女都由女性扮演，除了丑角。在这次的出师仪式中却发现了两位男生，在表演时是穿着女装演出。此外，玛蓉仪式里的学术名称也有待统一和重审。

参考文献

1.[英]詹姆斯·R. 布兰登《剑桥指南：亚洲戏剧》，英国：剑桥大学出版社 1993 年版。

2.[英]古拉姆萨尔瓦尔 · 尤索夫《吉兰丹玛蓉舞剧：表演结构研究》(博士论文)，美国：夏威夷大学 1976 年版。

3.[英]古拉姆萨尔瓦尔 · 尤索夫《吉兰丹玛蓉戏剧：简介》，吉隆坡：亚洲文化遗产中心有限公司 2011 年版。

4.[马]克里申·吉特《与戏剧一起成长》，吉隆坡：国家语言和文学机构 1986 年版。

5.[马]默罕默德 · 艾芬迪 · 萨姆苏德丁《马来戏剧玛蓉：舞蹈艺术创意研究》(博士论文)，马来西亚：马来亚大学，2011 年版。

6.[马]拉希米丁·扎哈里 & 苏冬·乌玛尔·RS,《玛蓉：马来西亚神秘遗产》，吉隆坡：国家翻译研究所有限公司 2011 年版。

1 克里申·吉特 (Krishen Jit,1939—2005)，马来西亚著名剧场导演、戏剧评论家及历史学者。马来西亚戏剧的先驱人物，活跃于英语和马来语剧场，被誉为“马来西亚戏剧之父”。

傩舞傩戏

临武傩戏初探

湖南省郴州市文广新局　周作明

傩，是远古时期的先民们无法解释自然、社会和思维科学而产生的原始宗教信仰。湖南省是中国傩文化的发源地，据国家文物部门公开的考古发现表明，最早的祭祀图傩面出土在湖南省西部怀化市沅河畔的洪江（原黔阳县）高庙文化遗址上，距今7400多年。高庙文化陶器以其繁缛的纹饰著称，凤鸟纹、兽面纹等陶器图案，是古代先民原始宗教的生动体现，其大型的祭祀遗存在文明进程中的意义，越来越受到人们的瞩目。湖南省在距今6000年至3000年间就已进入巫傩文化高峰期，这与湖南傩巫风的历史盛行及传承不无关系。

郴州位于湖南省东南部，东邻江西省，南接广东省。旧石器时代，境内就有先民繁衍生息，春秋战国属楚地。秦嬴政二十六年（前221）始置郴县，属长沙郡。汉王元年（前206），西楚霸王项羽佯尊楚怀王之孙熊心为义帝，促义帝迁都于郴县，并暗令九江王英布派部将杀害义帝于郴。汉王五年（前202），分长沙郡南部始置桂阳郡，领8县，郡治设于郴县，隶属荆州。自此，楚、越、中原文化汇合交融，祭神祀祖祈福驱邪的民间巫傩宗教文化在郴县一带极为盛行，形成了郴州文化的历史特色。据《郴县志》载:“傩舞”为“跳土地”，与“神狮”同场演出，流行于郴县鲁塘一带，反映了少妇三娘上京寻夫的故事，人物有土地、来宝、三娘、夜叉、关公、二郎神等。表演时各戴面具、各持道具，有说有唱，动作粗犷豪放，并有吹打乐伴奏，是保存较为完整的一种傩舞。2006年元月，笔者和北湖区（原郴县）文化局领导、鲁塘镇的有关同志共同到该镇的上鲁塘、下鲁塘两个古村落考察了傩文化的遗存现状。在考察中见到了村里唯一健在的傩舞老艺人何月明，时已80多岁高龄，因身传口授的东西多年不演，记忆不全，多数已遗忘，加之年事高迈，体质衰弱，已无力传徒授艺。我们还了解到，

1948年村里还举行了氏族傩祭活动，后傩祭、傩舞渐渐失去了原有存在土壤和社会环境而无以为继。不久傩舞老艺人何月明逝世。傩舞的消失，老艺人的故去，唱本、乐器、器械和面具、服饰、傩符的遗失，使得傩文化在鲁塘镇已荡然无存了。由于岁月的流逝和劫难，带着郴县人顽强生命力的印记，传承了千年历史的傩文化，随着最后一位傩舞老艺人的仙逝而永远地消失了。

可喜的是，我们在上鲁塘村召开村民座谈会时，有人反映："你们说的这种戴着面具祭祀跳舞的场景，八十年代初某年的春节期间，我陪同妻子回娘家走亲戚时看到临武县大冲乡油湾村有人在祠堂内曾神秘地跳过这种舞。"当即，笔者给时任临武县文化局局长唐冬旺打电话，询问临武傩文化遗存情况，并告之大冲乡油湾村可能有傩文化遗存，请迅速组织局里相关工作人员到油湾村调查了解情况。随后，回到家中，笔者快速查阅了《郴州志》、《郴县志》、《临武县志》等相关志书文献资料，并询问本地相关部门及专家学者，暂时没有发现油湾村傩文化的翔实记载及遗存情况。没过几天，唐冬旺局长回电话说："经初步调查，油湾村确实存在傩文化，但已多年未开展傩祭演出活动了，不过原傩戏班子的老艺人大多还健在，能马上恢复演出，临武县文化局等有关部门原来也不知道油湾村还遗存着傩戏。"于是，笔者赶到了油湾村，抓住春节期间务工外出村民回家过年之际，不失时机地进行实地调查，并与县文化局的同志、村干部、傩戏艺人及村民共同研究傩戏抢救、发掘、保护和恢复传承演出等相关事宜。这样，濒危中断了二十多年的油湾村傩戏又恢复了演出和传承。2006年6月，为了进一步确认油湾村傩戏的性质、内涵、形式及价值，笔者邀请了时任湖南省艺术研究所所长的邹仕毅、研究员孙文辉两位专家专程到临武县大冲乡油湾村进行考察。听了村民们轻松自如的讲述，看了演唱、表演，两位专家认定油湾村保存的就是傩戏，并命名为临武傩戏。在保护非物质文化遗产遇到前所未有的好时机中，临武傩戏从大山深处的大冲乡油湾村走出来，重见光明。我们看到，村民们用古老、风淳、俗浓的傩戏祈望风调雨顺、无疫无灾、五谷丰登、人畜兴旺，再次唤醒了那些被我们遗忘的文化记忆。

临武县古属楚地，战国时期（前475–前221）楚设临武邑。秦灭楚后，临武属长沙郡。汉高祖五年（前202）置临武县，属桂阳郡（今郴州市），地处湘南边境，南邻广东连州，居南岭山脉东段北麓。

临武僻处楚南，此地自古以来楚巫傩文化相沿成习。《临武县志》载：“民间为生产丰收、人畜平安、祈求神灵保佑，沙田、大冲一带盛行‘狮子愿’，即由道士两人，手执黄色狮头，背后十多人戴着面具，分别扮成玉皇、二郎神、关公、土地、菩萨、王母、来宝、观音等仙佛串村走巷。晚上，跳来宝，佛、道、儒三家大杂聚，边歌边舞，闹至半夜再送狮子出村。”在新中国成立以后的三十年间，傩文化与巫文化一道，被视为封建迷信巫术而被破除。郴州市的郴县（现北湖区、苏仙区）、临武县的许多乡村的傩文化就此销声匿迹，幸运的是傩戏仍残存于油湾村。油湾村，位于临武县偏远山区的大冲乡，全村海拔在700米以上，是一个四面环山，中间为小盆地的典型山村。油湾村始建于北宋中叶（1030年），至今已有980多年的历史，王氏世族世居此村，全村900余口人，全部聚居一个自然村。据传，明朝成化年间（1465—1487年）傩戏传入油湾村，世代沿袭，传承绵延至今已有540多年。王氏家族村民比邻而居，在重重叠叠的大山中依靠原始的农业劳作过日子，生活的辛劳、环境的闭塞：现代文明对这里长期的遗忘，使得傩戏能在这里原生态保存。除了特殊年代，傩一直是村里人的集体信仰，一种乐意为之奔走的村落艺术，一种农闲时节的宗族狂欢，这种表达精神寄托和诉求的特殊方式，长盛不衰。也正是依靠了这种坚定的群众基础，傩戏在这里经历了500多年的风霜洗礼依然保存完好，原汁原味。

临武傩戏，据传由该村十七世祖思能公外出从师傩祭作法学成后回村布法求神，具降妖、驱邪、赶鬼、祈福的融傩祭、傩仪、傩舞、傩歌、傩技、傩戏于一体的“舞岳傩神”，当地人俗称“神狮子”，傩戏中的“神”称为傩神。傩神，是一个综合概念，包含了9位神，分别是三娘、来宝、土地、关公、二郎神、夜叉、狮子神、猴子神、小神（小鬼）。法师在其中扮演沟通人和神的角色，是整个演出的中心。傩戏最核心、最本质的东西，全部在法师心中掌控，他也是傩戏班子的组织者、管理者。

临武傩戏的表演内容大体分为傩祭（傩仪）、傩舞（傩技）、傩歌、傩戏。傩戏是傩事仪式程序中的一个重要环节，由于傩戏富有戏剧情节、表演程式、角色行当和舞台砌末等戏剧特征，表演性、趣味性强，易于吸引观众。

临武傩戏沿袭了古老傩祭文化特点，以请神起愿为载体，整个过程包括许傩愿、还傩愿和闭傩坛三大部分。人们借助许傩愿、还傩愿这一特殊的感通神灵的形式和载体，向神灵表达虔诚和敬意，通过愉悦神灵向神灵表达诉求，祈求神灵庇护。临武傩戏的傩愿，包括驱邪祈福许傩还傩愿，祭祀祖宗许傩还傩愿，消除自然灾害与喜庆五谷丰收许傩还傩愿，寄托吉祥与红白喜事许傩还傩愿等。如福主每遇家宅不幸、人畜不旺、逢遇凶险或求丁、求财、求寿等情况，需求得傩神庇护，即可启动举行许还傩愿活动。许还傩愿的全过程为：

一、许傩愿

1. 请法师：福主（某村庄、某家族、某家庭）因驱邪祈福，以某项诉求需求得傩神庇护，由村庄的户老或长者作主持（操心之人）在春季某一吉日携纸香、雄鸡、红包到油湾村法师家请法师择良辰吉日到福主府第许傩愿（舞岳傩神狮子愿）。

2. 许傩愿：

（1）福主家（处），法师择良辰吉日到福主家中许傩愿，供愿牌、替福主把许愿的意愿向神明表示，蒙求神圣庇佑。一般许傩愿在当年春季进行，还傩愿在翌年的正月进行。

（2）傩神村（油湾村），法师携“舞岳傩神”从外村庄许愿回本村庄后，择好吉日，重新召集本村傩神扮演者许下傩愿，供愿牌，以求人丁平安、香火兴旺。

3. 组班子：傩戏操持人在本村主持选出本届傩福事班子成员，包括主盟、干缘、香首、会首、神老、结缘等信士。这些角色是本届傩福事的主要人物。

4. 装神像：傩戏操持人请丹青师傅为傩神像（面具）装彩裱画。

5. 开神光：傩神像装彩成功后，选择开光吉日，举行仪式（敕水、敕笔、敕鸡、收神魂）为傩神像开光点眼，还傩真容，灵通显应，千叫千应，万叫万灵。

6. 路桥祭：在春季许傩愿后的当年冬十二月中、下旬之间择吉日在傩神村举行。

（1）设坛请圣：由法师登坛请三路神兵（上路天仙、中路地仙、下路水仙）至坛场，恳求神兵使者将傩愿申奏文状呈送通达于上界，蒙神恩赐福于民，消罪消愆。

（2）行三献九叩之祭：由两名唱生、两名祭生、陪祭数名，在众神前举行叩祭天兵，向神施九次躬身膜拜之礼以表最诚之意。

（3）造桥、路祭、桥祭：架桥修路，扫除路障，确保神兵神将有路行、有桥过，路路相通，畅行无阻。

7. 拨兵马：在许傩愿当年的冬天十二月中、下旬之间，择吉日在万籁俱寂的黎明前，到傩神村野外三岔路口处举行，在拨兵马过程中，所有人不得有半点喧哗和响动。

（1）设坛请圣：由法师主持。

（2）差三帝将军：由法师主持，差一路上元唐将军，差二路中元葛将军，差三路下元周将军。目的是为了给装彩裱画后的傩神增添千军万马和雄师猛将，灵通显应，救济万民。

（3）团兵：为了拨来的兵马不掉队，不走错道路。

（4）安兵：到傩神村祠堂内，唱摇子（诰子），收兵、护像，意思是把拨来的兵马将帅安排好，把祖祠堂和家宅化成五岳神殿，歇马安营。

（5）收兵护像：法师作法，接桥化井，把拨来的兵马分差给唐、葛、周三帝将军的兵马收回交与傩神护管。

8. 设兵宴：在傩神村举行，由法师主持。

①会兵：会集统清各路神兵猛将。

②设宴：宴饮各路神兵猛将。

③安兵（歇马）：班排安顿好兵马将帅。

二、还傩愿

翌年春季择吉日在福主村庄或宅里进行。

1. 起兵马：傩神村、法师主持。

翌年春季吉日傩神出外还傩愿，差兵、分兵起马（一部分兵马随傩神出外还愿，一部分兵马在家护坛）。

2. 上脸子：扮神人起戴傩神面具，着好神装，等候神魂附体，由法师作法上魂、排神。

3. 唱摇子：唱着摇子（诰子，请九神降凡附体、排神）等全部傩神排上魂后，大王起马，小王送行，九傩神在兵马将帅的簇拥下，一行浩浩荡荡的队伍出外还愿。

4. 参庙神：出行还傩愿途中路过庙宇、神像都需参神。

5. 杀牲祭：福主家宅前，法师主持。福主许下傩愿后，得到了心中所求的愿望，如愿以偿。福主把这一切都归功于傩神，为了感谢上苍及傩神，舞岳傩神来到福主家，福主拦门杀猪、宰羊祭神。福主在还愿时以盛大的杀牲祭祀方式来报答神明，表示福主对神功的诚心诚意。

6. 进厅门：福主家厅门中，法师引众神进厅归殿。

7. 安兵马：法师将舞岳傩神差发到福主家的兵马一一收齐安顿好。表示兵马全部到位。然后，化钱安神、安定神圣、坐镇家堂、扫缚邪精、傩神庇护，还愿功果顺利进行以达到万福攸归、百事吉祥、引福归堂、祛邪出境。

（1）下马：舞岳傩神、神兵猛将进住福主家中。

（2）唱摇子：唱摇子说明来到福主家的情由。

（3）下脸子：众傩神下面具，退神。

（4）安兵（歇马）：班排安顿好兵马将帅。

8. 跳傩神（演傩戏）：跳傩神又称“九神过关”，跳傩神是当日晚饭后在福主家或祖厅祠堂搭傩坛，焚香炳烛进行。

第一场：三娘关；

第二场：夜叉关；

第三场：云长和二郎关；

第四场：土地关。

故事描述三娘与来宝结伴，从广东韶州府北上到京城寻找外出多年的丈夫，沿途经过了各道神关。每一关都采用了不同的艺术表现形式，戏文采用了很多谐音、双关语和问答的手法，巧妙地利用了戏文内容和表演形式，达到祭祀、驱邪、祈福的效果。根据福主请神起愿的不同诉求，按程序还可安排其他傩戏或傩技的表演。

9. 走界法：傩戏表演结束后，由法师主持在福主家里或村里进行走界。法师头顶桐油灯，施法祛瘟烧邪，达到家宅平安，人兴家旺。

10. 勾傩愿（还愿）：第二天黎明前，在福主家里或村里进行。由法师在祖祠或家宅大门内设坛，叩请昔日许傩愿时请动的各路神明，表示昔日许下之愿如愿以偿，蒙求神恩，不负神债，将许愿牌撕破焚化答谢天曹，勾愿功果完成。

11. 参神明：在福主家或村里进行，勾愿功果完成后，扮神人员拜神、谢神。

12. 安龙神：在福主家或村里进行。

（1）傩神跳五方（安五方龙神）：法师主持，用安龙咒要东方青帝龙神、南方赤帝龙神、西方白帝龙神、北方黑帝龙神、中央黄帝龙神，达到五龙归位，八将还宫，守宅镇境、地脉攸昌。

（2）洒神水：祈求五龙归位，还宫镇宅扶正除邪，以赐家宅兴旺，人寿安康。

13. 打狮子（舞狮子）：狮猴舞表演，在福主家里或村里进行，讲述猴王精灵智取擒住兽中之王狮王，被舞岳傩神度在一起的故事，舞狮表演既有趣味性和娱乐性，同时九位傩神借助舞狮表演的不同情节，在幕后巧用吉祥诗句的形式给人们带来美好的祝愿。

14. 抢稻草："稻草"是猴王与狮王表演时，铺垫在地上的禾草，是法师安排的一种吉祥物品。几百年来，福主村庄的人们一直把此稻草视为神草，是傩神所赐的吉祥物，神草拿回家中带来吉祥如意，放在猪牛栏内六畜兴旺、祛瘟保吉。故在舞狮表演完后村民一哄而上，把所有的稻草一抢而空，带回家中。

15. 造龙船：在福主家或村里进行，法师主持，用稻草编织成草龙船。收邪魔载入船上送入大海，宁宅净境。

16. 行龙船：在福主村及养殖牲畜之处进行，法师主持。

（1）起兵马：请唐、葛、周三帝将军及五营兵马。

（2）上脸子：给扮神人员上傩面具着神装，神魂附体，摆兵布阵。三娘带兵前行，云长在后押兵。

（3）行船收邪：傩神队伍、神兵猛将浩浩荡荡，绕村串巷（主要地点在养殖牲畜之处）收五瘟及百怪精邪等上船送出村外，表示瘟鬼彻底清除，六畜平安生长。

17. 斩小鬼：在福主村野外三岔路口进行，法师主持。法师压小鬼在村外三岔路口处，小鬼翻筋斗向前逃跑，众神兵将与全村人等齐声呐喊——呜呼！斩小鬼，并奋力追逐小鬼，意味着将邪魔鬼怪驱逐出村境外，福祉赐于村境内。

18. 烧龙船：在福主村野外三岔路口或溪边，法师主持。众傩神兵帅将装有五瘟、妖魔百怪、精邪的草龙船送到村外三岔路口或溪边烧船送邪。烧船完毕，福主从许傩愿到还傩愿功德圆满，鸿福齐天。至此，还愿程序在烧船送邪后全部完成。

19. 送傩神：在福主家或村里进行，福主还愿完毕，燃放鞭炮，呈上礼品，谢神恩，送法师和众傩神兵将返回傩神村。

三、闭傩坛

在傩神村（油湾村）进行，法师主持。傩神在外还愿回村后，择吉日还祈客岁所许众愿。

1. 倒秽水：傩神在外还了许多愿，恐把一些不吉祥的东西（鬼祟、邪怪、灾难）带回村，把水一滴不留地倒出去，意在求得本村的清平、安静、和谐、吉祥、幸福。

2. 倒旗布：将旗中心白布所写的通乡贯地名以及庙宇和神人等的名字及场景、日期等内容读毕用纸钱一同火化，表示从许傩愿日到还傩愿日，福主对神灵许下的所有愿望不留下痕迹，全部消除，对傩神不留任何挂欠。

3. 卦诚心：是法师对九位傩神扮演者在这次福事整个过程中虔诚度的测试。

4. 踩八卦（踏罡）：将九位傩神面具放在狮子被上摆成九宫八卦，法师脚踩傩面八卦，意味将瘟神、百怪精邪等封锁隔离不得入境内。

5. 闭傩坛：法师踩八卦后把傩神面具兜起封闭，在家祖神龛旁放三至七天，择吉日备三牲、香烛等祭祀品，将封闭的傩神开封、安位。傩神村内三至七天不得有任何大声喧哗、响动，意为村坊安宁，平安清泰，人人得福，个个沾恩，六畜兴旺，人们安居乐业，从而达到向往和追求美好生活的目的。

至此，本届许傩愿、还傩愿的福事全部完毕。

临武傩戏，无论是傩祭、傩舞、傩戏的整个过程都弥漫着对神灵的敬畏和感恩，映射出需求神佑的俗世心灵和试图改变命运的苦难诉求。临武傩戏的整个作法表演程序有很大的时空跨度，时间上要从当年正月许傩愿到翌年正月的还傩愿、闭傩坛，才算功德圆满，程序完成。其间，当年还有许多筹备、组织祭祀等繁杂过程，如装神像、开神光、拨兵马等。空间上，傩神村，福主村，整个自然村落及周边山水道路都是舞台，傩戏演出犹如实景演出，不是固定单一的场所，有很大的流动性，且多在户外的村庄、田野进行。根据有求傩神庇佑的福主（村庄、家庭）与傩神村距离远近不等的情况，确定表演时间和场地，或在室内或在室外。同时，需要在傩神村和距傩神村几十里或百里之外的福主地之间来回往返，完成相匹配和相对应的表演仪程。程式中的杀牲祭、路桥祭、行龙船、斩小鬼等必须在室外并游村走巷、环山游神在村外三岔路口进行，整个演出给人以既真实又神秘的感觉。临武傩戏里的角色，是男是女，都由男性扮演，即使文场、武场伴奏者都是男性充当，忌讳女性参与。演员扮演的角色泛称傩神，均戴有民俗中具有驱邪作用的用樟木雕刻成的傩面具。面具造型诡异、夸张、粗犷、古朴，服饰色彩鲜明艳丽。傩戏表演的背景布置、装饰、图案、经幡等服装道具都具有神异通幽冥的意味，表演过程中伴有香烛焚烧、烟花爆竹，三牲果品呈供、酒茗敬奉，弥散着浓郁的幽秘气息。

在许傩愿和还傩愿中，傩戏演职人员各司其职，法师着道袍，掌控傩事进程，其余9人分别带上象征着各自角色的傩面具脸谱（当地人称脸子）扮演9位傩神，按傩戏规程演出。在这里面，有文戏，有武戏，有打斗，有耍狮猴，有插科打诨，有神仙之间的盘问对话，有傩技的表演和展示，文学、音乐、民间绝技、戏剧冲突，尽在其中，既娱神又娱人。演唱形式多种多样，有独唱、齐唱、对唱、清唱、伴唱和一启众和等形式。傩舞动作原始、古朴、粗犷、刚劲、洒脱，亢奋有力，刚柔兼备，风格独特。临武傩戏的声腔音乐有着自己的地域特色，配乐以道教音乐为主，融合了临武祁剧、临武花灯小调、临武民歌（山歌）、劳动歌曲等地方戏曲音乐元素。唱腔高亢、清幽、形成了相对稳定的基本曲调。演出时常用的民间乐器、法器有鼓、锣、小锣、钹、小钹、唢呐、师刀（七星宝剑）、马鞭、八卦钱、牛角、法铃、令牌、朝牌、旗幡、卦等。临武傩戏的服装、道具、面具种类繁多，其中最为重要的是面具。傩面具共有9个，其名称分别为三娘、来宝、土地、狮子、猴子、夜叉、小神、二郎、云长。服装有水田衣（三娘）、袈裟（来宝）、青折子（土地）、狮子被（狮子）、猴服（猴子）、黑甲（夜叉）、青短衣（小神）、胄甲（二郎）、蓝折子（云长）以及天兵猛将戏服等。这些服装道具的基本功能是装扮角色，表明行当的身份以便进行傩祭、傩戏表演，起到推进戏剧表演的作用。临武傩戏整个演出过程都始终弥漫着浓厚的宗教色彩，古风俨然。

临武傩戏的延续，不但保留了对土地春祈秋报的农耕文化传统，同时也继承了当地古村落人们的原始宗教信仰，成为氏族、家族联结的纽带，人们通过舞岳傩神与四方的神灵交流、沟通，来应验心中的圣事，企盼神灵降福于氏族、家族，心中求得心理的满足。在恪守信仰、敬神娱人、人神同乐、人神共享的同时，求得来年的风调雨顺、国泰民安、五谷丰登，以维持村落的生命活力和家族的人丁兴旺。

作为一种民间信仰、民间艺术，远古时代流传下来的临武傩戏，有它真、善、美的一面，当然也有它的局限性，因为它本身就是一种源于图腾崇拜的民间信仰，一种泛神论。在生产力不发达，科学技术还未启蒙的人类蒙昧时期，通过对天、人、神的幻想，来摆脱现实生活中的苦难，祈求平安幸福。从某种意义上来说，它丰富了当时人们的生活、坚定了上古时代人们战胜困难、战胜灾难的决心和勇气。对于民族精神的形成，有它独到的作用。即使在今天高科技电子信息社会和现代化生活中仍有着不可替代的吸引力，从它可以看到民俗的力量与思想的支配能力。傩戏的价值在于它的历史价值、艺术价值、社会功能和群众基础。

傩戏孕育了中国戏剧、中国文学，丰富了中国哲学、音乐、舞蹈、民俗，不管从哪个角度上来讲，我们都责无旁贷地要抢救好、挖掘好、保护好、记录好、研究好、利用好。临武傩戏是典型的村落宗族、家族传承传播模式。据油湾村傩戏法师第16代传人王太保介绍，本村傩戏是明朝成化年间（1465–1487）王氏家族第17代祖师从外游学学得。目前从家族谱系来说，王太保已是第32代。临武傩戏与郴县（现北湖区鲁塘镇）傩戏一脉相通。自从傩戏传入油湾村后，傩戏随之在临武、桂阳、郴县、宜章至广东韶关地区一带演出。一台完整的傩戏，有10位主要演出人员，除法师外，另外9位分别扮演傩戏中的诸路神仙，还有天兵猛将、器乐、合唱等演职人员若干名。法师是家族传承，是傩戏演出中的核心人物，一代只传一人。目前，王太保已经培养他30多岁的儿子作为第17代法师传承人。除了演出中的戏剧对白，唱词有书本记录以外，傩祭、傩技（法师及傩神在傩事中表演的特别杂技与魔术）中法师的言行技能全凭身传口授，外人无从了解其中的奥秘。王太保家庭是临武傩戏法师的世代传承者，他的父亲第15代法师传人王本佑于2011年离去，享年83岁。据调查，临武傩戏演出班子中全队平均年龄60多岁，在演出班子中，具有初中以上文化程度的只有3人，大部分靠心传口授，强学硬背。文化程度偏低，年龄偏大，在很大程度影响了傩戏的演出质量和对傩戏内在精神的把握。临武傩戏，在新中国成立以后很长一段时间被禁演，改革开放初期偶尔恢复演出。包产到户后，村里的年轻人都纷纷走出山村到城里务工居住，对古老民俗传统文化兴趣不浓，不愿学傩戏，队伍萎缩老化，后继乏人，再加上王本佑等老艺人的离去，一些傩祭中的傩技以及傩戏中的许多剧目来不及挖掘传承，如临武傩戏中的傩技，上刀山、睡刺床、走火坑、含铁犁（烧透）、抛秤砣（烧透）、洗油锅（烧沸）等绝技节目，几乎没有人会表演，造成无法弥补的损失，临武傩戏的传承步履蹒跚举步维艰。

2006 年，启动临武傩戏保护工程以来，临武县努力致力于傩戏保护工作的全面展开。通过几年保护历程的探索，在调查整理傩戏资料，挖掘研究傩戏内涵形式价值，制定傩戏保护计划，申报市级省级非物质文化遗产保护名录，开展傩戏传承传播活动等方面取得了显著的成效。但是，笔者认为，面对傩戏挖掘、整理、研究、记录、传承、传播、利用这样一个庞大的保护工程，显然还需加大保护的力度，有目标、有步骤、有条理、有举措，积极稳妥地把这个保护工程做好。在此，笔者提出以下几点思考建议，仅作参考：

一、调查保护。进一步组织对傩戏的调查，摸清傩戏资源家底，这是傩戏保护、保存工作的基础。只有这样才能够全面系统了解和掌握傩戏资源的基本情况、生存环境、保护现状及存在问题。在调查中，运用文字、录音、录像数字化多媒体等各种方式，对傩戏进行完整、真实、系统和全面的记录，建立专门的档案和数据库，收集属于傩戏组成部分的旧傩面具、服装、道具、乐器、唱本等代表性实物。在调查中取得的资料、实物要妥善保护、保存，防止损毁、丢失，并作为文物保护起来。通过深入调查，真实了解和记录傩戏的真实形态和文化传承的脉络。

二、整体保护。进一步保护好傩戏所拥有的全部内容、形式和空间，也包括传承人和生态环境，从整体上对傩戏加以关注并进行多方面的综合保护。着手建立油湾村傩文化生态保护村，制定实施傩文化生态保护村规划，改善生存状况，维护生态环境。在推进新农村建设中，必须注重文化建设和文化遗产保护工作，正确处理建设与保护的关系。政府应当尊重民间文化传承的自主性、自发性，出台地方傩文化保护政策，相关部门应系统制定保护工作措施和制度，为村民传承傩文化提供良好政策环境和必要的资金支持。通过恢复、维护、修复来保存、保护好油湾村傩文化相关的传统村落文化遗产，包括具有传统建筑风貌的民居建筑，历史建筑、祠堂建筑、庙宇建筑和文物古迹以及村落整体格局。祠堂是和油湾村傩戏一体并存的历史见证，这对傩戏作为活态文化的保护有重要而现实的意义，要还原修缮好祠堂，万不可随意破坏祠堂。傩戏面具等相关服装、道具、唱本等可移动文物（实物），也是永远值得留存的傩文化的见证，要切实保存、保护好。政府及有关部门要强化依法行政、依法保护意识，按照《非物质文化遗产法》的要求，切实履行好职责，推进傩戏保护工作成效，为傩戏保护营造良好社会氛围。

临武傩戏是以祭祀、舞蹈、戏剧、技艺等为表现手段、以口传心授为延续方式，是一种活态文化。要确保傩戏在油湾村群体或社会中得以保护延续和发展，关键的是要建立以传承人为核心、科学有效的传承机制。傩戏要靠人去传承，对传承人及技艺的保护，是傩戏保护的重点。因此，政府及相关部门要支持油湾村在村里建立傩戏研究基地、传承基地（传习所）和博物馆（小型），扶持傩戏传承人，开展传承、传播活动，提供必要的经费资助其开展授徒、传艺、演出、交流等活动。

三、利用保护。傩戏是十分珍贵的文化遗产资源，不仅含有丰富的历史、文化、精神、科学、和谐、审美、教育方面的价值，同样也含有丰富的经济价值。因此，政府在注重对傩戏的挖掘、抢救、整理、保护的同时，对傩戏加以合理开发利用，将其转化为旅游资源和经济资源，开发其经济价值，带来经济效益，这样才会为傩戏带来持久的有深厚基础的保护传承。消极的保护难以长久，只有积极的保护，才是持久的保护。对傩戏既要保护又要发展，以保护带动发展，以发展促进保护。临武县完全可以把油湾村及其古老的、传承下来的、神奇的傩戏，作为县域旅游文化产业品牌来开发。实施傩戏特色文化品牌战略，依托傩戏资源优势，开发具有鲜明地方特色的傩文化旅游产品和文化服务。挖掘市场潜力，近期可制定规划，按照国家3A级旅游景点建设标准，打造傩文化特色旅游名村。通过傩文化旅游产业的发展，不仅可以增强傩戏的生命力和活力，推动临武傩戏融入当代社会，融入生产生活，也能够让油湾村的传承人和村民以及周边邻村的村民获得经济收益，提高他们自觉、自为保护传承的积极性，为傩戏的传承奠定持久、深厚的基础。同时，可以促进地方经济结构调整和经济发展，满足人民群众多样化的精神文化需求。在开发利用傩戏资源的时候，应当充分尊重并珍视傩戏的真实性，遵循其自身传承发展规律，保护好它的核心内涵、形式和展示空间，避免对其进行肢解和歪曲。在利用傩戏资源进行创作、改编、表演、展示和产品开发旅游等活动时，要把握好度，只能增加傩戏品牌的个性魅力和文化价值，不能为追逐经济利益而进行盲目、破坏性开发。实现傩戏保护传承与开发利用的良性互动。

四、研究保护。傩戏融合粘连着宗教、民俗、艺术、民族、人类、语言、历史等学科的文化沉积和文化信息，是十分珍贵的非物质文化遗产，被称为“活化石”，所以其研究的价值和意义非常重要。临武傩戏的起源与变迁、内涵与形式，传承方式与展示空间，精神与价值，因为年代久远，又因为法师传承的封闭性，让学界对其中的很多问题都莫衷一是。2009 年 11 月临武县召开了全国性（小范围）傩文化学术研讨会。时至今日，许多问题还没有搞清楚，仍有未解之谜。如在表演人员上，临武傩戏一律是由男性扮演，女性不得参与演出。面具的戴法也与外地傩戏不同，傩面具戴在额头上，露出演员的脸部来表演，演员脸部不上装。临武傩戏中的神仙谱系中，既有宗教中明确的神职，如二郎神、土地，也有人间中的真人，来宝就是少林寺中的一位和尚，三娘是广东韶州府白沙江人氏。在傩戏的传承中，这些真人是怎样变成神仙的？这期间发生了怎样的演变和衍化？临武油湾村的傩戏与郴县鲁塘傩戏（已消失）为什么如出一辙？临武傩戏的演变过程仍未找到。临武傩戏中的三元唐、葛、周驱疫逐鬼的傩文化典型与江西萍乡的傩戏为何无多大差异？临武傩戏与湖南湘西等地的傩戏有很大不同，这里请的傩神是来宝、三娘，且众多文武将军官员，而不是“傩公”、“傩母”等，当然临武傩戏还有许多不明之处，关于它的起源、历史、艺能等的研究还刚刚开始。临武傩戏的内涵界定、戏剧分类、剧种认定、傩技挖掘、艺术特色等诸多问题还需深入研究。我们不仅要充分认识临武傩戏的历史价值、艺术价值、经济价值，还要充分认识其研究价值，对外交流价值。为了进一步深化临武傩戏的抢救、保护、传承、研究及国际间的学术交流与合作，近期，临武县与中国傩戏学研究会、中国艺术研究院戏曲研究所共同筹办中国湖南临武傩文化国际学术研讨会，旨在加强国际间傩文化保护的理论和方法的交流、民间文化艺术的交流，使各国特有的宝贵傩文化遗产成为人类共享的财富，更好地守护和提升各国各民族的精神家园。通过对临武傩戏人文社会科学的研究，自然科学的研究，以及保存保护方法的研究，既有利于揭示临武傩戏的奥秘，又有利于在新的历史条件下使之得到进一步有效保护，并得以传承传播。

参考文献

1. 乔晓光著《活态文化》，山西人民出版社 2004 年 1 月版。

2. 刘芝风著《戴着面具起舞——中国傩文化》，黑龙江人民出版社 2005 年 10 月版。
3. 王文章主编《非物质文化遗产概论》，文化艺术出版社 2006 年 10 月版。
4. 《非物质文化遗产法律指南》，文化艺术出版社 2011 年 6 月版。
5. 《郴州地区志》、《临武县志》、《郴县志》。
6. 田伏隆主编《湖南历史图典（一）》，湖南美术出版社 2010 年 12 月版。

中国傩戏的形态与研究价值简论

山西大学　许并生

中国傩戏研究为什么多年来一直能够持续？研究傩戏的价值在哪里？傩戏研究属于哪个学科？这是我们面对傩戏研究，多年来一直追问包括追问自己的问题。回答这个问题，有必要对傩戏展开形态学的分析。

从目前所见的资料看，对作为现象的傩戏，可分为两个层面，一个是所含的意义，一个是表演形式，对其表演形式从形态学的类型角度看，有只舞的，如贵州德江的傩舞、山西平定的《爱社》、西藏及五台山佛家寺院的《金刚舞》；有仪式和表演组合的，如山西潞城“礼节传簿”的表演，其世俗喜剧《土地堂》与“过五关斩将”，是礼仪仪式与表演两个部分组织在一起；也有仪式与表演融为一体，其本身就是一个完整的结构，如湘西的“毛古斯”，其对梅山神的祭拜，是融入抢婚、交媾、捕猎、生育等整个叙事内容之中的，其本身既是仪式，也是表演。贵州的“错泰吉”与上述有类似的叙事组织；也有单纯叙事结构的，如山西介休的“祈雨”、山西西南部的“背冰”、应县的“跑鬼”（斩旱魃），其表演本身就是仪式；有说唱的，如贵州的军傩，可以说唱整本的历史戏。由于资料与时间的原因，以后在可能的情况下，希望把目前所见的傩戏全部纳入进行形态归类。

从上述归类，我们可以得出傩戏并不完全是“戏”的结论，对于各种称“傩”的，如山西曲沃“任庄扇鼓”直接打出“大行傩仪”的大旗，以及功能与之相同，但名称称“傩”的我国中南、西南的“师公戏”、“端公戏”等的表演，学术界在名称上均采用了“傩戏”的称呼，但是研究傩戏不单纯是进行戏剧研究，其本身也不单纯是戏剧现象，而是具有人类文化学、民族心理学、民俗学和礼乐仪式（古代礼治传统仪式）等多方面的内容。

然而正是由于这个原因，在傩戏研究上的学科归属，或者说归于哪个学科，到现在无法确认。作为中国傩戏学学会有很好的学术传统：团结、尊重、宽松、平和，有极大的包容性，同时几十年来召开的会议，一定是当地有傩戏遗存的地方，不搞空的理论研讨，同时组发和认可的稿件，看重其对傩戏的详细具体的记述。对于傩戏学会的成员和参加会议的学者，对傩戏所进行的研究都是“学术奉献”的，因为傩戏没有学科归属，研究的学者没有一个因研究傩戏而获得学术职称，和被承认其完成科研工作量的。那么，为什么仍投入热情给予研究呢？就是注意到傩戏其中包含人类文化学、古代文化学、民俗学、社会学的意义，以及尚存的许多未明的功能，还因为这种现象不是仅仅中国有，而是表现出人类对生存状况的高端的一种群体关怀的表现。就与古代文化的联系而言，我80年代提出研究要分出“乡傩”和“宫傩”，是因为从古代记载看，周王朝到汉代宫廷要举行傩仪，与孔子看到的“乡人傩”不同，孔子看到的“乡人傩”要沿街行走，这种方式又与日本的“行道艺能”，汉朝、隋朝的“百戏”的方式，乃至今天民俗活动尤其是正月十五“闹红火”的表演方式类似，而山西潞城的“礼节传簿”的“供盏”与宋朝宫廷的仪式相类似，而湘西的“毛古斯”贵州的“撮泰吉”又与人类早期的狩猎、农耕时代的文化相联系。

那么至少在采集各地傩戏中，不管我们能理解多少，探索多么深入，先把它采集下来，以至可以抛开它与狩猎、农耕的时代的联系，以及与工业时代没有联系的深层问题，因为工业时代产生所产生的是卓别林《摩登时代》作为工人的人被工业化生产的机器所异化的文化产品和文化现象，甚至傩戏根本上仅在于人类的生存状态的表达和对此提出精神和力量的鼓舞和激发，虽然其中可能羼入许多时代的因素，即使是羼入时代的因素，又是我们研究时代的史籍不记载的“活的材料”，我们在这些“活的材料”上看到的是人类心灵的生命的“颤动”和鲜活的迸发和闪烁，因为回到了人的根本。

首先人作为生命的个体，又是大自然争斗的产物，如何从瘟疫中挣脱出来，从灾难中挺过来，是何等的重要，无论人的社会地位、职务，社会职业及其有无，社会的发展阶段，一切都要回到人的生命的根本问题上。在这个意义上，所有的傩戏都是“以人为本”的，无论它祈求哪种神灵。人类今天的时代，乃至将来而且可能将来最终的问题一切都要回到人的问题上。傩戏所提出的一切问题的根本是：在自然环境中人类怎样对待自己。虽然傩戏的本身形式并不能解决人的问题。有学者把文学称作“人学”，虽然不确定最终是否会有“人学”的学科。然而傩戏把“人学”的问题提到一切问题之上，就是说傩戏忽略一切外在的问题，把人的问题提到最高的高度。从这点看，人类有必要在任何发展阶段、任何之间关系的状况下，有必要而且必须始终把人的问题放在高于一切的高度，具有这样战略的长远的眼光，否则所产生的问题不好解决。因为人类始终首先是人，是生命的人，是生命会消失而且不可复得，而且每一个生命都值得群体共同给予全力关注，而不是可以和也可以不的“献爱心”的问题，也不是“慈善”的问题，在傩戏里我们看不到“献爱心”和“慈善”。傩戏中不放弃任何一个人，均给予群体关怀，是值得我们重视的重要问题。

第二个问题是所有的傩戏都是一个共同的直接对象和目标，针对性地用简易的表演或仪式方式，鼓舞人们战胜瘟疫、灾难和祈福，由此属于精神层面的鼓舞和组织力量的活动，而不是减灾免灾的具体行动的实施。

有意思的是所有的傩戏组织者都是自己首先冲锋在前的，甚至自己亲历“赴汤蹈火”、“上刀山”，这在湖南湘西的表演中明确地显现出来，而颇具“殉道者”的色彩和意味，不仅代替百姓殉难，而且表现出无所畏惧和取得胜利的把握，这就与西方的殉难不同了。

第三是保存了多种民间的表演、伎艺和表达方式。因此其自身是一个混合体。

第四，戴有法衣尤其是特有的类佛教的法帽，被称作“师公（母）”、“端公”的表演，其民间道教的色彩较为浓厚，并有了具体的偶像，其与北方的傩戏尚不是一个系统，从目前看，有可能存在北方乡傩、宫傩，移民屯田的军傩和中西南的师端公傩三大系统，师端公傩的生活化色彩浓厚，例如在祭祀茶神的傩戏表演里有农夫和小鬼的假面舞，舞蹈动作是采茶。

在这个意义上，傩戏的研究并不是哪个学科可以单纯归属的，或者说将长期无法归属其学科。从这个角度说，傩戏研究的近期目标是尽可能采集中国版图内的傩戏现象，从稍远一点的目标说放在世界的范围，放在人类史的范围考察，从深层则需要不间断地探索其内涵。从这点上说，中国傩戏学会是有胆识的，有极强说服力的，因为各地的傩戏中含有明显的时代的尤其是落后时代的文化因素，甚至是“迷信”的，但是傩戏学会从来没有停止过自己的考察步伐，从来没有“心有余悸”地胆小过，而且从来也能够得到地方的理解和支持，而且这是最难的一项工作，就这点我是非常钦佩的，至少我没有这个能力和能得到这个效果，我更看到各级政府在发展文化中的博大胸怀。

近期获悉山西平鲁县举办门神节，由此启示我们不要管耨系表层涉及什么神，只要与人的生存相关联的神的问题，也要纳入自己的研究中，因为中国的神是中国人创造出来的，这不仅仅是文学的研究问题，就眼前经济文化发展看，激发创造力，我们关怀人甚至终极的关怀中，关注民族创造力和创新思维，仍然是非常重要的任务，而且这在以往是我们文化的缺失，从文学的角度看，奇异的东西正是民族想象力的所在，西方民族对奇异的东西，不仅珍视以往的，而且更重视表现未来的，西方表现未来的“伪科学”的东西同样受到欢迎，因为缺乏想象力就没有未来。因此傩戏的研究不仅是祭祀的研究，戏剧的研究，也不能把它仅仅作为祭祀的研究和戏剧的研究，而是人类一种特殊活动的研究，尤其是东方文化条件下特殊活动的研究，至少目前我们可这样说。傩戏所具有的直接目标性和斗争性、严肃性与愉悦性共存、鼓舞性与“身先士卒”的献身性，表现出人的原本性，而不在于人类发展到何种阶段的经济与科技发展水平相联系的问题。人的原本性的问题将来终会得到越来越多的关注和认识的积累。

谨以上述简论，特写在近期湖南召开的会议前，作为大会成功召开的祝贺。

傩戏是多种宗教文化互相渗透混合的产物

贵州民族大学西南傩文化研究院　庹修明

傩戏脱胎于古老的傩祭活动，其初始形式是傩祭仪式中请神驱鬼逐疫内容的戏剧化，傩戏是由傩祭、傩歌舞发展而成的。在其发展过程中逐渐融入了巫、道、儒、释文化内容的历史、生活事件，以及戏曲的内容和形式，从而使傩戏有了今天的丰富内涵与形式。傩作为一种复杂的社会文化事象，傩戏的意义也只能从傩的意义的本身去寻找，傩戏是一种戴着面具表现以多维宗教意识为核心的仪式戏剧，是一种艺术化的宗教仪式。

傩坛与道、释、儒关系密切，但它不是这些宗教的分支，因为巫傩是自发的信仰，没有创教人，也没有严格的宗教组织，巫师是不脱产的人员，没有特权，也不是支配信仰的权威；信仰多神，互不统辖，神系混乱；没有完整系统的思想体系，没有经典，宗教信条、禁忌与民俗交织在一起，具有血缘性、狭隘性和地方性。由于傩坛没有形成自己的思想体系，在强大的儒、释、道面前，失去了发展成为人为宗教的竞争力，在三教不断斗争中，它兼收并蓄得到了生存发展的机遇与空间。

傩戏孕育于宗教文化的土壤之中，直接脱胎于傩祭仪式，形成于唐宋(傩戏舞)，是多种宗教文化互相渗透、混合的产物，各地傩戏，明显地受到巫、道、儒、释宗教思想的影响，就南方而言，特别是西南诸省，受道教影响最深，主要表现在傩坛掌坛师的道士化，傩坛神系的道教化和傩坛科仪的坛醮化等方面。

贵州傩坛，大多毫不掩饰地打出道教的旗号，声称他们是玉皇门下的弟子。黔东地区就有茅山教派、师娘教派、梅山教派；黔北地区有玄皇教派、五显教派、梓橦教派之说。各地坛门信仰混乱，大多带有巫、道合流的民间道教性质，还算不上传统的道教。

傩坛的神灵谱系，主要集中绘书在傩坛神案上。神案又称案子或神图。

进行傩事活动时高悬于仪式中心场所——“五岳华山殿”或“三清殿”和“功曹殿”。傩坛是神人交流、天上人间连接的场所，纸扎的三殿则是神灵的住所、天界的象征。有一种绘有神灵的“桥图”则是沟通两界的通道。神图所绘神灵，与寺庙观所塑神像具有同样的祭礼功能，其区别仅为前者有固定的祭祀场所，而后者是没有固定场所，是流动的，为适应事主家堂屋或庭院活动必须具备的灵活性。

贵州傩堂戏演出为开坛、开洞、闭坛。开坛和闭坛为酬（请）神和送神，表示对祖先、神灵、先师的祈求与忠诚。开坛时要设置“香案”，挂上“三清图”和“司坛图”。演出时，演员要净手、焚化纸钱、燃放鞭炮、跪在坛前叩首礼拜，用手蘸米酒，经弹于地，嘴里念着历代神灵、先师的名字、咒语、望其保佑，宽恕在演出中的失误。然后，三叩首、爆竹齐鸣之后，轮流喝下“敬师酒”才开始演出。演出结束，也要举行类似的仪式。

傩戏的演出单位是坛，也就是小型的戏班。掌坛的叫掌坛师，是有声望的法师，既是导演又是演员。一个坛少则六七人，多则十余人，全为男性，演员大多与掌坛师有师徒关系，也有临时请来客串的。傩坛演出傩戏，一般须“还愿”的主家邀请才去，演出剧目多少根据主家经济状况来决定。所谓“还愿”是针对“许愿”而言的。某家有事，祈求神灵护佑，或“叩以戏文届时搬演”，这就是“还愿”。从一个普通农民成长为被公众认可的傩坛掌坛师（巫师），一般都要经历投师拜法、跟班学艺、抛牌过职三个环节，死后还要经过“开天门”等仪式的特殊葬仪。可以说巫师的一生都是在特殊繁杂的仪式中度过的，没有仪式也就没有巫师和巫术。

巫师授徒有父传子的“家传”和传授外人的“外传”。两种授徒要求学艺人征得师傅（父）同意并写“投师牒”，内容为尊师重教、包教包学、教学诚心等条文。

傩坛弟子经过三年五载的跟班学艺，各项操作娴熟的弟子，便可向师傅提出抛牌过职的要求，待同意后，由过职弟子精心筹划，请师傅主持，在众师傅和师兄弟，以及公众面前，表演一堂完整的傩坛法事、傩戏和傩技。经师傅传法并考试合格后，就可取得师傅赏赐的雷印、法衣、牛角、师刀等法器和经书（科仪本），并与师傅交换牌带与牌巾，由师傅安排新的坛榜，经过这样一些复杂仪式，便取得了掌坛的资格，以后就可以自立门户、开坛收徒，其地位得到公认。

傩坛是傩戏的表演场地，舞台场景，众神灵活动的神圣空间，也是傩班和掌坛师声望和地位的一个标准。宗教艺术形式是宗教存在的重要方式，离开了物化的宗教仪物将会大大降低仪式的感染力。傩坛布置是极其重要而复杂的工程，以扎“龙厅宝架”最为宏伟。龙厅宝架，又称“三清殿”、“金銮殿”、俗称“花坛”。它是用竹篾和各种彩色剪纸扎成宫殿形三叠楼式的纸架，放在堂屋正中傩神木雕像前。

傩事活动中，掌坛师要在傩祭和傩戏演出中，表演一些傩技巫术，这是一些具有惊险性和神秘性的节目，很有象征性。即“魔高一尺，道高一丈”。傩技有数十种之多，号称“三十六绝”。

傩戏演出要戴上面具，面具也叫脸壳和脸子，在傩戏里具有特殊重要位置，是这个剧种突出的艺术特色。傩戏的面具与一般面具戏里的面具是不相同的。一般面具戏里的面具，只是一种演员化装的手段，而傩戏面具则是作为神祇来看待的。德江民谚就有“戴上脸壳就是神，放下脸壳就是人”。正戏演出开始，要用一个大簸箕，上面放着面具，用纸钱盖在面具上，由掌坛师来请神，每请一个面具，法师都要念诵神名与颂词，并用米酒相敬，十分虔诚，请完后把面具抬到“功曹”桌上备用。演出使用面具的数目，德江有“全堂戏二十四面，半堂戏十二面”的说法。

傩近于戏：福建杂剧中的面具戏考探

福建省艺术研究院 叶明生

近年在福建的非物质文化遗产调查中，我们从闽中三明地区的大田县和永安市农村宗族戏剧中，发现了一个从未被人注意的宋代南方杂剧遗存形态，当地群众称之为“作场戏”。[1] 这种“作场戏”的最大的特征是以“宋人词而益以里巷歌谣”以及歌舞形式来演“杂剧段数”。其中一些剧目中的人物角色是戴面具的，属面具戏范畴，与古代傩仪文化有密切联系。本文从当地社会历史背景、面具戏情况及杂剧与傩仪衍变等方面，对这一古杂剧中的面具戏进行描述及探讨，希冀揭示这一地区历史上傩与戏剧融合的文化内蕴，从而认识它的文化意义和价值。

一、古傩仪与闽杂剧面具戏渊源关系

我国面具戏多源于古代之傩仪、傩舞，原产生于原始自然宗教盛行的春秋战国时代，具有浓烈的自然宗教祭祀仪式色彩。随着社会的进步及文明的发展，受百戏技艺的影响，其在民间也不断地朝娱人化方向演进，产生了种类繁多的傩舞、傩戏，有的甚至被戏剧化，成为地方戏剧的剧种形态。闽中面具戏应是傩舞向戏剧化的衍变样式之一。有关傩仪在闽中流传及历史文献对傩舞的情况，我们可以从以下几方面加以探讨。

（一）古傩承载与衍变

古代傩仪产生于原始自然宗教，其功用在于驱鬼逐疫，是一种人类自

1 大田县朱坂村演称其戏为“丰场戏”，永安市槐南村称其戏为“人场戏”。鉴于两地名称虽不一，但都称其为“作场戏”。故本文为表述方便，统一称之为“作场戏”。有关宋杂剧遗存形态，详见叶明生《福建宋杂剧的发现及其艺术形态初考》，载《福建艺术》2012 第 3 期。

我保护性行为，或为亡者护卫灵魂而设的一种祭仪形式。其不仅有社会不同等级制度的“国傩”到“百姓傩”，还有一年四季中不同生活、生产方式所需求的“四季之傩”、“祭海之傩”以及多种多样的“乡人傩”。[1]

古代傩的表现方式大多数是威严恐怖，唐宋时的傩仪开始走向娱人化。最早的傩仪中的表现形态，《周礼·夏官司马·方相氏》有详细记载，该书云：

方相氏，掌蒙熊皮，黄金四目，玄衣朱裳，执戈扬盾，帅百隶而时傩，以索室驱疫，大丧先柩，及墓，入圹，以戈击四隅，驱方良。[2]

这是第一次将驱傩中方相氏的穿戴、装扮、面具、执物作详细的记载，也是最早、最全面揭示傩仪表现形态和过程的概貌。这种表现形态和过程，成为傩仪的模式，后世傩仪尽管千变万化，均未摆脱其规束。

随着时间和地点的变化，傩仪也朝顺应人类社会生活的方向作不同的调整，“乡人傩”即是在祭祖的场合中产生的。乡人傩，也是周人别具特色的驱傩仪式。据《论语·乡党》载：

乡人饮酒，仗者出，斯出矣，乡人傩，朝服而立阼阶。[3]

乡人傩显然为民间祭仪，从“乡人饮酒”数语的信息中，隐约可窥视其已不存令人畏怖氛围，而呈庆典喜悦之象。长者们都出来了。孔子也身穿朝服伫立于东阶观看。“乡人饮酒”，显示出一幅远古时代乡村秋社之水墨画景观。虽然，不能否认“乡人傩”祭仪恐怖成分的存在，但较之“国傩”之类，似应稀薄多了。

虽然，周傩仪式确是首先在驱鬼逐疫，但还不能说毫无娱人的因素。汉代傩仪是继承了周傩的传统，汉傩中已有唱和与舞蹈的娱人成分，其中应不乏承继周傩娱人歌舞因素。同样是祭祀，同样是驱鬼，但在屈原的《九歌》中，我们还可以追寻到那邈远时代歌舞娱人的遗绪。后汉王逸在注《楚

1 详见叶明生《中国古代傩仪衍变刍议》，该文原发表于中央戏剧学院学报《戏剧》1989年第4期。

2 清代阮元校刻《十三经注疏·周礼注疏》卷三十一（夏官司马），中华书局1980年10月影印版，下册851页。

3 清代阮元《十三经注疏、论语注疏》卷十，中华书局1980年10月影印版，下册2495页。

辞章句》时说："楚国南郢之邑，沅湘之间，其俗信鬼而好祠，其祠必作歌乐鼓舞，以乐诸神。"这种"歌乐鼓舞"虽曰"娱神"，实亦娱人。据此，我们可以想象，尽管周傩的原旨在于驱凶恶、祈祯祥，但它仍不乏与《九歌》相同的既娱神又娱人的阳刚壮美的歌乐鼓舞。后世傩仪、傩舞即是在这种不断的演进中走向娱人化。

（二）福建社戏中的傩仪

福建历史上也是个傩仪盛行的地方，据近年调查闽北郡武市有"跳番僧"、"跳八蛮"，闽西宁化县有"七圣刀"，闽中福州市区有"八家将"，莆田有"皂隶舞"等傩仪、傩舞遗存。但这些所谓的"傩"，都与古代方相氏"驱鬼逐疫"之傩有很大差距，其重要的原因是，福建离中原甚远，傩仪传到这里多受民间乡人傩影响已无正统仪典可言，其宗教性质已发生很大变化。至南宋时，这种傩仪已多衍化为游戏性的仪式，其中"打夜狐"即是典型例证。据宋代梁克家《三山志》载：

> 驱傩：乡人傩，古有之。今州人以为"打夜狐"。曾师建云："《南史》载：'曹景宗，为人好乐，在扬州日，至腊月则使人邪呼逐除，遍往人家乞酒食以为戏。迄今闽俗乃曰'打夜狐'。"盖唐敬宗夜捕狐狸为乐，谓之"打夜狐"，闽俗岂作邪呼逐除之戏，与夜捕狐狸之戏同，故云：抑亦作邪呼之语，讹而为"打夜狐"欤。[1]

曹景宗为梁武帝时竟陵太守。他将"邪呼逐除"当做欢乐的形式。"呼"是逐除之"戏"中的呼喊或唱和声，逐除的内容是驱赶变幻害人的妖狐怪兽，其目的则是"乞酒食以为戏"。到了"唐敬宗夜捕狐狸为乐"，"打夜狐"的称谓正式出现。这种逐除之戏的形态得到进一步发展，并在民间流传。故到后代之《通雅释原》还记载其事曰："今民称跳鬼为打夜狐"。[2] 由此可知"打夜狐"这种逐除之戏仍含有"驱祟之道"的傩仪性质。但它的欢乐意味显然比乡人傩倍加强烈。它既是对乡人傩形式的发展，而又为唐以后

1 宋代梁克家《三山志》卷四十（土俗类·岁时），福州地方志编纂委员会整理，海风出版社 2000 年 8 月年版，644 页。

2 明代方以智《通雅》卷三十五，上海古籍出版社 1989 年版。

的民间傩仪“打野胡”、“打野呵”开辟出了一条蹊径。

自宋以来傩仪在福建民间仍有流行，只是多与民间赛社、演戏融在一起。如《大田县志》卷八“堂庙”即记载一则当地迎神赛社仪式中“冒鬼面”的傩仪与杂剧相融一处的仪式活动。其志文称：

> （广平）龙湖堂，在四十五都。宋庆历四年建，元延祐六年重建。乡人岁以七月具卤簿仪仗，导其神出游。饰杂剧，数百人冒鬼面，披文绣，为前代帝王将相，前后导从之。荷戈槊，曳旌旗，鼓镯震山谷，空一乡之人。随之早暮朝参，谓之衙仪。岁糜费以数百计，里人郭奇逢白郡守沈某，力革之。[1]

这种从宋元流行至明代的“数百人冒鬼面，披文绣，为前代帝王将相，前后导从之。荷戈槊，曳旌旗，鼓镯震山谷，空一乡之人。随之早暮朝参”之仪式，正是古傩之余绪，可谓渊源久远。查郭奇逢者，大田广平人，明嘉靖三十三年（1554）任抚州府通判。[2]可见至明万历间这种“冒鬼面”的傩仪还在流传。所不同的是，在大田已将傩仪分为两部分，一是戏棚（或称花棚）上的“饰杂剧”之面具演出衍化为作场戏；一是正月初一日于社区“冒鬼面”的赛社游傩仍属傩仪。值得注意的是，这种“饰杂剧”演作场戏和“冒鬼面”的赛社游傩的广平和朱坂两个村落，历史上都属于朱熹的故乡尤溪县境内（明代析永安、大田二县时被分割）。难怪朱熹老夫子会说“傩虽古礼，而近于戏”。[3]此即说明在宋代已出现傩舞与杂剧杂处之傩、戏相触景象，其所言应是对当时民间流行的“面具戏”现象之有感而发。

（三）杂剧面具戏之驱傩意识

大田、永安两地的杂剧，其“作场戏”祭祀仪式的宗旨是一致的，最重要的是禳灾祈福。如槐南《人场全本》中太白金星等人物上场时都无不申明“搬演人场戏文，一则禳灾祈福，二则庆贺元宵”。同样，在朱坂杂剧中也有许多处表示作场对妖鬼精邪的驱遣功能。如第一出《田公坐场》

---

1 清康熙叶振甲纂修，周卜世续修《大田县志》卷八“堂庙”，康熙三十二年版，420－421 页。

2 清康熙叶振甲纂修，周卜世续修《大田县志》卷八“堂庙”，引书同上。

3 宋代朱熹《朱子语类》，引自王国维《宋元戏曲史》，中国戏剧出版社 1984 年 7 月版。

的“镇台词”云：“九天风火院门开，田公师公下凡来。老汉镇在台中坐，邪魔外道遣外方。”[1]第四出《鬼将临凡》，一出场即宣明他是玉皇差他“镇压丰场，庶使精妖怪魅远驱界外”。[2]

这种驱除邪魔的宗旨体现于面具的表现力。朱坂与槐南两处杂剧都有面具和面具戏，它们的出现应与古代傩祭活动有关。

这种演于游傩氛围的杂剧，在邻县顺昌、沙县等地以往也有流行，被称为“面具戏”。如《顺昌县志》载：

> 正月：张灯二日，各坊鼓乐张灯以迎司土，里巷间作鱼龙灯及面具之戏，至上元之夕，家悬彩灯达旦。[3]

当然，这里所说的“面具之戏”，既有泛概念的戴面具游戏的意思，又有祈福禳灾之傩仪的意蕴，其中还有杂剧形态的面具戏因素。2011 年正月初一，我们所看到的朱坂村的大规模的迎神巡境仪队中，就有戴面具巡境的队伍，此时其戴面具的意义即在于游傩禳灾。其傍晚作场戏开场时，此时的面具即用于杂剧作场戏之演出。可见闽中各地盛行的“面具之戏”不仅仅是游戏、戏耍之戏，而是与杂剧作场戏有密切关联。与福建建宁县毗邻的江西广昌县以往也有一种“搬春戏”，其实即是有驱傩意蕴的面具戏。据清同治六年刻本《广昌县志》载：

> 正月……新春，少年子弟沿门搬春戏，或朱裳鬼面以为傩。元宵，城衢结灯棚，张鼓乐。[4]

显然，这种少年子弟以“朱裳鬼面以为傩”的“搬春戏”，既是民间的“乡人傩”，也是春社祈禳的杂戏形式。只不过朱坂的“作场戏”很早就向杂剧靠拢，其傩的内涵已被淡化，仅存驱傩意识和祈禳意蕴了。

宋代福建杂戏盛行于城乡，其中多与元宵灯会活动相关联，南宋福州

---

1 大田县朱坂村民国十九年廖法昌抄本《丰场总纲》。

2 大田县朱坂村民国十九年廖法昌抄本《丰场总纲》。

3 清光绪七年吴恩庆重刻本《顺昌县志》十卷（岁时民俗），引自丁世良、赵放主编《中国地方志民俗资料汇编·华东卷·下》，书目文献出版社 1995 年版，1266 页。

4 清同治六年刻本《广昌县志·岁时民俗》，引自丁世良、赵放主编《中国地方志民俗资料汇编·华东卷·中》，书目文献出版社 1995 年版，1138 页。

郡守梁克家《三山志》即对其有所记载：

> 上元观灯旧例：太守以三日会监司，命僚属招郡寄居者，置酒临赏。既夕，太守以灯炬千百，群伎杂戏迎往一大刹中以览胜；州人士女却立跂望，排众争观以为乐。本州司理王子献诗："春灯绝胜百花芳，元夕纷华盛福唐。银烛烧空排丽景，鳌山耸处现祥光。管弘喧夜千秋岁，罗绮填街百和香。欲识使君行乐意，姑循前哲事祈禳。"[1]

"杂戏"的演出，固然是元宵灯会欢乐的核心活动，而从时人王子献之诗中，我们也清楚地看到这些灯会虽以庆贺新春为主旨，但更多的是为祈禳。傩驱的意识深深隐藏于节日狂欢的背后。其"杂戏"即时行的杂剧，其中也包含以祈禳为内容的面具戏。

二、杂剧中的面具形式与应用

大田永安杂剧中的面具戏，根据其艺术表现形式及文化内蕴，大体可分为两类：一类为傩驱型，主要功能为"祈禳"、"驱邪"；另一类为泛傩型，主要功能在于讽喻教化。朱坂、槐南两地的面具情况差异较大，现将面具形式以及置用情况分别介述如下：

（一）朱坂的作场戏与面具形式

朱坂村，旧称朱阳，属延平府（今南平市）尤溪县四十都，于明嘉靖十六年（1537）建大田县，属四十都辖境。现属文江乡行政村。该村有余、廖二姓，余姓于北宋仁宗朝迁兴化仙游县，后迁尤溪朱坂村；廖姓于元至治至泰定（1321—1324）年间后徙此地。由于两姓在生产资源并不丰饶的土地上共同生存，在不断的磨合中和睦相处，共同发展，其与社区间制度性的十年一次的大型隆重的祭祀仪式和"作场戏"起了很大的融合作用。从两姓于明中叶宗族兴旺趋势分析，此制度约自明中叶以来传承至今。他们是在文化传统上达成共识，并以宗族制度的方式使"作场戏"得以传承。

---

1 宋淳熙九年（1182）梁克家《三山志》卷之四十《土俗类三 · 岁时》，福州地方志编纂委员会整理，海风出版社 2000 年版，640 页。

面具戏是杂剧“作场戏”的重要组成部分。现将其出目结构、面具形式及傩仪作用略述于次。

1.“作场戏”出目结构

“作场戏”全本为十五出，除第一出“场师请神挂讳”和第十五出“师父收场”外，其他十三出均为演人物和简单的情节。剧目均为段落结构形式，每一出即为一个独立的剧目（或节目），其出目虽以连号编次，但除个别出目中的人物与另一出目有关联外，每个出目的内容情节都不具情节连贯性。与宋南戏、元杂剧的“以歌舞演故事”（王国维语）的长篇戏文不同，剧中人物和内容多为敷演一人一事、或一场一事。大多数剧目是各人各说各事，并非演完整的人物故事，每出相互间没有必然联系，与宋代“官本杂剧段数”之片段式结构相类似。现将其出目基本情况列表如下：

朱坂村杂剧出目人物形式内容一览表

出目	出目名称	人物	表演形式	出目内容	备注
第一出[1]	师父做坐场	田公	科仪形式	请神，种豆（舞蹈）	
第二出	阔公做请神	阔公、值符	科仪形式	请神	阔公戴面具
第三出	判官监察	判官	歌舞形式	考察民间善恶	
第四出	鬼将临凡	鬼将	歌舞形式	驱赶邪恶、保境安民	鬼将戴面具
第五出	金银花小姐	金花、银花	歌舞形式	游赏春光	
第六出	招财进宝	招财、进宝	歌舞形式	为村人祈求增财进宝	
第七出	姆婶游春	正妈、副妈	歌舞形式	游赏春光、以身说法	正妈、副妈戴面具
第八出	公妈赏春	阔公、正妈、王二	歌舞形式	游赏春光，祈祝人寿年丰	阔公、正妈戴面具
第九出	巫婆降神	王二、巫婆、副妈、阔公	对白、唱歌	严禁巫觋	副妈、阔公戴面具
第十出	道士建醮	道师	科仪表演	弘扬道法	道师扮演

1 抄本前列出目为十五出，而抄本内出目实十三出。原抄本出目后均有一场字，此显为衍字，现均删之。

续表

出目	出目名称	人物	表演形式	出目内容	备注
第十一出	明君天子	唐明皇、左相、右相	坐堂歌唱	歌颂太平	
第十二出	阎浮考察	阎王、牛头、马面	坐堂歌唱	惩恶扬善	牛头、马面戴套头
第十三出	回回进贡	红、黑、白三回回	歌舞形式	胡人进贡大朝	三回回戴面具

2. 朱坂“作场戏”中的面具

朱坂“作场戏”的面具原有八面，分别为阔公、正妈、副妈、判官、小鬼、红黑白三回回等八个，另有牛头、马面套头两副。判官、小鬼的面具模型已失，20世纪80年代作场戏恢复演出时，改为化装涂面，判官为红面、鬼将为绿面。朱坂的八个面具中的面具尺寸为：

（1）阔公：黑脸，木雕，面高41厘米、头宽21厘米、额深14厘米、面宽23厘米下颌17厘米。

（2）正妈：粉脸，歪嘴，木雕，面高31厘米、头宽17厘米、下颌12厘米、额深7厘米。

（3）副妈：粉脸，歪嘴，木雕，面高30厘米、头宽17厘米、下颌17厘米、额深7厘米、面宽16厘米（含耳朵则19厘米）。

（4）判官：红脸，木雕，现已改用化装。

（5）鬼将：绿脸，木雕，现已改用化装。

（6）黑回回：黑脸，纸模，头上螺髻形，头面22厘米、18.5厘米。

（7）红回回：黑脸，纸模，头上螺髻形，头面22厘米、18.5厘米。

（8）白回回：黑脸，纸模，头上螺髻形，头面22厘米、18.5厘米。

（9）牛头：黑色纸扎牛头套头，以竹篾编成牛头形状，后以白纸糊之，并涂刷黑色涂料及绘画牛头面容。此为套头形式，表演者从口中外视。

（10）马面：白色纸扎马头套头形状，后以白纸糊之，并涂刷白色涂料及绘画马面面容。此为套头形式，表演者从口中外视。

3. 朱坂面具置用

朱坂村作场戏面具分有神格和无神格两种，具有神格的面具主要有阔公、正妈、副妈、判官、小鬼五个，它们在平面时被放置于阔公庙神笼中，安置于当地阔公庙神龛处供人们祭拜，在举行作场戏仪式时，在戏棚后之祭坛中，其与田公（木雕小戏神）被供于阔公神舆中。在全部作场戏演出结束后，依然要安放神笼内，被恭送回阔公庙神龛内，可见其面具具有神格。

至于红、黑、白三个回回的面具，其面具的质地和处理与阔公等人物面具则大不相同，其面具不具神格。它们是以木雕面具模型用纸裱褙后，涂上红、黑、白三色油彩。其面具每十年（现改五年）做一次，每场演出后，挂于阔公神舆之两侧，在全部作场戏结束后，与牛头、马面一起被焚烧掉。

牛头、马面的套头，是以竹扎后用纸裱褙之。这两种纸扎面具，是举行“作场戏”仪式前临时请人制作的，每场演完后，暂放于神舆之桌下。其套头不仅不具神格，显然还有禁忌之嫌，此大概与二者之阴神和鬼的身份有关。待仪式全部结束时，则必须随仪队巡游全村后，其与三个回回纸面一起，被送到朱坂村水尾处之柳口自然村河边焚烧之，以代表驱除一切不祥。

（二）槐南村作场戏与面具形式

槐南村，为永安市的一个行政村，旧属尤溪县四十三都辖境，于明景泰三年（1452）析四十都至四十三都隶永安，槐南村属四十三都图三之上槐林、下槐林境地（今为槐南乡所在地）。当地的杂剧的“作场戏”（亦称“人场”），产生年代不详，但于明代盛行。本属当地吴、罗、黄三姓共有的传统文化，由于黄姓宗族后来居上，具备维系和组织此项祭祀仪式和演出活动的能力，故自清初以来就成为黄氏一姓的文化传承而延续至今。这种宗族制度是建立在权责和义务的共同利益、荣誉和分配上，使之成为两个宗族友好结盟的社会基石。其制度的核心即是在仪式中对福首人员、主场礼生、作场子弟以及享受胙醴等方面，以制度确定下来，并采取世袭制度传承之。虽然社会变迁，物是人非，人世沧桑，但族人大多不敢承担“违背祖制”之罪名。由于宋杂剧“作场戏”原始质朴具有令人怀旧之处，以及其艺术上具有很高的观赏性，因而古老的“作场戏”才得以在当地宗族制度的保护下代代流传。

槐南村与朱坂村“作场戏”同属宋杂剧艺术形态，其面具均为木雕，其人物有六个，但其名称及面具形式与朱坂有很大差异，现将其面具形制及置用情况分别介述如下：

1.《人场全本》出目结构

永安槐南村的“作场戏”称“人场”、“著场”，其抄本版本较多，出目仅八九个，剧目人物、内容除极个别与朱坂“作场戏”相同，大多数出目均不雷同，可见二者属同一时期的杂剧产物，但其传承不同，显示各自的独立性。

槐南“作场戏”的剧目抄本不仅名称不统一，而且其出目名称和结构也很混乱。就其出目名称而言，有称口诀者，如“太白金星口诀”，而有的抄本称“仙剧”、“仙科”；有些则称出，一出内由于人物的出场又称“科”，如第三出中就有“关科”（出关公）、“赵科”（出赵公明）、“真武科”（出玄天上帝）；每出中科的数目也不一致，如最后一出中出的人物最多，就有“童子科”、“龙女科”、“观音科”、“五海龙王科”等。为了便于阅读文本和了解剧情，现据民国黄大河抄本《场本全部》及黄才炘1999年抄本《人场全本》的分出情况，将各出目分列如下：

永安市槐南村“作场戏”剧目情况一览表

出目	出名	人物	表演形式	出目内容	备注
第一出	仙剧	太白金星、土地	歌舞形式	监察阴阳，祝保乡里平安	土地戴面具
第二出	大熟口诀	田公、值符使者	歌舞形式请神科仪	敬请诸神，共赴乡里、庆贺元宵	值符戴面具
第三出	关赵真武科	关公、赵公明、真武	歌舞形式	驱遣不祥，祈保丰稔、保境安民	
第四出	判科	判官	舞蹈形式	举笔十判，以保安康	判官戴面具
第五出	魁科	小鬼、魁星（双重身份）	舞蹈形式	镇压人场，驱除妖魅，祈祝科第联芳	戴面具，前为小鬼，后为魁星
第六出	阔公口诀	阔公、郑二	歌舞形式	调侃逗趣、乐赏作场	阔公戴面具
第七出	金花小姐全桥	金花、银花、二童子	歌舞形式	歌舞升平，共赏春光	此出为民国初年增入
第八出	师公口诀	道师、觋婆、和尚、四嫂	科仪表演、歌舞形式	师公作法、觋婆骗钱、四嫂思春、和尚偷情	四嫂戴歪嘴面具
第九出	观音、龙王科	善才、龙女、观音、五海龙王	歌舞形式	神佛庆贺元宵，祈求四海升平、风调雨顺、国泰民安	

2. 面具名称及形制

(1) 阔公:白色，半脸。脸高16.8厘米，面宽17.6，厘米，中脸16厘米。

(2) 土地:土黄色，半脸，脸高16厘米，面宽16.2厘米，中脸15.8厘米。

(3) 值符:红脸，脸高22，面宽16.5厘米，额宽18.5厘米，下巴16厘米。

(4) 魁星：黑脸，脸高21厘米，面宽21厘米，额宽18厘米，下巴16厘米，后脑16.8厘米。

(5) 小鬼：黑脸，脸高19.8厘米，面宽18厘米，下巴15.5厘米，额宽18厘米，后脑16.8厘米。

(6) 四嫂：歪嘴，粉脸，加红眉红晕，歪下巴（嘴部）脸高23厘米，面宽17厘米，额宽19–13.5厘米，下巴5厘米，歪向右。后脑16.4厘米。

3. 槐南作场戏面具使用

槐南面具平时不供奉于神庙中，而每次演出下场后便随便装入箱笼，其被取出箱及演出使用时也无香火供奉，可见其面具不具备神格，与“驱傩”关系并不紧密。此仅为当代演出中的使用情况，在其面具产生初期，与傩是否有关，因文献缺乏不得而知。但从仪式的内蕴分析，其与傩的关系是必然的，从作场戏所强调的祈禳意义以及面具人物的表演中，其背后依然有宗教傩祭的遗绪。如其“魁科”之前半段，出现“小鬼”披头散发、赤身露体之挥舞开山斧，在众人齐唱“啰哩嗹”的喧闹声中，作“打四门”的表演，其中隐约可见古傩方相氏行傩驱疫鬼的影子。

（三）面具戏的驱傩祈禳内涵

大田、永安两地的杂剧，虽其剧目内容与表现形式有很大的差异，但是其举办“作场戏”祭祀仪式的宗旨是一致的，即除了祈祷丰年、庆贺元宵之外，最重要的禳灾祈福。如槐南《人场全本》中太白金星、田公、阔公、观音等人物上场时都无不申明“搬演人场戏文，一则禳灾祈福，二则庆贺元宵。”同样，在朱坂杂剧中也有许多处表示作场对妖鬼精邪的驱遣功能。剧中的田公、阔公、鬼将都有驱遣法力功能。如第一出“田公坐场”的“镇台词”云：“九天风火院门开，田公师公下凡来。老汉镇在台中坐，邪魔外道遣外方。”[1]第四出“鬼将临凡”，一出场即宣明他是玉皇差他“镇压丰

1 大田县朱坂村民国十九年廖法昌抄本《丰场总纲》，9页。

场，庶使精妖怪魅远驱界外”，“如有故违，挥斧便砍，决不待时”。[1]

这种驱除邪魔的宗旨除了言词的宣示外，还体现于面具的表现力。朱坂与槐南两处杂剧都有面具和面具戏，它们的出现应与古代傩祭活动有关。但相对全国各地的驱傩仪式而言，这里的面具于面具戏虽俱有驱逐内蕴，但缺乏浓烈的驱鬼逐疫的行为动作，是非正式的傩祭表演。

三、杂剧中的面具戏形态

福建杂剧中的面具戏，其虽不直接称傩戏、傩舞，但与傩戏、傩舞关系极其密切，它不光是具有傩的面具特征，而且其中也有傩的文化内蕴，我们可以从其剧目或人物的表演中得到验证。两地的面具及面具戏表演情况为：

（一）判官舞

判官舞，又称“舞判”，是宋代杂剧中最常见的出目之一。如孟元老《东京梦华录》卷七（驾登宝津搂诸军呈百戏）：

> 又爆仗一声，有假面长髯，展裹绿袍靴简，如钟馗像者，傍一人以小锣相招和舞步，谓之“舞判”。[2]

这种“判官舞”无论是古代还是在全国各地傩戏、傩舞中，都是最常见的剧目。在大田朱坂、永安槐南的“作场戏”中也都有“判官舞”的存在，只是在装扮面具和演唱文字方面有较大区别。如朱坂的判官是头戴红官、面戴红面具、黑须（现改为化装）身着红袍，而槐南的判官则是头戴黑纱、面戴花斑黑面具、身着黑袍。二者出埸都有“十判词”，朱坂之词较为清晰，其词为：

> （判官念）哇！但看（湛湛）青天不可欺。未曾举首（意）我先知。善恶到头终有报。只争来早与来迟。（白念）咱非别。吾乃玉皇殿前

---

1 大田县朱坂村民国十九年廖法昌抄本《丰场总纲》，18页。

2 宋代孟元老《东京梦华录》卷七（驾登宝津搂诸军呈百戏），中国商业出版社1982年版，47页。

左判是也。闻得朱阳境内。建造丰场。命咱下凡。鉴察人间善恶，注判合乡吉祥。(吹叭，卜锣)

一判读书者。一举首登龙虎榜。十年身到凤凰池。(吹叭，卜锣)

一判耕田者。五谷丰登妻子乐。十年大熟得康宁。(吹叭，卜锣)

一判为工者。手艺精通无比对。心思灵敏有余春。(吹叭，卜锣)

一判生意者。一本十利天天有。千和万合事事宜。(吹叭，卜锣)

一判男子汉，寿高北斗，女人家获福无疆。(吹叭，卜锣)

一判无子者。麒麟早赐。无妻者。鸳鸯呈祥。(吹叭，卜锣)

一判职业者。山水各适其宜。三教九流各遂心愿。(吹叭，卜锣)

一判撑船者。溪河康（宽）阔无差错。回来满载得团圆。(吹叭，卜锣)

一判同在看场。增福增寿。南来北往。神道扶持。(吹叭，卜锣)

(白) 老汉注判已定毕。请归上界。(念) 判官、判官，鉴察人间。善者得福。恶者得殃。莫道阴阳路隔绝。报应分明在眼前。[1]

(入台啰哩)

相比于于朱坂之判官“十判词”，槐南在“十判”后还多了几句台词，其中曰：“老汉判笔打一横，做事得团圆；老汉判笔打一直，邪魔无踪迹；判笔打一勾，灾祸尽消磨；判笔打一劈（撇”)，万事皆大吉；判笔打一圈，做事得周全。……不许下道邪魔野鬼，惊鸡弄犬，侵污戏台，查出乱注，老汉在空中一看，把你记上簿书，押送酆都永无出世。”[2] 显然其驱邪逐祟的意识要强烈一些。

(二) 小鬼舞

杂剧中的小鬼，亦称鬼将。在朱坂、槐南两地原来均有面具，后朱坂不传。其出目中的人物名称和表演都有两重性，他既是开路镇坛的鬼将，又是科考中儒生们的科举神“魁星”。这种“小鬼舞”，在宋代百戏、杂剧中早已有之。如孟元老《东京梦华录》也有所载。其文称：

1 大田县朱坂村民国十九年廖法昌抄本《丰场总纲》，17 页。叶按：引文抄本中之“白”和“念”原不区分，笔者根据演出场上表演之实际情况加以分别。

2 清同治壬申年（十一年，1872）永安槐南乡抄本《人场全本》60 页。

有面涂青碌，戴面具金睛，饰以豹皮锦绣看带之类，谓之“硬鬼”。或执刀斧，或执杵棒之类，作脚步站立，为驱捉视听之状。[1]

不惟其小鬼之面具装扮与在朱坂等地有遗存，更为难得的是，此舞中的舞开山斧、挥棍棒“打四门”仍存在于今天的杂剧中，就连小鬼单腿跷起、以一脚跳跃行走的“作脚步站立，为驱捉视听之状”的表演，仍保存于两地的跳小鬼之舞蹈中。可见两地之“小鬼舞”与宋代杂剧是一脉相承的。朱坂“小鬼舞”的文词为：

(【啰哩】鬼上舞科)

(众唱【啰哩】略(搥打四门)

(场师念)忽见一位神道。粗眉虎眼。蓝面红毛。头生两角，脸闪金光。手拿一把开山金樵玉斧。不知何处神道。来到花棚，手舞足蹈。愿闻其说。

(鬼将白)哇！吾乃不是别鬼。吾乃玉皇殿前右边鬼将是也。闻知朱阳境内，灯火明亮，庆赏春光。差俺下凡。镇压丰场。庶使精妖怪魅。远驱界外。凡有神祇到此看场者，上界神祇上界坐，中界神祇中界坐，下界神祇下界坐。各分座位，庆赏丰场。有冤不得在此报，有仇不得在此取。不许前门后户，惊鸡弄犬，抛砖打瓦。如有故违者，挥斧便砍，决不待时。吩咐已毕。请归上界。(念)小鬼、小鬼，铜作头来铁作嘴。来时跌倒须弥山，去作人间大海水。(入台啰哩)[2]

永安槐南作场戏的小鬼与朱坂一样都具有鬼将与魁星的双重身份。朱坂村“舞小鬼”之后仅作“魁星点斗”的舞蹈表演，无口白唱词。而槐南村的“魁科”中的“大魁”形象为“脸如青靛，口似朱砂，披头散发，赤身露体”，演出中其头戴面具、手执开山大斧作耍斧、镇五方的舞蹈。其后，还多了一段台词。其词曰：

---

1 宋代孟元老《东京梦华录》卷七（驾登宝津搂诸军呈百戏），中国商业出版社 1982 年版，第 47 页。

2 大田县朱坂村民国十九年廖法昌抄本《丰场总纲》，18 页。

（念）咱非别，乃是上界差来一魁星。日里查阳。夜里查阴。查得福建道延平府永安市四十三都槐林保。黄家子孙搬演人场戏文。一则禳灾祈福，二则庆赏元宵……口口列位读书士子听我略题几句：“元宵显魁星，读书朝暮勤。今年开大比，金榜挂名时。”[1]

可以看出这里的“小鬼舞”，原型产生于方相氏之驱傩，随着傩仪在民间的衰落，祭祀仪式娱乐成分的增加，小鬼、鬼将被赋予“魁星”的职能，身份产生转化，增加了对科考的祈祝，因此产生于一舞中出现驱邪祟、祈功名两个不同概念的舞蹈形式来。

（三）杂剧之“回回舞”

《回回舞》是福建杂剧中的一个舞蹈剧目。此剧目保存于大田朱坂作场戏和安徽贵池傩戏中。从安徽、福建两地的《回回舞》、《回回歌》分析，虽然其中文字不尽相同，但可发现它们的一些共同性，都属于古代傩舞之遗存。这种傩舞与杂剧共存，说明杂剧在发展中大量地吸收傩文化的东西以充实自己。闽、皖两地的《回回舞》即是处于杂剧雏形期的产物。

我们说朱坂村杂剧中的《回回进贡》与古傩有关，不仅仅是它具有“傩面具”标志，而它确属古代傩舞中的一种，曾在南方各地广为流行，安徽贵池县的《回回舞》、《舞回子》是其共时态的傩舞遗存形态。据王兆乾先生介绍，贵池除了有南戏剧目、傩舞外，还有“问土地”、“跳钟馗”、“关公舞大刀”等杂戏表演，“恰可与宋杂剧之艳段”结构相比较。[2]而这些剧目在朱坂村作场戏也同样存在。贵池傩舞之《舞回子》也是戴面具，所不同的是，其面具为四个或五个，称老回、头回、二回、三回、四回，均为木雕，此与朱坂之红、黑、白三个纸面回回有所差别。其中最重要的相同之处是这些回回都是番人，都有一段“回回歌”。从其中之“回回歌”可知其共生的年代。我们先引朱坂《回回进贡》歌词以作比较。其中一段云：

场师（白）回回住在西番府，粗眉大眼络腮胡。列位客官宽心坐，

1 清约嘉庆、咸丰间永安槐南村佚名氏抄本《人场全本》残本，31页。

2 王兆乾辑校《安徽贵池傩戏剧本选》附录一，台北施合郑民俗文化基金会《民俗曲艺丛书》，1995年版，546页。

请出回回舞一舞。……

(唱)东哩东来东哩东，东边来到是艄公。(白)怎见他们是艄公？(唱)身穿棕(蓑)衣头带蓬。摇舡摇摆橹，好个艄公。…

(唱)南哩南来南哩南，南边来到是番蛮，(白)怎见他们是番蛮？(唱)不会正字打乡谈。咭哩唵喙，好个番蛮。……

(唱)西哩西来西哩西，西边来到是八旗。(白)怎见他们是八旗？(唱)黑挞酥儿手内提。呵呵好个八旗。…[1]

(唱)北哩北来北哩北，北边来到是官客。(白)怎见他们是官客？(唱)身穿上朝衣金顶笠。端端正正好个官客。……[2]

安徽贵池县的《舞回子》，在不同姓氏族群中也有很大的差异，如该县棠溪乡魁山吴仲立藏本《章文显》之后附有《舞回子歌》一首，其词为：

回子住在西阳(番)府，紧打锣来慢打鼓。怎么晓得慢打鼓，小小回子慢慢舞。姐一么姐，姐过来也。

东一么东，东边来个是艄公，怎么晓得是艄公？身穿棕衣头带蓬。姐一么姐，姐过来也

西一么西，西边来了个是癞痢，怎么晓得是癞痢？头上无毛一欠皮。姐一么姐，姐过来也。

南一么南，南边来了个是南蛮，怎么晓得是南蛮？高肩担儿短布衫。姐一么姐，姐过来也。

北一么北，北边来了个是回回，怎么晓得是回回？鼻子高来打锣槌。姐一么姐，姐过来也。[3]

应该说大田县朱坂村《回回进贡》和贵池县棠溪乡《舞回子》两个剧目本身并不是傩戏或傩舞，但它们产生的年代正是傩舞向戏剧化演进的

1 “八旗”之名为明清满族之军政制度，始创于明万历间，于清代盛行。除了“八旗”，还有“十八省”等清代的名称。此为杂剧在历史流行中会携带许多各个时代文化的词汇，此并不是它的本身的东西，不足为怪。

2 大田朱坂廖法昌民国十九年抄本《丰场总纲》。

3 王兆乾辑校《安徽贵池傩戏剧本选》，台北施合郑民俗文化基金会《民俗曲艺丛书》，1995年版，462页。

宋代，由于民间对散乐和杂剧观赏性的需求量的大量增加，许多民间流行的（或外来的）面具舞也被吸收于杂剧之中。故《回回进贡》和《舞回子》在福建和安徽的情况也有所不同，在福建它被杂剧吸收，而在安徽它却是傩戏中的剧目。

（四）杂剧与道坛的“值符”面具

“值符”，又称“值符使者”、“五方符使”，是道坛科仪中诸神的一个名称，其功能为各个大神的信使、联络者，道坛在《请神科》或《发奏科》中要请许多的神祇来参加醮筵，而预先要请“值符使者”，通过他的传达而使被请的仙神如期降临。

在永安槐南的杂剧第二出“大熟口诀”中出现值符使者，他头戴红色面具在田公宣召后上台，受命请槐南诸神，共赴乡里、庆贺元宵。其中有一大段在戏棚上的“请神”表演。

值符（白）师父爷爷嘱咐使者，请动本境诸位神祇，请到台前作为场主。列位首公，整动锣鼓与我使者作一场。（唱）

值符使值符神，头装锡身装金。
头戴美头身穿甲，口衔香信手摇铃。
上山请神跨起马，落水请神他起船。
作个值符是好事，背后有个双头铃。
上天请神骑云马，雷牌一响动乾坤。……
三界符使落场来作变，要变吾身换符身。
吾身不是非凡身，变为三界值符身。[1]

但是我们惊奇地发现，在尤溪民间道坛科仪中，道师所请的“值符使者”也是以人来扮演的，“值符”在被请上坛时都要戴上黑道巾、一个红色面具，穿上道衫红大褂。道师是通过这位先被请来的“值符神”，去请各路神仙到场的。

一般情况下，道坛请值符神仅是道师一种口头之请。而尤溪黄龙村道坛中这位“值符神”的“请神科”表演犹如戏场之人物表演。关于当地“值

1 清同治壬申年（十一年，1872）永安槐南乡抄本《人场全本》46 页。

符神”的来历，据道师萧先岈说：“据传说，值符原来是玉皇大帝的一个女儿，私自下凡来到人间，帮助老百姓请动各路天神地祇，替他们解苦救危，化灾脱难。为了不在人前暴露自己的身份，她要戴着面具来作法”[1]。而尤溪道教协会会长詹本良却另有一说，说“道士扮值符戴面具是为了避秽，在请神时不致让那些恶神厉鬼附着其身。”[2]可见该地区道坛中的值符神也具有傩仪的影子。

道坛中的值符面具多用梧桐木所做，半面，大小尺寸因人而定，一般宽约18—20厘米，高约25厘米。面红色，弯眉、凤眼，皓齿微露，面带慈容笑貌。上唇、下颌及两鬓有黑须，不同的是尤溪八字桥、管前两村道坛“值符”面具上是满口黑胡须，永安槐南值符面具上则是三绺黑须。永安槐南值符表演时，身穿红官服，头戴官帽；尤溪道士值符身穿大红道袍（神衫），头戴道士帽。有的面具装有头网，便于装戴，有的面具还直接配上道士帽。

值符，由谙熟道坛科仪的道士扮演，但领命请神的动作较为简单。值符听到玉清祖师指令从道场右侧（小边）上，随即将戴在头上的面具下翻，意为由人变神了。他左手执“天符”牌（法器雷牌，约5×1厘米的长方形红色木块），右手执“古斗”（法器，上方为6×6×6厘米的红色六面体，手执在长约15厘米的柄上）。玉清祖师将“门疏”（即“请神疏”）发给值符，值符接过后，就按东南西北中五个方位分别请神。值符请神时，一边用道士腔唱请神词（道士腔曲调名称及用途在第四部分另有表述），一边踩着锣鼓点，沿顺时针方向走四角台位。走数步，停，后脚朝后一别下蹲，如下马状，而后手捧“门疏”，单脚跪地，仰天拱拜做请神状。唱请神词时，还要根据词的意思做各种形体动作。请神毕，值符要将面具朝上翻回，意思是由神变回凡人这种将值符面具倒戴现象在槐南杂剧中同样出现。

必须说明的是，杂剧“作场戏”的大田县文江乡朱坂村和永安县槐南村，原分别属尤溪的三十五都和四十三都，两地分别于明景泰与嘉靖年间从尤溪县境析出，与尤溪八字桥乡黄龙村交界。这些地方与尤溪同属于朱熹理学的文化圈，其文化形态基本相同。尤溪道坛出现戴面具请神的“值

1 引自周治彬2012年5月15日于尤溪黄龙村田野调查笔记。

2 引自周治彬2012年5月17日于尤溪城关天后宫与道教会长詹本良的调查记录。

符”形象及表演，不应是一种孤立行为，而是一种传统文化遗存现象。[1]由于尤溪地处闽江中游，交通便利、商贸活动发达，文化交流也很频繁，许多古老的传统文化形态因而被冲击。而槐南、朱坂地处偏僻边缘地带，未受太大冲击，而使杂剧“作场戏”得以保存下来。

值得注意的是，道坛“请神科”出现戴面具的人物表演现象，在福建全省各地均属罕见。它是来源于古代的驱鬼逐疫的傩仪，还是从当地受古代杂剧表演之影响所致？至于作场戏与道坛共同存在值符表演现象，二者间如此相同绝非巧合，应有必然的内在联系。那么到底是道坛驱傩影响了杂剧，还是杂剧演出影响了道坛科仪？这还是一个未解之谜。还值得今后进一步深入调查和探讨。

余论

综上所述，福建民间遗存的宋杂剧形态，其中的面具戏来源于古代傩仪，随着民众对于娱乐文化的需求的增加，许多傩舞走下傩坛进入戏场，成为散乐、杂剧的一部分，而这部分的剧目中的傩文化意蕴并未完全消失，在古老的杂剧中依然具有仪式的作用。形成了一个仪中演戏，戏中行傩，傩寓戏中，戏傩交融的戏剧文化景象。这一现象在朱熹的出生地尤溪县于宋代应已成形，大田县朱坂村和永安县槐南村的杂剧作场戏及尤溪道坛中的面具戏，应是这种戏剧形态的遗存。朱熹老夫子的“傩虽古礼，而近于戏”。[2]应有所指，有感而发。其所称“近于戏”的傩，当然不是有令人畏怖之驱疫之傩和庄严肃穆的乡人傩，而应是此类既仪既戏之傩、被戏剧化之傩。它印证了古代南方民间杂剧的发展与傩之密切关系。我们也因此借以窥探傩仪、傩舞对于南方杂剧影响之一斑。

---

1 周治彬《永安槐南“作场戏”值符表演与尤溪道坛请“值符神”科仪调查》，2012 年 6 月 8 日“福建杂剧南戏学术研讨会”论文初稿。

2 宋代朱熹《朱子语类》，引自王国维《宋元戏曲史》，中国戏剧出版社 1984 年版。

韩国巫剧的形成与表演内容

韩国高丽大学　田耕旭

序论

巫剧一般称“巫堂谷戏”，是男女巫师在进行巫祭时演的戏剧。其演员均由巫师担任。

巫剧与巫祭同出一源，密不可分。因此，早期巫剧多为祈求丰收与多产的咒术性模拟仪式，以及再现崇拜神像与歌颂其伟业的表演形式。[1] 前者的可能性，从现存济州巫歌“岁耕本戏”后半部的岁耕戏中可以约略推知。至于后者的可能性，有关记载甚少，难以断定。

毋庸置疑，巫剧始源于以咒术性质强的祭仪为基础的古代戏剧。例如，济州道巫剧“令监戏”中令监神受其兄长们的劝说乘草船而去的场面，“岁耕戏”中耕作田地而获得丰收的场面，东海岸别神祭“送客格利”中村民们使“外客”（即天花神）骑马离村的场面等等，这些场面既是该剧中最为核心的内容，也是祭仪色彩最浓厚的部分。将这种巫剧称为叙事巫歌也无妨。但是，亲眼确认巫剧比仅用听觉理解叙事巫歌的语言表现更有利于加深印象，也更能提高人们对咒术的信心。在令监戏及送客格利送行天花神场面中，观众亲眼目睹万恶之首令监与外客分别骑马或乘船离开该村，从而给人以强烈的印象。[2]

流传至今的巫剧剧目有：首尔“后场戏”，京畿道杨州“后场戏”、“牛戏祭”，黄海道“灵山老太婆、老大爷格利”、“道山末明碓子戏”、“打猎祭”、“小堂儿神戏”、“牛戏祭”、“院祭”、“僧戏”，平安道“扎利哥姆邦戏”、

1 徐大锡《巫歌》，《韩国民俗大观》（6），高丽大学民族文化研究所 1995 年，521 页。

2 朴敬伸《巫剧》，《如何了解韩国口碑文化》，月印，2000 年，519 页。

“碓子戏”，京畿道“后场”、“九陵祭”，东海岸地区“街祭”、“朵利冈官老爷戏”、“捉僧盗戏”、“虎面祭”、“狂人祭”、“别丧祭拜送（或称末童伊戏）”、“假面祭”，巨济岛“忘释戏（假面广大）”，珍岛“中天调”、“打洗列基”，济州道“前生戏”、“令监戏”、“岁耕戏”、“折恶心花”、“贪花”、“姜太公首木手戏”、“九三星涅姆”、“部尔济格瑟姆”、“七星谢南”、“山神戏”、“立春祭戏”以及全罗南道“三设禳祭”等等。[1] 由此可知，巫剧分布于全国各地。上列诸多巫剧可以按多种方式去分类。本节以巫剧的戏剧性质为出发点将其分为：作为农耕仪式的巫剧、作为送葬仪式的巫剧、作为治病仪式的巫剧、有优戏性质的巫剧、受假面剧影响的巫剧等六种，予以考察。

作为农耕仪式的巫剧

属此类型者有：济州道“立春祭戏”、“岁耕戏”，京畿、黄海二道“牵牛祭”等。

至于“立春祭戏”，有关记载较多[2]：

在曾任济州牧使的李源祚（1792—1872）的《耽罗志草本外·旧礼》“木牛”条有所留下的内容。后来，金斗奉与秦圣麒对立春祭戏也进行了调查，并仔细介绍了其表演内容。其内容如下[3]：每逢立春前一天，济州各地的首巫觋（即首席巫师）纷拥至观德亭或官府举行前夕祭典。此时，将已制好的木牛抬来做祭祀。立春一早，户长戴冠，着礼服，将犁套于木牛。巫师们着军服（指巫服）牵木牛，一批乐队、戴面具的仪仗队、厄广大、毕广大、焦兰广大、喝彩广大、老妪广大等诸艺人走在前面。后面由一群童妓随前队，并演奏鼓与杖鼓、大锣等乐器。其行列至观德亭前院，户长派巫师至民家讨来各种谷物，察看其谷粒饱满与否，又至麦田，照样使巫师拔来大麦，按其麦根成长形状，借以占算新年稻谷丰收与否。之后，至客舍，由巫师们念咒文。一行又至官府进行模拟耕作，户长手持农具做耕田状，

---

1 摘引自黄缕诗《巫堂祭戏研究》，梨花女大博士论文，1987年，4—5页。

2 金斗奉《春耕风俗之劝农》，《济州道实记》，济州道实籍研究社1936年版，19—21页；金锡翼《心斋集·海上逸史》“春耕”条；李源祚《耽罗志草本外·旧例》“木牛”条；《耽罗录·立春日捻韵》，1841年；秦圣麒《韩国民族文化大百科事典》（18）“立春祭”条，韩国精神文化研究院1991年。

3 秦圣麒《韩国民族文化大百科事典》（18）“立春祭”条，韩国精神文化研究院1991年。

随行人中一人戴面挂长髯，扮农夫，播五谷，又一人着用染料绘似鸟羽的衣服（时用缀以鸟羽的服装）扮鸟，做吃播于地面的东西之状。此时，一名演戏者扮猎户着皮衣登场，做用枪打鸟之状。继其后，二人戴女人面具各扮妻妾，相骂相争，一人戴男人面具扮丈夫，出来劝阻二人争吵。演完，济州牧使走至演戏者前，劝其喝酒吸烟。演戏者们后至牧使官邸重演此戏。演完，户长退堂，诸巫师重至观德亭前院，或演奏鼓与杖鼓，或作旋转舞，最后口诵草监祭本普利戏台词，祈求国家太平与丰收丰渔，以此结束全部活动。

如此，济州道立春祭戏由演耕田的模拟农耕仪式与描写妻妾之争的假面戏组成。由户长、多达一百多名的巫师、妓女、村民、济州牧使等人参加，每逢作为开始农耕的第一天的立春进行这一演戏活动，官民一同祈求该年丰收丰渔。

作为送葬仪式的巫剧

具有送葬仪式性质的巫剧剧目中最具代表性的有珍岛“打洗列基”。

送葬仪式中演戏的历史颇为悠久。据传，作为人偶戏之一的傀儡戏，起源于中国春秋时代的人形木刻，以其代奴隶随葬的风俗。因而，将其又称为“丧家乐”。至于我国，从高句丽送葬仪式中便已见到。高句丽人在送葬时常为死者打鼓跳舞。这种风俗一直沿袭至朝鲜时代。

韩国重要无形文化财第八十一号珍岛打洗列基，是丧家在出殡前夕演的全罗南道珍岛地区的丧舆戏。该戏以神厅为中心而传承，神厅的主要成员是世袭巫（“堂谷”）。就打洗列基而言，可谓是巫师在丧家遭好丧时且吃丧家提供的酒食，且为减轻丧主的悲哀而演的笑剧，若考虑该戏由巫师传承，也可将其归类为巫剧。

打洗列基用汉字也可写为“多侍乐”，取众人共享之意。[1] 据说，也有重生、重产之意。此戏一般演于安置尸体的丧厅前，由假丧主戏、居士社堂戏、丧舆索里（丧舆谣）、戛列索里（戛列谣）与余兴等共五场组成。

以假丧主戏为例，假丧主先登场表白演戏提纲，介绍登场人物。继其

1 郑炳皓《珍岛打洗列基》，《解说重要无形文化财》（戏剧卷），319 页，文化财管理局，1986 年。

后，居士、社堂、佛僧依次登场，当场展显自己的绝技。作为青盲的居士模拟盲人醉走、小便之状，社堂跳残废舞与两班舞，佛僧念佛讲经。

居士社堂戏，以居士、社堂与佛僧的三角关系为其主要内容。作为居士（即青盲）之妻而身怀六甲的社堂，一登场便生孩子。不料，社堂生的孩子正是她与佛僧通情的结果。这种情景象征性地表现"打洗列基"的语源。死亡与诞生，此二通过仪式在现实与戏剧中同时发生。死亡中有生命的诞生，新的生命又为下一代而死去。从辩证法的生死观看，死亡便与新的诞生连在一起。如此，打洗列基既有"重生"之意，也涵有"该重生"的积极意义。[1] 戏一开始，居士唱《打洗列基谣》、《摇篮歌》、《狗打令》等歌，且念佛经。

在丧舆索里一场中唱《哀调》、《辞别谣》、《阿弥陀佛谣》、《千斤谣》等歌。在戛列索里一场唱《整地谣〉（达尔古基尔索里），此歌一般编以重牟利、重重牟利与加紧牟利。余兴一场中唱盘索里、《珍岛阿里郎》、《碓子打令》、《六杂别基》、《兴打令》、《冬等伊打令》、《抬轿谣》、《南道野调》等歌。[2]

作为治病仪式的巫剧

至于有治病仪式性质的巫剧，以全罗南道"三设禳祭"与济州道"令监戏"最为有名。

三设禳祭由顺天、光阳、普成等地世袭巫堂谷女巫传承至今，在内容上与以待承杂鬼杂神为目的的京畿道巫祭"后场"、东海岸别神祭"街祭"非常相似。与此同时，三设禳祭兼有给人治愈神经病为目的的治病仪式性质。如此，三设禳祭作为一种巫剧，既待承杂鬼杂神，同时又能从患者身上驱赶各种恶鬼、厉鬼、疫鬼。[3]

---

1 徐渊昊《韩国传统戏剧的历史与方法》，集文堂 1997 年，201 页。

2 李杜铉《试论葬礼与戏剧》，《韩国巫俗与戏剧》，首尔大学出版部 1996 年，205–243 页；郑炳皓，同文，317–341 页。

3 李京烨《顺天三设禳祭之戏剧性发展及其戏剧性问题》，《巫祭现场所见洗怨祭巫歌》，博而精，2000 年；郑秀美《顺天三设禳祭》，《韩国的祭戏》（下），瑞文堂 2001 年；崔德源《顺天地区民俗调查研究》，《南道民俗考》，三省出版社 1993 年版。1991 年 10 月 12 日，笔者在由全罗南道顺天大学教授崔德源主持的韩国民俗学会全国大会上观看"三设禳祭"。本文是参照当时所见所闻而对该戏进行叙述的。

三设禳祭中女巫饰以多种角色依次登场，与乐师且交谈且演戏。至少在 20 世纪 80 年代民俗学者崔德源进行调查时，三设禳祭中登场的诸鬼神均要戴鬼面演戏，此剧传承至今天却一般不戴面具。

若有人请女巫治狂人，女巫先问患者的病情，再择吉日，然后酉时设祭坛，戌时前后开始进行祭仪。大祭需要两三天，小祭仅需五六小时，丑时起进行三设禳祭。到该祭开始之前，先要做共十二场的基本祭。据传，若不做其本祭，就难以捕捉恶鬼，病人无法痊愈。[1] 十二场基本祭为：灶王祭、损祭、祖上祭、帝释祭、引魂、恶鬼祭、尸设、解蛊、洗怨、修路、三设禳祭与街祭。

三设禳祭将各角色的插话合并为一整体，登场人物依次出场，先诉自己所面临的问题，然后随情节发展解决其问题。人数并不固定，但大概多于十人。1999 年二月，顺天市民会馆演的三设禳祭中共有十四人登场，当时其全部人物均由四名女巫扮演。[2]

此十四名登场人物有朵息、帮闲鬼、小伙鬼、处女鬼、驼背鬼、枪毙鬼、小童鬼、哑巴鬼、吊死鬼、淹死鬼、孕妇鬼、盲人鬼、精灵鬼与朵树。

下面将三设禳祭末场中朵树治神经病的情景仔细考察一下。女巫先围布帐，将一缸置于其中，使患者坐于缸边。女巫饰朵树且跳舞且用东桃枝（指伸向东方的桃枝）打着患者驱赶杂鬼。之后，烧其布帐，击破大缸。[3]

据中国传说，桃树能辟邪。《周礼·夏官戎右》“桃茢”条中郑玄注云：“鬼畏桃木”。其中，东桃枝更有灵效。因此，每设傩礼时，演者均持桃枝驱鬼。再以处容舞为例，处容假面也插一桃枝于头部。同样，因三设禳祭属于为患者驱鬼治病的巫祭，故饰朵树的女巫手持东桃枝而驱逐疫鬼。至于用斧破缸，取发破缸之声，使鬼惊走之意。

三设禳祭是以先由杂鬼们上场，诉说并解除其怨恨的方式演出。在戏中，这些杂鬼既是使人患病的疫鬼，也属于厉鬼之类。厉鬼属于杂鬼之一，因其怨气太重，无法转生，故化为厉鬼，在阴司路彷徨。因其未婚而死，

---

1 崔德源《顺天地区民俗调查研究》，《南道民俗考》，三省出版社 1993 年版，412 页。

2 李京烨《顺天三设禳祭之戏剧性发展及其戏剧性问题》，《巫祭现场所见洗怨祭巫歌》，博而精 2000 年，88–93 页。

3 郑秀美《顺天三设禳祭》，《韩国的祭戏》（下），瑞文堂 2001 年，194 页。女巫使患者坐于缸上，以东桃枝掠过患者身体数次，然后以斧砍破其缸。其演戏套路与笔者 1991 年所见“三设禳祭”完全符合。

并无后嗣等诸原因无法受人祭祀的所谓“无祀鬼神”均包括在内。

朝鲜时代，国家或民间祭祀这些厉鬼，称厉祭。人们怕此鬼害人，为其祭祀，借以提防诸多疫疾灾难。[1] 再说，人们是迷信厉鬼因不享祭祀受饿才害人的。三设禳祭中登场的杂鬼们也因挨饿而向村民讨饭吃，这也表明戏中杂鬼均属于因种种原因无法享祭祀的无祀鬼。在三设禳祭过程中，杂鬼们饱餐一顿，也化解了其怨恨。哑巴鬼开口说话，孕妇鬼生瓢子，盲人鬼开眼等，他们所求的一切，终于如愿以偿。三设禳祭既待承诸鬼神以酒食，并借挥枝破缸以驱赶其他杂鬼，圆满完成其作为治病仪式的功能。让患者与其家人亲睹其全过程，得以提高对三设禳祭的信赖程度。

如此，每在进行三设禳祭时，女巫饰各种鬼神，使用各种道具，按每角色的特点模拟其状。三设禳祭极其讲究戏剧效果，同时具有治病仪式的宗教特色。

具有优戏性质的巫剧

优戏类巫剧中代表性剧目有东海岸“朵利冈官老爷戏”。朵利冈官老爷戏，又称“天王泛方哥地基戏祭”，是在东海岸地区别神祭中继天王祭后演的娱乐性质强的巫剧之一。[2]

剧中被称为“节比”或“阳众”的巫师充当乐师登场，女巫却不露面。登场人物有三节比，一人饰“使道”（相当于中国的县令），一人兼饰哥地基与妓女，另一人兼饰冈官、吏方、都使令、黄牛、首奴、妓女她哥等角色。戏中一人饰数角，但角色分化比较明确，舞台化装也因人而异，此剧也可以说是别神祭演的巫祭中戏剧色彩最丰富的巫剧之一。

朵利冈官老爷戏对使道官府中发生的诸事进行讽刺。其主要内容为：作为官奴的哥地基使冈官、吏方、都使令等官属衙役吃尽苦头；那些官属衙役面对使道一本正经的查问总是答非所问，做一番插科打诨。

朵利冈官老爷戏属于为观众打发无聊而设的喜剧性巫剧，具有优戏性

1 关于中韩两国厉祭，见罗景洙《光州、全南民俗研究》，民俗苑 1998 年，396－403 页；田耕旭《咸镜道民俗》，高丽大学出版部 1999 年，99－104 页。

2 对朵利冈官老爷戏的调查与研究大体如下：朴敬伸《蔚山地区巫歌资料集》（4），蔚山大学人文科学研究所 1993 年，659－686 页；徐大锡《韩国巫歌研究》，文学思想社，385－412 页；崔吉城《韩国巫俗研究》，亚细亚文化社 1978 年，299 页。

质。若鉴于世袭巫系统巫师在东海岸诸戏中时而充当为优戏演戏者，如此多用才谈的巫剧的出现也绝非偶然。

受假面剧影响的巫剧

作为受传统假面剧的影响而出现的代表性巫剧，可举东海岸“假面祭”。假面祭在举行东海岸地区别神祭时一般演于天王祭结束后或嫩冬乌祭结束后。[1]

据说，假面祭为招还暗行御史朴文秀之魂而演，如演此戏，可以保证该村平安无事。

此假面祭以老太婆与少妾争夺老大爷的三角关系为其主要内容，至于老大爷死后由女巫主持巫祭，似乎沿用本山台戏系统假面剧的老太婆科场。现存假面剧老太婆科场一般演固定内容，仍保存其原貌。与此相比，作为巫剧的假面祭随时代潮流不断采用新的内容，并渲染现场的气氛，广受大众的欢迎。

昔者有一两班以其妻（即老太婆）丑陋不堪为借口将其赶走，新纳妓女首尔娃娃为妾。不久，被逼走的老太婆与其子撒布利上路寻觅两班。路上，母子发现两班对爱妾首尔娃娃宠爱有加，为争夺宠爱与首尔娃娃吵架，两班一看二人吵闹不胜气愤，突然扑倒而死。母子请来女巫算卜，女巫说两班之死是因相思鬼所犯，应请首尔巫堂解怨云云。正值此时，医生登场救回两班生命，四人结束争执，和解而归。此情节内容时而改为，医生看病，盲人念经，也无法拯救两班生命，最终在巫堂举行巫祭后才还魂复苏。

下面试看一下假面祭随时代变化采用崭新的内容，并渲染现场感的具体例子。据李均玉采录本，几经周折才相逢的老太婆与老大爷因纳妾事争吵一番，老大爷气愤之下扑倒在地，老太婆请来医生，努力让其苏醒回来。

这一场面与假面剧老太婆科场相比，十分详尽地描写医生看病的情景。而且，也可发现假面祭增添了许多现代内容并在民间传承，从而得以继续引人关注。至于庆尚南道野游与五广大假面剧的同一场面，上场诊脉打针的是着传统韩服的韩医，与此相比，假面祭中的医生却是酒精中毒患者，他还带护士上场，将祭祀用酒杯当做听诊器看病。剧中还扮演现代人在社

---

1 对假面祭的调查与研究大体如下：金善丰《江陵端午祭》，悦话堂 1987 年，58–64 页；崔吉城《韩国巫俗研究》，亚细亚文化社 1978 年，300 页。

会经常碰到的各种琐碎小事，如查问医疗保险加入与否等等。

结论

巫祭（“谷”）的公演形式因其地区、巫风、巫师类型而异。其中巫剧的地理偏差，要比巫歌的其他分支多得多。那似是因为，巫剧对演戏现场的状况更为敏感。

朝鲜时代，由世袭巫系统才人集团偶尔演优戏。由此看来，才谈无疑在他们演的巫剧中具有占有一定的地位。而现在，那些作为超群艺人的巫师皆已逝去，仅依现代巫剧，也无法把握其作为传统戏剧的真面目。

安化傩狮调查

湖南城市学院音乐学院　李翔

湘中山地，是号称“蚩尤故里、苗瑶祖山”的古梅山蛮峒区。古“梅山”中的安化县滔溪乡乐园村，村民为宋王朝开梅置县前峒民和汉人的后裔。方圆10多公里90%为李氏，据李氏族谱记载，此地李氏的一世祖叫维新公，号称八郎（排行第八）。北宋末年携其幼子从涟源乔迁至此而繁衍后代。开梅山后，安化县有前十乡后五都，长乐社区就是当时“一都”的中心。而长乐社区又分为七甲和八甲（保甲制之甲），而现今保存的傩狮就在八甲的乐园村。但据老人描述，“文革”前我们这里村村都有类似的傩狮。

一、乐园村

安化县滔溪镇乐园村西临小淹镇，直线距离约8公里。小淹镇历史悠久，早在公元923年就已成为资水中游的水陆商贸码头，商行林立（多为宝庆、新化等地的客商）。至公元1072年此镇已成为资水中游的重要商埠，是宝庆通往益阳和汉口的交通枢纽。乐园村南靠中梅（古梅山分为上、中、下梅）大熊山，谷歌地图显示直线距离约30公里，是目前安化茶马古道游览区的重要景点，系亚原始森林带，也是“梅山教”的圣地，“梅山教”中大部分菩萨“得道成仙”于此山。东边和北边被滔溪环抱，滔溪中游金鸡村是当地很有名的雨神“伍公菩萨”得道成仙的地方。乐园村是一个小盆地。周围山体高大陡峭，盆地中有少部分土丘，一条小溪汇聚周围的水源，向正北方流去，经过一个100多米的分级瀑布注入滔溪（资江一条比较大的支流）。古时，因山陡阻隔只能通过正北沿溪逆行而进入乐园村。

二、乐园村傩狮简介

傩狮是当地的一个神灵，能驱邪斩魔、治病祈福、求雨治虫和保佑一方平安。其圣名为“天符部下神狮王爷”，和本地悬挂在大门上方镇宅辟邪的吞口同名称（本村傩公李秋良所述）。据老人回忆，傩狮本有一对，常年放置在本村公共祖屋大堂神龛的两侧。解放后，由于种种原因只剩一只，此狮头材质为水桐木，狮头净重9公斤、傩狮头面长：64厘米、头顶至上唇：52厘米、宽：53厘米、厚：28厘米（至鼻尖）、眼球直径：10厘米、眼球底座直径：12厘米、眼球突出高度：9.5厘米、鼻长：27厘米、鼻宽：18厘米、鼻尖高：11厘米、嘴宽：45.5厘米、嘴张度：16.5厘米、须长：88.5厘米。狮头正面颜色为暗红色。狮身为白布、脊梁和脖子连接处缝以红布条、脊梁两侧中部镶嵌黄布条组成狮被。狮被内部有棕绳作为“筋”。耳朵和眉毛为棕树皮，胡须和尾巴为亚麻纤维丝。狮面为饕餮纹吞口造型。本地悬挂在大门上方镇宅辟邪的吞口和此傩狮头都是没有舌头的，据李秋良讲述，吞口和傩狮头的舌头就是傩公作法事的令牌（形状似古代官员审案时的“惊堂木”）。傩公在“耍狮的”（当地人对舞傩狮称呼）全部过程中不需要全程主持，但傩狮却始终傩公控制。当地居民在舞狮期间发生不顺的事，村民都怪傩公没有尽职，或施法不利，或直接说傩公在作怪。傩

傩狮

公说："吞口什么都吃，把舌头装上它会连人也吃了，用诸神的法力控制傩狮的舌头，它只能吃邪气、妖魔等不祥的东西，傩公控制傩狮的舌头，就像牛鼻纤控制耕牛一样。"（傩公李秋良的原话）

梅山教主

傩狮舞当地老百姓叫"耍狮的"。通常在如下情况作法：祭祖、修祠堂、修庙、修族谱、出征、求雨、震犀（溪）牛（治洪灾，当地人认为洪灾是因为神兽"犀牛"作怪）、收煞、驱虫、赶兽等情况下作法。当然最重要的每年农历正月初一至十五农闲期间作法。参与作法者至少需 32 人，其中"都管"先生 1 人，傩师公 1 人，舞狮至少需两套人马共 4 人轮班；武场小敲打 5 人，大敲打 6 人，跑马 2 人，"推车"主唱 2 人、车中执花灯 1 人；供照明用的各式花灯至少需 10 人，如果是大型活动还有很多法事，需要更多的人。因为舞狮运动量非常大，即使大雪天也有可能满头大汗，所以舞狮者需要多班人马轮换。

其演出必须履行两道程序，即起首的祭傩发猖、结尾的谢坛收猖。发猖和收猖主祭梅山教主——世界上唯一倒立的菩萨张五郎，这两道程序均由傩公主持。

三、"发猖"

"祭傩发猖"一般是在傍晚（酉时）于村土地庙前作法，傩坛是一张较大的方桌，方桌上有三个盛满米的器具，中间是斗桶，两边是升桶（斗桶是升桶的 10 倍、为木质，升桶是楠竹制作——计量衡），三个米桶上插有灵符，用来分管自然的风雨雷电等神位，斗桶前置众多木雕菩萨，中间是张五郎和其妻梅山婆婆，旁边有黄英菩萨、伍公菩萨等，再前面是贡品、香炉（有时是用萝卜代替）和傩工使用的各种法器，贡品有猪、牛、羊头各一个（如果歉收，只象征性地摆放猪、牛、羊肉）、花生、黄豆、苦荞各一碟；酒三碗，茶三碗；傩工所用法器有小钵、小鼓、令牌，占卦用的对破的牛角尖（当地人就称为"卦"，音调为阳平）。桌下置傩狮头和狮被。

傩公的徒弟们所用乐器有牛角、海螺、隆鼓（鼓面直径0.8米、鼓高1米，需要两人抬着）、大铜锣（直径近1米，也需两人抬着），而所有的乐器，傩公问卦时在没有得到神灵的允许，是严格不许演奏的，所以有专人用手按着鼓面和锣面，避免小朋友突然敲响，如果被突然敲响，会招来孤魂野鬼和不义猖兵，故使此次舞狮不顺。傩公在发猖过程中要身穿彩色道袿，头戴7神头扎，口念各式咒语，跳各式神舞。据傩公李秋良讲述，不同的傩公来发猖都首先要祭祀张五郎和李八郎（李氏一世祖），以及地方诸菩萨，然后是祭自己教派的诸菩萨和祖师，祭拜中每一个菩萨或神位都要祭到位，一一要问卦，全部准许了，傩公把杂粮撒向四周，把茶水倒于神坛前，然后将三碗酒喷洒在傩狮头上，傩公一声喝令，在场所有群众一齐大声呐喊“起啊”……锣鼓、鞭炮、响铳齐鸣，舞狮头和舞狮尾的人会迅速将狮子连接好，然后狂舞即“发猖”成功。锣鼓的节奏非常急促，类似于古代击鼓进军。

四、舞狮路线和原则

舞狮的路线，以土地庙为中心，理生（当地有知识有威望的长者，分管本地的礼节、道德和一些邻里纠纷的人）提前拟定好舞狮的路线，路线原则不能重复，当地人说不能“耍回头狮的”，因此，当地人把“耍回头狮的”引申为不吉祥、瞧不起人、不知道轻重章法的事或人。舞狮讲究平等，原则上每家每户都去，不分贵贱，按规定路线到哪家就是哪家。一般家家户户都会在自家神坛上点灯表示欢迎。但如果家有不便（如亲人去世不满头七、家有即将临盆的孕妇、或主人不悦），只要神坛不点灯，傩狮队就不会进来。傩狮队进家门只能从堂屋正门进入，绝对不能走旁门。进家门后首先是诙谐幽默的跑马，次为文字华丽、唱腔高亢的“推车”（由当地的儒教理生咏唱）等，而此时主人家就在自家“伙桌”上（平时在火炕房间中吃饭的桌子），拿出家里最好吃的东西和酒来祭拜傩狮，全家向傩狮祈福，最后将酒喷在狮头上，祭拜完毕。

五、“耍狮的”的内容

发猖成功后狂舞的场面当地人称“打尖锋”，即狮子冲向人群中狂舞，把围观的群众中挤开一块空地，而在“打尖锋”的过程中，舞狮者和群众都大喊大叫，舞狮者叫喊称为“打怄火”，群众叫喊称为胡呐（乱）喊。一领一和，声势威武就像一副人仰马翻、浴血厮杀的混战画面。然后就是“拜五方”，拜五方的顺序原则是东、南、西、北、中，但村民的房子建设方位不一，因此一般是堂屋靠神龛的左边角、右边角、堂屋门前的右边角、左边角、最后是正对神龛中心。“打尖锋”和“拜五方”是不管在何地何时只要是舞狮，就必须有的两个程序。这两个程序很严肃，更像是在还原古代打仗的场面。而后面狮舞表演大多带有很强的趣味性，如有蛤蟆扑水、滚滚开门、懒人耕田、黄龙穿洞、乌龙甩尾、黄狗舔毛、划将帅船、扮猴讨钱等等有很强的观赏性和娱乐性的表演。如果主人没有特殊要求或家中又无新客喜事的话，一般只有一个跑马、一个推车，傩狮“打一个尖峰”“拜一个五方”就结束。我个人觉得跑马和推车之所以必须表演，是为了留出时间给主人祭拜傩狮，彰显狮王的神威。如果主人有特殊要求，或家中有新客、喜事，会增加很多程序，如各类拳术、棍术、刀术表演；腕力、转力表演；地花鼓表演；穿桌子、鱼跃、各种倒立、人墙、人塔表演等。

六、“收猖”

“收猖”则于正月十六凌晨在村土地庙前举行。“收猖”时神坛的摆设和人员要和“发猖”时一样，收猖前为正月十五元宵花灯节狂欢一夜，大概到次日丑时，全部人员来到土地庙前，将傩狮舞全套舞一遍，然后傩公出场作法，首先是谢祭诸神，然后是主祭张五郎和神狮王爷（傩狮），敬请其把收来的邪气、妖魔全部带走并处理之。最后问卦允许后，傩公把茶、酒倒在神坛前，傩公左手抓起雄鸡在神坛前念念有词，然后将雄鸡斩杀，把雄鸡血洒向神坛四周及提前写好的符咒上，将一些鸡毛和着鸡血及符咒粘贴在土地庙里，整个过程中锣鼓鞭炮声一直不断。最后，傩公将一簇鸡毛和着鸡血粘贴在狮头眉心处，此时锣鼓鞭炮声等戛然而止！将狮头和狮被分离，表示收猖成功。然后将所有的花灯、纸马、花车等全部焚毁，最后所有人等全部静静地离开土地庙。

以上内容为根据2012年7月22日对傩公李秋良、儒教理生李显昌、李央生的采访和作者年轻时候的记忆所写。作者是土生土长的本村人。

湘中、湘南4地5例傩狮舞异同比较报告

（提纲）

湖南省民协梅山文化研究委员会
李新吾　谭晓吾　谢新提　石萍

一、案例描述

（一）娄底市新化县水车镇古城村邹氏的傩头狮子舞。

（二）娄底市新化县荣华乡共田村张氏的傩头狮子舞。

（三）益阳市安化县滔溪镇长乐村李氏的傩头狮子舞。

（四）娄底市涟源市枫坪镇枫坪村谢氏的傩面狮子舞。

（五）郴州市临武县大冲乡油湾村王氏的“舞岳傩神”。

二、共同之处

（一）生存环境相同：武陵山区及与之相连的南岭山区。

（二）承载体相同：聚族而居的单一姓氏。

（三）演出目的相同：群体赛社性驱邪、祈福。

（四）演出组织形式相同：族首组织，巫傩师主导，族人参与。

（五）剧目结构相同：叙事性串珠型结构。

（六）角色道具及器乐配置相同：傩狮、配角、装扮、道具、响器、腔调。

三、差异之处

（一）承载体来源的差异：不同姓氏渊源。

（二）演员属性的差异：临武用纯师公，新化、安化师公参与、平民

演出，涟源为全程平民演出不配师公。

（三）剧目形态的差异：临武为师公傩事中的曲目，新化、安化为师公开台结尾的独立仪式性剧目，涟源为全程由平民表演的仪式性剧目。

（四）巫傩师形态的差异：神偶、道具（法器）的不同之处。

（五）剧情叙述上的声腔、对白差异：对释、道、杂剧戏曲元素不同程度的吸纳。

（六）小生态环境的差异：在不同文化生态体系中的地位不同。

四、小结

（一）与傩礼有不同程度的承接渊源并各有流变，是本土傩文化与舶来狮子舞的结晶。

（二）有祭祀祖先的共同母题。

（三）与湘中历代重大军政事件及民族迁徙有历史关联。

（四）是否同源异流？保留了《洛阳伽蓝记》所述“辟邪狮子”的基本功能，与陕西略阳和江西南丰的狮舞存在亲缘关系。

两个神灵世界交错的备中神乐

日本冈山大学大学院　山本宏子

序

备中神乐是在备中地区举行的一种神事（祭祀性）艺能。备中是旧地方性国家之一，位于现在的冈山县西部。备中国成立于第40代天武天皇(673—686年在位）时期。更早可追溯到古代地方国家吉备国之一部分。吉备国与出云神话中出现的出云国相邻，势力可与出云国抗衡。

备中神乐与“不见身姿的神”和“可见到带面具身姿的神”双方相关。表演者迎请不见身姿的神，神则附体于表演者来传达神意。与此不同，戴面具的神表演时则既不附体，也不宣告神意。为何会出现这两类神灵呢？本文将从备中神乐的演出顺序这一视点出发，考察这两类神灵之间的关系。

一、名称与系统

备中神乐拥有众多别称。其中主要有“荒神神乐”、“神代神乐”、“式年神乐”、“宫神乐”、“神殿神乐”几种。这是在漫长的历史进程中，与备中神乐相关的人们从各种视角出发习惯性地称呼至今的民俗词汇。这些名称的由来如下。

（一）荒神神乐

备中神乐由于需迎请荒神，在其面前表演，因此也被称为荒神神乐。荒神一般被认为是火神或灶神，不过在备中地区，也被称作产土荒神，可见被视为土地的守护神。歉收、疾病、自然灾害等被认为是荒神的祸祟。因此为祈求荒神安魂而上演荒神神乐。荒神神乐包括礼仪与艺能两部分。

从1500年时已存在荒神神乐的记录这一点看来，可认为是源于中世的礼仪和艺能。

（二）神代神乐

神代神乐是以出云神话的众神故事为原型的戏剧，其中包括台词、歌、舞、独白、问答和打斗等。神代神乐是江户时代末期（1603—1867），备中国的学习了吉田神道的神职者西林国桥（1764—1828）开创的。有记录表明1800年曾表演。神代神乐只有艺能，没有礼仪。它是属于近代谱系的艺能。

（三）式年神乐

所谓式年，意指特定的年份。它起源于十二生肖轮回一周后的第13年，以及中间的第7年要上演神乐。被称为神殿的临时舞台搭建在那一年轮到的家中或他家附近的耕地中。原本是建在被称为神乐田的农田里的。神社内不能搭建。

（四）宫神乐

每年在举行氏神（守护当地民众的神）的“例大祭”（一年内举办一次到两次）时上演。因在神社的拜殿与境内，也就是宫（神宫）内表演而得名。

（五）神殿神乐

因在神殿内表演，故称神殿神乐。

将这些民俗性名称进行分类，可知备中神乐的剧目可分为荒神神乐与神代神乐两个谱系。此外按演出时间与地点，可分为式年神乐和宫神乐两个谱系。

二、备中神乐的结构

今天，将频繁演出的剧目按演出先后顺序归纳为表1。首先，比较式年神乐和宫神乐的规模，可见式年神乐有18场，而宫神乐仅有5场，式年神乐的规模占绝对优势。式年神乐表演长达 10 小时，有时甚至连续表演两天。

在式年神乐的 18 场中，荒神神乐占 15 场，而神代神乐相对较少仅占 3 场。宫神乐的 5 场中，荒神神乐占 3 场，神代神乐占 2 场，数量基本相同。但是作为戏剧的神代神乐，一场一般长达两个多小时，因此在整体时间中所占比例并不少。

我们再看一下式年神乐与宫神乐在演出顺序上有何不同。

式年神乐是以“荒神神乐→神代神乐→荒神神乐”式的夹在当中的结构上演的。而宫神乐则是以“荒神神乐的一部分→神代神乐”这种结构上演的。

详细分析的话，式年神乐的基本结构是“前段（迎神→净化神殿、祓除恶灵）”→“主要部分（有关五行思想教化的问答及关于农历的问答→荒神的随从稻草大蛇→荒神附体→传达神意）”→“后段（送神）”。在主要部分前插入了有关出云神话中众神的故事。而在宫神乐中，借用了自荒神神乐的净化之舞与祓除恶灵之舞，插在出云神话的众神故事前。两者虽然均包含新旧神乐，但其特征在于并非混在一起，而是分段表演。

三、荒神神乐与神代神乐在故事情节上的差异

荒神神乐中只有“五行幡割”包含故事情节，即孕育万物的万古大王的四个儿子关于是否认五郎王子为弟弟的问答。五郎在问答过程中说明了五行思想及季节循环、历法。7 位神中戴面具的有 3 位。

然而在神代神乐中，所有神灵均戴面具。有“天岩开户”、“大国主命让国”、“素戋呜命击退大蛇”3 场戏。这些是基于有关出云地区的神话及出云神话的戏。这些故事彼此间有关联。在此对故事做一简介。“天岩开户”中登场的天照大御神是众神居住的天上世界——高天原的主神。因弟弟素戋呜命行恶多端，天照大御神一怒之下隐居岩屋之中。素戋呜命因此被逐出高天原。在“素戋呜命击退大蛇”中，来到出云的素戋呜命打败了八岐大蛇（头尾各 8 个的大蛇），救出了奇稻田公主，并娶其为妻。因此他统治了出云。在“大国主命让国”中，素戋呜命与奇稻田公主的子孙大国主命治理出云国。之后，天照大御神的敕使来访，要求其让出国家。大国主命的儿子事代主命赞成让出国家。而另一儿子建御名方命反对让出国家，

并与敕使争斗，但战败而让出国家。

比较荒神神乐与神代神乐，最大的差异是在故事性这一点上。神代神乐的剧目在时间上空间上均恢弘、复杂，可以体会到生动的故事性。与此相比，荒神神乐中唯一的故事好似对五行思想的照本宣科。众神的性格特征也十分单纯。

四、神的表演方式

荒神如上所述是不露出身姿的。但是人们举行迎接荒神的仪式，将他领回家，用食物祭奉荒神，并与其一起进餐，然后将荒神领至神殿，如同接待真实存在的人一般。为净化神殿而跳舞后，举行白盖神事。神殿的天花板上悬挂着用纸制作的白盖，由演员拉系于其上的绳子。通过天花板上下左右或缓或急的晃动来表现荒神降临，再用停止晃动来表现荒神的灵魂得到安抚。此外，在布舞、纲舞、托宣神事中，荒神附体于演员，演员的身体时而僵硬时而颤抖，呈现出不同于日常的样子。

但是神代神乐中登场的出云神话中的众神们有父母或兄弟姐妹，好像人类一般。登场的神数目也众多，武神英勇的面具、女神高贵的面具、老神的面具、滑稽的面具、妖怪的面具等泾渭分明。而且众神的着装也十分华丽。

为了体现出云神话的雄壮的叙事诗，或许正需要容易区别众多神灵。在这一点上，面具起了很大的作用。此外，为了战胜荒神的随从——用稻草编成的大蛇，也有必要让眼睛通红、张开血盆大口、在地上翻滚的八岐大蛇登场。

基于荒神信仰的荒神神乐的剧，与受到近世相当普及的吉田神道之影响的神代神乐的剧之差异，并没有被遗忘，而是两者互相对抗，保留到今日。虽然其中引入了出云神话的众神，而自古以来的荒神并没有被淘汰。新旧两个谱系的神灵世界共存于备中神乐之中。

表1　备中神乐的演出顺序与剧目（○=有）

	式年神乐（式年）	宫神乐（每年）	荒神（中世）	神代（近世）	演出顺序、角色名称（按登场顺序、备中的发音）	演员人数男女角色	有无面具	面具色彩	作用（备中神乐中的解释）
1	○		○		迎神 kami mukae（礼仪）				请神礼仪
2	○		○		入神殿 kodono uturi（礼仪）				从轮到的家庭转入神殿（临时舞台）
3	○		○		修祓syubatu [礼仪）	1名			净化仪式
4	○		○		指定角色之舞yakuzashi no mai（舞·礼仪）	1名			说明角色分担
5	○	○	○		榊舞 sakaki no mai（礼仪）	1名			净化神殿
6	○		○		白盖神事 byakkai shinji（礼仪）				祈祷神之降临，表现降临
7	○	○	○		导舞 michibiki mai（舞）	男神1名			说明猿田彦之由来
8	○	○	○		猿田彦之舞 Saruda hiko no mai（舞）	男神2名	○	赤，目为金色	众神的领路人，祓除邪气与恶灵
9	○			○	天岩开户 amano iwato biraki（戏剧·舞）　西林国桥作				

					天儿屋根命 Amenokoyane no mikoto	男神1名	○	白	高天原之神
					天太玉命 Amefutodama no mikoto	男神1名	○	白	
					思兼命 Omoi kane no mikoto	男神1名	○	白（翁面）	具智德之神
					天钿女 Ame no uzume	女神1名	○	白	
					手力男命 Tadikarao no mikoto	男神1名	○	白	高天原之神，具有刚力
					天照大御神 Amaterasu omikami	女神1名	○	白	高天原之主神，素戋呜命之姊
10	○	○		○	大国主命让国 Okuninushi no mikoto no kuniyuzuru （戏剧 · 舞） 西林国桥作				
					经津主命 Futunushi no mikoto	男神1名	○	白	来自高天原的敕使，与建御名战斗
					武瓮槌命 Takemikaduchi no mikoto	男神1名	○	白	
					大国主命 Okuninushi no mukoto	男神1名	○	白	出云国之主神
					稻脊胫命 Inasehagi no mikoto	男神1名	○	白	高天原的敕使，敕使与大国主的仲裁
					事代主命 Kotoshironushi no mikoto	男神1名	○	白	大国主的儿子，赞成让国
					建御名方命 Takeminakata no mikoto	男神1名	○	鬼面，赤白黑，目为金色	大国主之子，反对让国，与敕使战斗
11	○	○		○	素戋呜命击退大蛇 Susano no mikoto no orochitaiji（戏剧 · 舞） 西林国桥作				

					素戋呜命 Susano no mikoto	男神 1 名	○	白，目为金色	天照大御神之弟，战胜大蛇
					足名槌命 Ashinazuchi no mikoto	男神 1 名	○	白（翁面）	出云之神，奇稻田姬之父母
					手名槌 Tenazuchi	女神 1 名	○	白（媪面）	
					奇稻田姬 Kushiinada hime	女神 1 名	○	白	足名槌与手名槌之女，素戋呜命之妻
					松尾明神 Matuo myojin	男神 1 名	○	白	酿酒之神
					室尾明神 Muroo myojin	男神 1 名	○	白	酿酒之神
					木名玉明神 Kinata myoujin	男神 1 名	○	白	酿酒之助手
					八岐大蛇 Yamata no orochi	大蛇	假面头套	大蛇头	头与尾各 8 个的大蛇，饮酒后大醉。与素戋呜战而战败
12	○		○		五行幡割 gogyo hatawari（戏剧（问答）·舞） 说明五行思想与农历				
					万古大王 Bango daio	男神 1 名	○	白	孕育万物的五王子之父
					太郎王子 Tro oji	男神 1 名			子，五行思想之东、木、青
					二郎王子 Jiro oji	男神 1 名			子，五行思想之南、火、赤
					三郎王子 Saburo oji	男神 1 名			子，五行思想之西、金、白
					四郎王子 Shiro oji	男神 1 名			子，五行思想之北、水、黑
					五郎王子 Goro oji	男神 1 名	○	白	子，五行思想之中央、土、黄

13	○		○		剑舞 Ken mai（舞）	4 名			最终之舞
14	○		○		布舞 Nuno mai（舞）	1 名			荒神附体于演员
15	○		○		纲舞 Tuna mai（舞）	6 名			荒神的随从大蛇出现，荒神附体于演员
16	○		○		托宣神事 Takusen shinji（礼仪）	1名			附体的演员传达神意
17	○		○		石割神事 Ishiwari shinji（礼仪）	1 名			互相撞碎石块。
18	○		○		送神 Kami okuri（礼仪）				辞神礼仪

现代不丹的圣俗界线

——查姆舞的参与者及其变迁

日本国立民族学博物馆　宫本万里

追寻古鲁（Guru）足迹之路：全面具查姆舞（Cham 舞）

在不丹宪法（2008 年公布）中，佛教被定义为“国家的精神遗产”。17 世纪首次统一不丹国土的是藏传佛教噶举派之一派竹巴派的教主阿旺·纳姆加尔。此后，不丹在藏传佛教文化圈的诸国中被视为信奉竹巴派的国家。

但佛教真正进入不丹是在 8 世纪，起因是被称为第二位佛陀的古鲁·仁波切（Guru Rimpoche、莲花大士）来到不丹。古鲁·仁波切是在印度及西藏广为人知的高僧，其灵力和名声甚至传到喜马拉雅的深山之中。至今仍受不丹人民崇敬，他的足迹不仅遍布遗留在全国各地的圣迹及冥想场所，而且可从每月十日举行的策秋（Tsechu）祭典时表演的面具舞蹈（Cham 舞）中也可得知。

不丹社会的圣俗界线

在不丹，与西藏和蒙古同样，查姆舞也被认为是基本上不依靠人们的瞑想，而将人引入彻悟境界的四大金刚乘的教诲之一。人们通过观看查姆舞得以从轮回之苦中解放出来，得到祝福。但是观察不丹各地组织的策秋（Tsechu）祭典，发现跳查姆舞的并不限于僧侣。

据 Dorji，S. 的研究，当今不丹的查姆舞分为属于神域（the godly kind）与人域（the human kind）两类（Dorji 2001）。比如看通萨（Trongsa）县的县厅僧院（宗）的例子，可知所有的节目分为出家僧侣演的节目与一般村民演的节目。而且这种一般村民演的节目是属于人域的面具舞蹈，被称为“Boe-cham 舞”。

然而在这种跳面具舞的策秋（Tsechu）的形式几乎遍布国内所有的宗，甚至扩展到村落地域的寺院的不丹社会，查姆舞中重要的节目即使跳舞的僧侣人手不足，也必须举行，其意义在于“举行”本身。例如在我进行村落调查的通萨（Trongsa）县农村，为了使所有的查姆舞节目不中断地上演，原本由僧侣跳的宗教意味最浓的黑帽舞中也混有俗人的男性村民来表演。

但是与不丹地方社会的这一实际情况不同，在政府直接管辖的宗等举行的查姆舞则注重圣与俗泾渭分明，区分佛教众神与土著众神等。

Boe-cham 舞向全国的普及

据 Dorji，S. 的研究，现在僧院及宗中被归入“Boe-cham 舞”的舞蹈，自古是由国王的随从或政府官员跳的，仅限于在僧院或寺院举行宗教仪式、礼仪（Dorji 2001）时上演。可是，1960 年第三代国王吉格梅 · 多吉 · 旺楚克（Jigme Dorji Wangchuck）纠正锁国政策，开始现代化进程后，Boe-cham 舞开始不限于宗教礼仪，而在各种场合上演。特别是 1967 年政府设立面具舞踊局后，查姆舞被表征为象征着国民文化的文化资源，其作为“舞蹈”的一面被着意渲染。如上所述的 Dorji,S. 还称，在此制度化、标准化的摸索过程中，查姆舞的体系得到很大改善，逐步固定为如今的形态。

据通萨的宗的僧侣所述，“宗的策秋”这一当今的祭典形式是由第二代国王引进的，并逐渐扩大到主要各县的宗中。如果这样，可以说包含查姆舞的策秋本身或许被期待成为国民整合的工具。这是由于，经查姆舞的整合、规格化，国民都能够通过各地宗举行的策秋来观赏到经国家承认其正统性的竹巴派的查姆舞，接受祝福。这一状态有助于人们共同拥有国民形成过程中不可或缺的“共通的记忆与体验”。

至今在许多宗中有村民参与的 Boe-cham 舞原本仅在通萨上演，其后传至巴罗、达加纳。巴罗、通萨、达加纳三县从沙布东的圣俗双重体制时代起，就是设有分别管辖东部、西部、南部 3 个地区的行政府及其首长的地区。也就是说，Boe-cham 舞是只有拥有很多随从的首长才有可能组织的查姆舞。但是自从 1954 年首都廷布的 Dromchoes 节中导入 Boe-cham

舞以来，1961 年东部的塔希冈、1962 年中央的蒙加尔、1967 年西部的旺杜波德朗、1985 年北部的伦奇、1986 年东南部的佩马加策尔、1988 年南部的 Tsirang、1990 年与印度接壤的萨姆德鲁琼卡尔也纷纷引进，从而普及到整个不丹王国（Dorji 2001）。如此引进 Boe–cham 舞，导致各地策秋祭典本身的繁荣。

从国民整合的观点来看，至 80 年代后半期，政府在不丹南部作为国民舞蹈集中推广 Boe–cham 舞一事令人寻味。因为这一时期政府对国内尼泊尔裔人口比例之高深感危机，在积极采取保护传统文化政策之同时，以驱逐非法移民为由实施了排斥移民。而尼泊尔裔居民密集的不丹南部一带成为其主要目标。由这一点不难看出，在全国普及 Boe–cham 舞，在其背后，存在着政府试图启蒙国民，从他们身上激发出酝酿出基于佛教传统的对国民文化的尊重与热爱之意图。

从国王随从到村民

第三代国王着手推动近代化的 50 年代以后，在国内举行了各种制度改革。通过税制改革（从缴纳物品到缴纳现金）劳役得到削减，那些身着传统的帼（男性民族衣装）的国王的男性随从们变为身着西欧式制服的、干练的侍卫队。在此背景下，参与 Boe–cham 舞的人也自然发生了变化。

至今为止，在各地的宗中，宗教性的查姆舞由出家僧侣们跳，而由国王随从跳的舞蹈则改为由各地村民跳。根据通萨的例子，Boe–cham 舞的舞蹈者、扮演小丑的男演员、女歌手均是从村民中选来的。

Boe–cham 舞的舞蹈者和小丑的扮演者是在整个郡中精选出来的娴熟的舞蹈者，每年多数是几个固定的人来表演。另一方面，在剧间演唱民俗歌谣的女歌手则每年由各个郡轮流负责，届时征集演唱高手。

无论僧侣还是俗人，只要是所有跳查姆舞的人中的佼佼者，都能被选为排在队伍最前列的最重要人物“champoen”，以及殿后的第二重要人物“chamjug”。他们既要作为娴熟的舞蹈家率领全体，还要负责指导别的演员。小丑一般由俗人扮演，在查姆舞幕间表演即兴剧助兴之同时，他们还需要保证整个节目顺利进行，此外，有时他们还会客串一下 Boe–cham 舞。所以扮演小丑的演员需要相当熟悉策秋祭典的整体过程及各场戏。很多小丑扮演者的头儿是历任 champoen 或 chamjug 的演员。他们有时还要教

Boe-cham 舞，在整个查姆舞中他们起到了无法替代的作用。

从郡召集来的演员从策秋祭典大约一个月前起就每天来到宗，朝夕不断地排练。每天规定的排练时间是从早上 8：30 到傍晚 5：00，其间有午休时间。参加者们无论是排练还是演出，每天可得到 100 不丹努尔特鲁姆（约合 200—250 日元）的报酬，节日当天提供午餐。这一报酬与当今不丹的日平均收入相比并不算高，再加上交通及住宿时的费用，可以说几乎是义务劳动。

与县的宗不同，在自己村子举行引入传统查姆舞的祭典节日的地区，有时会因跟县举行祭典的日子冲突，由于舞蹈演员被宗选走，而不得不延期举行。像这样，政府把策秋祭典和查姆舞作为“不丹文化”的核心进行保护和推进，以县为单位举行的策秋带动了整个地区，被中央集权式地整顿、管理起来，同时，村落社会中的策秋也不得不以各种形式发生变化。

参考文献

1.Dorji, S., 2001, The Origin and Description of Bhutanese Mask Dances, Thimphu.

2.Tashi Dema, 2010, “Behind the masks and dances” in Kuesensel, Mar 14.

武安赛戏《大国称》及“诺诺神”、“水草三官”考

中央戏剧学院　麻国钧

一、《大国称》：令人疑惑的剧名

2012年春，应河北武安王进元先生邀请，赶赴武安东通乐村观摩考察该村的赛戏。在一系列赛戏演出剧目中，一出名为《大国称》的剧目引起我的兴趣。“大国称”？这是一个令人疑惑的名称。在古典剧目以及地方戏剧目中，类似的剧名极为罕见。为此，该剧首先引起我的注意，一时间不能获得满意的答案。

王进元先生应我之求，将其整理后的《大国称》剧本全文发来。这是一篇“前行”人即竹竿子的赞词，文字不长，为了讨论的方便，转引如下：

开：
脸似蓝靛黑锅底，面貌丑陋人难比，
手使狼牙棒一根，敕封一尊开路鬼。
乍离了丰都玉岸，每日家整理文卷，
只因他正直无私，敕封为古城催判。
汤阴县祖业改地，打农具不造兵器，
金炉内宝鼎焚香，东岳庙四家大御。
四人不离太阳星，化作天边走如风，
一年四季他总管，年月日时四值神。
金冠横别白玉簪，站立在玉皇面前，
此位神何家之主，敕封为水草三官。
交角普头（幞头）头上戴，水磨钢鞭若比赛，
真武面前大将军，马赵温刘四元帅。
从天降下龙风（凤）轿，七十二祠排尊号，
今摆一场逍遥乐，本县城隍大出庙。

> 今在神前摆列一场鬼兵对戏，此段故事出于何朝？讲于何帝？出于元顺帝之时。此位菩萨住少林寺内修行，江东陈有量（陈友谅）造反，举意动兵来抢少林。茄兰（伽蓝）托梦于长老，长老无奈，在菩萨面前祷告了七明七夜。逼得菩萨无奈，变作烧火之人，火门进去脱了凡体，身高丈二膀臂三亭，青脸红发，巨齿獠牙，左手拿劈柴斧，右手拿擀面杖一根，战败江东陈有量，菩萨立化在山门。僧人秉于地方，地方秉（禀）于县官，县官秉（禀）于顺帝，顺帝见喜，封他诺诺神。

名之为赛戏的《大国称》，其实具有队戏的性质。出场人物虽多但没有展开任何情节，其简单的故事完全由“前行”人叙述，并一一介绍出场人物，而出场人物完全以简单的肢体语言来配合“前行”人的讲赞，没有台词，最后全体人物“堆”为一个造型，全剧也便结束。这种演出形态与山西长治潞城、河北武安顾义所见队戏基本一致。看到《大国称》的演出以及上文引证的剧本，我们立刻想到山西长治潞城的《跳监斋》，二者依据同一传说故事，结构也相类，但出场人物的名称以及数量却明显不同，面具形态差别很大。

杨孟衡先生《上党古赛写卷十四种笺注》收录《讲监斋》全文，故事大致是这样的：元顺帝在位时，红巾军造反，烧杀抢掠，甚至威胁到少林寺。一夜，少林寺长老梦见寺中伽蓝对他说：寺中厨下有一位小行者，可以解少林之危难。次日，方丈带领僧众跪求这位行者。小行者无奈，“从火门进去，从烟突出来，显出丈二尺金身，高叫：‘众僧跟我来！’带领僧兵，杀退红巾军”。[1] 杨孟衡先生在“笺注”中，据王兆祥《中国神仙传》转引《古今图书集成》，揭开这段故事的本事。为了慎重起见，笔者翻检了《古今图书集成》，原文如下：

> 《河南府志》：唐紧那罗王西天菩萨也。至正初，忽有一僧至少林，蓬头裸背跣足，止著单裙，在厨中作务，数年勤恳，莫晓姓名。至十一年，颍州红金贼率众突至少林，欲行劫掠。僧乃持一火棍出，变

1 详见杨孟衡先生《上党古赛写卷十四种笺注》367 页，（台北）施合郑民俗文化基金会，2009 年 7 月初版。

形数十丈，独立高峰，贼见惊怖，遁。僧大叫曰："吾紧那罗王也！"言讫遂没。人始知为菩萨化身，塑像寺中，遂为少林护法伽蓝。[1]

杨孟衡先生据王兆祥《中国神仙传》转引的文字与《古今图书集成》原文有某些出入。转引文字是据古文翻译的文字，且有所夸饰，不是原文。此外，原文中"言讫遂没"的"没"字，当解读为"隐没"或"消失"，而不是死去的意思。这段本事在流传过程中被丰富发展，增加了许多枝枝蔓蔓，诸如紧那罗王托梦长老、"从火门进去，从烟突出来"、"丈二金身"、"青脸红发，锯齿獠牙"、"将破柴板斧楔在擀面杖上，在肩上横担"、红巾军则"不敢前进，将红包巾掷于地下，化乡民而去"等等，这里，不但看到对情节的丰富，而且紧那罗王的形象更加具体而生动，这些都在上党古赛的《讲监斋》中得到表现。笔者认为，河北武安的赛戏《大国称》可能是从山西上党一带流行的《讲监斋》移植过去，变异为现今的样子。河北武安地区的古老民间祭祀仪式以及在仪式中展演的各种形态的戏剧，大都从山西输入，武安地区顾义村的《打黄鬼》便是"西通秦晋"的结果，而东通乐村的赛戏又是一例。在上党古赛《讲监斋》中，那些见到紧那罗王红巾军兵士有这样的说辞："你看元朝顺帝有福，感得天神下降。"这句话，大约可以为"大国称"的名字张本。此外，在武安东通乐村赛戏《大国称》中，竹竿子有云："僧人秉于地方，地方秉于县官，县官秉于顺帝，顺帝见喜，封他诺诺神。"于是，我们猜想所谓"大国称"的语义即是"称大国"，是"真可以称为大国"的意思。如果这个推论合理，那么，《大国称》出现的年代或在元末，抑或在清代，明代人大约不会称元为"大国"吧？而《讲监斋》的历史可能早于《大国称》。这里不过猜想而已，在没有可靠证据前，尚不敢妄下结论。其实，比较二者孰早孰晚没有太大意义，依据同一故事传说形成不同的演出形态，在民间是常见现象。他们在戏剧史上，尤其是戏剧形态上的研究价值才是应该被关注的。这个研究价值是什

1《古今图书集成·博物汇编·神异典》第八十九卷《佛菩萨部》。又，杨孟衡《上党古赛写卷十四种笺注》引证文字为："元惠宗至正初年，有一僧人蓬头赤足裸背，只穿一裈，来到少林寺被派做厨下杂务。元至正十一年，颍州红巾军包围了少林寺，正在紧急之际，只见那僧手持烧火棍，变形数十丈，站在山头之上。红巾军见后十分害怕，忙撤去。那僧大叫道：'我是紧那罗王。'说完即死去。人们这才知道它是菩萨化身，于是在寺中塑像，奉为少林寺护法伽蓝。"

么？是《大国称》剧又一次以活体形态向我们展示了古老的演艺如何从宋代队舞向其后继的戏剧形态——队戏演变的生动例证。

二、“诺诺神”、“诺诺”面具以及行道面

引起笔者疑惑的还有“诺诺神”以及“诺诺”面具。

以“诺诺”为名字的面具在全国仅此一例，咋听之稍感怪异。“诺诺”是神的名字？是的，在该村演出中，“诺诺”的确是一位神的名字。在我的记忆中，“诺诺”这一面具只在武安甚至仅仅为东通乐村使用，全国各地民间祭祀演剧乃至整个东方戏剧中，绝无仅有。（见图一）

因其名称怪异，反而引起我的思考。我以为，所谓“诺诺”即“紧那罗”的促读并误写为“诺诺”，诺诺神就是紧那罗王。赛戏《大国称》所表现的正是少林寺厨下僧人现紧那罗王身，驱赶红巾军，保卫少林寺的传说故事。紧那罗王是佛教天龙八部众之一，八部众是佛教八类护法天神。紧那罗王被少林寺奉为护法伽蓝可能即源于这一则传说，当然也可能是紧那罗王被奉为少林寺护法伽蓝之后，为张其本而编造的故事，并逐渐巩固、流传开来，最终入于民间祭礼，编撰为队戏、赛戏等。现今在少林寺有供奉这位护法伽蓝的紧那罗王殿，蜚声中外的少林棍法，据说也发端于紧那罗王在退去红巾军时所使用的烧火棍。在中国佛教中，因为紧那罗王未现真身之前为少林寺香积厨火头和尚，即上党古赛《讲监斋》那位“香积厨下有一烧火小小行者”，恰是这位未现真身的紧那罗王，为此他又被称为监斋神。紧那罗原本是印度神话中一位小神，是天神的歌者与乐工，后来被佛教吸收而成为八部众之一，为此佛教

图一 “诺诺”面具

图二 东通乐村赛戏《大国称》

中依然沿袭了其歌者的职能，而又成为“歌神”。杨孟衡先生说:“(紧那罗)在迎神赛社中，主司舞台与朝厨之职……紧那罗曾化身厨下行者，司祭厨之职，自在其理；还因他是‘歌神’，故又司赛祭舞台之职。”[1]为此，才有“讲监斋”之名。东通乐村赛戏《大国称》中的最高神便是“诺诺”，在最后众神排座次时，他排在最高层（见图二），地位最为显著。换言之，他才是《大国称》的一号人物，也是被祭赛的主神。

此外，中国古代行傩时，人们口中往往高喊“傩——傩——”，而“诺诺”是否为“傩——傩——”二字的误写呢？二者音同字不同，这种情况在民间流传的祭礼演艺科仪本中大量存在。

古代典籍记载禁中大傩，常有“鼓噪以进”、“鼓噪而出”之语，大傩队伍“鼓噪”什么呢？唐人段安节《乐府杂录》说得清楚：“用方相四人，戴冠及面具，黄金为四目，衣熊裘，执戈扬盾，口作‘傩、傩’之声，以除逐也。”[2]在古代驱傩仪式中，“傩——傩——”之声发挥着语言的咒术作用。同时，山西上党古赛《讲监斋》又名“调四角”、“调方相”，而“方相”恰是古代驱傩中的主将，“调方相”等同于驱傩。可见在人们心目中，《讲监斋》就是驱傩。《讲监斋》的主角紧那罗王驱赶红巾军与方相氏驱傩的意义无别。由此可以推断，所谓“诺诺”就是“傩傩”，二者音同义也同。

1 杨孟衡先生《上党古赛写卷十四种笺注》，369页，（台北）施合郑民俗文化基金会，2009年7月初版。

2《中国古典戏曲论着集成》一，43页，中国戏剧出版社1980年7月第2次印刷。

"诺诺神"就是驱傩神,"诺诺"面具就是傩神面具,只不过这位驱傩大神不是方相氏,而是佛教护法神紧那罗王罢了。

据杨孟衡先生考证,在20世纪30年代以前,山西的长治、长子、潞城、平顺、壶关、屯留等地,"年年享赛不绝",却因条件以及风俗不同,形成"十赛九不同"的局面,然基本程序则大致不差许多。[1]孟衡先生在叙述其基本程序之"赛社第三天:头场",继"请二仙"、"祭太阳"之后,第三个程序就是"调监斋"。"调监斋"又细分为4个小程序:祭台、祭社、前行讲监斋、撵黄痨鬼。4个小程序都具有驱傩的本质,其中祭台、祭社、讲监斋的主角是监斋神,只有撵黄痨鬼的主角沿袭着古老驱傩的方式,以方相为驱傩的主将,而外加一位方弼。换言之,在"调监斋"程序中,古老的驱傩神与后起的佛教护法神合流,共同完成驱傩大任。

在流传过程中,这种由4个小程序合为一个"调监斋"程序的仪式规范被简化或分解了。比如,在河北武安顾义村"打黄鬼"民间祭祀礼仪中,"撵黄痨鬼"从"调监斋"中被分离出来做单独演出,名为《打黄鬼》,在那里已经见不到"监斋神"的影子了。同样,在河北武安东通乐村赛戏《大国称》中,虽有监斋神驱傩之实,却不见"监斋"之名,而换为"诺诺神"了。又如山西长治潞城大型的"迎神赛社"至今仍保留着《调监斋》,但在实际演出中也已经被简化,原本完整的4个小程序已经不再完整,去掉了"撵黄痨鬼",而"祭台"、"祭社"也不够明显清晰。前行《讲监斋》虽然存在,却被简单化了。记忆含混而致使祭礼演艺的简化、变异乃至重新组合而获得某些新解,是文化流传的必然;消歇日久之后重新恢复的礼仪程序及内容不再是原本的样态,也是一种必然。

具体到武安东通乐村赛戏《大国称》,不但"监斋神"之名变为"诺诺神",在民间连"诺诺神"究竟是谁也不再明了。该神的造型以及手中所持兵器也多少反映了这种混乱局面。山西长治潞城《讲监斋》的监斋神面具是三头六臂,分别持斧、刀、锏(见图三)。而赛戏《大国称》诺诺神面具造型只是二目的凶相,他右手持斧,左手持棍。在中国佛教传说中,幻化真身的紧那罗王在解少林寺之围时,便是两目的凶相,所持兵器是一根烧火棍。从东通乐村诺诺神以及潞城监斋神各自所持兵器看,前者虽然

---

1 杨孟衡《上党古赛仪典考菲》,文载麻国钧、刘祯主编《赛社与乐户论集》(上册),105–107页。

图三 山西长治潞城《讲监斋》

斧、棍并用且棍也由长变短，但是多少还接近传说本来，而后者只用一板斧，去紧那罗王传说已经较远。事实上，长治潞城的“监斋神”更加中国化，更接近中国驱傩中的后起傩神——险道神，“险道”实则“先道”，即为神灵开道的凶神，其职能是驱赶乃至杀戮那些暗藏在神灵行进路上的一切魑魅魍魉，以保各路神灵的安全。武安东通乐村赛戏《大国称》称为“开路鬼”的便是。而赛戏中的“诺诺神”则是方相氏的变异，即用佛教护法伽蓝替代了方相氏。从人物造型以及所持战具这两个角度看，似乎河北武安赛戏《大国称》更加原本，也更加古远一些吧？果真如此，也不能排除山西古赛中的“监斋神”是对河北武安“诺诺神”的继承与发展。

作为驱傩意味的紧那罗，很早便东渡日本，出现在“行道”仪式之中。行道，是指寺院举行法会时，僧侣们绕塔、绕寺、绕坛或在“来迎会”的桥上行走，届时僧侣们需要戴上各种假面。“来迎会”也叫“二十五菩萨来迎会”，僧侣们戴着面具装扮成菩萨，在来迎桥上往来于此岸与彼岸，迎接善男信女，谓之行道。其他如八部众、二十八部众护法之夜叉、乾达婆、阿修罗、紧那罗以及寺院修正会追傩时的毗沙门天、帝释天、龙天等，都在行道中以面具来表现。日本现存的行道古老面具中，包括紧那罗面两枚，分别藏于奈良法隆寺、东京国立博物馆（见图四）[1]。这枚紧那罗面与《大国称》中的诺诺神面，在造型上有几分相似。

图四 日本藏行道古老面具

三、《大国称》诸神及其面具

赛戏《大国称》出场神灵多而杂，诺诺神之外，另有城隍、赵公明、温元帅、马元帅、刘天君、崔府君、四值、四御、水草三官、开路神、探神等总计20位。这些神祇大多广为人知，经常在祭礼演出中见到，似乎无须笔者在这里絮叨。为此，仅对开路鬼以及水草三官略述己见。因为此三神者，论者意见不一。

1. 开路鬼

“前行”人上场之后，开路鬼率先登台。“前行”人的赞词说得好：“脸似蓝靛黑锅底，面貌丑陋人难比，手使狼牙棒一根，敕封一尊开路鬼。”（见图五）

所谓“蓝靛黑锅底”的色彩与现存的面具也不十分吻合。一般情况下，开路神或曰“开路鬼”，所持兵器多为板斧，这里则是狼牙棒。

1 日本国立能乐堂编辑《先行艺能的假面》19页，昭和五十九年，日本写真株式会社。

图五 开路鬼面具

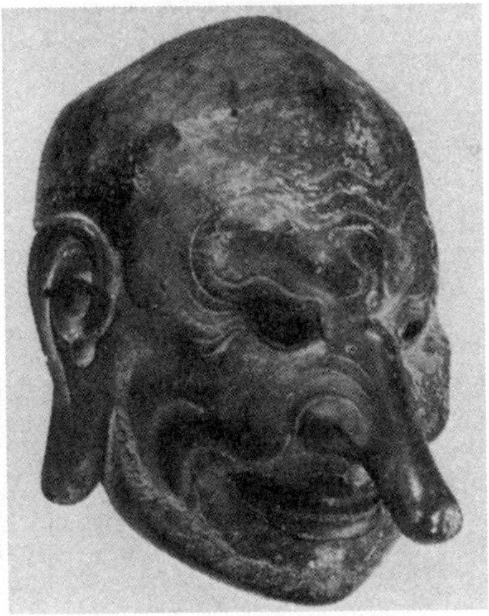
图六 日本伎乐中的“治道”

在古老的东方演艺形态中，有一种遍布于各国各民族中的演出形态，它以行进表演为主要特征，如印度的行相、中国的驱傩、日本的追傩、伎乐等等。这些演出往往以一个队伍出现，这个队伍或者是一群神仙依序列为一队而出游，或者是装扮凶相的神、鬼等连接为一队而行进，他们或应请而赴会，或受托而驱鬼。这两种情况都需要一位开路的凶神为后续队伍扫除沿途的恶势力，这位凶神起到清道夫的作用。商周以来的大傩仪礼中的方相氏，则兼具驱傩与开路双重性质。开路本来也属于驱傩，只不过所驱赶的鬼魅以及鬼魅所在的地点不同罢了。大傩所驱的是躲藏在宫室之中的鬼，而开路是驱赶游走在道路上的鬼，二者的性质无大别。日本的伎乐有所谓“治道”，就属于开路神，他长鼻阔嘴，双耳几乎垂肩。（见图六）

“治道”即治理道路、降伏恶魔的意思，在典型的行进游走演出艺术——伎乐中，设置一位清道夫的角色无疑是需要的。从对面具使用的文献记载上看，日本各地神社祭礼是晚于伎乐而登场的祭神礼仪，在众多礼仪如“神舆渡御”中，经常看到名为“猿田彦”的神祇。头戴红面高鼻面具的猿田彦神走在“神舆渡御”队伍的最前面，以完成先导任务。猿田彦的故事出典于《古事记》，在“天孙”降临时，猿田彦以向导的身份在天孙降临的岔路口上为其导游。笔者也在日本看过神乐舞台上的猿田彦形象，

图七 日本神乐舞台上的猿田彦形象

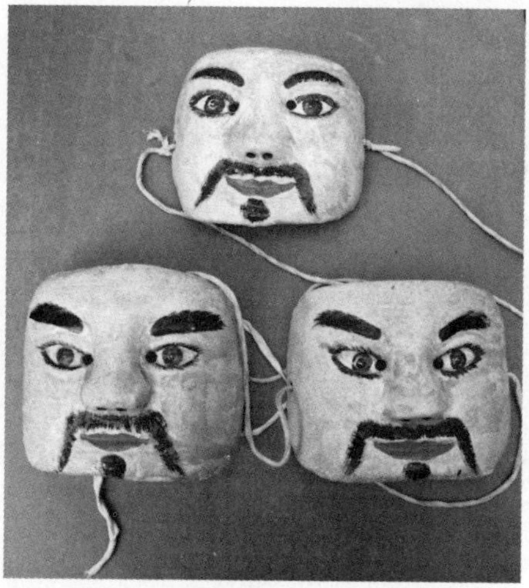

图八“水草三官”面具

依然是红脸、高鼻、怒目，手持长柄兵器。（见图七）

有趣的是，当这种行进演出的艺术被舞台化而发展为具有一定戏剧意味的演出形态时，那原本具有清道夫性质的各类人物也被延续下来而出现在戏剧舞台上。在作行进演出时不曾展开的故事也被展示出来，其原因在于，在这些人物身上本来蕴含着故事。当戏剧需要展开这些神祇的事迹时，这些故事便被极为自然地敷演出来。与此同时，那些原本在行进表演时的演出方式也便一同被继承下来。我们恰恰可以在这些被保留下来的种种痕迹推测其来龙去脉，发现它们的继承关系。

2. 水草三官

民间祭礼演出中，以“水草三官”为名的神祇鲜见出场。在武安赛戏《大国称》中，水草三官的面具是三枚造型完全一致的面具（见图八），三官出场时戴着相同的面具，而分穿红、蓝、紫官袍。于是，问题出现了，究竟如何理解面具相同的“水草三官”呢？是三位名为“水草”的神祇？还是三位可以归为“水草”一类的神祇呢？如果是前者，可以解释三个面具完全相同这一现象，但问题是为什么要出现三位相同的神祇于同一祭礼戏剧中呢？更加奇怪的是，三位神 怎么会面相无异呢？显然是不可能的。看来只能说，有三位神祇，他们的执掌都与水草或者说与畜牧相关。因为属于执掌同类事物的神祇，故在民间把他们视为同类神，采用相同面具，而只用服装及服饰的颜色作为分别。

执掌类同的这三位神究竟是何方神圣？笔者认为，水草三官应该是水草神、马王、牛王。

先说水草神。山西、河北民间信仰的水草神，或即传说中的兽医常顺，现在依然有庙专享奉祀，水草庙在山西省阳城县山头村。山西师范大学冯俊杰先生曾考察该庙并有详尽的考察报告，报告中抄录了庙内宣传板上的《广禅侯生平简介》，大略云：广禅侯姓常名顺，乳名三娃，原本山头村人，于宋仁宗嘉祐四年（1059）或五年，出生于寒门。14 岁开始跟叔父们学习兽医，19 岁便独立从医，30 岁后足迹遍及山西、内蒙、河北、陕西、河南，四处奔走，行兽医业达 20 年，也曾医好宋军战马万余匹，屡获军功，至南宋高宗绍兴间去世[1]。

常顺被封为“广禅侯”之说，冯先生明确指出：“只是山头村的口头传说，没有任何文字可资佐证，敕封广禅侯之事也不见于正史或方志。”[2]此外，冯先生在同书考述临汾魏村牛王庙时，引述该村光绪二十四年《重刻广禅侯元时碑记》：“宋真宗祥符七年秋八月，驾谒亳州大（太）清宫，至一山名孤山店，其夜御驾宿于此，众马皆病。帝曰：‘异哉！’问土居之民，此处有何神庙。居民答曰：‘孤山有神曰通圣郎君，祭之无不应也。’于是帝封为广禅侯，一行御马如故。有家存焉，历代享祭。降其后世，祠而神之。”对此，冯先生说：“此说纯属子虚乌有，而且自相矛盾。古代文献没有真宗皇帝驾宿孤山店的记载。”并指出即便封为“通圣郎君”，也与牛王没有关系。[3]

---

1 冯俊杰《山西神庙剧场考》，中华书局 2006 年 12 月版，259 页。

2 同上。

3 同上，87 页。

然而，经笔者查证古籍，与此相似的记载见诸《山西通志》。《四库全书》所收《山西通志》有两条有关崞县的记载：

> 凭牛神庙在凭牛山，宋大中祥符二年，驾诣亳州，夜宿孤山店，众马不能起。上怪问其故，居民对曰："此地有通圣郎君，俗称牛羊将军。"上封为广禅侯，马行如故，因立庙。明洪武十五年重修，有司岁五月五日致祭。[1]

> 凭牛山在县东南三十里，有神池，六畜饮水病辄愈。宋真宗尝封山神，志称通圣郎君，土人称牛羊将军，山因以名。[2]

阳城县水草神即广禅侯的事迹传说与《山西通志》所载山西崞县通圣郎君亦即广禅侯的记载颇为相近，二者都言之凿凿，它们之间或有渊源。当广禅侯的文献记载从崞县扩大影响之后，首先在山西从北向南流传，入于民间祭礼，入于民间赛社演艺，当传说甚至演艺在山西酝酿成型之后传入河北，在武安东通乐村等地被纳入民间赛社；再东传入京师，在京城与火神、马帅合祀于"三圣祠"[3]，也合情合理。

史载，大中祥符二年，宋真宗曾驾谒当时道教名观上清宫。清人秦蕙田《五礼通考》："真宗本记：大中祥符二年二月乙巳，幸大相国等寺，上清宫祈雨。"[4]上清宫在河南洛阳，城北邙山翠云峰，相传为太上老君炼丹之处，始建于唐玄宗开元年间。初称老君庙。公元666年（乾封元年），追封老子为太上玄元皇帝，故又称玄元皇帝庙。后因避玄宗之讳，改称元元皇帝庙，后再改上清宫。金元时废，明代重修，抗战间毁于日寇轰炸，现尚存部分殿宇。而太清宫在安徽亳州，大中祥符六年、七年真宗曾驾谒太清宫。据《钦定续通志》卷一百十四载："宋真宗大中祥符六年朝谒亳州

1《钦定四库全书·史部·地理类·都会郡县之属》，《山西通志卷一百六十七·崞县》。

2 同上。

3 清于敏中等编纂《日下旧闻考》卷42《皇城》："内教场今名教军场，在今弘仁寺东北。其地有三圣祠，祠内有碑略云：教场内三圣祠，以祠火神、水草神、马帅。"北京古籍出版社1981年10月版，第3册654页。文中之水草神当即广禅侯。

4《钦定四库全书·经部·礼类·通礼之属》，清代秦蕙田《五礼通考》卷二十三。

太清宫。”[1] 真宗在去往“上清”、“太清”两宫时，路径山西崞县而有敕封之事，也并非全无可能。那么《山西通志》在记载敕封“广禅侯”之事时，会不会把大中祥符二年驾谒洛阳上清宫之事，误作安徽的“亳州”，即时间、地点错位了呢？这里不过猜想罢了。因为，真宗取路崞县（今原平市）而南下亳州，毕竟太过绕远，而取路崞县前往洛阳，同样绕远。究竟如何？因记载缺失，不敢妄下结论。但是敕封“广禅侯”之事发生在崞县，大约不误。

问题还在于：其一，《山西通志》所记载的“凭牛山”及“凭牛神庙”在山西崞县，地处晋中北，去临汾较远。崞县凭牛神庙的“通圣郎君”被宋真宗封为广禅侯的事，不能作为临汾牛王庙牛王的封神依据。

其二，崞县凭牛山神庙的“通圣郎君”，虽然俗有“牛羊将军”之称，但与牛王庙的供奉主神不完全等同。临汾牛王庙正殿大门上悬挂“广禅侯殿”四字匾额，落款“康熙五十九年岁次庚子孟夏吉旦重立”。而该神庙供奉除牛王之外尚有马王、药王，庙内有 1997 年立“三王济世”碑一通，祭祀活动也称“三王会”。而“广禅侯”是牛王庙三神中的哪一位，不够明确。

从以上《山西通志》凭牛山神庙的两则记载看来，广禅侯应该是医治牛马等畜类的医药神，而临汾牛王庙三神中也有药神，那么是否可以说，所谓广禅侯就是医药神呢？恰好，阳城县水草庙奉祀的常顺也是兽医。

于是，我们可以说，广禅侯是以医治牛马等畜类为主的医药神。临汾魏村牛王庙虽名之为“牛王”庙，大门上的匾额“广禅侯殿”似乎可以解读为药王殿。虽然牛王庙主祀的神是牛王，但并不等于被敕封为“广禅侯”的就一定是牛王。

至此，我们回过头来看，所谓“水草神”应该就是广禅侯。

2012 年 11 月间，笔者寻机与黄竹三、曹飞两位教授一同赶赴阳城县山头村，对水草庙进行考察。看到了已经重新修缮的水草庙，弥补了本文章撰写之初未能实地考察该庙的遗憾，不免非常惬意。冯俊杰先生已经对该庙的历史、庙貌等论述备至，这里不再赘述，仅提供修葺后的全庙外景以及庙内戏台与看楼之图片，以飨读者。（见图九、图十）

1《钦定四库全书·史部·别史类》，《钦定续通志》卷一百十四。又，《钦定四库全书·史部·别史类》，宋代曾巩《隆平集》卷二：“大中祥符七年正月驾幸亳州太清。”

图九 水草庙外景

图十 水草庙内景

值得注意的是，在正殿与献殿之间，有一个大香炉，炉为长方形，在香炉上铸造着“广禅侯水草庙”六个大字，于是进一部凿实了广禅侯就是水草神，严格地说，水草神之中包括广禅侯。(见图十一)

河北内邱年画中，传统上把水草神与牛王、马王合为一个画面，成为三官组合。(见图十二）这个例证，证明了水草三官就是水草神（广禅侯、

图十一 水草庙香炉上铸造有“广禅侯水草庙”六字

图十二 河北内邱年画三官组合

医药神)、牛王、马王。

综上所考，笔者认为水草神即可以单指广禅侯，也可以合指水草神、牛王、马王。而后者，也可以合称“水草三官”。

最后还有一个问题，无论是文字记载还是年画等形象资料，似乎都看到马王是有三只眼的，但是东通乐村赛戏的水草三官面具却都是两只眼，马王的面具并非三只眼。为什么？

在赛戏《大国称》中，我们注意到，除了水草三官之一的马王之外，还有“马赵温刘”四大元帅出场。这里，马、赵、温、刘四位元帅中的马元帅，应该是“灵官马元帅”。《三教源流搜神大全》卷五说到灵官马元帅：“原是至妙吉祥化身，如来以其灭焦火鬼坟有伤于慈也，而降之凡，遂以五团火花投胎于马氏金母。面露三眼，因讳三眼灵光。生下三日能战，斩东海龙王，以除水孽。”也曾“斩扬子江龙而福于民”，“下民妻财子禄之祝，百叩百应。”[1]在民间另有一位名之为“水草马明王”的神祇也是三只眼。《北平风俗类征 · 岁时类》：“其象则四臂三目，狰狞可怖，其神牌则书‘水草马明王’字样。”[2]于是我们猜想，赛戏《大国称》中的马元帅可能是这两位神中的一位。这样的神灵在民间享受奉祀，出现在民间祭祀戏剧之中，即便不在戏中充分展示其丰功伟绩而仅仅出场亮个相，以提醒人们的记忆，也是常理。

马，无论在古代的农耕生产还是战争中，都举足轻重，故对其神化也便很早。《诗经》《尔雅》《周礼》等古籍都有记述。宋人李樗、黄櫄《毛诗集解》考证：“《尔雅》曰：既伯、既祷，马祭也。故毛氏亦以伯为马祖。《周礼》：春祭马祖，夏祭先牧，秋祭马社，冬祭马步。注曰：马祖，天驷；而《孝经》说曰房，为龙马。孙炎曰：龙为天马，盖房星是天驷，则马祖者，是房星也。既伯，既祷者，言于马祖之处而祈祷焉。宣王之田猎，用马之力以田猎，故祷于马祖，以求马之壮健焉，皆所谓慎微也。”[3]这段话说的很清楚，首先是因为马的实用意义重大，因此才有对马的神化，把它与星宿信仰钩挂起来，认为马祖即为天驷星。天驷即二十八宿中的房宿，古时以为主车马，故名之为天驷。对马祖进行祈祷称为既伯、既祷；而马祭又分春、

1 宗力、刘群《中国民间诸神》，河北人民出版社 1986 年 9 月版，445 页。

2 同上。

3《钦定四库全书 · 经部 · 诗类》，宋代李樗、黄櫄撰《毛诗集解》卷二十二。

夏、秋、冬四祭，春天祭祀马祖，夏天祭祀先牧，秋天祭马社，冬天祭马步。第二层意思是马祭在古代属于时祭，即四时之祭。除了马祖之外，先牧即开始教人放牧之人，马社则是马厩中的土神。马祖、先牧、马社、马步皆为神名。马步之名，稍感生疏，而在《周礼·夏官·校人》中可以获得解释，曰："冬祭马步 。"郑玄注："马步，神为灾害马者。"[1]可见马步是使马致病之神。故周代就设立"巫马"之官，因为"巫马，知马祖、先牧、马社、马步之神者"[2]。说到这，我们怀疑那位让御马生病而不能行走，以此为要挟而向宋真宗讨封的凭牛山"通圣郎君"或许是古老的马步神之变吧？一般来说，在信仰中的致祸者亦即解祸者，散布瘟疫者恰恰是解除瘟疫者。这种通例，又一次在"通圣郎君"身上得到体现。

而在古籍中，包括这位马步神在内的马祖、先牧、马社四位马神，从无三只眼等多目的记载。由此，我们最终判定，赛戏《大国称》中的"水草三官"中的马王，沿袭了自周代以降对马神的信仰，在漫长的流传过程中，四位神灵被民间简化为一，被简化之后的马王兼顾了古代四位马神的神性，却在不同情势下，显现其不同的神性罢了，就像凭牛山的"通圣郎君"那样，在宋帝面前显现其致病的神威，而在得到宋帝的敕封之后，反过来成为医治牲畜病疫的神祇。至此，我们或许可以说，"水草三官"中的马王，不应该是三只眼的马明王，也不是多目的"灵官马元帅"。

最终，我们依然不免自嘲：太学究气了吧！？民间信仰常常是不可深究的，把民间的口头传说、文字抄本等拿来进行学术考证本身，就容易将自己引入滑稽、尴尬的窘境。因为在民间，许多事情被模糊了，百姓们需要的只是对他们有利的结果，而不做深刻的求索。

1《钦定四库全书 · 经部 · 礼类 · 周礼之属》，汉代郑玄注，唐代陆德明音义，贾公彦疏《周礼注疏》卷三十三。

2《钦定四库全书经部 · 礼类 · 周礼之属》，汉代郑玄注，唐代陆德明音义，贾公彦疏《周礼注疏》卷二十八。

武安傩戏中的“长（掌）竹”（附：开本）

河北省武安市文联　王进元

在武安傩戏《捉黄鬼》、《东通乐赛戏》、《土山城会》和《大盛会》等不同的傩戏形式中，分别有一个重要角色，当地百姓赋予这些角色不同的叫法：《捉黄鬼》中的这个角色叫“开”，东通乐赛戏中叫“开家儿”、“报场官”，《土山城会》中叫“八千岁”，《大盛会》中叫“红油棍”等，傩戏研究者认定这一角色为“长（掌）竹”[1]。

“长（掌）竹”又称“竹竿子”[2]，是宋代乐舞引舞人和宋金杂剧引戏人“竹竿子”在当今的遗存[3]。我在这里要说的，并非关于这一角色的渊源，也不去探讨这一角色的戏剧意义，只是对武安傩戏中四个不同形式的“长（掌）竹”的进行考察比对。

武安傩戏《捉黄鬼》中的“长（掌）竹”（图一），当地人叫“开”。其装扮是：头戴小王帽，净脸，身穿红色官袍，红色彩裤，薄底靴，左手贴身竖握一根竹竿。竹竿的形制为：长 60 厘米，直径 3.5 厘米，上半截劈成三十根细蔑，用一条红绸子束住（图二）。演出中分别出现在请神、祭神、送神等仪式中和队戏、赛戏演出中（图三）。每个仪式和每一场对戏、赛戏演出前、中后，“长（有掌）竹”有不同的“开词”，“开词”内容主要是对祭拜的神灵和所要表演的队戏或者赛戏剧目的介绍。演唱的方式是白话吟唱，没有音乐伴奏。

《武安东通乐赛戏》中的“长（掌）竹”。当地人叫“开家儿”，其装扮是：头戴乌纱官帽，身穿红色或黑色蟒或灰色、黑色对帔，蓝色彩裤，脚穿普

1 杜学德《固义大型傩戏〈捉黄鬼〉中的“长（掌）竹”》，《中华戏曲》1998 年第 21 辑。

2 康保成《傩戏艺术源流》第五章，广东高等教育出版社 2011 年版。

3 杜学德《固义大型傩戏〈捉黄鬼〉中的“长（掌）竹”》，《中华戏曲》1998 年第 21 辑。

图一《捉黄鬼》中的长竹怀抱竹竿站在戏台的一侧

图二《捉黄鬼》中长竹使用的竹竿

图三《捉黄鬼》中的请神仪式

图四《东通乐赛戏》中的长竹

通农家布鞋或胶鞋，手中握一根木制“戟”，净脸。戟的形制为：长65厘米，直径2.5厘米，六棱形，上部三分之一出系红色彩绸（图四）。演出中分别出现在部分赛戏剧目中，主要以“脸戏”为主，如《大国称》（图五）、《摆八仙》（图六）、《摆家堂》（图七）、《月明和尚戏柳翠》等，上场吟诵“开”（开本附后），主要是对赛戏内容或角色的介绍。演唱形式是白话吟唱，没有音乐伴奏。

图五 赛戏《大国称》

图六 赛戏《摆八仙》

图八《土山城会》中的长竹

图七 赛戏《摆家堂》

图九《土山城会》中的请神仪式

《土山城会》中的“长（掌）竹”，当地人称作“八千岁”，其装扮是：头戴王帽，身穿红蟒，手持面牌，净脸。面牌的形制是：传统戏曲中的道具，木质，长40厘米，宽6厘米，厚0.5厘米（图八）。演出中分别出现在请神、安神（图九）和傩戏“点鬼兵”的场景中，起开词已经基本失传，表演中现存简单的几句白话，表演傩戏《点鬼兵》中的开词，也只是用白话依次

图十《土山城会》中《点鬼兵》

图十一《大盛会》中的长竹

图十二《东通乐赛戏》现存的都本

图十三《东通乐赛戏》都本内页

点十八位神的名字逐个上场，没有开本。（图十）

《大盛会》中的“长（掌）竹”角色更是有了很大的变异（图四），当地人称之为“红油棍”，装扮为：净面，普通农家服装，手持一根用红色油漆染过的木棍，木棍的形制为：木制，长 80 厘米，直径 5 厘米，红色（图十一）。表演中，分别有 2 人各执一根“红油棍”，走在对戏表演的最前列，没有开词。

综观以上四种表演形式中的“长（掌）竹”一角的不同存在形式，足以说明民间戏曲在发生、发展、演变过程中，由于地域的不同，传承方式的不同，同样的角色在形式上出现了多样的变化，但是，它们在表演内容上的变化却并没有发生更大的差异，只是有的保存得完整有的遗失得更多一些。现将《武安东通乐赛戏》部分开本抄录如下，供参考（据《武安东通乐赛戏——开全本》手抄本残本整理，文字错误敬请见谅）（图十二至十四）：

图十四　《东通乐赛戏》现存的古老面具

开探枯骨

出离于荒郊野外，见一堆白骨交加，不言不语卧黄沙。

好家园，全然拍下，在世间长生富贵，死后来那讨荣华。

咧嘴瞪目咬银牙，醉倒在西江月下，

身穿一领道袍□。腰中常带药葫芦。

若问对战名和姓，庄子先生探枯骨。

开列

青铜刀金钻玉把，但行动神鬼皆怕。

他执掌五道轮回，武安王登位垓下。

老爷大战黄忠，不能取胜，夜看春秋。看到楚平王翁昏见妇。父摆子妻，老爷大怒，将虎胆一急。出按掉下急出一个顽童。老爷问道此子何名。答曰，汝在白马坡前屈斩吾父，前来报仇。老爷言道，我观你嘴上乳黄未退，敢言报仇二字。将青铜刀举起，望他连打几下。此子身子不动，膀也不摇，老爷封他铜头铁臂。老爷言道，吾今放你归家。汝母思养你三年五载，再来报仇。那时颜招回家，长了十六岁。投在东吴为将，将老爷困在麦城。老爷宾天归位。恐君不信有诗为证。

赤鬼马从天降下，
安排下供果香茶。
敕封为伏魔大帝，
宓松林单刀列马。

开三郎

金榾朵良银玉把，但行动神鬼皆怕。
他执掌五道轮回。白眉神登位垓下。

今在神前摆一场神鬼对战，以段故事出于何朝，讲于何帝。出于战国春秋之时，这老爷是秦庄王十三殿下，名曰英雄殿下，为有不平。游至晋国有一拦街虎伤人。老爷将拦路虎打死，后与晋国交兵，老爷不胜晋兵，败阵下来。后有晋兵退赶甚紧。老爷游来游去，游至顺德府内丘县，只听锣鸣鼓响。老爷问道，此间锣鸣鼓响，为何。小民答曰，次处祭赛天地。老爷问道，领乐者何人。小民答曰，牛蒙领乐。老爷唤道：牛蒙，快来救驾。牛蒙答曰，要得救你，除非是千岁头顶脸戏，身穿彩衣，藏在乐队之内，晋兵过去，方可还国。老爷思道，为人蝼蚁贪生何不惜命。老爷随时头顶脸戏，身穿彩衣。言罢，随后晋兵赶上，问道：此间锣鸣鼓响，为何。小民言道，祭赛天地。晋兵马传令不可游扰黎民，只可越城而过。言罢，晋兵去了。老爷脱去彩衣，宜去脸戏，起身还国。浑红马倒于田地，吐血而亡。牛蒙现白马一匹，老爷跨马云游天下，游至雀鹅山。见一座茅庵，老爷下马进了茅庵坐下，僧人献茶，老爷一盏茶未曾用毕，忽然生一身风疮疖癣，面目改变，白眉二道，下口二唇，老爷坐化宾天，此话不提。后至宋朝三帝真宗上大安，神州降香。路过此处，一阵黄风，上蜀天地。玉（御）驾不能前行，真宗问道何方妖怪拦路玉（御）驾，老爷答曰，吾乃秦庄王十三殿下，前来保驾。真宗言道，既言保驾，打了前站。真宗降罢玉（御）香。回至汴梁，咽喉疼痛，真宗命太医院调理全然不效。老爷变一儒医秀士，进赤白二凡药。真宗龙体得安。夜梦老爷，来讨封号。真宗宣王强各处查老爷的座位，王强领旨，各处查遍并无老爷的座位。内加一祠，共七十二祠。敕封喉咽香火大吉神。后大诗为证。

老爷是战国春秋将，威名振关东。
打死拦路虎，秦晋交兵大。
老爷败了阵，跨马走逃生。

逃在内丘县，影藏乐队中。
晋兵过去了，老爷得逃生。
牛蒙现白马，云游天下行。
行至雀鹅山，风疮疖癣身。
儒医来调治，浑身都止疼。
浑身都生可，白眉下口唇。
真宗降玉香，雀鹅山下行。
吻（闻）之狂风起，闪出一将身。
真宗开言问，问爷何姓名。
战国春秋将，秦国大将军。
庄王十三子，前来保驾军。
真宗回朝去，喉咙一点疼。
赤白二凡药，龙体得安宁。
真宗宣王强，各处查尊貌。
各处都查遍，并无座位形。
内加喉咙祠，香火大吉神。
族报现报司，鸡鸭紧随跟。
好骑白马身穿红，雀鹅山下显威灵。
手拿椚朵雀香火，白眉三郎点鬼兵。

《摆八仙开本》

开：
一烛迅香插鼎时，前神祝告众神知。
黄河自流昆仑顶，龙虎边棍聚会时。
寿星供奉腊月天，寿星高坐斗牛边。
寿香沐浴金炉内，寿烛辉煌宝殿前。
寿如春山千载盛，寿似沧海万万年。
寿诗八句为清竹，寿似蓬莱不老仙。
今日是八仙盛会，老人星降临凡世。
叫徒儿打扫洞门，蓝采和当先赴会。
蓝采和：
马走不理不过河，善能旗鼓过漳河。

八仙过海东游记，日每过河不湿鞋。
大街以上小儿多，人人笑我是疯魔。
若问吾仙名道号，手拿阴阳蓝采和。
开：
众位神仙下天台，鲜花自此遍地开。
要知今日当场戏，且等众家仙到来。
汉钟离：
先在楚国为名将，后到汉朝整华裔。
只因吕后诛韩信，脚踏金银入芦苇。
怕生死，躲轮回，修行盼到有谁知。
若问吾仙名道号，招台聚会汉钟离。
吕洞宾：
马走步离步抱心，爱戴青沙一字巾。
邯郸一品黄粱梦，徐州货买做营生。
玉鼓响，板生命，三度洛阳人不生。
若问吾仙名道号，姓吕名阳字洞宾。
曹国舅：
皇家宣民莫可受，龙光一点才园凑。
千年有，万能寿，算来都是金星寿。
满朝文武整宴席，凡人来把神仙凑。
若问吾仙名道号，金枝玉叶曹国舅。
张果老：
八洞神仙数我老，入山去采灵芝草。
赵州桥，我先到，骑驴一压州桥倒。
面如童，精神饱，赛过彭祖千年老。
手拿玉鼓唱道情，手托花香张果老。
张四郎：
玉帝请我到上方，仙桃鲜果我先尝。
海干石烂人一岁，我有长生不老王。
神仙来赴蟠桃会，王母面前把名扬。
若问吾仙名道号，手拿铁笛张四郎。
韩湘子：

知人知面知生死，有福有缘腹中取。

琼花洞里做神仙，蟠桃会上人心致。

吃饭饥，辽饭时，火葫芦山前神仙聚。

若问神仙名道号，手托花篮韩湘子。

铁拐李：

一领布袍永不洗，二目圆睁恶似鬼。

手拿铁棒过东洋，脚踏平地不沾水。

身难挪，步难移，赛过彭祖黑面皮。

若问吾仙名道号，借尸还魂铁拐李。

开：

蓝射香烟彩宝顶，清洒酒美玉高肴。

天边透出紫云照，洞外边寿星来到。

（寿星上）

开：重仙到此闹霭霭，各现宝贝两边排。

双手捧定仙桃果，都与老祖上寿来。

（众仙献礼拜寿）

开（白）：拜寿已毕，未开八仙，先开中间这位老祖，父是蓝天母是清氏，怀胎老祖八百余年，行来行去，行至这终南山李子树下，左裂而崩生，生下老祖威威老相，荡荡须髯，昔日老祖跨骑神牛，路过元山，到上方朝见玉帝，玉帝见喜。

开：

封他神仙都领袖，累代帝王时。

赐下金冠他不带，他将经文手中擎。

跨定仙鹤在空中，本是蓬莱门下客。

常常明月伴春风，蟠桃会上为第一。

东西老母赐金童，门牌标写七个字。

年年填寿老人星。

若问老祖何家子，他与天地同时生。

混沌时初分天地，女娲者人伦治世。

且不表他郡他乡，且说咱中原之地。

今朝是广阳大赛，摆的是八仙对戏。

众神仙变化灵端，也从把鬼兵杀退。

众神仙都有名姓，听前方分解伶俐。
汉钟离秦氏将军，修仙在终南山内。
吕洞宾唐朝秀士，岳阳楼三醒三醉。
曹国舅大宋皇亲，全不贪荣华富贵。
张果老渔鼓先生，赵州桥驴踏粉碎。
张四郎故友相卖，铁笛响神仙聚会。
蓝采和乐内班头，过东洋各献宝贝。
韩湘子汉朝功文，汉功文蓝关束配。
铁拐李借尸还魂，拍下了家园家地。
终南松柏一齐还，龙霹鬼嚎下云端。
八仙过海东游记，老祖骑牛过玄关。
此为是当今护佑，太平年江山稳就。
终南山广出松柏，赴蟠桃八仙庆寿。
拜寿已毕，众仙各回洞府。
（众仙依次施礼，下）

《激张飞》

劝主公请放心宽，马孟奇盖世英贤。
他总有三头六臂，管叫他有来无回。

《赵公明抓虎》

自幼修炼峨眉山，三十二岁染黄泉。
子牙讨来封神榜，封他黑虎度玄关。

《大国称》

开：
脸似蓝靛黑锅底，面貌丑陋人难比。
手使狼牙棒一根，敕封一尊开路鬼。
乍离了丰都玉岸，每日家整理文卷。
只因他正直无私，敕封为古城催判。
汤阴县祖业坟地，打农具不造兵器。
金炉内宝鼎焚香，东岳庙四家大御。

四人不离太阳星，化作天边走如风。
一年四季他总管，年月日时四值神。
金冠横别白玉簪，站立在玉皇面前。
此位神何家之主，敕封为水草三官。
交角幞头头上戴，水磨钢鞭无比赛。
真武面前大将军，马赵温刘四元帅。
从天降下龙风轿，七十二祠排尊号。
今摆一场逍遥乐，本县城隍大出庙。
(二句引)

今在神前摆列一场鬼兵对戏，此段故事出于何朝？讲于何帝？出于元顺帝之时，此位菩萨住少林寺内修行，江东陈有量造反，举意动兵来抢少林，伽蓝托梦于长老，长老无奈，在菩萨面前祷告了七明七夜，逼得菩萨无奈，变作烧火之人，火门进去脱了凡体，身高丈二膀臂三亭，青脸红发，巨齿獠牙，左手拿劈柴斧，右手拿擀面杖一根，战败江东陈有量，菩萨立化在山门。僧人禀于地方，地方禀于县官，县官禀于顺帝，顺帝见喜，封他为诺诺神，监察八部神，恐君不信有诗为证：

此位菩萨住少林，威名赫赫震乾坤。
菩萨本是观音体，少林寺内影（隐）其身。
江东反了陈有量，领定贼兵抢少林。
伽蓝托梦于长老，哀告菩萨救众僧。
逼得菩萨无了奈，变作烧火一僧人。
火门进去脱凡体，闪出丈二一金身。
青面红发蓝靛脸，巨口獠牙似血盆。
大红袍上十样景，玲珑宝带系腰中。
左手拿定砍柴斧，右拿擀面杖一根。
脚踏金山艮寨岭，雀鹅山下大交兵。
棒棒打得天灵碎，板斧劈得碎纷纷。
战罢红巾归本寺，菩萨立化在山门。
本官报于元顺帝，顺帝亲口把神封。
敕封大脚系诺诺，又封监察八部神。
今朝会首虔心动，赶的诺诺到棚中。
青油白面人爽利，厨下一切要用心。

若还一点办错了，菩萨一怒不容情。
今摆一场逍遥乐，诺诺食王大国称。

《小国称》

花果山九妖八洞，每日与二郎比拼。
东海岸棒打龙王，闹天宫齐天大圣。

《开度柳翠》

回回吃酒回回醉，回回抱着旗杆睡。
若问对戏名和姓，月明和尚度柳翠。

《开猿猴交刀》

关夫子谋量志高，为江山费尽心劳。
若问对戏名和姓，看春秋猿猴交刀。

《开二鬼闹胖》

朝见朝见多朝见，七十四祠都朝遍。
唯有一祠未来朝，二鬼大闹韩（？）灵胖。

《开探神》

祥云逍遥赛太虚，飞星急报莫来迟。
意急催动流星马，急报威灵上神知。

《开张良品箫》

昔日楚汉争锋，伯王十分枭勇，汉王不能取胜。先生上在高山顶上，夜静吹箫，吹了三百字，真言妙道，把八千子弟兵尽都散去，将伯王乌江岸上自刎身亡，后立汉朝四百余年，恐君不信，有诗为证：

高山顶上一先生，口品玉箫不绝声。
八千子弟都散去，乌江困死楚重童。
若问对戏名和姓，张良品箫散楚兵。

《开猿猴脱脚》

众仙修道他为先，昆仑山仙酒他先食。

满身银……

张良得了天书，后扶汉朝四百余年，天下命他在红山霞云洞看守天书，因他又不守仙规，私出洞外云游，又偷了回道人仙酒仙桃，回道人闻知心中不忍，急命柳仙用套仙销拿住，即用赦服宝剑斩之，白猿就此脱脚以成正果，人称他火眼金睛白猿毛猴，恐君不信有诗为证：

修仙胖道奔天边，磨尽乾坤几万千。

今朝得过刺服剑，白猿脱脚上九天。

《开大耗小耗》

人行千里踏破足，鬼行千里一阵风。今在神前摆列一场鬼兵对戏，此段故事出于唐朝，唐明皇夜宿翠花宫，梦见了小鬼，口似血盆，牙似铜钉，左手执蒲扇一把，右手执玉箫一根，穿一履腰押一履，吹一曲美耳中听。唐明皇问曰：此鬼何名也？小鬼答曰：吾本是虚耗之神，虚者是虚人财物，耗者是耗人婚姻。唐明皇怒曰：差武士捉拿。只见殿角以下闪出一大鬼，头戴进士儒巾，身穿绿袍，腰系玉带，手拿宝剑一口，赶在东南角下，双瞪二目，剑劈腔灵。唐王问曰：大鬼何名也？大鬼答曰：臣是终南人士，受尽十年寒窗之苦，高祖武德二年前来应举，高祖见臣丑陋赶出场外，出午门气绝身死，绿袍府影藏其身。唐明皇大喜，朕赐你青铜宝剑一口，天下斩妖除怪，大鬼谢恩。唐明皇猛然醒来却是一梦。唐明皇传旨基顶封官，敕封唐朝文进士，镇宅武钟馗，入庙为胖神，入宅为魁神。唐王赦赐青斧剑，镇宅天下斩妖魔。后有丹诗为证：

唐明皇庙号玄宗，开元年少武德文。

天降下妖古怪混，唐世国士安不宁。

有小鬼形容丑义，蓝靛脸口似血盆。

穿一履腰押一履，吹一曲美耳中听。

唐明王开言动问，有家本是虚耗之神，

虚者是虚人财物，耗者是耗人婚姻。

唐明王闻言大怒，差武士活捉其身。

殿角闪出一大鬼，穿绿袍腰系宝带。

三顶进士儒巾， 手拿着钢剑一口。

赶小耗怎得腾空，只赶至东南脚下。
瞪二目剑劈腔灵，唐明皇金殿动问。
有大鬼谨奏当今，我本是终南人士，
武德年来赴场门，唐高祖见臣丑陋，
命武士赶出场门，出午门气绝身死，
绿袍府影藏其身。唐明皇闻言大喜，
敕封为镇宅魁神。大耗小耗降吉祥，
虚人财物坏家帮，感的明王过尧舜，
乾坤一代免兴殃。

元杂剧与傩祭祀（河北省武安市赛戏）

日本明治大学　福满正博

这次我们所考察的杂剧中的傩戏具有悠久的历史。

在元杂剧中，与季节祭祀的民俗最为密切的当首推《度柳翠》。在此，我首先看一下与《度柳翠》有些关联的“大头和尚”这一民俗。《度柳翠》的作者李寿卿（太原人），在《录鬼簿》中是作为“前辈才人”而被记载的元曲前期作家。《月明和尚度柳翠》（《录鬼簿》中《月明三度临歧柳》）的摘要是如此。

> 观音净瓶中的柳叶偶染微尘，被贬人间，投胎为妓女柳翠。月明罗汉化身为凡间和尚前去度脱。柳翠却留恋红尘，不肯出家。月明和尚苦口相劝，并托梦恫吓，柳翠终于省悟。月明和尚登坛说法，柳翠问禅后，立时坐化。月明遂将她带回南海。（《元曲选》本，《柳枝集》本）

元杂剧的度柳翠是代表度柳翠的故事。可是《古今小说》中也有《月明和尚度柳翠》的故事。还有《清平山堂话本》、《西湖游览志》等的柳翠故事。徐渭有《翠乡梦》剧，陈汝元有《红莲债》剧。关于这个问题，比较复杂，这里就不赘述了。从前王国维先生说：《乐府杂录》的“弄婆罗”是后来的《东京梦华录》的“抱锣”（《古剧脚色考》）。可是，“婆”（并戈合一平果）和“罗”（来歌开一平果）是叠韵。“抱”（并皓开一上效）和“锣”（来歌开一平果）不是叠韵。所以任半塘先生不承认王国维先生的声韵通转之说是有道理的（《唐戏弄》第二章第九节）。还有“鲍老”（《武林旧事》）跟“耍和尚”是不是相同的问题，这也是比较复杂的问题。在这里我也不再赘述了。

正如我们所讲过的，这个大头和尚故事和季节祭祀的民俗关系较为密切，每年从正月初一到元宵节都要广泛举办这种"大头和尚"的民俗活动，一直持续到现代。"大头和尚"是一种戴着很大的夹头所表演的哑剧，有时候由孩子们来扮演。永尾龙造先生以前说过"近年来，在中国青年学者中间，有很多人认为，这种度脱剧很有可能是古傩遗存。这种说法应该很有道理。从这个特大的头以及在年初举办等方面来考虑，我们似乎可以认为：这是一种驱逐恶魔的活动之演化"(《支那民俗志》，1922 年)。

可是永尾先生的说法不是正确的。因为在中国已经有大头和尚是乡傩的理解。明代的王思任（浙江山阴人，1574–1646）的《谑庵文饭小品》卷一云：

> 《大头和尚赋》
> 若夫椒盘将献火树正妍，
> 人物缤纷街市喧阗钲沸焉。
> 其若惊妖异，下而阖城保夜鼓。
> 惟恨其不破，日月食而万井救。
> 天爰有硕颙团焉斗状，得大头颅示欢喜像。
> 一以为馘俘之长狄，一以为披剃之方相。
> 尔乃眄眼迷离，察言所以观色，朵颐涎媚，谄笑不必胁肩。
> 似乡党之驱傩，未执桃弧与棘矢，觉儿童之爱戴，争能鹿舞以胡旋。
> 更有鲍氏之老，朱家之婢。
> 同谤法华之经，各假兰陵之具。
> 湖口飞头，趁场作戏。
> 三首煎熬，眉间尺因而糜烂。
> 两肩欲障，鸠摩罗遂以破淫。
> 笑言哑哑，童稚忻忻，妇子嘻嘻，骄人好好。
> 一国若狂，无门不闹。
> ……

这篇赋的内容不太明确。可是能看得出是当时已经上演了的一个故事。"三首煎熬"的出典是六朝志怪小说。《孝子传》云：

> 客有为报者，将（眉间）尺首及剑见晋君。君怒烹之，首不烂。王临之，客以拟王，王首堕汤中，客因自拟之。三首尽糜不分，乃为三冢。

从这点考虑，在大头和尚戏之中有三个人出演。这三个人有可能是玉通禅师、某一个人、柳翠，或者是月明和尚、某一个人、柳翠。大头和尚有时候作为“破淫”的玉通禅师，有时候作为救柳翠的月明和尚。正确的故事内容不详。

在这篇赋中，王思任把“大头和尚”表达“披剃之方相”与“似乡党之驱傩”。他把大头和尚认为一种傩活动。所以把“大头和尚”认为是傩的观点，并不罕见。而且王思任也把“大头和尚”认为是“方相”。

有意思的是，大家都知道，“大头和尚”本身也是“破戒”、“破淫”的和尚。王思任还把这样的男主角认为是“方相”。

“大头和尚”也叫“耍和尚”。南宋的周密（1232—1298）的《武林旧事》卷二的舞队之中与《西湖繁盛录》之中有元宵节的记录。这都是南方傩活动的记录。

北方的记录比较晚。明代的刘侗（约1594—约1637）、于奕正的《帝京景物略》卷二云：

> 《春场》
>
> （正月）八日至十八日……击太平鼓无昏晓，跳百索无稚壮，戴面具耍大头和尚，聚观无男女。

这是明代末期的北京的风习。清代也有《大头和尚》。《帝京岁时纪胜》云：

> 上元
>
> 至百戏之雅驯者，莫如南十番。其余装演大头和尚，扮稻秧歌，九曲黄花灯，打十不闲……

清代的法若真（顺治三年进士）的《黄山诗留》卷六《正月十日马天衢招同成愚昆杨海文及楠枚两儿登毗卢阁十二首》之一云：

飞楼天半接祇园，惊蹑婆娑老树跟。
袅袅云飞晴万户，娟娟月上影千村。
传柑喜赠宫中事，社鼓声喧圣主恩。
俱道五云新气象，共瞻春色到金门。

（时奉旨击鞅鼓作大头和尚戏）

北方与南方都有“大头和尚”的习俗。

今年2月23号，我去过河北省武安市。在大同镇东通乐村调查了赛戏。关于东通乐村的历史，当地有红色的揭示。《东通乐地名志》云：

位于西通乐公社驻地，东偏南一公里处，居鸦雀河北岸，丘陵间小平原，土质较肥沃。为一个大队十一个生产队。有314户，1402口人。均为汉族，耕地3537亩，从农为主。相传建村于明代，白蔡等姓居民，由山西洪洞迁此定居。

昔日此处，农产丰富，村民安居乐业，取通顺快乐之意，命村名通乐。又因该村处西通乐之东，故称东通乐。

据当地人自己的记忆，他们是从山西省来的。这个说法很有可能。因为在河北省中，邯郸市（包含武安市）有一个特征。一般的河北省的方言属于北方官话。但是邯郸市、武安市等方言属于晋语（侯精一《现代汉语方言概论》，2002年版）。

邯郸市、武安市等方言是山西省北部的方言的一种。武安市位于河北省的西南部，最接近山西省的地方。方言的分类比文字资料更有价值。因为方言是普通老百姓文化的真正记录。武安市与山西省北部（包含太原）、内蒙古等地方有共同的文化也是有道理的。

赛戏是流行内蒙古、山西一带的古老的地方戏。在武安市能得到保存是很幸运的。今年2月23日，在武安市东通乐村举行了赛戏。这天举行的剧目有五种：《摆八仙开本》、《激张飞》、《赵公明抓虎》、《大国称》、《大头和尚戏柳翠》。第5个剧目是哑剧，就是度柳翠故事。下面是当时的《大头和尚戏柳翠》的照片。

出场的是三个角色，正好和《大头和尚赋》的三个人一致。赛戏《大头和尚戏柳翠》可以说是典型的柳翠故事。

下面把驱傩活动和戏剧的关系作一简单的论述。《周礼·夏官》云：

《大和尚戏柳翠》塑像

> 方相氏掌蒙熊皮，黄金四目，玄衣朱裳，执戈扬盾，帅百隶而时傩，以索室驱疫。大丧先柩，及墓入圹，以戈击四隅，驱方良。

有方相氏以惊恐之状在室内来回搜索驱赶疫鬼的记载。方相氏还在丧葬的仪式中，作为灵柩的先导，负责逐除墓中恶鬼。后汉张衡在《东京赋》里有如下的描述："尔乃卒岁大傩，驱除群厉。方相秉钺，巫觋操茢。侲子万童，丹首玄制，桃弧棘矢，所发无臬，飞砾雨散，刚瘅必毙。"据此可以看出，后汉宫中是通过方相氏、巫觋、侲子等来驱逐恶鬼的。

好多学者认为驱逐恶鬼的方相氏自身也是个恶鬼。现在我把有关说法简单归纳一下。许慎《说文解字》中说"蛧蜽，山川之精物也。从虫网声"。段玉裁的注曰"按蛧蜽，《周礼》作方良，《左传》作罔两，《孔子世家》作罔阆，俗作魍魉"。方良是和蛧蜽、罔阆等类似的叠韵连语。"方"属上古音阳部，"相"也属上古音阳部。(《汉字古今音表》，中华书局 1993 年版)。这些或是水神、或山精、或童儿的东西，不过是表示那些我们用肉眼看不见的怪物的词语。同样，方相氏也应该是用和以上怪物具有同一意思的表达词语或者特殊用语的。

陈梦家先生认为"周礼方相氏所饰的则是一种恶鬼，方相本身是恶鬼，他所殴的方良也是恶鬼，方良或作罔两、蛧蜽……"(《商代的神话与巫术》，《燕京学报》第 20 期，1936 年)。小林太市郎先生认为："恶鬼有事一变，即可成善神，这正是民俗逻辑和宗教逻辑的一项法则"(《汉唐古俗与明器土偶》，1947 年)。扬景鹴先生也认为"(方相氏攻击恶鬼) 是巫术中的同类相克"原理 (《历史语言研究所集刊》31，1947 年)。Mircea Eliade (米尔恰·伊利亚德) 先生云：

> This ambivalence of the sacred is not only in the psychological order (in that it attracts or repels), but also in the order of values; the sacred is at once "sacred" and "defiled". (*Patterns in Comparative Religion*, 1958, p.14—15)

方相氏原来有二重性。一个是善神，另一个是恶鬼。如果这样，我们能发现《大头和尚》是典型的方相氏，方相氏的后裔。从这个地点我们需要再探讨杂剧的起源。

辰河戏之宗教仪式功能简论[1]

湖南科技大学 李跃忠
湖南辰溪县辰河高腔剧团 杨佳

一

辰河戏是湖南省一种历史悠久的地方戏，声腔以高腔为主，兼有昆腔、低腔和弹腔。辰河高腔源于弋阳腔，约于明初自江西传入，经与当地语言、民歌、号子、傩腔及宗教音乐等的长期结合逐步衍变而成。剧种主要流布于今湖南怀化、吉首，以及贵州铜仁，四川酉阳、秀山，湖北来凤、咸丰等县，其中以古辰州所辖的沅陵、泸溪、辰溪、溆浦四县的戏班最多。因这一地域属沅水中、上游，俗称“辰河”，故被称为“辰河戏”。[2]

中国戏曲，作为古代人们的一种重要精神娱乐，它的艺术审美功能受到了广大学者的高度评价和肯定，但事实上，综观戏曲（此主要指民间戏曲）的形成发展，广大百姓请戏班演戏的初衷往往并不是因为娱乐审美的需求，而是要借戏曲来达到祈福禳灾之目的与功能。也就是说，许多声腔剧种都具有宗教仪式功能。关于戏曲之宗教仪式功能，不少学者都曾有过论述，如郭英德《世俗的祭礼——中国戏曲的宗教精神》（国际文化出版公司 1988 年版）、康保成《傩戏艺术源流》（广东高等教育出版社 2005 年版）等书都有相关论述，可参。笔者亦曾以影戏为例在《中国影戏与民俗》（大象出版社 2010 年版）一书中对影戏的宗教仪式功能做了简单论述，并还对一些地方戏影戏如陇东南影戏、滦州影戏以及衡山影戏的宗教仪式功

---

1 本文为湖南省哲学社会科学基金项目《辰河戏研究》（11YBA134）阶段性成果、“中国古代文学与社会文化研究基地”（湘教通〔2004〕284 号〕）资助项目“湖南濒危剧种研究”之阶段性成果。

2 中国戏曲志编委会《中国戏曲志 · 湖南卷》，中国 ISBN 中心 2000 年版，79—80 页。

能都做过专题研究。

关于辰河戏的宗教仪式功能，一些学者在相关论文中提及过，如熊晓辉在论及辰河高腔音乐特点时，指出辰河高腔具有“独特的祭祀文化形态”。他说：“在辰河高腔流传区域，少数民族居民占绝大多数，人们长期在贫困、落后、封闭的环境下生存，渴望幸福生活，把希望寄托于神灵，祈求神灵保佑五谷丰登、幸福平安。在这里，人们崇尚巫祭，敬鬼神。不难看出，辰河高腔是在崇巫敬鬼神的文化底色中生存。因而，可以这样说，辰河高腔是祭祀文化孕育的胎儿。”[1]这就不仅指出了辰河高腔具有宗教仪式的功能，而且指出了导致这一文化功能的根源。又如《泸溪民俗拾贝》一书的作者在介绍泸溪县辰河高腔之演出习俗时也论及了它们所具有的宗教仪式功能。其文曰：“开城仪式的习俗……当时却是为地方镇邪，还有显示戏班的实力……”又“扫台相对开台而言，稍微简单一点。但此时，带小孩看戏的大人将小孩领回家，包括有病或运势不佳者，也纷纷回避，俗称不看扫台戏。因为通过开台，镇压鬼煞，保演出平安，但因情节中鬼戏占多，阴灵已至，慑于灵官镇台的法术而未敢作祟。演出结束，必须将鬼煞扫除，未成年小孩，有病或运势不佳者，易撞邪，所以要事先回避。”[2]此外，在研究辰河戏传统剧目《目连戏》时，也多半会论述该剧目的宗教仪式功能。而这实际也是在论辰河高腔之宗教仪式功能，因《目连戏》是辰河戏演出最为普遍的一本戏。当然，也要指出，迄今尚无专文对辰河戏之宗教仪式功能做专门研究。本文即拟在田野调查的基础上，结合相关文献对辰河戏的这一文化功能作些简要论述。

二

在中国戏曲发展史上，产生了一些专门用于祭祀的仪式性戏剧。有人主张，中国的戏剧分为观赏性戏剧和仪式性戏剧。观赏性戏剧自宋元以降“产生了众多的品类，诸如宋杂剧、元杂剧、南戏、明传奇及其在各地的声腔体系……清代各地的花部戏曲和目前众多的地方戏曲”。而仪式性戏剧“是一种以驱邪纳吉、禳灾祈福为功利目的的聚戏活动”，在我国广泛

---

1 熊晓辉《辰河高腔与民俗审美》，《民族音乐》2010年第2期。

2 杨昌家、龚仁俊《泸溪民俗拾贝》，中央民族大学出版社2009年版，196–197页。

存在，在汉族聚居区，有傩堂戏、傩坛戏、阳戏、地戏、梓潼戏、跳五猖、僮子戏、香火戏、洪山戏、香童戏、师公戏、端公戏等。少数民族地区也有与傩相似的请神、降神、驱疫活动，如藏族的跳羌姆、玛羌，羌族的莫恩那莎、克西格拉，苗族的跳鼓坛、庆古堂，满族的太平鼓、八旗香等。这两种戏剧的“戏剧观念不同，功利目的不同，对象不同，演出环境、习俗也不同”。[1] 笔者认同这一提法，但同时也认为那些观赏性戏剧，尤其是在广大农村地区演出时，也有着浓浓的仪式性功能。如本文要研究的辰河戏，即是如此。

辰河戏在艺术形态上来说，它是一种表演艺术，属于前面所说的观赏性戏剧，而这也就决定了其宗教仪式功能的实施和体现不仅有别于佛教、道教等真正的宗教，也有别于巫傩等原始宗教。我们知道不论何种形态的宗教，其仪式功能的实施都是通过隆重的宗教仪式来体现，但作为表演艺术的辰河戏却不能这样，它只能以艺术的手段来体现，只有通过演员的“扮演”来实施。辰河戏的宗教仪式功能是很明显的，我们拟从以下几个方面来分析。

（一）辰河戏的演出场合

除剧院商业性演出外，一般来说，戏班外出演出总是应某家庭或社区，因某一事由之邀请而前去演出。这一现象，就戏曲演出的消费者来说的，我们可称之为“请戏”；而如从戏曲的演出主体也就是戏班来说，则称演出场合。中国古代戏曲的演出场合非常多，而且在相当长的一段时间内，戏曲的演出并不是出于纯粹的娱乐和审美需求，更多是会和民众的信仰需求挂上钩，或请神或谢神。如在两宋时期与俗民心理需求相联系的演出场合，便有庙会演出、节庆演出、寿庆演出、祀祖演出等，大概在明代初期又出现了在丧仪活动中搬演戏曲的习俗，广大俗民或借戏曲超度亡灵升入天堂，或以其除煞驱邪，使丧家“清吉”；或以其“热闹”丧场，招待前来吊唁的宾客[2]。在众多的演出场合中，有的是个人（家庭）因私人原因邀班演出，但还有更多是集体性的演戏活动，如春祈秋报、迎神赛社的祭祀

1 王兆乾《仪式性戏剧与观赏性戏剧》，胡忌《戏史辨》（第2辑），中国戏剧出版社2001年版，24–25页。

2 李跃忠《论丧仪中的戏曲演出特点及其民俗文化功能》，《青岛大学师范学院学报》2009年第4期。

庆典，求雨祈晴、禳蝗谢神，以及节日、行业活动的演出等，就不是一个人或一个家庭的行为，而是某一社区、行业的集体行动。在中国民间，集体的演出，远远多于个人（家庭）的演出。

以上演出习俗，若就其深层次文化内因来看，都不是单纯的观赏性戏剧演出，祈神、谢神、庙会等演出有着明显的仪式功能，这无须多说。即使像寿庆演出、丧葬演出，它们也都带有较为浓厚的祈福禳灾之目的。如民间的寿庆演出，看似与民间宗教信仰没有多大关系，但事实上它也有较为明显的祈求神灵为寿星赐福、消灾之目的[1]。

辰河戏的演出场合非常多。2012 年 7 月，笔者一行在辰溪县拜访了辰河高腔艺人涂显孟（男，1967—）、谢申五（男，1962—）等十余人，他们都说，当地红白喜事时都有请唱辰河高腔的习俗。

辰河戏的发展一般以为有“围鼓”、“矮台”（即木偶戏）、“高台”三种形式。这三种形式的宗教仪式功能，明清以来都有文献记载。如道光元年（1821）《辰溪县志》“风俗志”载：“……城乡善曲者，逢邻里喜庆，邀至其家唱高腔戏，配以鼓乐，不粉饰，谓之打围鼓，亦曰唱坐堂。”我们这里要指出的是，文中的“喜庆”不仅指婚娶、寿庆、得子等高兴的事，也包括丧仪活动，因在中国民间丧仪亦被称为喜事，不过称为“白喜事”而已。而事实上，据笔者的了解，在怀化、湘西，民间丧仪都有请道士唱围鼓的习俗。又该县志“八月”：“秋成岁稔，乡民醵钱建醮，或演傀儡，或集优人作剧，以酬神。”又“如求财、求嗣、求雨、禳灾、禳病，备牲牢，延巫至家，具疏代祝，鸣金鼓，作法事，扮演《桃源洞》《孟姜女》等剧，主人衣冠，随巫跪拜，或一日、三日、五日不等。其名有三清愿、朝王愿、云霄愿、白花愿之属。”又光绪十八年（1892）《桃源县志》载：“七月十五日，城乡市聚多设‘盂兰会’，并聚优伶演目连救母故事。”

辰河戏流布区主要是巫风盛行的湘西、北地区。这里巫风盛行，民间赛社活动极为频仍，而这些活动时往往都少不了邀请高腔戏班演出。乾隆三十年（1765）《辰州府志》载：“岁时祈赛，惟僧道意旨是从。有上元醮、中元醮、土地寿、梓潼寿、城隍寿、伏波寿、傩神寿、佛祖寿、火官寿、五通寿、傩神会、龙船会、圣母会、降香会、阳尘会。”

除了名目甚夥的神诞庙会外，宗祠演剧在这里亦极兴盛。李怀荪曾在

1 李跃忠《寿庆与中国戏曲的演出》，《东疆学刊》2011 年第 1 期。

湘西北地区考察了一些祠堂演出高腔祭祖的情形。他介绍说："旧时湾溪（属今洪江市）杨氏的三座祠堂，每逢祭祀时，多有辰河高腔演唱。总祠建有戏台，请高台班演唱，必唱《杨家将》剧目，以壮杨家声威。钦公祠与实公祠无戏台，多请矮台班演唱，主要的剧目便是《香山》。钦公祠同时又是观音庵，杨正钦在生时，又是偏信观音的人，那里演唱《香山》最为频繁。"[1] 又如凤凰县县城东北部古城墙畔的杨家祠堂，由太子少保、果勇侯、镇竿总兵杨芳于清道光十六年（1836）捐资修建。祠堂内亦修建有戏台，每逢节日或家族喜事都要邀班演戏。

又商会、行业会馆的公务、商业活动亦为辰河戏的繁荣兴盛作出了重要贡献。会馆的兴建多依托商人或行业群体信奉的神而修成庙宇的形式，而这些会馆中一般都修建有戏台，如据光绪二年（1876）《会同县志》载，该城区及附近共有大小会馆17个，其中有11个修建了戏台[2]。又凤凰县城内的万寿宫、朝阳宫，辰溪县潭湾镇万寿宫等商会会馆都有在清代初期修建的戏台，而且这些戏台现均保存完好。其中潭湾镇万寿宫乃一江西会馆，修建于乾隆五十五年（1790），内供"许仙"（按：当即江西一带普遍信仰的道教真人许逊），戏台曾在1996年修复。戏台为一过路台（图一），台口宽5.14米，进深4.19米，距地面2.05米。据出生于20世纪30年代的庙祝彭先生回忆，这个戏台上演过京剧、弹戏，但主要是辰河戏班在这里演出。50年代前后，每逢农历"五"日赶集时，就有一京剧团赶过来售票演出，平时就是高腔剧团在此演出。他还说到，电

图一 辰溪县潭湾镇万寿宫过路台

1 李怀荪《湖南省黔阳县湾溪乡的观音醮和辰河木偶戏香山》，（台北）财团法人施合郑民俗文化基金会1996年版，12–16页。

2《会同县志》（光绪二年），台北：成文出版有限公司影印本，1975年版，1036–1055页。

视在农村普及后，戏台上的演出就少了，近十几年来几乎没有演出了。[1]

著名文学家沈从文对其家乡湘西一带演戏酬神之风亦有生动描述，足见当时民众以辰河戏酬神祭祖之风是颇为盛行的。其文曰：

> 浦市人欢喜戏，且懂戏。二八月农事起始或结束时，乡下人需要酬谢土地，同时也需要公众娱乐。因此常常有头行人出面敛钱集份子，邀请大木傀儡戏班子来演戏。……傀儡戏大多数唱的是高腔……每到菜花黄庄稼熟时节，这些人便带了戏箱各处走去，在田野中小小土地庙前举行时……到冬十腊月，这些唱戏的又带上另外一份家业，赶到凤凰县城里去唱酬傩神的愿戏。这种酬神戏与普通情形完全不同。……[2]

从上面的介绍可以看出，民众邀班演戏并不是出于娱乐审美的需求，而是要借演戏达到祈福禳灾、酬神祭祖之目的。而这恰和宗教信仰有着殊途同归之目的与功能。

（二）演出前的开台仪式与演出结束时的扫台仪式

中国传统戏曲有很多演出习俗，其中演出前的开台与演出结束时的扫台之宗教仪式功能均很明显。而据笔者了解，辰河戏的开台和扫台其宗教仪式性特征更为突出，更有特色。

关于辰河戏的开台和扫台，杨昌家、龚仁俊曾对泸溪县辰河戏班的这一习俗有介绍，但较为笼统。笔者2012年暑假在辰溪县田野调查时，高腔演员吴丽君（女，1939—）回忆了她刚拜师时参加的一次开台经历，涂显孟则较为系统地介绍了辰河高腔开台、扫台以及目连戏演出神事活动的诸多仪式，而且笔者还在涂师傅家里和高腔演员杨佳（女，1989—）家里见了全套仪式抄本。

涂师傅20世纪80年代时拜师学艺，师傅将其演出全套都悉心传授给了他。涂师傅对高腔非常痴迷，近年来他整理了《辰溪县辰河高腔教学手册》、《辰溪县辰河高腔开台扫台目连戏演出神事活动全套》、《辰溪县辰河

---

1 据彭先生口述整理。采访时间：2012年7月17日；采访地点：辰溪县潭湾镇万寿宫内。

2 沈从文《沈从文文集》（第9卷散文），花城出版社1984年版，377–378页。

高腔曲牌》等著作或论文，以及数种大型剧目。在《神事活动全套》一文中，他根据自己的经历对高腔的开台和扫台作了详细介绍。其仪式包括以下十一个程式：发箱上台；归箱、归场、归位；贴五方五位镇台符；贴神榜；安神；封禁；发五猖、捉寒林；抬灵官；送神；送茅船等。这些程式的每一项都呈现出宗教色彩，仪式中香烟缭绕，咒语声不觉，符咒随时可见。为加说明这些程式的宗教仪式性特征，凸显它们的宗教仪式功能，这里介绍一下第六项程式“封禁”。据涂师傅介绍，“封禁”分两种，一是艺人在“禁坛”中“藏身”，以保证演出期间不为邪魔所袭。二是将邪魔收入“禁坛”之中，待演出结束再行“开禁”，将邪魔放出。[1] 下面引杨仕元（男，1923—1993）留存的仪式之“封禁咒”（图二）如下，以见其驱邪禳灾、降魔伏妖、祈福纳吉之仪式功能：

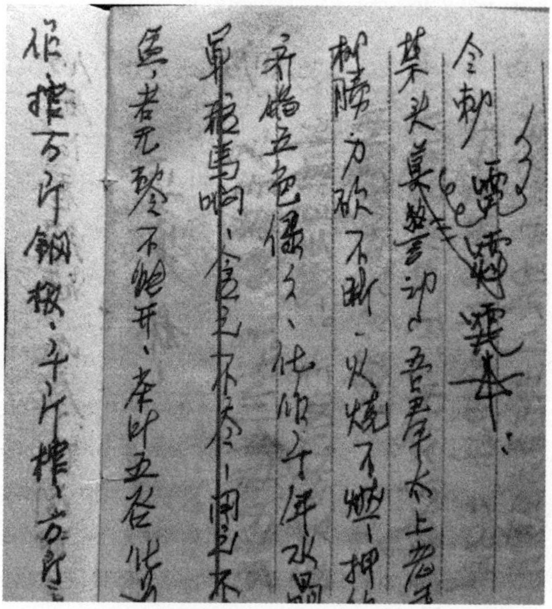

图二 杨仕元抄“封禁咒”部分

奉请封禁仙师、押禁祖师、守禁童子、掌禁仙女下坛场，此坛化作钢城铁壁，此纸钱化为五色布，化成五色祥光，罩定上石，又化作榨万斤钢板，千斤榨〔闸〕万斤鼎盆，若无禁令不能开。铎茶叶、五谷化为军粮马饷，食之不尽，用之不穷。齐备五色绿绿化作千年水晶柳腾〔藤〕，刀砍不断，火烧不燃，押在禁头〔坛〕莫惊动。吾奉太

1 涂显孟《辰溪县辰河高腔开台扫台目连戏演出神事活动全套》，铅印本，2009 年。2012 年 7 月 16 日采访涂先生时，他给笔者拍了书稿全部，但一再嘱咐，不宜外传。为尊重涂先生，此只录仪式的程式名目。

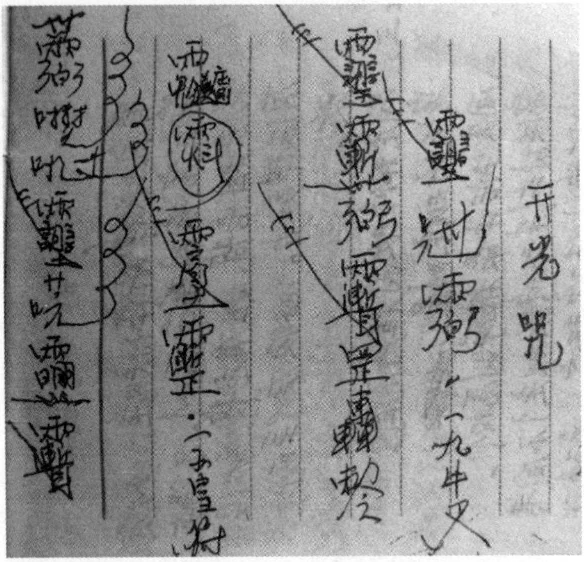

图三 杨仕元“开光咒”中用的符箓

上老君令敕！[1]

念完咒语后，在空中画押禁符，并将茶叶、米、稻谷等放入坛中，以青、红、白、黑、黄五色布封住坛口，并用五色丝线将其捆扎。封禁仪式便结束。

至于符箓，在杨先生的抄本中还有不少，而且有时一个仪式中要画很多，如在开光时，其画的符就有十几种(见图三)。

从上面的介绍可知，该仪式和道坛法事是一样的，其目的也和道坛建坛时“净坛”一样，艺人要将演出场所一定区域内（相当于道坛）的邪魔收押起来，以免在演出期间伤害演员和观众。

（三）特殊剧目的演出

辰河戏的演出有些特殊剧目，这些剧目的仪式性功能非常明显。如《目连戏》就是这样一种剧目。据研究：“早期的辰河高腔，多演唱连台本《目连》。”“在浦市浦兴古寺前，曾有明崇祯四年(1631)所立石碑一块，碑刻内容大意为浦兴古寺为阖市礼佛圣地，每年中元节内修盂兰盆会，超度伤路亡魂，因果圆满之日，高挂郗氏幡旌，预期演唱四十八本《目连》戏剧，忠孝节义，普劝善缘。辰河戏这种演唱四十八本《目连》的传统，直保留到20世纪30–40年代。”[2]“四十八本目连戏”是辰河戏艺人在长期的艺术实践中逐步发展起来的，包括《目连》、《梁传》、《香山》、《封神》、《金牌》

1 据杨佳提供的抄本整理。采访时间：2012年7月16日；采访地点：辰溪县文化广播与新闻出版局内。

2 中国戏曲志编委会《中国戏曲志·湖南卷》，中国ISBN中心2000年版，79–80页。

五大本，其中《目连》又有《前目连》、《后目连》、《花目连》之分，形成了一个庞大的剧目组合，俗称“四十八本目连戏”。笔者这次在辰溪县考察时，在三家艺人处都见到了他们传承的剧本，有意思的是三家每人都有《目连戏》的全本或部分折子，其中涂显孟收藏有明富春堂刻本《新刻出相音注劝善目连救母行孝戏文》和部分散本、折子戏，在杨佳提供的抄本中则见到了油印的《前目连》(1—3本)、《目连》(9本）以及其他散本、折子戏。关于“目连戏”之祛邪禳灾、超度亡魂之宗教仪式功能，研究者们多有论述，此不赘。

又开场前演出的例戏剧目亦是如此。例戏是指中国传统戏曲在正戏演出前搬演的一些带有仪式功能的短剧，常演剧目有《连中三元》、《八仙庆寿》、《送子》、《天官赐福》等。例戏剧目内容和所要演出的正戏没有必然联系，但要和演出场合相协和。[1]在辰河高腔中也有这样的演出习俗，笔者在高腔围鼓艺人谢申五抄本中就见到了几种这样的本子，有《白事接引》、《三星》、《造新屋之用》、《送子》、《大团圆》等[2]。这些剧目演唱都很简单，但其仪式功能都很明显。如其用于丧仪的《白事接引》就是如此，其文本曰：

（白）金童玉女对对，珠幡宝盖飘飘。吾奉玉旨下九宵〔霄〕，迎接善人上天堂。吾乃金童玉女是也，今奉玉旨特来迎接善人上天。来此已是善门，你我进入。善人请了！（白，吹介）接善已毕，回复玉旨。

该剧文本极为简单，仅有数句宾白，但其仪式功能交代得很明白，即金童玉女奉玉旨下凡来超度“善人”，即亡者上天。

又如“喜事通用”的《三星》亦是如此。其文亦不长，引如下：

三星到华堂，捉笔写文章。三篇文对字，庆贺状元郎。吾乃福禄寿三星，今奉玉旨，时来拱照。众仙请！（众白）请了。

该剧中福、禄、寿三星来到“华堂”为主家庆贺，其表演很简单，且

1 李跃忠、李悠《20世纪以来的“例戏”研究综述》，《西南石油大学学报》2010年第2期。
2 据谢申五抄本整理。采访时间：2012年7月15日；采访地点：溪县影剧院附近谢师傅家。

文本中也没有唱词表明演唱的目的，但福禄寿在中国民间俗信中都是福神，因此他们莅临“华堂”，自然是来赐福，会为主家带来福、禄、寿。故此剧的演唱实迎合了世俗之求福、求财之目的，有着明显的仪式功能。

（四）艺人行为的巫、道之风

对于这一点，笔者曾以影戏为例，指出“影戏艺人在民间一些带有宗教特性的活动里，其行为则兼有了巫、道之风”[1]。关于辰河戏与巫傩、宗教信仰的关系，禹经安曾从四个方面论述了“辰河戏，还没有从根本上完全脱离宗教的影响”，其中一个重要的方面便是“在历代辰河戏艺人中，出现相当多的两栖人才：他们既是神职人员，又是辰河戏的演出艺人”[2]。这一点，和笔者在田野调查中了解的也一样，如笔者采访的围鼓艺人谢申五先生，就同时也是一名道士。

总之，辰河戏在诸多方面都呈现出和民间宗教信仰的密切关系，昭示着广大俗民在邀请戏班前去演出时，其目的绝不是因为娱乐审美的需求，而有着其他更为深层的文化内因，即要借演戏达到一定的宗教仪式功能。

三

有论者指出“到了清乾隆、嘉庆间，辰河高腔的演唱活动，配合宗教祭祀，已极为盛行”[3]。这实际告诉我们，满足广大俗民之宗教仪式功能乃辰河戏生存和发展的重要文化空间。然随着时代的变化与发展，尤其是 20 世纪 80 年代以来，我国由传统的农耕社会进入了商品经济社会，许多原本是民间戏曲重要生存方式的信仰活动消失了，或者发生了变化，故此，戏曲也就步入了不景气的历史时期，辰河戏亦然。

辰河戏和其他声腔剧种一样，有着重要的艺术价值、历史价值、认识价值，作为入选第一批国家级非物质文化遗产名录的戏曲，它的生存与发展虽然受到了一定重视，但如何真正长远、有效地保护和传承这一优秀的非物质文化遗产，尚需社会各界对其予以更多的支持和关注。

---

1 李跃忠《略论道教与中国影戏的发展》，《中国道教》2008 年第 4 期。

2 禹经安《论辰河戏与巫傩道的渊源关系》，《怀化师专学报》1995 年第 4 期，31–35 页。

3 中国戏曲志编委会《中国戏曲志 · 湖南卷》，中国 ISBN 中心 2000 年版，79–80 页。

台湾师公戏“孟姜女”的巫傩意义

台湾东吴大学　杨振良

台湾民俗，凡中原盂兰盆盛会，酬愿谢神、丧祭告别，皆有道士作法以被除不祥，安抚阴间亡魂野鬼，师公诵念经忏超度苦海，以防诸冤魂找寻替身。法事过程中，讲唱三纲五常、二十四孝、世代英雄，使繁重法事过程之中，观者可暂时轻松，又演唱余兴节目，纯粹娱人，其中《目连救母》、《雷有声》、《孟姜女寻夫》为较常演出之剧目。

湘地澧州故地一带，孟姜女传说盛行，相关戏曲歌谣种类甚多，依田调结果大都属于民间小戏，其中傩戏“姜女下池”并为岳阳花鼓戏、长沙花鼓戏、常德汉剧所取则。

其实，湘地傩戏体现楚巫生殖崇拜的意义，祭祀中的性爱内容一方面是悦神，也是为了表达祈求祝愿，《姜女下池》（或曰《姜女儿下池塘》）中所表现姜女洗浴及男子窥视的各种鄙俚动作，说明了狂欢欲念是仪式戏剧娱神娱人的主要驱动力量，此亦为楚地祭祀被视为“淫祀”的原因。

台湾师公戏以杂念的方式演“孟姜女”，情节为姜女寻夫于途中遇土地神之相互对唱，土地公在台风俗中为守墓之神。由此可见孟姜故事与丧仪祭奠关系密切。至于江西广昌的“孟戏”也是傩戏的一种，在透过相互比较的过程中，台湾师公戏《孟姜女》也是巫傩遗制的一环。

“孟姜女哭倒万里长城”在中国是一个家喻户晓的民间故事，故事中的孟姜女万里寻夫、三贞九烈，并且用她的哭声哭倒了万里长城，也与秦始皇征调六国民众修筑长城的历史结合在一起，是中国四大传说（梁祝、白蛇、牛郎织女、孟姜女）之中最与民众接近的一个故事。

孟姜女故事在中国已流传了两千五百年，在唐代以前，她只是一个由《左传》、《孟子》、《礼记》等典籍记载的“杞梁妻”故事。西汉刘向《说苑》“善说”篇有云：“昔华州杞梁战而死，其妻悲之，向城而哭，隅为之崩，城为之阤。”内容只说到杞妻悲哭的崩城。然而自李唐以下，杞梁妻不但有“孟仲姿”、“孟姜女”的名称，故事也与秦皇长城相牵合，有了“寻夫”、“崩城”、“送寒衣”等情节出现[1]。

如果从民俗的角度上观察，孟姜女故事其实与农耕文明的冬季节气有关，所谓孟姜女万里寻夫、哭倒长城的情节，大多是后来的虚构附会，以及文学美化的结果。它与梁祝故事的化蝶；白蛇故事的水漫金山、断桥相会、永镇雷峰塔；牛郎织女的七夕相会有相同的形成途径，日本著名民俗学家柳田国男著名的《传说论》所言：“传说的一端有时非常接近历史……而其另一端又与文学相近。”说明传说与历史、文学之关系。一如虞舜二妃神话的演变过程也与此相似：楚地先民根据中原流传的虞舜“南巡狩，崩于苍梧之野”而“二妃不从”的传说，逐渐踵事增华为尧帝二女、舜帝二妃娥皇和女英溺于湘江，神游洞庭之渊、出于潇湘之浦之故事，其中“增益”与“创造”就是使原本古朴的民间传说蒙上唯美与情节完整的外加因素。

孟姜女送寒衣的情节在上述这个角度观察也就另有所指。以中国农耕文明四季节气言，《礼记 · 月令》：“霜始降则百工休”，即言从霜降开始，农村由于冬季的来临而停止一切田野中的耕作，进入十月初一，各家各户于此日上坟，祭奠亡灵，并将一纸剪的衣形或真的衣服在坟前烧化，寄往阴间的先人，意谓给死去的祖先送一套寒衣御寒过冬，故而在江苏、山东民间就称此日为“烧衣节”。如《宝山县志》“十月”：“十月朔为烧衣节，人家祭奠于祖考”；《崇祯历乘》：“孟冬月一日，拜墓，送寒衣，以纸为之，是月，农人涤场，妇勤织、制复衣。”《临淄县志》：“（十月）一日扫墓，必制冥衣，谓送寒衣。”《陵县志续志》：“以纸为之”；《曲阜县志》：“十月之朔，以楮为衣履焚墓侧，曰送寒衣。”《朝城县志》：“（十月）一日，士庶祭墓，用彩纸或帛剪作衣裳，并楮锞焚之，谓之送寒衣。”孟姜女为范喜良送寒衣，实际上就沿用了民间为亡灵送寒衣的含义，而在民间故事之中就增加了姜女在送衣途中各种的情节，也因各地风物特色增加了不少孟姜女寻夫的遗迹[2]。

1 参见《中国地方志民俗资料汇编》（华东卷上），书目文献出版社 1995 年版。

2 如湖南澧州有贞烈祠、望夫石、姜女镜石，临澧有姜女汉、姜女庙。参巫瑞书《孟姜女传说与湖湘文化》，湖南大学出版社 2001 年版，56 页。此外由于传说不同，连哭崩长城的情形亦有不同，如“哭倒长城十万里”（宁夏、陕西）、“哭塌了半边儿”（北京）、“哭崩长城八百里”（广东、海丰），详参杨振良《孟姜女研究》，（台北）学生书局 1985 年版，253–254 页。

换句话说，我们看待孟姜女寻夫一类的故事不能仅以单纯的民间传说视之。如湖南地区流传的孟姜女故事在傩戏《姜女下池》是巫教色彩颇为鲜明的仪式剧，按乾隆十五年（1750）湘西《永顺县志》记载："永俗酬神，必延辰郡师巫唱演傩戏。至晚，演傩戏，敲锣击鼓，人各纸面一，有女装者，曰孟姜女；男扮者，曰范七郎。"（"永"指永顺，"辰"指辰河）按胡健国的调查研究，在澧县、大庸、沅陵、桃源、零陵等地的傩堂小戏和大戏，诸如《孟姜女》、《龙王女》、《庞氏女》、《七仙女》等，大多是由原来傩戏法事中第三大程序的唱演变而成[1]。所谓"楚俗尚鬼，而傩尤甚"，这其中的傩戏还带有极多的性暗示，应是上古以来生殖崇拜的遗风，如湖南临武傩戏《孟姜女》虽讲述广东韶关州人氏三娘寻夫一路过关的历程，有所谓《三娘关》、《夜叉关》、《云长二郎关》、《土地关》主要关目，但在关云长（《云长二郎关》）向三娘索求身上之物：头上金钗、耳环、身上的宝衣、腰上之罗裙、脚上之绣鞋，甚至要求三娘"何不许配我大将军"遭到拒绝后，仍向三娘要了一个肚兜，方肯放行，已将关云长塑造成一个彻头彻尾的好色之徒[2]。

又如湖北还傩愿第七出法事"姜女儿下池塘"也表演姜女洗澡及男子窥视姜女的各种鄙俚动作[3]，这类仪式包含如此明显的生殖崇拜的暗示与语言，也因此这类活动、祭祀被名之为"淫祀"。

台湾师公（道士）法事戏中也有《孟姜女》戏的演出。在台湾，凡中元盂兰盆盛会、酬愿谢神、丧祭告别，皆有道士作法，所谓"斋醮"，这些法事大约可分为两部分，一为功德，二为炼度[4]。炼度法事包括："赦书"（请阎王赦孤魂之罪）、"血盆城"、"解结"、"给牒"、"烧库钱"、"招魂"、"关亡魂"、"查某嫻仔"（招婢）、在法事进行中，讲唱三纲五常，二十四孝、世代英雄，以使繁复法事过程之中有比较轻松的氛围，又演唱《十兄弟》、《目连救母》、《孟姜女寻夫》、《雷有声》、《李世民游地府》等，对话之间常有性暗示挑逗字眼，当然这部分已非法事的主要部分，而重在娱人的效果。

---

1 参见巫瑞书上揭书，123–124 页。

2 笔者于 2012 年 8 月 17 日参加"中国湖南临武傩文化国际学术研讨会"参观大冲乡油湾村傩戏所见。又参会议手册 93–94 页。

3 有关此部分之记录，可参方培元等所编《楚俗研究》第二辑，湖北美术出版社 1995 年版。

4 道教法事分为醮、斋二种，斋有一朝、三朝、五朝；醮则是为死者做功德。炼度则多于夜晚进行之。

台湾师公唱“孟姜女寻夫”以“杂念”调来进行，就笔者于1980年收集到的道士戏资料[1]，该份数据咏述姜女寻夫于途中遇土地神，相互对唱。其实在脚本基础上，演唱时加入一定分量的情色口吻，台湾道士戏又与闽南法事戏不同。

按华东戏曲研究院编、新文艺出版社于1955年所出版的《华东戏曲剧种介绍》[2]一书所言：“法事戏是闽南的一个新兴剧种。它的前身是泉州市的‘和尚戏’和晋江县的‘道士戏’，是从当地僧道的法事仪式的基础上逐渐演变发展而成的。”又云：“起初这种故事表演，仅限于丧仪的点缀，以后逐渐发展到盂兰盆会与水陆大醮上去演出，由广场搬上了舞台，这是一百多年前的事……乐器除了锣、鼓、钹外，还有吹拉的暧仔、二弦、横笛等，同时为了适应观众的要求，又根据经书中的故事，编出了一些短剧……”相较之下，台湾师公道士戏较倾向为宗教服务的性质，也未发展出闽南法事戏那种庞大系统的剧目形态、伴奏方式[3]，仍属于单传子不传外人的道坛形式。台湾师公科仪原随闽粤移民渡海来台，或许因未与逐渐变化的大陆科仪形式互动，故其程序进行也有所不同。

台湾师公戏《孟姜女寻夫》是孟姜女寻夫途中遇土地神，相互答问。土地神在台湾民间传统是所谓“守墓之神”，按昭和十四年（1939）出版的《台湾宗教と迷信陋习》，记载民间就流传韩纪郎因不堪筑役，远逃他乡，遁入一豪富庭园，藏于树上，此日正为五月初五端午节，一般习俗，此日以菖蒲汤沐浴，孟姜女在屋内洗浴时忽见桶中人影，不得已嫁之。但仅夫妻三日，韩郎被捕而埋入长城，姜女寻夫至长城，哭崩城墙八百里，其中白骨交横莫能辨认，忽然出现一老翁指点她以血滴骨，于是寻得夫骸。姜女痛不欲生，奇异的是白骨竟因泪水滋润而生筋长肉，丈夫即将还生，此时老翁又再出现，告诉姜女抱骸行走不便，不如装入袋中背负，孟姜女依

1 当时有法国巴黎大学第五高级研究院施博尔教授提供笔者二份数据，分别为AS.MT.1–1–106、107两种法事戏抄册复印件，共五页。施教授在台留学期间，因研究需要，曾在台湾台南深入道坛六年，担任道士。

2 1954年1月福建地方戏曲调查小组曾以39天的时间，就福州、厦门、漳州、龙岩、上杭、泉州、莆田、仙游观摩闽剧、芗剧、高甲戏、法事戏、莆仙戏、梨园戏、潮州戏、山歌戏等12个剧种、21个剧团所演出的56个剧目。

3 按《华东戏曲剧种介绍》五集所载，闽南法事戏剧目有来自于傀儡戏、京剧、演义小说，至于伴奏有新、旧乐器，曲牌音乐亦繁复多样，详参上揭书，68–76页。

言，不料遗体皮消肉落，复成白骨，孟姜女愤怒不已，于是强拉老翁埋葬夫骨，并留原处守墓。所以土地公在台湾便成了守墓之神。

故孟姜女寻夫的题材与丧仪有关，与土地说唱也与楚文化之中的“还傩愿”相似。按“还傩愿”（又称土地戏）之中有八出法事，称“傩八朝”：发功曹、扎寨、请神、安位、出土地、点雄发猖、姜女团圆、勾愿送神[1]，“请神”部分便有华州范郎、烈女孟姜。“土地”则指当地聪明正直的神仙，土地由还愿戏子戴上“喜脸壳（面具)”，扮土地公公讨三个土地婆婆，打情骂俏，以鄙俗语逗趣。湖南临武傩戏“九神过关”之中亦有“三娘关”、“夜叉关”、“云长和二郎关”、“土地关”，巧妙用戏文和表演形式，达到祭祀、驱邪、祈福和人神共娱的效果，而“九神过关”之后的“走界”，由法师头顶桐油灯作法，更象征复活的意义。

所以，台湾师公戏《孟姜女》的表演与巫傩有其千丝万缕的关联，研究“孟姜女”，不能仅限于故事的历史与文献研究，更不能仅从故事形态分类，忽略了“历史现场”与“民俗现场”的生命活力。

1 参见唐明哲《还傩愿与楚巫文化摭谈》，收于方培元等编《楚俗研究》第2辑，湖北美术出版社1995年版，48–50页。

西南地区阳戏剧目研究

贵州民族大学西南傩文化研究院　吴电雷

引言

皇甫重庆先生按傩戏由“仪”向“戏”演化的逻辑顺序，将傩戏形态分为傩仪型、傩夹仪型、傩戏型三种。[1]胡天成先生在《巴渝民俗戏曲研究》一书中把民俗戏剧划分为11种形态[2]。笔者认为西南地区阳戏主要有两种基本形态：仪式戏和世俗戏两类。其中仪式戏按照仪式成分的多少，又分为颂神戏和神话故事戏。颂神戏主要唱述请神、赞神、祀神、辞神的情节，突出特点是坛师艺人用高低疾缓有度的语调吟唱。神话故事戏，在仪式的框架结构下以阳戏坛神祇为角色演绎简练的人情世事。相对颂神戏来说，它是仪式戏的高级形态。世俗戏，主要指流行在湘西、黔东南、秀山一带民间小戏类的阳戏，形式为“二小戏”、“三小戏”。

因我国西南地区阳戏相对集中流布于嘉陵江流域的川北地区、乌江流域的黔、渝一带广袤区域和沅江流域湘西、黔东南地区。不同流域的阳戏形态差异明显：川北阳戏重仪式演出，剧目以仪式戏的颂神戏为主；黔、渝阳戏演出戏、仪兼重，剧目为仪式戏的颂神戏和神话故事戏；湘西、黔东南阳戏则完全不见仪式行为，形成演唱节奏轻松明快、娱乐性强的地方小戏。下文依照不同水系流域和不同形态类型对阳戏剧目进行分类辑录，并做详细解析。

---

1 皇甫重庆《贵州阳戏——以罗甸县栗木乡达上村邓氏戏班为例》，（台北）施合郑民俗文化基金会，1995年，14页。

2 划分阳戏形态的方法受到段明、胡天成编著《巴渝民俗戏剧研究》一书的启发，书中把巴渝民俗戏剧形态划分十一种。详见段明、胡天成《巴渝民俗戏曲研究》，贵州人民出版社2006年版，88–372页。

一、仪式性阳戏

仪式性阳戏演出形态表现为在内坛进行一系列法事活动，由戏坛艺人吟诵请神、赞神的颂神词，外坛唱述一些神与神、神与人交往的故事，剧情简单，结构完整。仪式性阳戏主要流布于黔渝的乌江流域，川西地区和川北的嘉陵江流域，其剧目虽在一定程度上具有地域特色，但其仪式性质是共同的。

（一）仪式性阳戏剧目

1. 川西芦山庆坛、滇东北昭通庆坛仪式戏

川西芦山庆坛正坛法事仪式戏有9个[1]：《开坛》《放兵》《出土地》（请土地）《请神》《出童子》（请仙娘）《出裸裸》（裸裸记）《出二郎》（二郎记、降孽龙）《踩九州》《收兵扎坛》（劝坛）。如时间较长的大坛，在前加《灵官镇坛》，后添《灵官扫坛》。

云南昭通庆坛仪式性戏剧剧目4个[2]:《礼请》《遣将镇台》《天官赐福》《大战洪山》。古神戏剧目9个:《大战五台山》《游洞学法》《收大鹏》《收南蛇》《财神营》《降孽龙》《二郎记》《遇龙封宫》《刘海戏蟾》。

2. 川北阳戏，主要指现四川辖区阳戏主要流播地区的四川梓潼阳戏、广元射箭提阳戏、剑阁昭化阳戏等。其祭祀仪式剧[3]剧目15个[4]:《上天官》《上功曹》《上太白》《上祖师（祖师排朝）》《跑马投文》《童儿奏旨》《点盘土地》《上灵官（灵官镇坛）》《钟馗斩鬼》《跑马进财》《鲁祖（鲁班）造船》《二郎扫荡》《土地缴愿》《茅船遣送》《二郎镇宅》。

---

1 于一《四川省芦山县清源乡芦山庆坛田野调查报告》，（台北）施合郑民俗文化基金会，1995年，50–51页。

2 ①郭思九、王勇《云南省昭通地区镇雄县泼机乡邹氏端公庆菩萨调查》，（台北）施合郑民俗文化基金会，1995年，93页；②云南省民族艺术研究所戏剧研究室、中国戏曲志云南卷编辑部合编《云南戏曲传统剧目汇编（5）· 傩戏第1集》，昆明，1989年，1–185页。下文九个神话故事戏剧目，出处与此相同。

3 在梓潼、广元当地祭祀仪式剧俗称“地上三十二戏”，数目为泛指，实为15个。

4 ①于一、王康、陈文汉《四川梓潼县马鸣乡红寨村一带梓潼阳戏》，（台北）施合郑民俗文化基金会，1994年，76—92页；②黄道德、于一主编《梓潼阳戏》，中国戏曲志四川卷编辑部、绵阳市文化局、梓潼县文化局，1991年，19—24页。下文神话故事戏剧目22个，出处与之相同。

神话故事戏[1]22个:《出扫棚钱》《出小鬼》《出土地》《出走马》《出春牛》《出结事郎》《出和事老者》《出陈牢》《出猿猴》《出平凤小姐》《出僧道》《出梅花》《三圣起马》《出化主》《出凤冠柳青》《出关韩二将》《出和合二仙》《出二位伯公》《出三伯公婆》《出陈公师姐》《出杨/扬泗将军》《出二郎》即《判官勾簿》。

3. 重庆接龙阳戏

重庆接龙阳戏祭祀仪式剧[2]剧目有33个[3]:《三领牲》《撒帐》(开棚、造棚、扫棚)《开坛》《发牒》《正请》《领牲》《点棚》《镇宅》《开路》《走马》《催愿》《接神》《回熟》《碓磨》《工兵牢子》《敲枷》《六位国主》《田郭二位》《赏杨大口》《勾愿》《饯驾》《盖魁》《扫台》《造船》《送神》《排朝》《安营扎寨》《借五台》《镇台》《堆五台》《发案》《财神》《点棚》。

4. 渝东南阳戏剧目(酉阳阳戏和秀山阳戏)

文献载酉阳阳戏祭祀仪式剧剧目6个[4]:《关爷扫殿》《请神》《关爷镇殿》《庞氏夫人镇台》《送神》《掌坛老师投蛋》。

5. 贵州遵义阳戏主要流播地区为遵义、湄潭、桐梓三县

遵义祭祀仪式剧目有12个[5]:《镇坛》《三圣登殿》《灵官》《造棚扎帐》《交牲上献》《催愿》《阳戏宗过》《排曹》《垫宗戏》《三伯公婆》《坐殿》《点棚》。

神话故事戏剧目5个:《秦童挑担》《闻仲子献魂》《柳青化药》《扫地挂画》《八郎看母》。

---

1 在梓潼、广元当地神话故事戏俗称"天上三十二戏",数目为泛指,实为22个。

2 接龙阳戏结合演出地点,称堂内"祭祀仪式剧"为"内坛仪式剧",外坛"传统世俗戏"为"外坛戏"。

3 胡天成《四川省重庆市巴县接龙区汉族的接龙阳戏——接龙端公戏之一》,(台北)施合郑民俗文化基金会,1994年,73—74、92—470页载有内坛科仪33出。

4 ①杨瑜《酉阳阳戏的内涵、现状与保护》,长江师范学院学报,2007年第5期;②严福昌主编《四川少数民族戏剧》,四川大学出版社2007年版,140—141页;③段明《四川酉阳土家族苗族自治县双河区小冈乡兴隆村面具阳戏》,(台北)施合郑民俗文化基金会,1993年,90—249页;④于一《巴蜀傩戏》,大众文艺出版社1996年版,12页。

5 ① 田野调查,调查者:笔者;信息提供个人:廖天永,罗耀森;访谈时间:2010年2月5日;访谈地点:湄潭县抄乐乡廖天永家里。②文献,贵州省艺术研究室,遵义县文艺集成志书领导小组编印《遵义县戏曲志》,贵州省内部书刊印行,1993年,60—61页。③田永红《土家族阳戏的形成与发展》,《铜仁学院学报》2009年第1期。下文五个神话故事戏剧目,出处与之相同。

6．息烽阳戏

阳戏祭祀仪式戏[1]剧目有26个[2]:《迎神下马》《杀帐》《开坛礼请》《祀灶》《领牲》《造棚》《财神》《闯营门》《回熟》《天官开台》《三圣登殿》《加官》《桃山救母》《灵官扫台》《催愿》《还财神》《敲枷》《盖魁》《赞灯》《施孤》《回三伯公》《勾愿》《造船》《送神》《送瘟船》《安香火》。

7．开阳阳戏

祭祀仪式戏[3]剧目有30个[4]:《开坛》《开路先锋》《请神（平心疏）》《祭三圣》《迎神敬神》《灵官镇台》《三官镇邪（送圣借钱、霸王借钱、介盔）》《化钱山》《砍五方（开禅）》《川主领牲》或《二郎领牲（勾猪）》《催愿仙官》《小神亮相（提秀才、提太子、提碓磨、提杨大口）》《钟馗镇宅》《运星踩斗》《搞枷童子》《提牢子》《（走马）盘物》《扫盘龙鸡》《土地扫坛（扫盘）》《造盆》《亮五方（亮盆）》《师徒（扫盆）》《开坛发牒》《洒水扫净》《请神金童》《（回回公）赐宝》《送神归位（回圣）》《回归大帝》《勾销了愿》或《（回熟）了愿》《（造船）送瘟神》。

神话故事戏剧目11个:《梦斩孽龙》《柳青化药》《碓磨小娘》《走马二郎》《木牛童子》或《（牧童）放牛》《绣球太子》《平凤小娘》《杨大口》《秦童领牲》《仙娘（运星）》《灵官封土地》。

8．福泉阳戏剧目

福泉历史上长期为蜀所治，政治、文化、人民的生活习俗主要受巴蜀文化的影响，又因当地阳戏演出剧目及其展演风格与流布于黔北、黔东北及重庆的阳戏几近一致。福泉阳戏颂神戏剧目[5]有17个[6]:《请神童子》《土地》

---

1 在息烽俗称“舞阳神戏”或“舞阳花戏”。

2 ①祭祀仪式戏剧目通过田野调查辑录。2010年11月19日至22日，笔者调查贵州省息烽县流长乡新中村黎宅的还愿阳戏时，掌坛师黄晓亮为帮助观众了解剧目，掌握活动程序，专门张贴此演出剧目。②传统世俗戏由调查整理，调查者：笔者；信息提供者：黄登贵（息烽文化局干事）；访谈时间：2010年11月08日至09日；访谈地点：息烽县流长乡黄永忠家中。

3 开阳当地又俗称“颂神戏”和“神话故事戏”为“神戏”,“传统戏”为“耍戏”或“折子戏”。

4 资料来源：①剧目根据贵阳市开阳县南龙乡中坝村阳戏掌坛师刘正远及其演员口述，笔者记录，后经其本人核对所得；②廖昌国编纂《开阳县南龙乡剧目荟萃》，2009年11月。下文11个神话故事戏剧目，出处相同。

5 贵州福泉当地称“颂神戏”和“神话故事戏”为“武戏”或“正戏”，内坛演出；传统世俗剧为“文戏”，或称“插戏”或“耍戏”。

6 杨光华《且兰傩魂》，人民文学出版社2008年版，460—665页。下文20个神话故事戏剧目，出处与之相同。

《魁神》《招财童子》《判官小鬼》《锡纳太子》《二郎领牲》《灵官》《开路先锋》《土地公婆》《三星踩台》《下关》《八轮桥》《坐关》《座殿传文》《点酒娘子》《扫荡》。

神话故事戏剧目有20个：《安安送米》《劈山救母》《开山斩蛇》《柳毅传书》《秦童》《唐朝分善恶》《二郎锁孽龙》《二郎挑山救母》《柳青娘子》《打梅花》《梅花二姐》《歪嘴姨妈》《梅香踩塘》《和事佬》《醮头老者》《平凤二姐》《碓磨郎君》《老太君》《文武秀才》《疯秀才》。

9. 罗甸阳戏

罗甸阳戏颂神戏剧目16个[1]：《开坛启请》（上香、扫棚、亮棚、请水、参灶）、《座殿传文》（报台小鬼、出土地、出功曹、座殿传文、出开路、请神童子）、《领牲一宗》、《灵官一宗》、《柳青娘子一宗》、《化药一宗》、《走马二郎》、《回熟交钱》、《敲枷》、《送圣》、《财神》、《出花戏〈三人讨亲〉》、《辞神》、《勾愿》、《送神》。

神话故事戏[2]剧目4个：《二郎降龙》《桃山救母》《过关（坐关、过五关）》《孟姜团圆》。

（二）阳戏仪式戏剧目特点

西南阳戏是西南广大区域同一文化生态孕育的民间文化现象，其仪式戏剧目具有一些鲜明的特点。

1. 祭祀仪式戏其仪式性的程式性是主要的特点之一。仪式戏演出按照请神→颂神→祀神→辞神的顺序排列，具有不可逆向性。如撒帐→扫棚→请神→上熟→饯驾→勾愿的顺序。仪式性表现之二，祭祀仪式戏的稳定性。在阳戏长期的流布过程中，阳戏仪式剧目没有因为传播范围广，传播者水平层次不均，地理环境复杂等因素的影响而发生太大的变化，依旧保留祭祀仪式的基本原貌。而道光本《阳戏全集》中的《撒帐一宗》《扫棚土地》《开路一宗》《纠察灵官一坛》《请神一宗》《领牲一坛》《走马二郎》《点棚一坛》《催愿一宗》《碓磨夫人》《上熟跪案饯驾》《敲枷脱锁》《田郭二位》《六位国主》《赏杨大口》《勾愿一宗》《送神一宗》（常有偈诗）《开路偈子》《钟馗偈子》

1 皇甫重庆《贵州阳戏——以罗甸县栗土乡达上村邓氏戏班为例》，（台北）施合郑民俗文化基金会，1995年，73—77、91—264页。下文4出神话故事戏剧目，出处与之相同。

2 在罗甸，“颂神戏”和“神话故事戏”，统称作“正戏”；“传统世俗戏”称作“花戏”。

《梅花一段》《出杨救贫偈子》，它们依然是各地仪式性阳戏的核心场次。

2. 西南大部分地区的阳戏仪式剧目或相同或相似。如道光阳戏文本《开坛》《镇坛》《正请》《领牲》《催愿》《盖魁》《勾愿》《送神》《送瘟船》等，皆为各地必演的仪式戏。只是不同地方具体名称略有不同，《领牲》在重庆为《三领牲》，《正请》在遵义为《三圣登殿》，《盖魁》、《送瘟船》在开阳分别为《钟馗镇宅》、《送瘟神》等。镇坛之神也有所变化，芦山庆坛、黔、渝一带皆为《灵官镇坛》，昭通庆坛《遣将镇坛》，酉阳《关爷镇殿》、《庞氏夫人镇台》，名称大同小异，文本内容、仪式功能、仪式形态都是相同的。

3. 不同的剧目，反映共同的主旨。上述仪式戏有一些形同或相似的剧目，如《开坛》《请神》《镇坛》《出土地》《降孽龙》《天官赐福》等，反映民众禳邪纳祥的朴素生活愿望。《开坛》《请神》《领牲》《踏九州》《运星踩斗》《镇坛》《灵官镇台》《三官镇邪》《关爷镇殿》，反映借助神灵力量维护家宅安宁和人畜平安。《天官赐福》《财神》《招财童子》《还财神》《加官》，反映接财富迎吉祥愿望。《降孽龙》《盖魁》《收南蛇》《收大鹏》《开山斩蛇》《扫荡》《送瘟神》，反映驱赶斩杀诸路恶鬼邪魔、镇宅清吉。《敲枷》寓意解脱愿主厄运，《过关》《桃山救母》《孟姜团圆》，说明神灵相助，苦难已去，命运随之否极泰来。《出土地》《出童子》《出仙娘》，说明土地是人类基本的生活资料，反映民众基本的生活需求。土地同时又和童子、仙娘为送子神，深层次地体现人类生息繁衍的强烈愿望。

4. 西南各地阳戏坛均上演的一些神话故事戏，如《二郎降孽龙》《桃山救母》《柳青化药》《刘海戏蟾》等，以及傩堂戏的"三女戏"《孟姜女》《龙王女》《庞氏女》。尤其是"三女戏"，是阳戏坛的传统剧目，《孟姜女》更是川北射箭提阳戏"插戏"部分的主要内容。阳戏坛上这些传统的神话故事戏决定了阳戏演出的性质，是阳戏类型的标志之一，是区别其他类型傩戏的重要方面。

5. 阳戏仪式剧目体现阳戏流布的主体方向。纵观各种阳戏形态，以川北阳戏最为古老，川西、滇东北庆坛是川北阳戏向外传播的余韵。这些地区的阳戏剧目基本尽是仪式戏和神话故事戏，少量的"清戏"或"耍戏"剧目明显看出是花灯或其他剧种剧目的硬性嫁接，"一坛戏一折灯"的演出体制足以证明这点。

6. 重庆阳戏文本具有"仪式戏之宗"的特点。迄今发现最早的阳戏文本是梓潼阳戏文本《戏门启白坛前仪》（1832 年抄），比重庆道光年间抄录的《阳戏全集》(1847年抄）早了15年。按照事物的发展趋势判断，梓潼阳戏文本《戏门启白坛前仪》也早于《阳戏全集》。但是说重庆道光版阳戏文本是阳戏“仪式戏之宗”原因有二：一是此本近乎善本，二十四坛唱词完好；二是黔、渝阳戏广泛流布区域，基本都以重庆道光本《阳戏全集》为宗。仅从剧目来看，带“××宗”,“××一坛”较为常见。如《撒帐一宗》《开路一宗》《请神一宗》《勾愿一宗》等，还有《灵官纠察一坛》《领牲一坛》等。尽管息烽关于“一宗”演化得令人眼花缭乱，如“一宗”写成“一踪”、“乙踪”、“亦踪”等多种形式，这正说明其继承性的传统性质，虽然历经时代和民间口传身受非传统因素的渗入，其本源依然清晰可辨。

重庆一带的阳戏坛是阳戏由“仪”向“戏”转化的策源地。重庆地区阳戏剧目基本上也是仪式戏之颂神戏和神话故事戏，只有少量世俗戏及传统戏，但是出现了“内坛仪式，外坛戏”，仪式、戏班同场演出的现象。再从整个西南阳戏流播区域观照，由重庆向南至渝南、贵州，向东至渝东南的秀山、酉阳地区的阳戏仪式性逐渐减弱。虽然还保留着正戏法事戏和外坛插戏分别为“二十四戏”的形式，内容却日渐与当地花灯等民间文艺形式融合。通过贵州东部福泉地区的阳戏剧目明显感觉到在仪式性剧目和娱乐性剧目的天平上，明显倾向于后者，阳戏仪式日趋式微。湘西、黔东南的阳戏，仪式完全消褪。但是“润物细无声”，在其消褪的过程中，传统世俗风格的民间小戏去在悄然中孕育生成。

8. 黔南罗甸属于红水河流域，从当地阳戏剧目和文本看，与川渝阳戏同宗。贵州罗甸为赤水河上游的经济文化重镇，属于珠江水系的赤水河流域，就地缘关系更靠近黔东南。但通过对比研究可知，罗甸阳戏文本与黔东南阳戏文本相距甚远，风格迥然不同，显然罗甸阳戏没有按照我们的直观思路从黔东南直线植入。相反，因为这一区域文化民俗受到巴蜀文化影响更为明显，其剧目、剧情、演出风格与黔渝阳戏明显属于同一体系，所以说罗甸阳戏与流播于川、渝、黔地区的阳戏同宗。贵州黔南与重庆古时接壤地区曾有过文化共生、文化遗存现象。由于黔南地区交通阻隔，长期处于封闭状态，而黔南阳戏在孕育、形成发展中深受宗教意识的影响，其演唱内容与坛师祈神还愿的的祭祀法事密切相连，使得原来进入贵州的外来文化相对地保持了原貌，发展较为迟缓。

值得一提的是：概览贵州版图，其由乌江、沅江、珠江上游的红水河三大水系构成。由于高山阻隔，陆路交通即为不便，利用三大水系便利的水运条件，便是生活在这片土地人民联系内外的主要通道。另外，历史上行政区划，也对当地的生产、生活、文化产生了及其明显的影响。生存乌江、沅江、红水河流域阳戏，就形成了各具特色的风格流派。所以说，贵州的阳戏形态多样，阳戏剧目丰富，各类阳戏文本俱备，应为研究阳戏乃至傩戏研究的主阵地。

二、世俗性阳戏

世俗性阳戏剧目题材丰富，表演形式多样。以娱乐观众为主要目的，颇注重艺术性和观赏性。世俗性阳戏在川北、黔、渝等地区由坛班与仪式戏一起上演，在湘西、黔东南地区则由艺人或演员在广场、舞台演出，成为一种成熟的舞台艺术。

（一）世俗性阳戏剧目辑录

世俗性阳戏主要流行于黔东南、湘西，以及黔、渝、川各地阳戏坛的外坛插戏部分。这些剧目主要来自花灯戏和其他民间文艺样式。

1. 川西芦山庆坛、滇东北昭通庆坛世俗戏

芦山庆坛世俗戏，即为过程中插演的民间歌舞、灯戏，又被称之为“耍坛”戏。常演剧目有《皮金滚灯》《拜新年》《张浪子薅豆子》《湘子度妻》[1]《对花》《路遇》等。[2]

云南昭通庆坛世俗戏剧目 10 个[3]：《夺桂香宝殿》《黄飞虎反五关》《大游凤凰山》《凤凰营》《劈山救母》《老母记》《张三闹殿》《四耳打草鞋》《三娃卖线》《和尚讨亲》。

2. 川北梓潼、广元射箭、剑阁昭化阳戏坛世俗戏（当地称“传统

1 即湘西阳戏《湘子化斋》，属异名同质类型。

2 于一《四川省芦山县清源乡芦山庆坛田野调查报告》，（台北）施合郑民俗文化基金会，1995 年，52 页。

3 ①郭思九、王勇《云南省昭通地区镇雄县泼机乡邹氏端公庆菩萨调查》，（台北）施合郑民俗文化基金会，1995 年，93 页；②云南省民族艺术研究所戏剧研究室、中国戏曲志云南卷编辑部合编《云南戏曲传统剧目汇编（5）· 傩戏第 1 集》，昆明，1989 年，1–185 页。

戏”）[1]21 个[2]:《驼子回门》（《拜新年》）《皮金滚灯》（又称《劝赌》）《安安送米》《湘子度妻》《目连僧游六殿》《黄金诰》《菱角配》《梓潼应梦床》《代医》《王汤元过关》《劝夫》《打锅上堂》《莲台收妃》《牧虎关》《桂英打雁》《赶会算命》《和尚思凡》《乔二娃》《王婆骂鸡》。

川西、川北阳戏宗教色彩浓厚。剧目除包含传统思想的教化意识外，有的直接演绎佛道故事，如《讲佛》《目连僧游六殿》《王婆骂鸡》《游四门》《湘子度妻》等。梓潼、射箭阳戏坛演唱地域性特色鲜明的《梓潼应梦床》。川北、川西、昭通庆坛清戏等世俗戏与仪式戏风格截然，世俗戏大都直接演唱花灯戏和川剧，而芦山庆之坛耍戏插演的全是花灯戏。基本都是调笑性质的剧目，如《王大娘补缸》《和尚讨亲》《和尚思凡》《驼子回门》。像《安安送米》一类具微言大义严肃议题的说教戏不多，更不见古典的传统连台本大戏。

3．重庆接龙阳戏世俗戏剧目

接龙阳戏世俗戏剧目 70 个[3]:《二堂释放》《采草》《大战洪山》《击掌》《闯宫》《酬宾上游湖》《黄金诰》《鸿雁代书》《山伯送友（送友）》《济公收痨虫》《辞官》《辕门斩子》《桂姐修书》《法堂献头》《梅花算命》《追楚》《调叔》《赐福贺戏》《游湖配》《铁围山》《五台山》《降蓝蛇》《南桥》《代书》《降汉》《藏孤》《面里》《讲佛》《开铁弓》《游庵》《兔回洞》《大小宴》《战岐山》《辞朝》《相子寿》《打擂相亲》《金镯记》《丁本》《山海关》《困围墙》《妙郎认母》《夜奔》《要亲》《打令牌》《发枪持席》《初亮曲子》《过江》《仙狐配》《杀船》《宫花》《八郎看母》《香连送酒》《花仙剑》《七星剑》《财神口语》《跳打唐二》《打台》《画梁》《闹朝别宫》《东楼记》《麻姑上寿》《五里塘》《长生乐》《赵

1 川北阳戏传统戏与传统意义上的“传统戏”内涵不一致，川北传统戏是由“花戏”和“清戏”组成。其实“花戏”、“清戏”是两个不同性质的戏。花戏，即是与酬神还愿活动有直接关系的仪式戏；清戏，则是与酬神还愿活动无直接关系的非仪式戏。“花戏”是阳戏，“清戏”是除开花戏以外的内容，如戏坛从川剧、花灯戏移植的剧目，像阳戏坛常演的《花仙剑》《别洞观景》。

2 ①于一、王康、陈文汉《四川梓潼县马鸣乡红寨村一带梓潼阳戏》，（台北）施合郑民俗文化基金会，1994 年，76—92 页；②黄道德、于一主编《梓潼阳戏》，中国戏曲志四川卷编辑部、绵阳市文化局、梓潼县文化局（内部资料），1991 年，19—24 页。

3 胡天成《四川省重庆市巴县接龙区汉族的接龙阳戏——接龙端公戏之一》，（台北）施合郑民俗文化基金会，1994 年，73—74、92—470 页载有内坛科仪 33 出。

云求寿》《兰英求签》《送妹》《涌水》《斗牛宫》《口白语戏》[1]。

重庆阳戏剧目呈现显明的中原、江南文化特色，有相当一部分剧目源自古典小说、戏曲和传统民间文学题材。《大战洪山》《战岐山》源自《封神演义》，《五台山》《辕门斩子》《七星剑》源自《北宋演义》，《调叔》取材《水浒传》，《山伯送友》《相连送酒》等源自民间文学题材。这种现象极有可能是中原、江南文化西渐入川的结果，因为重庆阳戏的分布带正好是古时我国江南地区进入川蜀的必经之路。

4．渝东南阳戏

主要指流布于重庆东南的酉水流域的秀山、酉阳一带的阳戏。渝东南世俗性阳戏剧目有 49 个[2]:《宝化记》《宝扇记》《宝珠记》《八仙庆寿》《程咬金祝寿》《陈光蕊赴任》《吃茶配夫》《杜老送子》《大孝记》《打枪救主》《打枪救王》《冬梅花》《大龙记》《邓玉打铁》《二反长沙》《反女娲记》《官捷试妻》《火龙传》《槐荫配合》《解带封官》《蓝继子》《芦花拾扇》《兰园采桑树》《蟒蛇记》《穆桂英》《穆柯寨》《蟒袍记》《聂洪武投军》《劈山救母》《秦琼反山东》《秦叔宝祝寿》《巧姻缘》《四郎探母》《三孝记》《沙陀解围》《双槐树》《唐王落难》《替母还愿》《唐二别家》《瓦岗立地》《五虎平南》《五台搬兵》《薛丁山征西》《薛刚反唐》《薛仁贵征东》《仙女配夫》《线化记》《鹦哥记》《硃砂记》《忠孝记》《珍珠记》《中唐传元龙太子》。[3]

移植于异域剧种的剧目是渝东南地区阳戏剧目的主体来源。主要内容有历史演义类，如《程咬金祝寿》。传奇类如《忠孝记》，源自古典戏曲或其他形式的说唱文学。而民俗生活类，如《蓝继子》《芦花拾扇》《兰园采桑树》《吃茶配夫》，由于地缘关系与湘西北路传统阳戏风格一致。

1《口白语戏》并非一出戏的剧目，而是指阳戏艺人旨在逗乐取笑，用大白话演唱，即兴说唱的一出戏。《花仙剑》《赐福贺戏》《闯宫》三出，剧目相同，内容有差异，所以一并录入。

2 ①杨瑜《酉阳阳戏的内涵、现状与保护》，《长江师范学院学报》2007 年第 5 期；②严福昌主编《四川少数民族戏剧》，四川大学出版社 2007 年版，140—141 页；③段明《四川酉阳土家族苗族自治县双河区小冈乡兴隆村面具阳戏》，（台北）施合郑民俗文化基金会，1993 年，90—249 页；④ 于一《巴蜀傩戏》，大众文艺出版社 1996 年版，12 页。

3 按剧目名称的汉语拼音首写字母先后顺序排列，下文湘西阳戏剧目和黔东南阳戏剧目采取同样的排列方法，不复注。

5．贵州遵义阳戏（黔北、黔东北）

流行于遵义地区世俗性阳戏剧目有50个[1]：神话传说类《老仙渡丹》《槐荫会》《三渡丹》《七星剑》《宝莲灯》《山伯访友》《安安送米》《狐狸记》《孟姜辞神》《仙姬送子》；民间传说类《三娘教子》《断机教子》《打芦花》《曹安杀子》《济公收痨虫》《郑王访贤》[2]；世俗生活类《赵二偷鸡》《贫富上寿》《顾定安拜寿》《张打渔》《侯七杀母》《打金银》《雷打张定保》《擂台招亲》《凌哥烤烟》《蠢子回门》《谷屯子接妹》《商翁劝媳妇》《彩楼抛鸡》《风亭赶子》《盘真问母》《芦花过庄》；历史演义类《斩蔡阳》《凤仪亭》《空城计》《宋江杀惜》《打包救主》《破窑记》[3]《封相》《盗令出宫》《丁山会姐》《三仙山》《五台山》《双开路》《华山下棋》《金榜》《转案》《怒打金枝》《双进京》《陈姑赶潘》。其中《陈姑赶潘》由明传奇《玉簪记》改编，写道姑陈妙常与书生潘必正爱情婚姻故事。

6．贵州息烽阳戏

据调查，流行于息烽的世俗性阳戏剧目有32出[4]：《下河东》《收大鹏》《五台山》《裁缝偷布》《围佘》《姊妹吟诗》《锁孽龙》《药王救主》《夜奔巴州》《聘诸刺僚》《夜打登州》《柳青化药》《仙姬送子》《济公收痨虫》《封相》《挂金榜》《陈姑赶潘》《假报喜》《仙鹤记》《李玖看花》《水打蓝桥》《陈良归家》《七仙姑配董永孝子成亲》《新送友》《三星上寿》《四值功曹》《先锋》《五台山》《土皇营》《赐旗封官》《抢伞》《讲女儿国》。

7．贵州开阳阳戏剧目

整理发现，开阳有65个世俗性阳戏剧目[5]：民间传说类《湘子度妻》《乔

---

1 资料来源：①田野调查，访谈者：笔者；信息提供人：廖天永，罗耀森；访谈时间：2010年2月5日；访谈地点：湄潭县抄乐乡廖天永家里；②文献：贵州省艺术研究室，遵义县文艺集成志书领导小组编印《遵义县戏曲志》，贵阳，贵州省内部书刊印行，1993年，60—61页；③田永红《土家族阳戏的形成与发展》，《铜仁学院学报》2009年第1期。

2 即《正王访贤》，演正德皇帝访贤事，又名《解带封官》。

3 又名《平贵回窑》。

4 资料来源：①祭祀仪式戏剧目通过田野调查辑录。2010年11月19日至22日，笔者调查贵州省息烽县流长乡新中村黎宅的还愿阳戏时，掌坛师黄晓亮为帮助观众了解剧目，掌握活动程序，专门张贴此演出剧目。②传统世俗戏由调查整理。调查者：笔者；信息提供人：黄登贵（息烽文化局干事）；访谈时间：2010年11月8日至9日；访谈地点：息烽县流长乡黄永忠阳家。

5 资料来源：①剧目根据贵阳市开阳县南龙乡中坝村阳戏掌坛师刘正远及其演员口述，笔者记录，后经其本人核对所得；②廖昌国编纂《开阳县南龙乡剧目荟萃》，2009年11月。

三度丹》《孟姜下池》《捡鹿柴》《五更牛郎》《八仙过海》《董永卖身》《七仙女下凡》《槐荫记》《送子下凡》《捡药度丹》《玉乐瓶》《四贤贺喜》《闵子愿寒》《范兮郎下京》《范郎赶考》;世俗生活类《出台》或《开台戏》《送子开台》《吴大回门》《陈官齐归家》《三看亲》[1]《双看亲》《柳员外庆寿》《李达打更》《借妻回门》《陈头打猎》《王郎打渡》《九牛老倌》《王大娘补缸》《冲大公请长年》《三白秀才》《十二鸳鸯》《杨正头送妹》《杨九华讨孝》《王抛毛烧火》《张少子打渔》《芦花寻子》《三弟借哥》《阮三八卖当》《郭先生教学》《五更劝夫》《白中山卖药》《白文子中举》《傻宝放牛》《买母供养》《相亲(邱二砍柴)》《补缸》《巧团圆》《贤妻劝夫》《扯谎三》《打草鞋》《放牛观花》《卖线学打》《算命讨小》《师徒把城》《王琏打渡》《花子骂相》;历史演义类《追楚》《霸王别姬》《过五关斩六将》《斩蔡阳》《薛仁贵征东》《包文正断案》《祭仙桥》《杨门虎将》。

近年来移植花灯戏剧目:《大观花》《小观花》《蛇甲》《风调雪》《二十八宿昆阳》《雨水节》。

8. 贵州福泉阳戏剧目

福泉上演的世俗性阳戏剧目 43 个[2]:来自民间传说的有《梁山伯与祝英台》《纱灯记》《花园造反》《姑嫂打柴》《孟姜范郎巧成婚》《范员外》《范郎辞亲》《范杞良修长城》《孟姜千里寻夫》《包公断案》;世俗生活的有《张古董借妻回家》《三白秀才》《叹宝坛花》《金铃记》《绿林王抛球招亲》;源自历史演义的有《韩信点兵》《萧何月下追韩信》《韩霸行兵记》《霸王别姬》《霸王点将》《楚汉相争》《韩信追霸王》《败走乌江》《韩信算命》《桃园结义》《关公辞曹》《长坂坡》《斩蔡阳》《斩华雄》《单刀赴会》《空城计》《卧牛山前收周仓》《陪桃园》《古城会》《过五关》《薛仁贵征东》《薛丁山征西》《薛刚反唐》《平贵回窑》《大闹洪州》。

传统剧目尤其侧重历史演义方面的题材是福泉阳戏的另一特点。在 43 出插戏中源自历史演义的有 30 种,约占 70%,具体出自《楚汉演义》9 出,《三国演义》11 出,《薛刚反唐》4 出,其他 6 出,受专演历史征战故事的地方戏影响明显。明初调北征南、调北填南固边行动,促进了地方民间文艺形式与军民武勇精神的融合。

---

1 黔南罗甸称《三人讨亲》,湘西亦称《三相亲》。

2 资料来源:杨光华《且兰傩魂》,人民文学出版社 2008 年版,460—665 页。

福泉阳戏分武戏和文戏。武戏即“内坛戏”，有的地方也称“正戏”，贵州开阳则称“神戏”。文戏即“外坛戏”，有的地方也叫“插戏”或“耍戏”，罗甸阳戏坛则称“花戏”。武戏内容大多以神祇情节为主，文戏则以反映世俗生活为基调。

近年阳戏还吸收花灯戏的演出剧目，如《倒采茶》《采茶》《一把花扇子》《三访亲》《十三不亲》《十绣》《十杯酒》《十送》《十月怀胎》。

9．黔南罗甸阳戏。

罗甸世俗性阳戏剧目有16个[1]:《七星庙》《花园造反》《韩信追楚》《平贵别窑》《梁山伯与祝英台》《安安送米》《三人讨亲》《八仙过海》《柳青化药》《仙姬送子》《三仙山》《双开路》《济公收痨虫》《张古董借妻回门》《黑保看五牛》《庐陵王抛球招亲》。

10．湘西阳戏剧目

湘西阳戏主要分布区域包括湘西的张家界、永顺、保靖、花垣、吉首、凤凰、怀化等地。阳戏世俗剧目181个[2]:《安安送米》《庵堂会》《白蛇传》《白罗裙》《白龙山》《白骨塔》《白猿戏郑》《白猿戏晋》《百旺送粮》《边关会》《布进士捡田螺》《宝莲灯》《背娃进府》《棒子过房》《鲍家庄》《车江别》《池塘会》《扯笋子》（扯笋）《陈大常教书》《陈光前试妻》《陈州放粮》《陈姑赶潘》《春草闯堂》《催粮遇灯》《丁贵讲书》《丁狗儿讲书》《大审白玉霜》《大闹蒲春园》《大经堂》《大分山》《大发雷》《大战洪州》《大闹蒲春园》《打

1 资料来源：皇甫重庆《贵州阳戏——以罗甸县栗土乡达上村邓氏戏班为例》，（台北）施合郑民俗文化基金会，1995年，48—77页。

2 资料来源：①符伟、刘三强《湘西阳戏艺术概观》，北京燕山出版社2005年版；② 湖南省戏曲研究所编《湖南地方剧种志》，湖南文艺出版社1989年版，263–264、280–289页，内有《雷交锤》《三宝舞龙》《勾头催粮》等21个有剧情简要的剧目。在该书307—312页的叙述中又涉及《刘海戏蟾》《蓝桥会》《陈姑赶潘》《南山耕田》《打芦花》等37个剧目。③郇宜国主编，怀化文化局、文联编《民间阳戏剧本与曲谱》（内部资料），1992年，记录《皮敬滚灯》《丢包过河》《花园守桃》《郑板桥审鸡蛋》《三宝崽砍柴》《掉白扇》《血汗衫》等32全本剧目。④田正铁《湖南张家界阳戏的艺术特征》，《大众文艺》2008年第4期，53页。并说明张家界阳戏来自四个方面：傩堂戏剧目，如“三女戏”（《孟姜女》《庞氏女》《龙王女》）；传统积累剧目，如《勾头催粮》等；花灯戏，如《捡菌子》等；吸收大剧种或木偶戏，如《白蛇传》等。

婆变牛》《打经堂》《打龙袍》《打猪草》《打芦花》《打罐封官》《吊马桩》《吊桩楼》《丢包过河》《单卖纱》《店房会》《店房逼嫁》《掉白扇》《二仙传道》《二龙山》《二八斗火》《汾水河》《放召召》《放牛拦妻》《苟秃催粮》《火焰山》《火焚绣楼》《火焚三官堂》《化子盘学》《花子盘学》《花园交拜》《花园守桃》《河边洗裙》《虎头寨》《侯七杀母》《海螺记》《荷花配》《黄华山》《槐荫会》（即《槐荫记》）《江边洗裙》《金圈会》《金龙嫖院》《酒楼封官》《捡菌子》《嫁嫂失妻》《解带封官》《拷打金银》《龙氏女》《龙王封官》《兰继子搬砖》《令哥拷酒》《刘瞎子算命》《老龚春碓》《刘海戏蟾》（《二仙传道》）《刘海登仙》《李奇哭牢》《灵芝花》《芦林会》《里保捡子》《拉郎配》《柳七上学》《蓝桥会》《毛麂子割茅》《磨盘山》《磨坊会》《蟒蛇记》《卖杂货》《卖纱学打》《蜜蜂头》《鸟莺晒鞋》《闹镇江》《闹瓜洲》《闹龙州》《闹淮安》《闹严府》《闹酒馆》《南山耕田》（《南山耕春》）《平贵回窑》《攀桂花》《庞氏女》《贫富上寿》《皮敬滚灯》《桥子口取斩》《清水潭》《清风亭》《掐菜苔》《仁贵回窑》《三看亲》（《三相亲》）《三子贵》《三点硃笔》《三孝堂》《三哥接弟》《三弟接哥》《三请三休》《三星闹馆》《三宝崽砍柴》《四姐闹东京》《四下河南》《上天梯》《上川寻夫》《山伯访友》《双莲帕》《双富贵》《双龙车》《双合约》《双卖纱》《双发科》《双槐树》《双看相》《双妖临凡》《双麒麟》《生死牌》《孙膑偷桃》《扫清挂白》《收租抢亲》《杉树湾诊驼》《洒净瓶》《晒绣鞋》《土台赠银》《推通》《文王访贤》《王瞎子闹殿》《王木匠打嫁妆》（即《打嫁妆》）《王母庆寿》《下天梯》《兄弟送财》《血丝玉镯》《血汗衫》《西湖借伞》《肖家庄》《雪山看羊》《香莲闯宫》《湘子化斋》《一女嫁三郎》《玉簪花》《阴阳错魂》《鱼子春秋》《岩巴送篮》《杨三秀编筐》《姚癞子讨亲》《游龙戏凤》《猿猴戏梅》《张光大上寿（贫富上寿）》《张公捡子》《状元与乞丐》《状元焚冠》《走雪》《斩神鱼》《征西》《郑板桥审鸡蛋》《郑德云飘川》《珠帘会》。这类剧目是湘西阳戏的主体，大多数是二小阳戏、三小阳戏，也有少部分移植汉剧的连台本戏。笔者认为，这些动辄十几折连台本戏应为上世纪50年代以来，湘西的阳戏剧团为迎合当时政治需要而掺入的一些门面之作。

11. 黔东南阳戏剧目

黔东南阳戏主要分布在黔东南地区的天柱、黎平等地。没有仪式戏，只有世俗戏。黔东南传统阳戏剧目有158个[1]:《安安送米》《阿三》《白猿戏正》《抱子过房》《背包过河》《吃茶开弓》《扯简》《陈相公》《陈阳公》《蠢子问卜》《蠢子送妻》《蠢子不中用》《蠢子买当》《蠢子卖纱》《大脑壳赌钱》《大帮工》《大闹屠》《打菜》(原名《盗菜》)《打草鞋》《打样编筐》《打鱼招婿》《打仓救主》《丁瞎子闹馆》《对调子》《店房换亲》《掉白扇》《带子归家》《二妖争斗》《夫妻观灯》《过山成亲》《赶子牧羊》《龚裁缝》《龚老二舂碓》《龚老三降妖》《火化余洪》《花子盘学》《花园交拜》《何氏磨媳》《河边洗裙》《洪武打官》《贺老三》《荷花配》《黄三打豆》《韩湘子对菜》《韩湘子卖药》《糊涂审案》《九更天》《九连环》《金银泪》《金榜题名》《假秀才》《解带封官》《江少子打鱼》《开箱取衣》《拷打金银》《刘海砍樵》《刘三妹》《刘海金戏蟾》《刘海登仙》《吕蒙正赶斋》《老配小》《李能打燕》《两姊妹》《梁员外》《梁山伯》《癞子当家》《李拿风》《毛公抢亲》《毛国珍打铁》《卖纱学打》《梅龙戏凤》《穆桂英打雁》《闹花灯》《南山耕田》《南山打笋》《南桥会》《南北拐》《哪吒下海》《贫富上寿》《破镜重圆》《七妹与蛇郎》《巧配姻缘》《前娘后母》《秦香莲》《乾隆下江南》《鹊雀鞋》《敲打梁氏》《樵干打渔》《秦广林戏妻》《掐菜台》《人仙庆寿》《三娘教子》《三相亲》《三宝打草鞋》《三星金榜》《三个头》《三怕老婆》《十八扯》《十月花》《士荣辞家》《上茶山》《双推磨》《双花配》《双看相》《双摆渡》《双采莲》《双情恋》《双怕老婆》《四妹反情》《杀四门》《苏小妹挑郎》《松江恋财》《笋园调情》《晒鞋讲书》《蛇郎七妹》《算命讨小》《私配成亲》《讨小归家》《同园妹》《吞丹斩狐》《桃园失子》《谭老四补缸》《王二编筐》《王三打鸟》《王大娘补缸》《王小二开店》《王皮匠》《文王访贤》《五更鸡》《武松打店》《望妈娘》《下晚台》《小姑贤》《小放牛》《小观灯》《夕阳楼》《兄妹受封》《血染衫》《孝女》《洗裤玩灯》《谢文清》《瞎子闹店》《瞎子观灯》《洗罗裙》《游龙井》《燕草摆渡》《元和闹街》《园内偷笋》《邀媒说亲》《正德王》《张古老打豆腐》《张果老求子》《张继保》《姊

---

1 资料来源:① 陶光弘《民族戏剧集——幕启春归》，作家出版社2009年版，记录传统阳戏剧目《刘海砍樵》等40个,《夫妻观灯》等移植改编剧目4个，新编剧目《杨马角走衙门》等14个。②李瑞岐主编《黔东南苗族侗族自治州戏曲曲艺概览》，贵州民族出版社2001年版，记录传统阳戏剧目49个，改编剧目3个:《拷打金银》《卖纱学打》《双推磨》，移植《燕草摆渡》等9个剧目，无分类剧目92个。依据剧本内容，作者分类归纳。③中国戏曲剧种大辞典编委会编著《中国戏曲剧种大辞典》，上海辞书出版社1995年版，1472页录有剧目32个，移植《香莲闯宫》《毛料珍打铁》等9出，新编《杨广兰》《油龙井》等6出，整理改编《打笋》。

妹分三》《招财考婿》《赵老三》《紫金杯》。

黔东南阳戏剧目与湘西阳戏剧目相同、相似较多，从两地阳戏的剧情上看，黔东南阳戏是湘西阳戏的改编版、简缩版。同时，黔东南阳戏也有自身的地域特色:剧目中融进了一些当地的民间故事，如“蠢子”系列、“龚家”系列（龚裁缝、龚老二、龚老三）等。

（二）世俗性阳戏之主题思想

1. 黔东南阳戏受湘西阳戏影响明显。首先，有较多相同的剧目，如《掉白扇》《南山耕田》《南山耕春》《拷打金银》《贫富上寿》《花园交拜》《双看相》《荷花配》《三相亲》《河边洗裙》《卖纱学打》《花子盘学》《刘海戏蟾》等等。其次，部分剧目名称类似、剧情相同，如湘西《丁贵讲书》《丁狗儿讲书》《血汗衫》《鸟莺晒鞋》《刘海登仙》，黔东南《丁瞎子闹馆》《晒鞋讲书》《血染衫》《刘海砍樵》。有的尽管剧目不同但剧情相同，如黔东南《解带封官》《谢文清》《三郎争妻》《懒汉遇骗记》《王三打鸟》与湘西《南山耕田》《前娘后母》《三看亲》《卖纱学打》《三宝崽砍柴》相同，湘西《吃茶开弓》与黔东南《拷打金银》、重庆接龙《开铁弓》等相同。有的剧目情节有改动，如同为《花子盘学》，湘西写花子见郭老幺代谢书信错字较多，进学馆与其盘学，郭老幺学识有限，被盘得渐渐理屈词穷，结果郭先生之妻幺姑解围，把花子盘得落荒而逃。而黔东南阳戏《花子盘学》却唱郭先生代幺姑写家书，不会写的字全用圈圈，被才高志短的花子发现问题，他进学堂嘲讽郭先生，而以家书出错为主要场面，不见学馆盘学的情节。有的剧中存在人物音同字异的情况，如《前娘后母》的银锭、金姑与《拷打金银》的银弟、金姑；有的人物作了改动，如湘西《三看亲》的龚裁缝、张屠户，黔东南《三郎争妻》王麻子、弓驼背；湘西《卖纱学打》中丑角地脚枋和毛教师与黔东南《懒汉遇骗记》中懒汉叶贵良和朱世棋;湘西《三宝崽砍柴》中三宝崽与黔东南《王三打鸟》之王三。

黔东南阳戏受湘西阳戏影响的另一方面表现在湘西阳戏剧目剧情较多吸收了南戏传奇体制的编剧手法，出现了一些多场次、关目巧的大本戏，而黔东南阳戏几乎不见这类篇制的剧目，全为世俗小戏。然而，黔东南阳戏比湘西阳戏更具乡土性气息，如黔东南剧目常见有丁瞎子、懒汉遇、谭老四、王三等邻里坊间俚俗称谓，剧情涉及社会各种层次的人物，有爱慕虚荣的假秀才、茶园的打工仔、补锅匠、裁缝、屠户、和尚、道士、书生等。还有，展开剧情的背景常为茶园、茶店，如《同园妹》《上茶山》《开弓吃茶》等。

2. 民间青年男女的爱情戏。

这类题材剧目较多。《三宝崽砍柴》男女私定终身，没有媒妁之言，父母略感不快，也没棒打鸳鸯，遂人之愿，体现旧时姑舅姨表的婚姻习俗；《王三打鸟》属同一题材。《上茶山》唱两男女青年茶园对歌幽会，体现乡土风情。《河边洗裙》唱闺秀翠园与书生何德明情遇河边，绣楼定情，互送信物故事。《盗采》讲菜园里小凤假装盗菜借机向小文表白爱情的故事。

仙凡配类男女爱情戏独具特色。如《布进士捡田螺》《猴猿戏梅》《双妖临凡》《荷花配》等。剧情结构一般为：男主角生活贫困，靠捡田螺或打柴度日。女主角或为狐仙，或为白猿精，她们受观音、鬼谷子、白雪大仙等指使下凡与男主角续或一年或半载的前世姻缘。男女初识，对爱情的态度采取凰求凤样式，男青年对爱情既向往，偶遇情缘又采取审视态度，女主角积极表达爱情态度积极。男女或直接或婉转得到或父母或媒妁的应允，结为连理。之后，强恶势力者艳羡已为人妻的狐猿美女，欲强取豪夺据为已有。狐仙白猿在大婚时，变为原身惩罚恶势力。至此有两种结局，一为风波过后夫妻再度团圆，一为一年半载前缘已尽，狐猿升天，夫妻分离。这类狐猿变人的爱情戏表达男女向往爱情而不可得，拥有爱情不能守，因而幻想着有一种超人的力量来实现爱情、保护爱情的美好愿望。

另一类剧目是通过一对青年男女玩耍唱调子，传播大量的动物植物常识、历史掌故、箴言哲理、拆组字谜、脑筋急转弯类、机趣对联，表现了隽永机智、活泼诙谐的曲词风格。如《盘花》《花园守桃》《兄妹送财》《湘子化斋》《同园妹》《仙童问花》《谭四补缸》等。

还有一些发生在旦、丑之间的滑稽剧。如饰演纨绔子弟的丑生耍嘴皮调笑旦角，反遭戏弄的滑稽剧。《扯笋》溜棒尖却被浑然不觉地骗作小猪仔。《卖杂货》货郎黄老三，只图嘴巴快活，赔给满妹子一担杂货，连同挑箱。而《晒绣鞋》是个例外，编剧敏锐地捕捉到青年男女在恋爱中羞涩扭捏的心理弱点，唱书生马金龙与小姐鸟燕子羞涩表达爱情，并在书房幽会，被书童发现。于是马金龙愈是百般遮掩，书童愈是装聋作哑，设法挑逗，使得书生马金龙露尽丑态。

3. 歌颂勤劳简朴的美德，贬斥不务正业、吃喝嫖赌等恶习。

如《丢包过河》的爱带牛，好赌且嫖，好逸恶劳，设亭收过路钱，被大姐、小妹戏要得体无完肤。黔东南剧目《背包过河》唱整日游山玩水的韦老三遭调戏背金家姊妹过河事。《三相亲》讲舒妹子在择婚对亲时，没有选择卖肉短斤缺两的张屠夫，做衣服偷布减料的龚裁缝，而选择相貌平平但勤俭持家的丁癞子，弄得张屠夫、龚裁缝既没对上亲，又赔上贿媒婆的钱财，落得人财两空。同样《三郎争妻》唱体态丰盈、眉清目秀的王春姣，择家贫但心好能干的秦自力为婿。《卖纱学打》讲毛教师卖药学打[1]，骗人钱财，地脚枋是老实人，被骗学打，无钱付学费，毛教师到地脚枋家抬猪娘，被杨翠娥赶走。《贫富上寿》讲歧视张光大的舅子丁小满以赌博为生，只输不赢，穷困潦倒，最后流落街头靠乞食为生。此外,《扯笋》中的溜棒尖、《皮敬滚灯》中的皮敬，《双卖纱》中的钉子和板子等好赌懒做，成为受嘲讽的丑角。《三星闹馆》重在表现不学无术的酒利子蹭吃骗喝，与其他书生对对联、猜字谜，粗言俚语尽出，竟拿妻子开涮，被妻子拎着耳朵离开舞台。《双看相》写大姐小妹为张公爷、夏山主仆二人看相事，旨在嘲讽看相先生以貌取人，有钱看富相，没钱看穷相，见风使舵行顺风船。同为算命题材的《淘沙先生》赞淘沙、水秀夫妻勤劳能干，讽马歪嘴、柳英假扮夫妻坑蒙拐骗事。《玉龙封官》唱书生白玉楷进京赶考期间，不恋京城的热闹场景，仍积极专心攻读而感动皇帝，皇帝封其为状元郎。

戒恶从良主题的家庭戏。湘西阳戏、黔东南阳戏针对有赌博、嫖娼的社会风气，出现了一些反赌博、嫖娼的劝诫戏。《皮金滚灯》《双卖纱》《鱼子春秋》《卖纱学打》《懒汉遇骗记》《双看相》，都表现妻子对丈夫赌博、打牌行为的斥责、劝诫，含劝人学好的思想。小戏往往通过三人的说、唱、舞蹈，表现妻子且爱且恨更是气的复杂纠结的心情。

4. 反映旧社会家庭生活的世俗戏。

由于受传统思想及旧时风气的影响，社会上经常有儿女受继母、儿媳遭婆婆虐待、丈夫怠慢妻子的事情，这种现象在阳戏中也有体现。反映前妻后母的类型的有《拷打金银》，继母趁丈夫外出收债之际拷打金姑、银弟。《金圈会》表现继母贺氏逼迫张关宝耐着饥饿去金山打柴。《血汗衫》表现兰芳楚后妻刁三春折磨继子兰正廷其女王玉碧和兰桂花。《庞氏女》表现王三春逼迫儿子姜诗休妻等。同时通过这些剧目体现山区劳动妇女克己待人、深明大义、淳朴贤慧的品质。如《贫富上寿》的丁秀英、《血汗衫》

1 方言，即野路武艺。

的王玉碧、《南山耕田》的杨氏等。

这些戏与公案戏结合。如《拷打金银》《血汗衫》以及《贫富上寿》《掉白扇》《店房逼嫁》，皆反映官员尸位素餐，对落难民众敲诈勒索，逼迫他们休妻卖子等。表达民众希望官府清正廉洁，明辨是非，渴望体察民间疾苦的清官。而《郑板桥审鸡蛋》则反映清官判错案事。通过大清官审鸡蛋这样的小案件，说明无论多么廉明清正的官，在审案之前不做细致的调查研究，单凭经验办事，容易出错。

5. 巧设关目的连台本大戏。

阳戏常有连台本大戏上演，其关目设计精巧，情节曲折，明显是受传统大戏的影响。有的一出戏有数个场次，如《掉白扇》三场，《贫富上寿》八场,《店房逼嫁》九场,《血汗衫》共十二场，而《荷花配》有上、下两本。有的剧目没有分折或场次，如《拷打金银》《金圈会》，但根据其情节及关目设置确属于典型的大本戏。体现大本戏的另一特点是剧中人物多，像《店房逼嫁》《掉白扇》《金圈会》《荷花配》《血汗衫》等不计跑龙套的衙役、喽啰在内，都在十人以上。还有一种连台本戏是借用世俗小戏的剧目演传奇样式的大戏，如《贫富上寿》是西南各地方小戏的传统剧目，但在湘西阳戏里《贫富上寿》却有八场，张光大上寿受歧视的情节只体现在第一场。第二至八场演唱张光大失金遭人陷害入狱，妻子卖子赎监，儿子受人穷志达之士的精心培养，智勇双全，在大比之年进京赶考及第，惩罚奸恶，全家团圆。这极可能是阳戏艺人在嫁接其他剧种剧目的过程中所产生的题目与内容的弥合问题。

受南戏传奇影响，以某一物件作为推动剧情发展的关目。如《金圈会》中的金圈，《西湖借伞》中许仙的伞和白蛇娘子的帕，《掉白扇》中秀才俞英乾手中所持白扇，《晒绣鞋》中鸟燕子的一双绣鞋，全剧的故事情节都围绕这个核心物件展开。如《金圈会》张关宝打柴捡到进京赶考秀才陆成的包袱，坐等失主。陆成对于钱财失而复得，不胜感激，执意将金圈留给张关宝做纪念。为此，后娘把张关宝赶出家门，他从此沦为乞丐，幸被开店的王小二收留。后来因事所迫，扮作丫鬟入大人府伺候小姐，与府上小姐私通而遭杀身之祸。不巧此府主人是当年丢失财物的陆成，张关宝临刑前不意露出金手圈，陆成凭金圈认出恩公，遂招为女婿。金圈在剧中处于核心地位，是该剧巧设关目的基础。黔东南《吃茶开弓》的茶店女主人桂英则以拉开父传老弓为条件择取佳婿。

此外，有以为人师表为主题的教育戏。如《花子盘学》等反映旧时群众勤俭办学，教书先生才学疏浅，却不懂装懂，沦为被讽刺揶揄的对象，突出施教者要先接受良好教育的主题。《假秀才》反映穷儒徒慕虚荣，强作斯文，窘境败露，羞愧得无地自容，旨在倡导勤劳乃立本之源，虚荣乃害人之源的思想。还有以祭祀的仪式唱演世俗内容的娱乐性剧目，如《和尚简斋》唱道长与和尚争着为主家做法事，产生矛盾，相互攻讦的调笑剧；《勾愿》唱包公对主家许的愿信一笔勾销，戏中语言诙谐，涉及邻里乡亲的各个方面。贺寿赐福戏，如《兄妹送财》。开台戏，如《盘花》等。

结语

阳戏剧目是研究阳戏的首要对象。阳戏剧目有仪式性和传统世俗性之分，仪式性阳戏又有颂神词和神话故事戏两种类型。川北提阳戏、川西庆坛主要是仪式性阳戏。仪式性和世俗性阳戏在贵州、重庆的阳戏坛同堂兼演，其中又以贵州为主要传播区，因为在贵州范围内有不同形态的阳戏上演。世俗性阳戏在通常是融合在仪式戏中，以愉悦观众为目的，但在黔东南、湘西地区则独立发展成为以剧团为组织、以舞台演出为主要形式的地方戏。

研究西南各地阳戏剧目发现：黔、渝阳戏仪式性、世俗性剧目丰富，阳戏形态多样，流播地区广。川西、川北剧目重仪式性，轻娱乐性，演出机会少，剧目不多。湘西、黔东南阳戏为世俗性民间小戏，传播范围集中，但其剧目比较丰富，主要原因是阳戏与各种形式的地方文化积极融合，期间改编或移植了许多其他地方剧种剧目。再是自上世纪50年代起，特别是世纪末的二十年中，各级政府频频组织阳戏展演评比活动，湘西阳戏艺人在不断提高表演艺术的同时，剧目创作亦结出累累硕果。

刍议甘肃民间小戏中的“神仙道化”剧

兰州城市学院文学院中国古代小说戏剧研究所　王萍

“神仙道化剧”，学界一般都指内容上敷衍度人教化、修炼成仙故事，立意上带有道教思想色彩的元杂剧。明代朱权《太和正音谱》把元杂剧分成十二大类，其中第一科叫做“神仙道化”，第二科叫做“隐居乐道”。这两科在具体内容上略有区别，但都是用于表现神仙生活情趣的剧目。实际上，民间小戏也有很多神仙道化剧。如果说元杂剧的神仙道化剧表现了文人的理想志趣，那么民间小戏中的神仙道化剧则更多蕴涵了一种传承，存在于民间信仰、习俗中，与当地百姓生存空间和生存理性有直接关联的价值取向、审美追求等文化观念。

由于独特的社会历史与文化，甘肃民间小戏至今有表现源远流长的神仙道化剧的传统，这种传统及其意识在民间小戏展演仪式中得到了具体而生动的展示。

一

神仙信仰是民间信仰的核心之一。从词义看，神与仙意义不同。“神”，《说文》：“天神引出万物者也”。《周礼 · 大司乐》：“以祀天神。”注：“谓五帝及日月星辰也。”《广韵》：“神，灵也。”《易 · 说卦》：“神也者，妙万物而为言者也。”《礼记 · 礼运》：“百神受职焉。”《诗 · 大雅 · 卷阿》：“百神尔主矣。”《礼记 · 祭法》：“山陵川谷丘陵能出云为风雨，皆曰神。”这些解释说明“神”最初的含义与西方创造万物的“上帝”有点类似。“仙”，古写作仚，《说文》谓：“人在山上皃（貌）。”有轻举上升之意，“仙”在古代又作“僊”，《说文》谓：“长生仙去者为僊。”

中国古代神仙思想经历了一个漫长的孕育和发展过程。我们考察《山海经》、《淮南子》、《三五历纪》等有关神话传说的先秦古籍发现，在中国春秋以前相当漫长的一个时期，实际上一直是有神而无仙的。《山海经》、《淮南子》、《三五历纪》等书中提到的盘古、黄帝、帝江、炎帝、少昊、帝台（尧）、帝俊（舜）、帝喾、颛顼、女娲、烛阴，以及日月星辰、风伯、雨师、雷神等，都是先民们所崇拜的是由原始信仰而产生出来的天神、山神、海神、河伯、水伯及动物之神等地祇中的重要神灵。这一时期还没有看到任何有关凡人通过修炼获得神性而自己成仙的文献史料。但是，这并不意味着神仙思想与《山海经》、《淮南子》、《三五历纪》无缘。事实上，《山海经》中大量关于"不死药"、"不死民"、"不死国"等长生不死和"乘龙"、"羽化"以及借助"天梯"升天的记载，这些都具有神仙最基本的特征。可以说它们是早期神仙信仰的直接源泉，并作为早期神仙创作的重要题材而被广泛运用和征引。

据记载，明确提到神仙观念的是《左传·昭公二十年》（前 522），其云："齐侯（景公）至自田，晏子侍于遄台……饮酒乐。公曰：'古而无死，其乐若何？'晏子对曰：'古而无死。则古之乐也。君得何焉？'"[1] 这大概是较早记载成仙意识的文献。从对话中可以看出，齐景公羡慕、感叹古代不死之人的生活，我们不妨可以看做是这是古人对于神仙思想第一次有明确主观意识的表述。在经历了漫长的蒙昧时代进入理性时代之后，人的主体意识开始觉醒，有限生命和无限自然的矛盾困扰古人，为了解脱和逃避日益增强的生命悲剧意识，古人将渴望肉身长生不死的神仙意识再次寄托于神性。这在一定程度上反映了古人思想观念从对于上古时神灵的敬畏崇拜开始转向注重现实社会中自身生命的存在价值。

众所周知，春秋近三百年，天下各诸侯国为争霸称雄连年相互攻伐，人们厌恶战争，开始思考生命价值的问题。特别是从对死亡的恐惧转化为的对生命的执著，促使人们更多地转向关注自身，关注生命的存在和人生的享受，期望生命能够保存乃至于达到肉体不死。与之相应的，而对于神灵、天地和王权的敬畏却开始逐渐淡化。

先秦道家重生爱生、全生、长生而不恶生、生死一体、生死合道的思想观念成为中国先秦时期生死哲学的代表。《庄子·齐物论》云："至人神矣！大泽焚而不能热，河汉冱而不能寒，疾雷破山、飘风振海而不能惊。若然

1 杨伯峻《春秋左传注》第四册，中华书局 1981 年版，1419 页。

者，乘云气，骑日月，而游乎四海之外，死生无变于己。”

《庄子·大宗师》云：

古之真人，其寝不梦，其觉无忧，其食不甘，其息深深。真人之息以踵，众人之息以喉。屈服者，其嗌言若哇；其耆欲深者，其天机浅。

古之真人，不知说生，不知恶死；其出不欣，其入不距；倏然而往，倏然而来而已矣。不忘其所始，不求其所终；受而喜之，忘而复之。是之谓不以心捐道，不以人助天，是之谓真人。

《庄子·逍遥游》云：

有神人居焉。肌肤若冰雪，绰约若处子，不食五谷，吸风饮露，乘云气，御飞龙，而游乎四海之外；其神凝，使物不疵疠而年谷熟。

《庄子》一书中多处诸如“神人”、“真人”、“至人”、“大人”之类的描述，被闻一多先生认为皆与神仙行状有关。[1] 基于对人生终极的关怀，先秦道家的死亡哲学不再是虚玄空洞的道论，而是落实到具体现实人生层面的哲学思想。它以“生死齐同”、“生死自然”的观念消解人们主观上的生死之痛，最终达到一种自在、自然与自由的超然境界。这种哲学观念对当时人们追求长生不死的神仙思想具有一定的影响。

到战国时代，神仙思想正式形成，各种有关长生不死之人的记载也陆续出现并广泛流行开来。秦始皇、汉武帝都对不死仙药之类的神仙方术有浓厚兴趣。多次派方士寻求仙人仙药，渴望永葆生命和权势。[2] 西汉时期刘向编撰的《列仙传》是我国最早且较有系统地叙述神仙事迹的著作，列举的仙人从上古至秦汉达70余位，活动的范围包括了齐、晋、梁、洛、楚、越、巴蜀等地，由此可见，在早期华夏各个文化圈内，神仙信仰都是存在的。东晋葛洪《抱朴子·内篇》，反复论述神仙的存在及成仙的可能性，为道教建构了种种修炼成仙的方法，并建立起一套完整的成仙理论体系。《葛洪·神仙传》曰：“或竦身入云，无翅而飞；或驾龙乘云，上造太阶；或化为鸟兽，游浮青云；或潜行江海，翱翔名山；或食元气，或茹芝草，或

1 闻一多《闻一多全集》第一册，三联书店1982年版，162页。

2 李刚《汉代道家哲学》，巴蜀书社1994年版，42页。

出入人间，则不可识；或隐其身草野之间，面生异骨，体有奇毛，恋好深僻，不交流俗。”[1]

由上述可见，追求长生成仙乃是世人渴望超越自身有限生命及能力的反映，这种思想对中国文化艺术的影响是极其深刻的。追溯中国古典戏曲作品，可以发现有大量以神仙故事为题材的剧作，这些剧作利用神仙故事反映人与社会、人与自然、人与死亡之间的诸多矛盾，它们有着独特的艺术风格和文化内涵。

早期的神仙剧可以追溯到屈原的《九歌》。《九歌》包括了十种神灵：天神（东皇太）、云神（云中君）、主寿命的神（大司命）、主子嗣的神（少司命）、太阳神（东君）、湘水之神（湘君与湘夫人）、河神（河伯）、山神（山鬼）及阵亡将士之魂（国殇）。《九歌》是楚国民间的祀神歌舞，它以歌颂楚国宗祖的功德和英雄业绩为主，所有被装扮的角色都是神。《九歌》中的“宾主彼我之辞”，如余、吾、君、女（汝）、佳人、公子等，都是歌舞剧唱词中的称谓。主唱身份有扮神的巫觋，男巫扮阳神，女巫扮阴神。清代陈本礼曾指出：“《九歌》之乐。有男巫歌者。有女巫歌者；有巫觋并舞而歌者；有一巫倡而众巫和者。”（《屈辞精义》）不难看出，《九歌》已具赛神歌舞剧之雏形。

真正戏曲意义的神仙道化剧，其发端当在宋代之前。据汉代张衡《西京赋》记载：

> 总会仙倡，戏豹舞罴，白虎鼓瑟，苍龙吹篪。女娥坐而长歌，声清畅而委蛇；洪涯立而指麾。度曲未终，云起雪飞，出若飘飘，后遂霏霏。复陆重阁，转石成雷，礔砺激而增响，磅磕象乎天威。

“总会仙倡，戏豹舞罴。”薛综注：“仙倡，伪作假形，谓如神也。”吕向注：“总会，谓集神仙之倡伎。戏豹舞罴，并假作其形。”倡，古称歌舞艺人，他们在乐舞中装扮神仙。这大概是早期戏剧表演的神仙剧。与《总会仙倡》同见于《西京赋》的《东海黄公》是表演神仙方士的小剧。在葛洪《西京杂记》也有详细记载。其中黄公形象与具有非凡能力的方士有很大的相似，是当时民间巫术信仰的产物。周贻白先生根据故事内容推断认

1 葛洪《神仙传》，文渊阁四库全书本，260 页。

为此演出“显然是来自民间传说，而由当时的人民采取这一传说来作为讽刺巫觋的一种故事表演”。[1]

宋人洪迈《夷坚志·优伶箴戏》记载了杂剧的流行状况，其中引述了儒、道、释各称诵其教的言论，说明在宋朝南渡前后，儒、释、道三教都曾利用优伶之类杂剧来演说经旨。此外，从前人有关“金院本”的剧目著录中也可看出元代之前已有神仙道化剧存在。据陶宗仪《南村辍耕录院本名目》记载，金院本中属于道教神仙题材的有《庄周梦》、《瑶池会》、《蟠桃会》等。南戏《老莱子斑衣》亦是出于道教的神仙故事。足见神仙道化剧在元代前即已出现。可惜的是，金院本以及南戏中的神仙道化剧只留下剧目，现已难考其详。元杂剧的神仙道化剧十分丰富，据钟嗣成《录鬼簿》所载，元杂剧至少有四百种，而就其题目、正名来看，属于神仙道化剧一类的至少有四十本，约占元杂剧总数的十分之一。明代戏剧学家臧懋循于故乡闲居时曾编有《元曲选》，收录了九十四种元人的作品和六种明初人的作品。今人隋树森于20世纪60年代又据脉望馆抄校本《元明杂剧》等资料，成《元曲选外编》，收录元杂剧六十二种。在《元曲选》与《元曲选外编》这两部元杂剧作品集中，属于神仙道化剧的有十八种。元代以后，搬演的神仙道化剧有增无减。现存明代杂剧有200余种，属于神仙道化内容的约有50种之多。明代以来，传奇戏曲之兴，今见于各丛书中的传奇戏曲演出本、节本、残本尚有600余种，而属于“神仙道化”内容的则约有60余种，约占十分之一。清代以降，花部地方戏盛兴，与上述相类似的神仙道化剧在许多地方剧种中都曾上演。以杨志烈等人编写的《秦腔剧目初考》来看，有关神仙道化内容的剧目近40余种。

戏曲是民间艺术，神仙道化是戏曲艺术构成的重要组成部分。从以上剧目可以看出，戏曲通过敷衍神仙故事，创作神仙道化剧，从而使作品呈现出浓厚的民间信仰趋向。

二

戏曲在一定意义上是集体反映神仙信仰的典型的艺术叙事。尤其民间小戏的神仙道化剧更是蕴涵了一种民间信仰、习俗与当地戏曲艺术互为依

1 周贻白《中国戏曲论集》，中国戏剧出版社1960年版，11页。

存的天然联系。具体看，与文人创作的神仙道化剧不同，民间小戏神仙道化剧在展演形式及内容等方面都具有自身鲜明的个性特点。

（一）仪式性

仪式是古代祭祀活动的载体和外化形态。众所周知，在上古社会仪式不仅与图腾巫术相连，而且与乐舞诗表演有直接关系。“击石拊石，百兽率舞。”（《尚书·尧典》）记载了远古初民模拟图腾的集体舞表演。《周礼·春官·宗伯》曰：“女巫……旱暵则舞雩”，“若国大旱，则帅巫而舞雩”。《周礼·司巫》在雩祭仪式里，女巫装扮神主，成为“以舞降神”的主要表演者。《周礼·春官·大司乐》、《云门》祀天神，《咸池》祀地祇，《大韶》祀四望，《大夏》祭山川，《大濩》享先妣，《大武》享先祖，此“六代乐”是上古祭祀仪式的乐舞表演。《吕氏春秋·仲夏纪·古乐》篇载：“昔葛天氏之乐，三人操牛尾，投足以歌八阙：一曰载民，二曰玄鸟，三曰遂草木，四曰奋五谷，五曰敬天常，六曰达帝功，七曰依地德，八曰总万物之极。”八首歌通过乐舞诗的综合表演歌颂天地功德、祭祀祖先图腾，以表达祈求风调雨顺、五谷丰登、消除灾难、牲畜兴旺、安居幸福的现世愿望。无疑，这些都是我国远古时期祭祀仪式乐舞诗综合表演的最早记载。刘师培说：“三代以前之乐舞，无一不源于祀法。”[1] 王国维《上古至五代之戏剧》曾指出：“巫之事神，必用歌舞，……古代之巫，实以歌舞为职，以娱神人者也。……盖群巫之中，必有像神之衣服形貌动作者，而视为神之所冯依。”[2] 在祭祀的神圣仪式里，初民通过乐舞诗的综合表演使人体节律与自然节律产生共鸣，把人与自然的距离拉到最近，由此将人类生存的有限性延伸到自然的无限之中。正是在这个意义上，我们可以说，表演与仪式两种不同的民族文化形态，在历史的先天性基础上具有一定的同源性。如果说仪式是上古初民最早的文化精神实践活动，那么，表演则是仪式最基本、最具代表性的叙述方式。

民间小戏来自民间歌舞，上古仪式之乐舞对民间小戏的影响是极其深刻的。这不仅是说，在民间小戏中蕴涵了仪式与装扮、歌舞等综合表演相

---

1 刘师培《舞法起源于祀法考》、《刘申叔先生遗书第五十三册·左庵外集卷十三》（宁武南氏校印本），1936 年版，4 页。

2 王国维《宋元戏曲史》，百花文艺出版社 2002 年版，1–2 页。

互依存，互利共生的一种历史悠久的文化叙事。更重要的是，民间小戏至今保存了一种在仪式语境下以表演体现敬神娱神、沟通人神、代神宣教的历史图景。毋庸置疑，民间小戏是中国村落社会宗教信仰活动的一种表现形式，它与民众的生活习俗紧密相连。在农村，每年都要举行规模不等的区域性的祭祀仪式活动，在活动中通常都会举行与神灵有关的一些模式化、程序化、象征性的仪式性表演，通过这些与神灵有关的小戏表演人们借以祭拜神灵、愉悦神灵、祈求神灵保佑，从而表达对敬畏事物的回避和理想生活的向往。质言之，民间小戏在民间文化场域中承载了相当的仪式功能，这一点在神仙道化剧的仪式展演中尤为明显。

甘肃民间小戏是农村广大民众喜闻乐见的一种艺术样式，神仙道化剧在民间至今有“神戏”的俗称。赵建新认为，受“祀神娱人”演出风俗影响，“神戏”是“当地人祈福还愿等通俗信仰活动的重要形式”。[1] 在甘肃凡是与祭祀神祇有关的戏统称为“神戏”。这意味着“神戏”不是单纯的艺术行为，它是一种生活化、信仰型的艺术形式，是民众日常生活不可或缺的有机组成要素。它反映了当地民众的精神世界和真实生活。

从仪式剧目看，神仙道化剧是祭祀仪式展演的必演内容。甘肃民间小戏的神仙道化剧不仅数量多，而且涉及剧种也较为广泛。其中以影戏的神仙道化剧目为多。影戏展演的神仙道化剧有：《天官赐福》、《大赐福》、《牧羊》、《瘟神》、《万萨仙女》、《山神》、《龙王》、《药王》、《金斗魁星》、《寿星》、《灵官》、《张果老》、《何仙姑》、《童子》、《判子》、《铁拐李》、《吕纯阳》、《曹国舅》、《过关》、《千眼菩萨》、《观音》、《圈神》、《送子娘娘》、《天台山还原》、《刘全进瓜》、《武当山还原》、《度林英》、《红罗帕》、《归魂记》、《善恶记》、《马王卷》《碧油潭》、《棹祎山》、《万宝山》、《妙善出家》、《香山还愿》、《火化白雀寺》等。有“戏剧活化石”之称的永靖傩戏的神仙道化剧目如：《目连救母》、《五将降猴》（《封神演义》）、《二郎赶祟鬼》、《二鬼闹判》、《牛头马面》、《二郎牵单猴》、《十观音》、《笑和尚》、《撒布袋》、《醉五怪》、《谢将》、《砍山》等。此外，还有玉垒花灯戏的《莲台收妃》、《红花谱》、《鸡头关》；曲子戏的《八仙上寿》，陇南影子腔的《长乐驿》等。值得注意的是，甘肃藏族少数民族的南木特藏戏中神仙道化剧也十分丰富，如《达巴旦保》、《赤松德赞》、《阿达拉茂》、《阿达拉茂》、《卓娃桑姆》、《法王——

1 赵建新《陇影纪略》，中国社会科学出版社 2007 年版，31 页。

遮迈更登》、《松赞干布》、《罗摩衍那》等。和汉族神仙道化剧一样，南木特戏藏戏也是净场祭祀，祈神驱邪，祈求祝福，但是剧中的神仙魔鬼都来源于佛教。总之，神仙道化剧在表演和宗教艺术的综合运用中，充分体现了蕴涵于其中的仪式特征。

从小戏仪式展演结构看，作为祭祀仪式的有机组成部分，神仙道化剧有一套程式化的展演程序。仪式往往以“请神”为序幕开端，“请神”后的“酬神”、“祈神”、驱邪逐鬼等构成展演仪式的核心，并贯穿、渗透演出的全部过程，从而形成一套程式化的展演程序。在这个程序中，成为定制的是一般首演《天官赐福》，或《妙善出家》、《香山还愿》、《火化白雀寺》等神仙剧目。有时演哪出神仙戏往往与该神祇在当地的传说有关。

甘肃陇南西和县盛传三公主妙善出家修行得道而成为观世音菩萨的故事，民间认定此事就发生在本县，不少人以此引以为豪。因此每逢农历四月初八前后，在县境内供奉观世音菩萨的香火胜地的香山寺和白雀寺都要举行庙会，庙会演出的影戏剧目首推《妙善出家》、《香山还愿》、《火化白雀寺》，以颂扬观世音的功德。

甘肃环县兴隆山（又称东老爷山），地处陕、甘、宁交界，供奉无量祖师的道观每年在无量祖师诞辰农历三月初三举行庙会，庙会第一天俗称“挂灯”，当晚必须由道情皮影戏班演出祭神戏，仪式规模宏大。而首场必演《天官赐福》等。

存在于傩祭仪式之中的傩戏是关于神仙事迹及故事行为的典型叙说。从仪式空间看，永靖傩戏的主要场所是庙。其分布在原白塔寺川、西部山区的杨塔乡、红泉三塬镇、盐锅峡镇等地，这里素有“上七庙，下六庙，川里还有十八庙”之称，可见庙之多。从仪式时间上，永靖傩戏主要集中在每年农历的七月二十三日举行，民间将其俗称为“七月跳会”。 祭祀仪式从“请神”（下庙）到“祭神”的献盘、献牲、踩场、会手舞等，在整个程序过程中，傩舞戏展演始终与傩坛祭祀混杂在一起，尤其“踩场”既是祭祀活动的程序之一，也是傩戏展演的主要过程。通常，在会手舞之后，乡上各庙都要拿出自己的绝活——傩戏，一个庙接一个庙地展演。故此当地有“松树湾的《五将》（即是《五将降猴》），三角庙的《独戏》，焦家庙的《杀虎将》，果园四庙的《四不像》”之谚语。在诸多剧目中，演出剧目最多的是与二郎神有关的戏，这与当地以“二郎神”（俗称“福神爷”）为供奉主神有关。体现了当地二郎神崇拜习俗。

（二）教化性

高台教化是中国戏曲鲜明的特征之一，概莫能外，民间小戏的神仙道化剧具有浓厚的代言教义、劝善济世的思想。其表现形式一般有两种情况：一是度脱剧，二是降魔剧。度脱剧的被度脱者在遇到仙人指点前，大多在尘世间饱受人生痛苦，可以说痛苦是环绕主人公生活的主题。遇见神仙以后，人生遭际发生了巨大变化，在神仙帮助、点化后脱离苦海升天成仙。神仙度人的过程往往构成小戏神仙道化剧的叙事框架。

皮影戏清道光二十一年抄写本《棹袆山》，又名《湘子度林英》。剧演韩湘子奉玉帝旨，邀何仙姑同往棹袆山超度凡妻林英的故事。剧中刻画林英历经尘世的劫难，如她所唱："离了虎穴又入龙潭，这才是火上泼油煎。"为度脱林英于苦难，韩湘子两次度妻，林英最终醒悟，断绝尘念，随韩湘子升天成仙。剧终湘子唱道：

> 小湘子这开言，
> 叫妻儿大放宽心，
> 首次度尔在花园，
> 二次于尔把卦算，
> 府门化斋，
> 将尔指点，
> 功不行完，
> □□□□
> □□□□
> 夫妻双双驾云端。[1]

再如：光绪十年抄本《两狼山》，这本是杨家戏，剧演杨家父子被困两狼山，杨继业和七郎绝命于此的故事。虽然秦腔、京剧等大剧种都有这出戏，但是在剧情上皮影戏与它们都不一样，剧中穿插了皇圣老母点化杨继业碰死李陵碑前的升天情节：

> 东北界上天鼓响，

1 赵建新《陇影纪略》，中国社会科学出版社 2007 年版，115 页。

西北界上收将心。
早来一时还有位，
晚来一步后悔迟。
造定命丧瓜州地。[1]

永靖傩戏《方四娘》也是这种情节结构。方四娘生前备受婆家折磨；"公公打，婆婆骂，尕小姑过来拔头发，人家公婆多贤惠，我家公婆赛阎王。""十二月里一年满，四娘英灵到西天。公婆骂她阳寿短，不知四娘成神仙。"表面看剧情控诉了公婆对媳妇四娘的残酷迫害，其实最终以四娘成仙的结局隐喻了得道的观念。

度脱剧的主角多与神仙有缘，他们在尘世间饱受苦难，经过神仙点化，悟得了"道"的意蕴才能升仙。剧中神仙是"道"的化身，他们掌握着凡人成仙入道的要诀，只有经过他们的点化才能证果朝元。如皮影戏光绪十五年抄本《闹天宫》（收服孙悟空）剧末完场诗说得清楚：

安天会上聚神仙，
五行山下定心猿。
五百年后磨劫满，
不度无缘度有缘。[2]

此外，如皮影戏剧本《铁牛国》、《马王卷》、《红罗帕》等剧目，都是神仙最后出来裁决帮助解决矛盾的情节。这类剧目不仅出现在甘肃汉族民间小戏中，少数民族的南木特戏中也有这类戏。《达巴旦保》、《赤松德赞》、《阿达拉茂》、《卓娃桑姆》、《诺桑王子》等剧目，或为神佛立传，或显示神佛威力，总之是彰显佛法道义。如《赤松德赞》，剧演藏王赤松德赞继承了王位，为弘扬佛法他决心修一座佛殿，由于妖魔作怪无法修建，便从印度请来了莲花生大师，莲花生大师施展法力，降伏恶魔，很快建成了佛殿，并举行了盛大的庆祝会。

《目连救母》戏是度脱色彩最浓的戏曲剧目，这个故事极力宣扬了佛

---

1 赵建新《陇影纪略》，中国社会科学出版社 2007 年版，157 页。
2 赵建新《陇影纪略》，中国社会科学出版社 2007 年版，159 页。

陀的威神之力，应该说，它在中国戏曲仪式剧历史占据重要地位。民间小戏多有此剧。甘肃永靖傩戏的《目连救母》通过对地狱、饿鬼、畜生道惨状的描述，强调了佛法超强的救度能力，表达了民间信仰对佛教接受的程度和风貌。如目连对白佛说："弟子所生母，得蒙三宝功德之力，众僧威神力故。若未来世，一切佛弟子，亦应奉盂兰盆，救度现在父母，乃至七世父母，可为尔否？"[1]这里既是感谢白佛的救度，也是对佛教教义的宣传。

在小戏的神仙剧目中，以除妖去怪、禳解斗法为内容的降魔剧也占了相当大的比重。这类戏多是神仙与妖魔鬼怪斗法，故事以具有正义性的神仙战胜邪恶的妖魔鬼怪为结局，曲折地反映了封建社会的各种纷争，以及世俗百姓对不可知自然力量的畏惧与抗争。

在永靖傩戏中二郎神始终是一位神威显赫、武艺高强的天神，他法力无边能降伏各种妖魔鬼怪。如《五将降猴》，五将指：二郎神和四大天王魔礼青、魔礼寿、魔礼红、魔礼海。剧演妖猴偷学五将武艺，五将与大小猴打仗，最后还是二郎神降伏了猴子。《二郎赶祟鬼》剧演红绿鬼、大小猴、牛头马面等祟鬼泛滥，三眼二郎神身着战袍，手拿麻鞭，腰背利剑与鬼怪战斗，直到降伏祟鬼。《二鬼闹判》、《二郎牵单猴》等都是二郎神以高超法术战胜各种鬼怪的傩舞戏剧目。永靖当地将二郎神与治水的凡人李冰、道士赵煜等神话传说混在一起，演化出神奇无比的二郎神形象，实际上，二郎崇拜现象的背后隐含的是民间对地方神崇拜、对英雄崇拜、神灵崇拜、偶像崇拜等多种心理因素。

皮影戏《孙悟空大闹天宫》、《狮驼山》等剧，故事情节与小说《西游记》基本相似，《孙悟空大闹天宫》剧演孙悟空经过与众神仙战斗后，孙悟空不但没死，反而上了灵霄殿揪住玉帝大闹天宫。清道光十九年抄写本《狮驼山》，剧演佛母孔雀之弟大鹏与文殊、普贤菩萨坐骑青狮、白象临凡，堵杀唐僧师徒西天取经，孙悟空首战大鹏失败，后如来佛携文殊、普贤菩萨山前收妖，方才结束这场战斗。

劝善、行善与戒恶、惩恶是中国民间基本的道德准则。以上剧目充分体现了民间释、道不分的信仰特点，然而，剧目中的神仙不论是道教的还是佛教的，基本上都以正义战胜邪恶为结构模式，主要情节不外是代表恶的妖怪们或在天上亵渎了神的尊严、权威，或在人间残害善良、破坏人间

---

1 徐建群《永靖傩文化》，敦煌文艺出版社 2010 年版，27 页。

秩序，而人的力量极其有限，一时邪恶的妖魔鬼怪兴风作浪。神仙们神通广大，法力超凡，他们从天而降，降妖除害，保障了世间的安宁。从根本上说，在降魔剧中神与妖表征了善恶两种道德伦理力量的对立和较量，神仙是正义的化身，神仙除魔是情节的主要方面。而妖魔鬼怪则是邪恶的、害人力量的代表，神仙凭借超凡法力除魔祛怪，反映了人们征服自然的愿望。神仙对恶魔的降服，即是正义对邪恶的战胜，由此也达到了“劝善惩恶”的教化目的。

神仙道化剧是民间小戏的主要内容之一，作为民间生活文化和思想感情的直接再现，民间小戏的神仙道化剧负载了民众丰富的信仰观念与精神诉求。在一定意义上民间小戏的神仙道化剧与民间信仰之间存在着一种资源共享与能量交换关系。[1]一方面神仙道化剧是宗教实现世俗化、民众化目的的有效途径，另一方面神仙道化剧也是建构戏曲内容的重要方面。对于主要借助祭祀仪式宣扬教义的民间信仰，神仙道化剧无疑是体现娱神性及教化功能的重要载体之一。然而，随着民间信仰中各路神仙在仪式场域的出现，一系列的神仙形象也相继卓立于舞台，成为民间小戏乃至戏曲艺术独特的不可或缺的形象群。值得关注的是，这些“神戏”至今在乡间村社的草台戏楼、神庙寺院里，发挥着多种意识形态的功能与价值。笔者以为，这正是本课题需要深度关注且进一步探究的问题。

1 姜生《民间信仰与大型宗教的递变关系及能量交换》，《文史哲》2006 年第 1 期。

山西曲沃任庄扇鼓傩戏的固守与变通[1]

山西师范大学戏曲文物研究所 陈美青

任庄扇鼓傩戏，以演出时敲打圆扇形单面鼓而得名，为山西曲沃县任庄村许姓家族举办的祭祀演艺活动。新中国成立后，扇鼓傩祭活动一度停办。直到1988年，任庄扇鼓傩戏在贵州举办的中国傩戏学术研讨会上予以披露之后，才引起相关部门的重视。在山西省文化厅与山西师范大学戏曲文物研究所的努力下，任庄村民于1989年农历正月元宵节期间恢复了扇鼓傩祭和部分献艺演出。扇鼓傩戏的重现在当时更是打破了“北方无傩”说，学术界也轰动一时，扇鼓傩戏不断被学者关注探讨[2]，由此可见其在我国傩戏史上的重要地位和价值。时隔20多年后的2012年农历正月十五日，曲沃县再次举行扇鼓演出，中国新闻网认为这是失传30余年的千年绝技

1 本文为山西省哲学社会科学“十一五”规划2010年度课题（晋规办字〔2010〕4号）及山西省科学技术厅2011年山西省软科学研究计划项目“转型与蜕变：大众传媒背景下山西戏曲生态环境及生存策略的调查与研究”（课题编号：2011041063–02）阶段性成果。

2 1988年任庄扇鼓傩戏在贵州举行的中国傩戏学术研讨会上予以披露之后，《中华戏曲》第六辑（山西人民出版社1988年版）全文发表《扇鼓神谱》抄本，以及李一《〈扇鼓神谱〉注释》，段士朴、许诚《〈扇鼓神谱〉初探》，曲六乙《〈扇鼓神谱〉的历史信息价值》等文章。其后相关研究论文主要有：王福才《傩祭与傩戏——任庄〈扇鼓神谱〉录像片述评》（见《中华戏曲》第9辑，1990年），张之中《山西傩戏概述》，黄竹三、景李虎《从扇鼓傩戏看宗教祭祀在戏剧起源发展上的意义——兼论扇鼓傩祭活动的流变》，李一《曲沃扇鼓傩戏剧目考析》（以上三篇见《中华戏曲》第12辑，山西人民出版社1992年版），黄竹三、景李虎《〈扇鼓神谱〉源流再探》，赵逵夫《汾阴扇鼓傩戏的形成时代与文化蕴藉》（以上两篇见《中华戏曲》第13辑，山西古籍出版社1993年版），麻国钧《〈扇鼓神谱〉献艺六剧考论》（《戏曲研究》第81辑，文化艺术出版社2010年版）等。

“扇鼓傩戏”重现山西民间[1]。笔者对此进行调查，发现这次演出与1989年的演出有很大不同，本文拟将其中的不同予以展示，借此对当下的非物质文化遗产保护和利用工作提出一些看法，以就教于方家。

一

任庄扇鼓傩戏1989年正月的演出基本是遵从清宣统元年（1909）的《扇鼓神谱》抄本中所载而进行的。只是该抄本后半部分脱落遗失，经参加1944年和1945年元宵节演出活动的“十二神家”健在者集体回忆，在演出中补充完整[2]。可以说，1989年的扇鼓傩戏演出完全是按照既往的程序进行的，分“议定”、“摆坛”和“祀神、收灾、献艺”三个阶段：

在农历腊月初八经许氏家族商议决定要举办傩祭并进行分工后，于来年农历正月十二，在村中的大关帝庙内按照东、西、南、北方位摆“八卦坛”，按各坛主次呈供不同的规格的枣山、祭品等。正月十四至十六日进行傩祭与献艺祀神：正月十四进行“游村”、“入坛”、“请神”、“收灾”等项活动，正月十五进行“下神”、“添神”诸项活动，并表演《吹风》、《打仓》、《攀道》等节目，正月十六进行《猜谜》、《采桑》、《坐后土》等节目的演出和“送娘娘”活动。从演出内容来看，这三天中所进行的项目分傩祭、禳灾逐疫、献艺表演三部分[3]。“十二神家”既是祭祀活动的重要参与者，又是献艺的主要表演者。后土娘娘是傩祭活动中的主神，她的神位摆在八卦坛的主坛——北坛的最高处，在十二位神家中有一位称“马马子”（图一），专门负责“收灾”，替后土娘娘将任庄各家各户的灾难全部收走。

献艺节目中的《坐后土》即是关于后土娘娘和她五个儿子的戏：在后土娘娘千秋华诞之时，春、夏、秋、冬四个儿子都前去贺寿，唯独最小的儿子不来，问及缘由，是因为他没有受封，没有权力管理季节和方位。后土娘娘遂从前四个儿子所占的四季中，各抽取18天共计72天，分给五儿

---

1 中国新闻网《失传30余年千年绝技——“扇鼓傩戏”重现山西民间》，2012年02月18日12:04，http://www.chinanews.com/shipin/2012/02-18/news55710.html。

2 扇鼓傩戏的筹备、演出等程序经黄竹三、王福才两位先生调查整理为《山西省曲沃县任庄村〈扇鼓神谱〉调查报告》，收录在台湾《民俗曲艺》丛书中。

3 参见黄竹三、王福才《山西省曲沃县任庄村〈扇鼓神谱〉调查报告》，《民俗曲艺》丛书，台湾财团法人施合郑民俗文化基金会1994年出版，29页。

子。麻国钧先生认为这是对古代中国五行观念戏剧化的演绎。此外，麻先生还对其他五个剧目进行探讨，认为《吹风》反映古代农村工匠艺人的劳作情况以及他们对行业神的祈望，《打仓》是百姓向五种农作物的仓神来“报功”以求得仓神的护佑,《采桑》与蚕神祭祀、桑林野合相关,《攀道》、《猜谜》则是这场严肃祭礼中的“调色盘”[1]。这些节目围绕农业丰收、生产顺利、人财兴旺进行演出，充分表达着举办傩祭活动的目的所在。

2012年的社火演出是由曲沃县文化馆组织的，于元宵节在曲沃县文化广场进行表演。首先由四位打鞭小童上场，他们手持马鞭，用力挥舞，围成一圈，内有一着红衣裤者，持大刀作各种套路表演。他们退场后，十二神将持扇鼓上场排成一纵队，其余二百多名小童亦持扇鼓成两组，分列在神将左右。先以自身为中心，上下左右敲击鼓面；然后以神将为中心，变化队形，时而两人一组时而两纵队一组，靠拢分离、前进后退交互进行。接着十二神将跑出队列，分列在其前后，二百多名小童居中。最后十二神将汇合，四位打鞭小童和持大刀者在纵队前方挥鞭耍刀，持扇鼓者都跳跃着敲打扇鼓。表演在激烈的气氛中结束。

二

从上述两次任庄扇鼓的表演中可以看出，2012年的这次演出实际上是提取了任庄传统扇鼓傩戏的一些元素而重新打造的，变化很大，主要表现在以下几方面：

首先，参与群体的变化。传统的扇鼓傩戏演出人员由“十二神家”（12人)、锣鼓队（16人）、花鼓队（6人）三部分组成，他们均由任庄村许姓家族成员来担任。其中十二神家的扮演者比较固定，如果需要更换人员，必须是许姓男性村民，年龄、婚否、财产、在族内地位不限，关键在于他对傩祭活动是否熟悉，品德如何；“马马子”的神家必须是属马的青壮年；花鼓队队员两男四女为许姓儿童。2012年的演出没有花鼓队，锣鼓队成员（6人）来自曲沃县文工团，“十二神家”和“马马子”三百多人全部为曲沃职业中学学生，无论男女均可自愿参加，且规模空前。同时由于表演地点从任庄村转移至曲沃县城，由任庄的大关帝庙变更到县城的文化广场，

1 麻国钧《〈扇鼓神谱〉献艺六剧考论》，《戏曲研究》第81辑，文化艺术出版社2010年版。

观看演出的群体也随之发生了变化，由原来任庄及其附近村庄的村民扩大至全曲沃民众（除了在现场观看，还可以通过电视直播形式了解）。

这里值得注意的还有参与演出人员的性别也发生了变化。在当代傩戏的演出中，女性参与禁忌的被突破，就笔者所知并非仅此一例。2008 年 9 月 18 日在山西寿阳县韩沟村一种由傩舞向傩戏过渡的艺术形态——“爱社”演出中大鬼、小鬼的扮演都有女性参与。2012 年农历二月初二，河北武安大同镇东通乐村傩戏演出中绝大多数也由女性来扮演。经了解，这是由于当地中青年男性多外出打工，所以傩戏的演出暂时由女性来担当[1]，笔者以为这是民间自我调适的结果。

其次，十二神家身份的变化。曲六乙先生在对《扇鼓神谱》抄本分析后认为扇鼓傩戏中的“十二神家”是汉代“大傩”中十二神兽的遗绪、唐代“十二神”的直承：

> 汉代宫廷驱傩，由黄金四目、蒙着熊皮的方相氏，率领着由人装扮的十二神兽进行，此外，还有一百二十个侲子助威。到了唐代，驱傩的十二神兽衍变成了十二神，他们执长数尺的麻鞭，“振之声甚厉，乃呼神名”。曲沃任庄的“十二神家”则击打扇鼓，在激越的声音中，恭请各路神仙“下神”，这也是“直呼其名”。所谓“十二神家”，即扮演十二神的人。所以今日的十二神就是一千多年前十二神的再现。

并且从“十二神家”在扇鼓傩戏中的地位以及职责判断，认为“十二神家”是将唐代的方相氏、十二神、唱师和众鼓手四者集于一身的[2]。

2012 年的扇鼓演出，“十二神家”的身份被重新确定为“十二生肖”。关于这一点，曲沃县文化馆馆长刘明管先生这样认为：在广场表演给观众解说“十二神家”时，说他们是从古代的“十二神兽”演化而来，但“神兽”是什么样子大家没见过，恰好我国的生肖神也是十二位动物，所以把“神兽”坐实为“生肖神”，便于大家理解[3]。而且“神兽为生肖神”的论点并非空穴来风、凭空想象，是有一定依据的。钱茀先生认为在宋代之时，汉代

1 根据笔者 2008 年、2012 年在当地考察采访的笔记整理而成。

2 参见曲六乙《〈扇鼓神谱〉的历史信息价值》，《中华戏曲》第 6 辑，山西人民出版社 1988 年版。

3 2012 年 5 月 17 日，笔者于曲沃县刘明管馆长家采访所得。

图一“马马子”

的十二神兽演变成六丁六甲——十二生肖神[1]。此外，这次演出中，具有驱鬼疫功能“马马子”不再是“十二神家”中的一员，而是被独立出来，专门用马鞭打路，意欲把灾难全部打掉，为老百姓驱瘟逐疫。

再次，十二神家服装的变化。传统扇鼓傩戏的“十二神家”服装与唐代傩祭时所穿有很大的关联。“十二神家”上身穿黑色长袍，下着红色长裤，外翻穿羊皮袄，显然是对唐代方相氏“黑衣朱裳”和唱师“皮衣”的直承和衍化，至于十二神家头戴的红缨凉帽，可能是受金代遗俗的影响[2](图二)。“马马子”要收灾时装束有所变更：除裤子不换外，会脱掉羊皮袄和长袍使上身保持赤裸，头裹黄巾，腰间系红裙（见图一）。

在2012年的演出中，打鞭小童头戴黑色罗帽，身着黑色快衣，为戏曲中武生打扮。“十二神家”头戴武士盔，插双翎，盔顶做成十二生肖的模样，身穿黄、红、蓝等武将戏装（图三)。其余二百多名统一着蓝色武士服装，头扎包巾，巾前有红穗，后有红缨，两侧有白色飘带，充分体现

1 钱茀：《傩俗史》，广西民族出版社、上海文艺出版社2000年版，227页。

2 参见曲六乙《〈扇鼓神谱〉的历史信息价值》，《中华戏曲》第6辑。

图二 1989年演出中十二神家之一

图三 2012年社火演出中十二神将之一——蛇神服饰及其扇鼓

“戏”的因素。

最后，十二神家道具的变化。传统扇鼓傩戏的表演中，十二神家使用的扇鼓，形如团扇，直径约1.5尺，柄长约0.9尺。鼓圈和鼓柄均用熟铁打制而成，鼓柄末端分为三股，卷成三个圆圈，每个圆圈上套有三个铁环，这种样式俗称“三钩九环”。鼓面用羯羊背部的皮革制成，鼓面保持净色，在正面题“曲沃任庄村第几”等字样，以便各神家领取。鼓鞭用木片或竹片做成，以五色彩缠绕，并以花布条做穗。此外，“马马子”在收灾时，会口衔尖刀，左手持响刀，右手拿麻鞭。其中麻鞭长九尺，用三斤麻分三股拧成，头粗尾细，鞭头裹以红布，鞭身夹缠红布作为装饰。响刀，熟铁制成，长约二尺五寸，重约五斤。刀头作“山”字形，为三块形状相同的铁片组合而成，铁片之间夹有上书符咒的黄表，刀把末端如扇鼓鼓柄，亦为“三钩九环”[1]（图四）。

2012年演出中，鼓鞭基本没变，扇鼓大小与传统扇鼓相近，只是现在曲沃很少有铁匠锻铁，所以鼓圈和鼓柄均用钢筋棍扭制而成，鼓圈周围饰以绒球、铃铛。鼓柄末端卷成三个铁环，并饰以三色彩布。鼓面的皮

1 黄竹三、王福才《山西省曲沃县任庄村〈扇鼓神谱〉调查报告》，第107–108页。

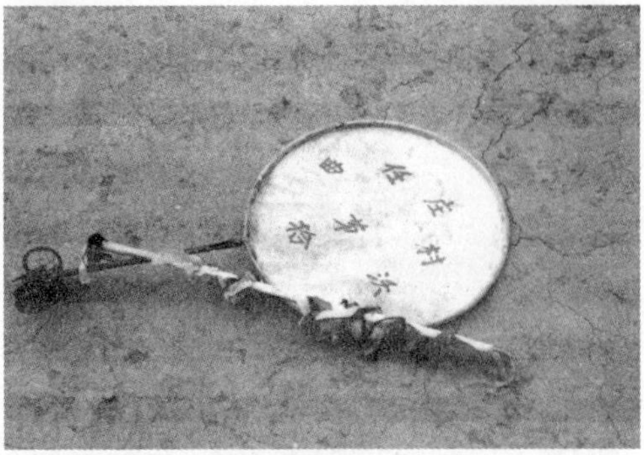

扇鼓

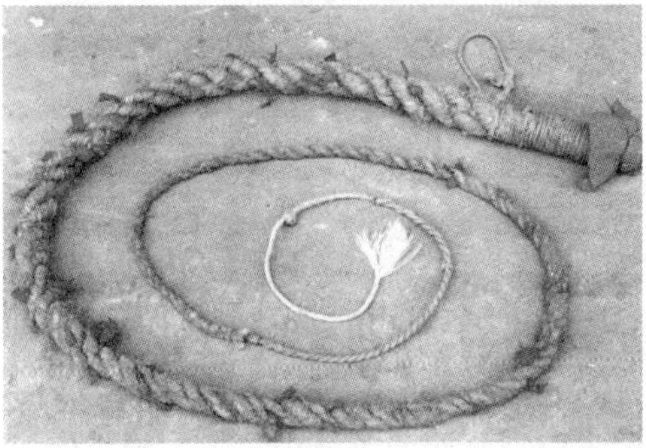

麻鞭

响刀

图四

革只要是羊皮即可，没有特别要求是羯羊背部的皮革，扇鼓的鼓面一面为中国的图腾——龙形，一面为曲沃出土的晋国文物——鸟尊（见图三）。打鞭小童使用的麻鞭长约五尺，鞭头用红布装扮。原先的响刀则改成我们惯常见到的大刀样式，没有尖刀道具。

此外，扇鼓傩戏的重头“傩戏”《吹风》、《打仓》、《攀道》、《猜谜》、《采桑》、《坐后土》等节目在2012年没有上演。之所以出现上述变化，在于1989年和2012年两次排演的出发点不同：1989年的演出旨在复原抄本记载和民众记忆中的扇鼓傩戏，而2012年的表演是出于打造当地文化广场活动的目的。因为目前曲沃周边的县市基本都有全国知名的文化招牌，如翼城花鼓、襄汾登天狮塔、临汾市威风锣鼓，唯独曲沃没有。若也选择花鼓、锣鼓等发展，这些都是别人的，再搞也不会出什么新名堂。所以要选择曲沃本土的文化，扇鼓傩戏、曲沃琴书和碗碗腔都为非物质文化遗产保护项目，从宣传非遗和适合广场表演两方面考虑，选择扇鼓傩戏作为对象，利用其中的道具和动作编排一组广场表演节目，重在舞蹈而非突出献艺，而献艺是扇鼓傩戏中最重要的程序之一，因此刘明管馆长认为中国新闻网上将2012年的扇鼓演出认定为扇鼓傩戏是不全面的[1]。

综上所述，2012年的广场演出将许姓家族成员变为中学学生，十二神变为十二生肖，其服饰、道具上也发生了一系列改变，这些变化使得这次演出与以往演出的目的、性质完全不同，它突出了观赏性而消解了其中的仪式性，将传统的家族性傩祭仪式变成全民性的观赏活动。因此2012年的演出并不能称之为“扇鼓傩戏”，中国新闻网《失传30余年千年绝技“扇鼓傩戏”重现山西民间》的报道只是借重这个称呼引来关注。

三

这里笔者无意指责扇鼓傩戏的如此变通，但是山西曲沃县这种利用非物质文化遗产项目的举措值得我们深思：我们的非遗是要固守还是要变通，它未来究竟该是什么样子？当然，这种利用非遗重新打造的现象不仅扇鼓傩戏一家所有，2012年8月在湖南郴州临武观看祁剧演出时，有学者就呼吁别把祁剧“京剧化”了。那么，围绕我国“保护为主、抢救第一、合理利用、继承发展”的非物质文化遗产保护工作指导方针，笔者以为非物质文化遗产保护工作应从抢救性地保护、合理地利用、有效地传承等几方面着手：

抢救性地保护。目前山西曲沃任庄扇鼓傩戏在相关资料收集方面相对完善，除了拥有清代宣统年间流传下来的手抄本外，还有在20世纪80年代末的演出录像以及黄竹三、王福才两位先生的《山西省曲沃县任庄村〈扇鼓神谱〉调查报告》，依照这些资料复原演出似乎不成问题。但实际上扇鼓傩戏整体状况不容乐观：就传承人情况来看，《扇鼓神谱》抄本的保存者许世旺，他是仅剩的传承人之一，已年近九十而且几年前因中风导致言语障碍。他的家人以及当年跟着他打鼓的艺人虽然健在，但都六十多岁。他们的后代大都不再从事扇鼓表演，扇鼓傩戏存在断代的危险。活态性的保护于非物质文化遗产而言更有意义，因此对扇鼓傩戏抢救性的恢复迫在眉睫。

合理地利用。对非物质文化遗产的利用应有一个尺度，不能无限地宽泛。非物质文化遗产概念就规定：

---

1 2012年5月17日，笔者于曲沃县刘明管馆长家采访所得。

> 各个群体和团体随着其所处环境、与自然界的相互关系和历史条件的变化不断使这种代代相传的非物质文化遗产得到创新，同时使他们自己具有一种认同感和历史感，从而促进了文化多样性和人类的创造力。[1]

上述中的“创新”也即各时代对非物质文化遗产的开发和利用，但这种开发利用是建立在群体的“认同感和历史感”基础之上的。虽然新中国成立后的一段时间内，扇鼓傩戏一度停办，但伴随傩祭演出的任庄扇鼓锣鼓曾多次参加当地的元宵节社火活动，表演者穿“十二神家”服装，这种装扮能唤起民众对扇鼓傩戏的整体记忆，取得他们的认同感。《扇鼓神谱》抄本也是基于20世纪80年代末追溯锣鼓的渊源而被发现的，1989年的演出更是深层次地对历史的一种追溯。而2012年的演出除了“扇鼓”、“响鞭”、“十二神家”以及“马马子”等名称被基本保留外，它们的外观无一不被重新包装。就新制作的扇鼓而言，其鼓面使用龙图腾和晋国时期的鸟尊图像，若离开“任庄扇鼓傩戏”这个语境，这种扇鼓似乎是更具有历史的厚重感，然而这使得扇鼓本身的历史变得迷离起来。同样“十二神家”本来是从汉唐时期“十二神兽”演化而来的，改为“十二生肖神”后则变成是宋代之后才有的。此种打着非遗旗号的利用使得当地民众对于扇鼓傩戏的认知发生混乱，实则是对民众集体认同的戕害。因此，我们对非遗的利用一定是建立在充分保护基础上的利用。

有效地传承。目前曲沃县相关部门主要从两方面着手，一是让非遗走进当地职业中学的课堂，扇鼓表演作为曲沃县职业高中高一学生入学之后的必修内容，代替原来的军训安排；二是计划把扇鼓表演发展成为文化产业，以便职业高中的学生毕业之后可以此谋生。笔者也在如何保障“非遗的后继人才”问题上认为：一方面要加大非遗进校园的宣传力度，使得青少年熟知本土文化，激发他们参与的热情和可能性；另一方面要解决就业人员的后顾之忧，使得他们安心从业。似乎曲沃县的做法完全正确，然而细加辨别，就会发现曲沃县的这些措施还有值得商榷的地方。首先非遗宣传是要大致地遵从原汁原味的原则，而2012年这样完全变形的、“现代版”

---

1 联合国教科文组织官方网站 http：//www.unesco.org 公布的《保护非物质文化遗产公约》中文版。

扇鼓演出走进校园，它究竟能起到多大的宣传效果，它给非遗保护的工作带来的是正面还是负面的影响？答案显而易见，这样的训练对非遗宣传保护基本上没有什么意义。另外，扇鼓傩戏中的锣鼓在当地影响较大，以此发展文化产业无可厚非，然就传承而言，仅将锣鼓作为传承项目还不够完备，因为在扇鼓傩戏中锣鼓并不是重心所在。

从以上可以看出，我们要正确处理好非遗保护、利用、传承之间的关系。它们三者紧密相关又互相影响，保护是利用的前提，而利用又是为了更好地传承，而有效地传承才是真正意义上的保护。同时利用要建立在坚守非遗自我个性的基础之上，否则，该非遗就丧失了自我，变成了另外一种表演艺术，当然也不是要恪守成规、故步自封，要从该非遗的特点和当地民众的历史认同感出发，适当创新使其保持内在活力，这样传承才更有意义。这也是我们今天非遗保护的宗旨所在。

（后记：王福才先生为本文提供了扇鼓傩戏 1989 年演出的图片资料，特此致谢！）

中国湖南临武傩戏“路祭”之意义与价值

湖南省沅陵县　李晓晖

傩文化在当今中国民间老百姓的眼里与心中是随着社会进步的一种大众文化思潮活动艺术，同样是生活富足以后的人们所寻求的普遍精神提升与活性物质文化享受。更贴切地说，中国湖南临武傩戏中第二场“路祭”是原始社会农耕意识形态沿袭迄今至永远的华夏民族生存的乐观精神之所在。

中国傩文化是神龙文化，亦是劳动生活创造出来的社会生存过程中的娱乐艺术境界。在这个凡人存世的生活过程中，临武傩戏“路祭”尤为显得特别重要，因为路不仅仅是傩神要走的路，还是我们大家要走的路，更是地球上所有生存的生物生活时必走之路。“路祭”的意义与价值不言而喻，它激励人们热爱生活，笑傲死亡，是生活唯美艺术的真实反映，是劳动者热爱生命过程的浪漫诗意写照。

从信仰的角度来阐述临武式傩戏第二场“路祭”，譬如一，傩神应该相当于印度佛教创始《般若波罗蜜多心经》者释迦牟尼，菩萨是安放在佛位中不动的神圣灵物，必得进贡。而在中国土生土长的傩文化称为流动的傩艺术是当之无愧的，傩神是流动者，是鲜活的，有众多人们参与的精神领域里的教育活动，可以让人们在活动中获得一次生动的全方位的精神层面洗礼，这是高高在上的佛教无法企及的原因之一。

临武“路祭”，使我们得到生活哲理的领悟并享受其傩神带给人们的美好享受与乐趣，可喜可贺；可歌可舞；可歌可泣；可弹可唱；可吟可画；可传可闻；在唱念做打中自如神奇。似如油盐柴米酱醋茶是人们不可缺少的生活粮食，似如“路祭”是家常百姓食饱后的精神食粮，它能逾劳动与休闲为一体，尽善尽美，尽情尽致，目标最终就是行善积德，扬善弃恶，谁也不会被慈悲为怀的傩神淘汰，这是生活中特具理想的大同世界。

傩戏“路祭”是中国民间流动的巫傩文化，是活的傩神文化；是一种古老戏曲全民动态新的活文化；是古老中国戏曲的活化石；是世界非物质文化遗产中所流动发展的新人文文化；是深受我们大家喜爱的百姓文化，是人生舞台银幕上最精彩的蒙太奇画面组合。

再从信仰的角度来阐述临武式傩戏第二场“路祭”，譬如二，傩神应该相当于西方国度的基督教《圣经》中的耶稣基督，主是强大无比的，而我们傩神拥有色彩分明的慈善精神与社会生活实践，这是各类教会通用的思想行为核心。人们在游趣的过程中懂得以善为本，给予本来是宽宏大量的布施恩典，生与死都是美好的，这样人们就不会惧怕死与鬼神，生活既凡俗又有意义与价值。

我们华夏古老傩神创造出来的原始傩文化，其实就是傩文化遗传基因择优录选的活神仙存世，其实就是中国老百姓自己。自己做自己的主人，傩神再现于现实生活中来给大家指点迷津，大抵相当于《圣经》中的导语“主在我心中”。这是万能皆可的主无法行使的戏谑有加的诙谐傩文化原因之二。

湖南临武傩文化中傩戏第二场“路祭”，其实是世界上所有的神与人同在路上行走，是神与人在阳光路上同甘共苦生活磨砺的生动片段，在这拉练式的生活学习增长知识的过程中，诠释了人们活到老做到老学到老的最基本的生活理念，是原始人进化到现代人思想进步的必要途径，傩神囊括我们大家有灵魂的高级动物在内的现代人，这是既古老又现代的生活调侃与诙谐相互渗透流动的傩文化活艺术，是必得瑜伽的一个愉快的修炼过程。

又从信仰的角度来阐述临武式傩戏第二场“路祭”，譬如三，傩神应该相当于阿拉伯世界伊斯兰教《古兰经》中的虔诚教母真主安娜，去麦地那朝圣又好比华夏傩神在路上“路祭”，真主召唤信徒那是苦行取经，而临武傩戏第二场“路祭”，是鲜活的寓教于乐，全民皆神，神游在实实在在色香味的食府天下，好吃好玩好喝好耍好学，这又是其他教派无可相媲美的优越条件原因之三。

从当今生活艺术角度来阐述临武傩戏第二场“路祭”，譬如四，傩神应该相当于西欧国度公历 12 月 25 日圣诞节中戴着圣诞面具的圣诞老人，给希望的人们和可爱的孩子们颁发梦寐以求的圣诞礼物。圣诞前夕的化装舞会人们所戴的各类神鬼假面具均是艺术之神的生活临摹。西欧市面各类面具恰如与我们中国湖南临武傩戏傩神的面具如出一辙，这傩神其实是民族的，民族是世界的本源。这就是傩神是世界大众娱乐文化的通用之神威。因为傩神是民族的，所以傩神是我们世界的。

综上所述，中国湖南临武傩文化傩戏第二场“路祭”，其实就是傩神善神路神与世界上生存的我们行走在生活路上一起欢乐地完成着人生旅程心灵美好的实践活动。人生之路不可能都是一帆风顺的，也许有时候坎坷艰辛难以行走，它需要我们坚韧不拔地用心用情用劳动用智慧来走完人生的光辉里程。

路虽然难行，但是屈原诗祖写下历史诗河中的《离骚》诗句：“路漫漫兮其修远兮，吾将上下而求索”。在求索中有新发现，在改进中有新的攀登，在攀缘中再实践，以至于获得更高级的精神享受。而汉字形声转会意的傩字：亻 又 隹，至此归结了人们活在世界上的行路艺术。

临武傩戏第二场“路祭”，目的是为了千军万马有路行，有桥过。人生之路虽然难行，我们忧国忧民又无忧无虑地与傩神同往，于生活中笑傲江湖之隅。所以说傩神是我们自己，那就要让我们自己在生活的旅途上走好人生之路，“路祭”与路环环相扣，这才是临武“路祭”所表演出来的尤为特殊的场幕。“路祭”的意义与价值是劳苦功高而又确实功不可没的。

湖南临武傩戏第二场“路祭”是现代生活中不可缺少的调味品，“路祭”是我们生活艺术里必要的修行课程，临武“路祭”充分证实了这个人生旅程必修的课题。走好路走对路具有特殊性与普遍性，既唯物主义又辩证法又凝聚视死如归的精神。这里面充满精诚团结的情愫，充满理想激情的奋斗，它的旅游价值、经济价值、教育价值、艺术价值、强身价值，以及享受意义是其他教会无可与其相比拟的。

临武傩文化古老而神秘，它是在原始巫术上建立起来的巫傩文化，属于有神论范畴，但是它有别于其他宗教组织。傩文化属于原始农耕文化，汇集和沉淀了今古劳动人民的人文艺术。傩文化能在湖南郴州民间盛行，它的艺术生命力可见一斑，演绎着自然山水音乐，舞蹈、乐器、绘画、歌咏、诗律、楹楣、雕刻、警句、双簧、故事等，这种品质的民风民俗是民族精神图腾的活灵活现，是大众神秘文化的精神产物；是自然界的灵犀反馈到高级生灵精神层面的现实表演；是从古老先民到历朝君王的凡俗爱好；是从偏僻农村到中央都市的实用调侃剂。傩文化的敬神、祭鬼、祈福、禳灾的原始流动宗教兼而有之的人文活艺术活动都是为了明天会更好。

读万卷书，行万里路。我们要把自己的精神融合在格物运化之中，与自然混为一体才能返璞归真到大自然之中。继承和发扬中华民族丰富的非物质文化遗产，无愧于华夏民族古老的东方文明。让我们大家踏罡着临武的傩戏之“路祭”走在我们有意义和价值的人生舞台上！祝愿我们崇拜的中国湖南临武傩神永远傩戏“路祭”在我们行走的美好生活中！

巫傩文化及其他

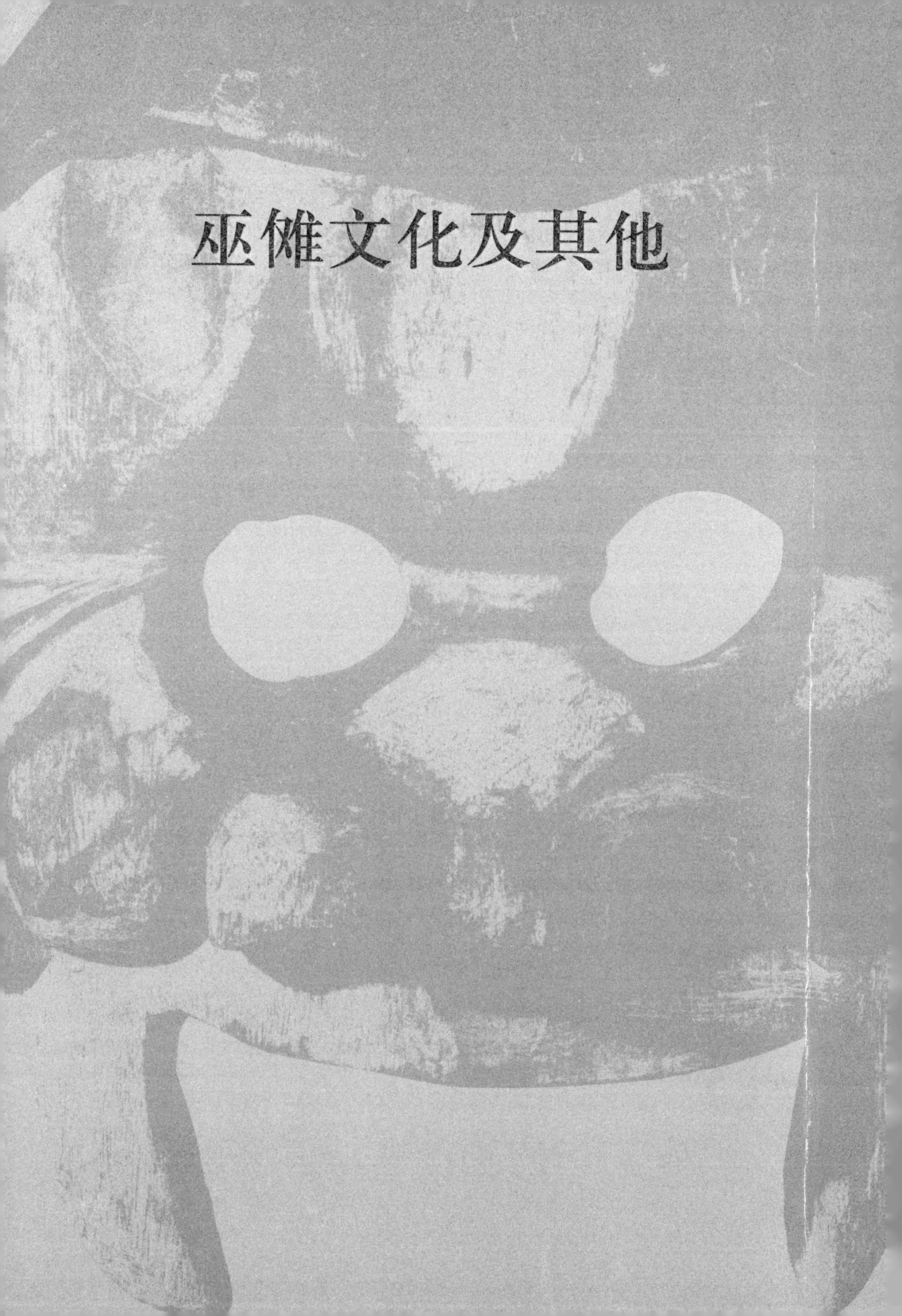

傩文化在近现代的现实意义

新加坡　王添羽

任何一个民族和国家在研究自身历史和文化的同时都希望在历史中找寻其存在的优秀元素，用以证实其现实发展的意义。“巫傩”距今超过两千年之久。其原形我们只能从文物和古籍中尽可能地去还原它的原貌，比较现存文化中傩仪的痕迹，发现它在社会和文化中的现实意义，以求“溯源无误，流派可稽”。

一、原始宗教和巫傩的盛行孕育了民间信仰及艺术形式的产生

原始社会由于人类文明发展的局限，在表达恐惧和愤怒等情感时，更具有群体性，因此在自然神崇拜，祖先崇拜的仪式中充当祭祀的巫以其具有模仿性和象征性的动作引导整个仪式的群体情绪。而且祭祀的时间是因火山爆发、洪水、日食等自然现象，或者战争，生产、死亡的产生而引发的，是不定期的。随着人类文明发展的进程这种原始崇拜逐步发展并和宗教相结合成为有计划的，定期的，有规模的有固定仪式的祭祀。然而这种固定的仪式，在历史的变迁中，通过改朝换代，开疆阔土等因素造成的人员迁徙造就了一部分地域的民间信仰。这些民间信仰保留了傩仪中的部分元素，形式上却有了很大变化。以民间醒狮活动为例，舞狮应该是传入中国的西域狮子崇拜与中国固有的驱鬼逐疫的傩舞相互影响的产物。是古代先民为驱鬼酬神、消灾辟邪而举行的祭祀活动（傩祭时跳的舞，源于原始巫舞）。汉朝时，宫廷傩舞规模盛大，有“方相舞”、“十二兽神舞”等名目，舞者头戴面具，手执兵器，表现驱鬼逐疫的内容。延至魏晋南北朝时期，传入中土的佛教与傩结合起来，产生了佛傩结合的傩队。如《荆楚岁时记》

所记的“荆楚傩舞”，十二月初八腊日，“村人并击细腰鼓，戴胡头及作金刚力士，以逐疫。”西域狮子崇拜的护法驱魔与傩文化中的驱鬼逐疫有重要的共通之处，这也是两者发生相互影响的重要因素。舞狮所用的锣、鼓、钹三种敲击乐器来说，鼓和锣都是傩乐的基本乐器。尤其是鼓，是指挥驱傩活动的号令，也是第一个傩乐器。早在东汉高诱《吕氏春秋·秋冬纪》“命有司大傩”句注中，就有“今人腊岁前一日击鼓驱疫，谓之逐除是也”的记载。在广西重要傩戏师公戏中，也有“蜂鼓不响不开腔”的规矩。锣与鼓的搭配出现在唐代的傩乐中，如《唐人勾栏图》中描述庙会的“障中挝鼓外击锣。”宋代以后逐渐流行，如宋代梅尧臣《除夜雪》的“击鼓人驱鬼”，孟元老《东京梦华录·十二月》和吴自牧《梦粱录·十二月》中所说“打夜胡”时的“敲锣击鼓”等记载。舞狮中鼓手也是整个狮队的指挥者。傩的主要特点有三：1. 以驱鬼逐疫为主题。2. 使用假面具，或披兽皮等。3. 有傩舞、傩戏表演，由单纯驱疫逐步向驱疫、娱人方面发展。这些特点也正是舞狮所具有的特点，只是舞狮的娱人方面发展得更快一些。流行于各地狮队沿门拜年辟邪的习俗也与傩俗中的丐傩有密切的渊源关系。所谓丐傩，是指以驱傩的名义乞讨的乞丐。他们多采用沿门逐疫的形式，如唐宋的打野胡和明清的急脚子，甚至莲花落、打莲厢、龙舟歌等都与丐傩艺术不可分离。过去舞狮都用鸡血点睛，不用朱砂。鸡血点睛的习俗源自古代普遍的磔牲傩俗，是驱疫辟邪的重要手段。磔鸡习俗，先秦就有，但专门磔鸡，不磔其他，始于曹魏明帝，以后又发展出专磔雄鸡的习俗。鸡血涂于门，可御鬼于门外，涂于器物，器物就会有灵气，在舞狮的狮子点睛仪式中杀鸡、取涂物的傩俗，在越南、日本、朝鲜的傩俗中也普遍流行。有些地方狮子点睛仪式中的洒圣水、撒五谷仪式也与古代周傩中的舍萌（撒菜牙）和秦、汉傩中的撒豆播谷以辟邪的傩仪一脉相承。可见舞狮是受汉代出现的“十二兽神舞”等傩舞和魏晋以来佛、傩结合的影响而逐步发展起来的，正因为舞狮娱人和傩仪娱神的不同发展路向，导致了两种不同的发展结果：舞狮越来越受到人民的欢迎，逐步走向了世界，甚至走进了狮子崇拜的发源地印度和中亚；源于中国，曾在东亚地区广泛流行的傩却由于种种原因逐渐式微。舞狮广泛流行始于唐，有关唐代舞狮的文献记载也较多。最著名的舞狮就是“五方狮子舞”。《新唐书·音乐志》记载：“设五方狮子，高丈余，饰以方色，每狮子有十二人，画衣执红拂，首加红抹，谓之狮子郎。”唐代杜佑《通典》卷146《乐六·坐立部伎》也记载：“太平乐，亦谓之五方师子舞。师子挚兽，出于西南夷天竺，师子等国。缀毛为衣，像其仰驯狎之容。二人持绳拂，为习弄之状。五师子各依其方色，百四十人歌太平乐，舞以从之，服饰皆作昆仑象。”此种舞狮规模宏大，并有严格的规制和舞法。唐代著名诗人王维，因违禁舞黄狮子（五方狮子舞之一）一事，被贬。宋代王谠的《唐语林》卷五中都有记述。“五方狮子舞”是专为皇帝宴饮时的舞蹈，却与傩俗相关。在唐代的开元傩制中，常常把傩与乐舞结合起来，如唐玄宗本人曾让四名方相站四角，为兰陵王舞在当中做伴，把傩和乐舞合二为一。在晚唐傩制中，傩仪中的文艺表演成分更大，狮子舞也是傩仪中的表演节目之一。因此“五方狮子舞”可能和宫廷傩仪有密切的联系，也可能与傩仪中历史悠久的“跳五方”有一定的关系。

宋代以后舞狮普及乡里，从宋代流传下来的《百子嬉春图》中的舞狮情景看，与现代舞狮已非常相似了。但舞狮与傩的关系依然相当密切，如河北武安早期的《打黄鬼》社火傩舞中，就有狮子舞的内容。顾景星在《蕲州志》中详细介绍了蕲州傩仪，明代湖北蕲州有 72 家傩班，其中便提到有西凉狮子舞。清代江西务源县亦有“三十六傩班，七十二狮班”的说法，可见当时傩班的兴盛程度。在甘肃静宁县农村的烧社火、断瘟神和安徽贵池的傩仪中都有舞狮出现。此类狮、傩同现的例子不胜枚举。

舞狮的辟邪驱疫功能逐步内隐，娱人功能长足发展，成为表面上的主要功能。而古傩在向现代傩转化的过程中，娱神的实质成分逐渐减弱，娱人的成分越来越强，许多地方发展出了傩戏。但与舞狮比起来，其娱乐性和普及性有很大差距，就其本身意义上有濒临灭绝危险。

二、傩的“娱神性”走到尽头了吗？

《史记》记载《陈涉世家》中的“鱼腹咒”，汉高祖的“斩白蟒”可以说是傩仪“娱神性”的延伸。封建统治集权很早就发现和利用了最初的祭祀和崇拜仪式对其自身的统治意义并加以演化和系统化。改朝换代，叛乱夺权的同时都会伴随“异象”的传布。成熟的祭祀仪式为结党结社的特殊社会群体提供了组织架构的条件。特别是经历了元、清两代少数民族对中原传统汉族的“异族统治”以后，天地会（洪门三合会）、白莲教均是在相对完善的祭祀仪式下建立的带有政治意义的精神秘密组织。“昔分异地，今聚一堂，准星辰为兄弟，指天地为父母。”（《水浒传》）“刘、关、张桃园结义”（《三国演义》）的思想概念为这些秘密组织的结构奠定了基础。傩仪中的大部分形式被继承下来，是这类组织中必不可少的组织条件，成为其赖以存在的精神需要。自明至清，中国的人口从一亿激增至四亿，相对贫穷人口基数激增了。加之国事日衰，会、道、门等秘密组织在近代历史上充当了相当重要的角色。连领导推翻清政府的孙中山也是借助“会党”力量，他是洪门会致公堂的“洪棍”（大元帅）。

在以南洋为代表的海外，最初他们以南明遗民自居，吸收大批相继南来的沿海居民以族群为基础，建立了香堂，公司等会、道、门组织，如今被统称为“私会党”（来自英文 Secret Societies）。这些被称为“私会党”的组织结合了他们原属族群的民间诸神崇拜，包括道教、佛教崇拜，功臣、圣贤，以及瘟神、王爷，以及被引申演化的本土神明（拿督公）。建立堂口，收取保护费。有些则出资兴建庙堂，以画符念咒、卜卦抽签、扶乩降神、跳神问故、祛邪医病、祈风求雨、齐醮普度，迎神赛会为名收取香油钱。其共同的特征是无论哪一门派，在入会和选堂主等仪式上都继承了傩仪的主要形式。这些“私会党”在早期移民社会中其实扮演了精神核心的角色，甚至起到开疆扩土的作用。在婆罗洲上很早就有华人定居生活，从事贸易的占大多数，他们往往组成自己的公司（私会党的一种形式），以罗芳伯为首的南方公司就是其中的一个（此前已经成立十八人同心会，后发展为一百八十人同心会）。由于荷兰等西方殖民者对南洋的侵略加剧，罗芳伯顺应时势和当地华人以及落后民族为保护自己生存权利的要求，于 1770 年建立兰芳共和国，定都东万津，他被拥戴为大总制。 在南洋国家之中，他按照中国的传统，建元兰芳，公元 1770 年为兰芳元年。他仿效西方当时才出现的民主制，规定国家的大小事情都必须咨询人民群众之后，才能施行。最难能可贵的两点是：他没有称帝，帝制自为。兰芳共和国建立不久，他就派人赶到北京向中央政府汇报相关情况，并进贡方物。又拒绝了人们要他称王的请求，而是称总制、大唐总长，并且规定，他及后世领导人都不能把兰芳共和国变为一姓人的“家天下”。共和国先后民选了 12 任领导人，他们领导华人以及归附的落后民族改进农业技术、扩大矿业生产、发展文化教育、组织军事训练，使兰芳共和国的实力和影响大增，更多落后民族前来归附，兰芳共和国的版图迅速扩展到整个婆罗洲。

兰芳共和国的发展壮大遭到了西方殖民者和依附于他们的南洋落后民族的嫉恨。随着大陆的日益沉沦，失去了支持的这个在异域建立起来的华人小国，遭到荷兰殖民主义侵略军的进攻。兰芳共和国全体民众进行了顽强的抵抗，最终因武器太差而遭到失败，这个华人小国也不幸灭亡。“兰芳”共存在了110年。后婆罗洲由荷兰转给印度尼西亚，改名为加里曼丹岛。

罗芳伯参照西方国家的一些法制，设置了一套完整的行政、立法、司法机构。国家有国防部，但没有常设军队，而是采用帮会制度全民皆兵，平时分散各地搞生产，战时集中起来御敌。地方分省、府、县三级，由各级公民投票选举出当地行政机关的负责人。罗芳伯当了19年的国家元首，于1795年病逝。随后，由全国公民选出江戊伯继任国家元首。每次继任皆行祭祀大礼，此后还有7人先后担任过这个职务。这个比美国独立还早6年的共和国始终保持了传统的祭祀体系是和它的私会党背景密不可分的。如：1793年，兰芳十七年，癸丑岁，罗芳伯设坛祭鳄，作《祭诸神驱鳄文》，华夷信之，多讴歌者。1795年10月24日，首任元首罗芳伯崩逝，葬东万律，享年58岁。南洋新加坡，马来西亚的华人尊之为“大伯公”神，延续至今。

无论是形式上娱乐大于仪式的舞狮，还是仪式大于娱乐的傩戏，以及仪式构建的海外帮会，它们共同面对的是人创造的神，却又要人去敬畏的这种仪式。同时也正是这种慰藉心灵的仪式，凝聚和成就了这个传统文化的现实意义。

“和梅山”傩仪的象征人类学解析

中山大学　龚德全　　贵州省道真县民宗局　冉文玉

人类学关于仪式之研究，切入维度从来千差万别，但将仪式当做“公共符号”（public symbols）体系的象征人类学（symbolic anthropology，又译“符号人类学”）视角，无疑是一个非常重要的研究取向。在象征人类学视阈中，“仪式是通过象征这样一个特殊的‘知识系统’来释放符码，解读意义的”，“是某一个特殊的社会内部结构形貌（configuration）的符号化表达”。[1] 正是如此，它对于仪式之研究，重点不在仪式符号本身，而在于仪式行为象征符号序列所包蕴的意义及隐喻价值，在于让人们能够经由仪式符号所承载之意义，窥探一个文化社区内部个体或群体人观、神观、宇宙观之建构模式。也因此，象征人类学对仪式——无论宗教仪式抑或其他类型仪式之研究，并不在对仪式本身作简单性描述，而在析解其内部结构，以解读隐寓其中的文化意蕴。本文即循此理路，从象征人类学视角，对贵州省道真自治县“和梅山”傩仪（又称“仪式”、“法事”、“道场”）“叙述文本”中的“隐喻性陈述”作出透析。

一、“和梅山”傩仪述略

“和梅山”傩仪，其名称为一动宾结构，直读之即是“和送梅山”之意。在道真数十个傩仪种类中，它属于规模偏小，而操作频度偏高的一种。

众所周知，傩仪的根本目标在于祈福迎祥，而祈福迎祥的过程却往往伴随着驱瘟逐疫的过程。如何驱瘟逐疫？深入考察道真傩仪发现，其手段有“文”与“武”的区分。所谓“文”者，其实便是“和送”，意在通过

1 彭兆荣《人类学仪式研究评述》，《民族研究》2002 年第 2 期。

竭我诚心，奉陈供仪，满“邪”愿望，将瘟邪遣送于他方，使之不再兴风作浪；“武”者，则是强行将“邪”拘入“牢笼”，使其永世不得翻身而无力兴妖作怪。就整个道真傩仪看，“和送”总是普遍使用的手段，其所占比例几乎达百分之百。而“武力”手段，法师们基于尊重生命与保护自我的需要，决不轻易使用；只在“和平谈判”失败后面临两难选择时方“以人为本，舍轻取重”而用之。此类仪式，除“收禁罐”一项外，可说别无仅有。

但“和送梅山”并非直接的“和送梅山”，它所“和送”者乃是“梅山神祇”。且并非“梅山”谱系的全部，而是上、中、下三洞法主——上洞梅山胡大王、中洞梅山李大王、下洞梅山赵大王所统的七路草神、端枪童子、捉火郎君、嘘风打哨、唤狗二郎、放索童子、收杆郎君、巡山土地、把网大神、游傩天子、捕猎神将等梅山会上追生捕禽一类兵将。依民间俗信，此类神祇一旦为人“撞上”，便会失去魂魄而致精神恍惚甚或癫狂成疾，而必须借助“和梅山”傩仪以施拯救。具体而言之，即需采用“和平”的手段，将梅山“三大王”部下兵将送往他方世界，取回病者丢失的魂魄使之回归常态。

与道真傩仪的其他类型——如冲傩、打保福、阳戏相比，“和梅山”傩仪的规模属于偏小的一类，一般只需五六个小时即可完成。但其操作规范仍然端严有矩：

其一，仪式的主持者，除须有一名经过拜师学习、“抛牌”授职的巫教先生（亦称“法师”、“道士”、“端公”等）掌坛外，尚需有三洞法主、扮端枪童子、捉火郎君、梅山土地扮演者 6 人及奏乐者 4 人，总需 11 人许。

其二，仪式举行时间，须由承接本仪式的法师依据《鳌头通书》或《象吉通书》择定。所择定日子必须是送神吉日与送瘟鬼吉日。

其三，仪式举行地点，原则上须在事主（亦称“施主”、“祀主”或“愿主”）家中肃穆庄严且较为宽敞的堂屋。

其四，仪式所用法器（物）“阳总真案”（或代以“华山案”）、桥案、令牌、竹卦（一副）、法印、牛角、师刀、宝剑、牌带、大锣、二锣、马锣、铰子、鼓、钹、梆子、法衣、法帽、花冠、法裙等；道具有雄鸡、鸭、蓑衣、斗笠（或草帽）、鸟枪、弓箭等。

其五，仪式场景（亦称“坛场”），正式举行之前须加布置。即于堂屋的神龛（俗称“香火”）之下安设高方桌，并用竹篾彩纸于上扎制“华山宝楼”，于后张挂“阳总真案”（或“华山案”），继而焚燃香烛，陈献米粑、豆腐、净水、酒醴、刀头、蓝蛇肉绺（猪肉或羊肉。自鼻沿背脊至尾长形肉绺）、雄鸡、茅船（配盐、茶、米、豆、辣椒、麻线、五色线、柴棍、木炭、马料等物）及长、散钱等。

其六，仪式程序系仪式的纲目与统帅，其中包纳有“和送”目标的全部内容。共计有申文、搭桥、差兵祭将、赎魂、关请（上元法主、中元法主、下元法主、四元枷拷、五猖大将、引兵土地、押兵老师、中天星主、北极紫微元卿大帝、历代师公师祖等）、造船、出神（三洞梅山等神祇出场）、领受、保管、推遣、掩押、交钱、和送、取魂、闭门、招呼香火等16道。

其七，仪式操作手段，除跪礼迎神、请领荤醪、火化银纸、反复劝酒、“保”“推”祈祝、跳跃歌舞（舞步有“半边月”、“三穿花”、“长蛇阵”）等“文”性的动情内容外，也有画符讳、念咒诰、挽手诀等强化法力的手段。如符讳即有解秽符、功曹符、护身符、泓澄讳、藏身讳、枷拷讳、雷神讳、灵官讳、井字讳等；咒诰即有灵官咒、藏身咒、三净咒、解秽咒、闭门咒、统瘟咒、迷魂咒、老君咒、三师咒、书符咒、土地咒、雷坛咒、真武咒、枷拷咒、栾巴咒、十二总咒、治邪咒、总雷咒、玉皇诰等；手诀即有祖师诀、本师诀、金厢诀、玉印诀、护身诀、铜毛盖诀、铁毛盖诀、七朵莲花诀、老君坐殿诀、玉皇大枷诀、五雷五黑诀、拦前断后诀、黄斑恶虎诀等。由此观之，在“和平”、“温和”的主导精神中也内蕴着“武”力震慑的成分。

从以上有关“和梅山”傩仪的操作程序及规范可以大体看出：该仪式应当属于一种原生性的傩仪，因为其功能或目标指向救治精神性疾病，这正与“巫”早期之使命“医”相关联；同时，它除具所有傩仪共同性外，其祭、戏、舞一应俱全而稍显简略的特点表明：它还属于单纯的祭祀傩仪向祭、戏、舞兼容的冲傩、阳戏等成熟傩仪过渡的一种傩仪。

二、隐喻与象征：“和梅山”傩仪的文化阐释

格尔茨曾指出：“文化并不是禁锢在人们头脑中的东西，而是体现在公众符号之中。”[1] 在象征人类学的视阈下，“和梅山”傩仪正是一个意涵极其丰富的符号体系，其“公众符号”（public symbols）体系中内蕴着多重

1 纳日碧力戈《人类学理论的新格局》，社会科学文献出版社2001年版，6页。

可以破译的文化符码。因“象征人类学研究的目的，在于揭示象征如何结合成体系，揭示象征如何影响社会行为者的世界观、精神与感知”[1]，故解读或“转译”这些文化符码，可了解某一族群文化、生活的多个层面，从而更加深刻地理解该族群自己所编织的“意义之网”（马克斯·韦伯语）。

（一）圣俗连接：凡界和神界的叠置

道真“和梅山”傩仪举行场所是事主家中的堂屋。堂屋也称为“中堂”，其正壁是主家供奉“天地君亲师”的神龛。虽然中堂也是主家住宅的一个组成部分，一些日常的活动也在其中展开，但它的大门平时多严闭而少开启。

内部结构也因不铺设楼板而空旷与高阔；顶梁大柱上绘有太极八卦图或紫微令等神、道图符；其前厅内凹而称作“吞口”，不仅有吞吐万方的气势，也有为左右厢房所拱卫而居于中正的地位。由此，在当地人的观念世界中，这是一个与世俗空间相接、相关而相异的所在，是保家镇宅的神灵居所，是不可亵渎、令人敬畏的神圣空间。尤其是它本身所处的家宅中心位置，已经具有了宇宙论的象征意义。正如伊利亚德所说：“各种传统社会的房屋、茅舍或营帐结构中也看到这种宇宙论象征符号，甚至在最古老和最‘原始’的社会的房屋结构中也如此。”[2] 而在“和梅山”傩仪中，掌坛法师及其一班人马要以中堂为中心，将俗界与神界即“此一世界”与“彼一世界”勾连一体，以操控整个宇宙空间，这一空间既在一定意义上被边缘化，也在另一意义上被“中心化”，成为一复合的或叠置的空间。

在堂屋这一中介性的神圣空间里，至少活动着三类“群体”：观众（包括主人家庭成员及村民）；法师（掌坛法师及其一班人马）；神灵。前二者是可见可触的，后者虽不可触见，却依靠各种象征性的仪式行为得以体现。“华山宝楼”的设置，“阳总真案”或“华山案”的张挂，焚燃炳烛，陈献供仪，搭桥迎神，造船和送等，无处不有凡界与神界的筑造与移换，无处不是凡界与人界的往来与交通。而且人神各归其位，各得其所，序位井然而不乱。尤其法师，时而呈现出多种角色身份，仪式进行中有时属于俗界与神界的沟通者，有时又是神灵的扮演者与代言人，仪式休歇间或抽吸旱

1 王铭铭《西方人类学思潮十讲》，广西师范大学出版社 2005 年版，95 页。

2 米尔希·伊利亚德《神秘主义、巫术与文化风尚》，宋立道等译，光明日报出版社 1990 年版。

烟，或与众谈笑而成为普通大众人，可说是圣俗叠合的多维度空间的表征。

“和梅山”傩仪中法师们所建构的圣俗叠合的仪式空间其实也是一种“公共域”（或称为“交融”communitas）。“公共域”这一由英国著名人类学家维克多·特纳（Victor Turner）所提出的概念，表明“一个‘社会结构’的‘非结构’的模棱两可的界域，具有阈限性、边缘性、从属性和平等性”。[1]公共域是与社会结构相对立的一种社会存在形态或方式，它外在于日常生活，是对社会结构、日常状态及社会行为规范的消解与超越。在公共域中，个体之间无差别，从而消解了社会结构中的地位差异和等级制度。虽然这一概念更多应用于世俗空间亦即现实社会，但在神性空间亦即人们的观念世界同样有效。在“和梅山”仪式“受礼者”的观念体系中，人、神、鬼作为不同层次的观念而存在；神灵通常高居于天，而鬼魅却蛰伏于地，人类则行走于中，是为人们垂直宇宙观的一种象征。法师在“和梅山”傩仪的操作过程中，通过跪礼迎神、请领荤醪、火化银纸、反复劝酒、“保”“推”祈祝、跳跃歌舞等方式，以及画符讳、念咒诰、挽手诀等法力手段，融通凡界和神界，并使得人、魂魄、梅山神 及其他神灵同处于“公共域”之内，彼此之间的等级次序与地位差异得以消解与超越，而形成一种“交融”（communitas，又译“空无”）状态。也因此在仪式中出现了人可役使神灵，神灵听从人遣助人拘鬼的“反结构”状态。如“关请”环节，法师所请上元法主、中元法主、下元法主、四元枷拷、五猖大将、引兵土地、押兵老师、中天星主、北极紫微元卿大帝、历代师公师祖等神灵，即在协助完成相应法事目标。由此可见，在仪式空间——公共域内，人、神、鬼处于一种平等关系，而仪式之后，彼此各归其位，回复于等级化的“结构”状态。神性仪式空间的“公共域”性质，就是现实生活世界“结构”与“反结构”（特纳语）状态的一种折射，而圣俗连接的本质即在实现现实世界与观念世界的转换与融合。

（二）生命状态的转换与过渡

法国人类学家阿诺尔德·范根纳普（Arnold Van Gennep，1873—1957）曾对人生通过仪礼进行过深入研究。他认为，“通过仪式”是“伴

---

1 王建民《维克多·特纳与象征和仪式研究》（代译序），载〔英〕维克多·特纳《象征之林——恩登布人仪式散论》，赵玉燕等译，商务印书馆2006年版。

随着地点、状态、社会地位和年龄的每一次变化而举行的仪式”；[1]一切通过仪式的结构都可以析解为相同的和基本的三重模式：即分离、过渡（或阈限）与融合。英国人类学家维克多·特纳和埃德蒙·利奇等人也曾对通过仪式进行过深入探讨。如利奇曾指出，“大多数宗教仪式与从一种社会地位到另一种社会地位（从活人到已死的祖先、从少女到妻子、从有病和肮脏的到健康和洁净的，等等）的社会界限跨越运动相联系。有关的仪式具有表现地位变化和用巫术导致这种变化的双重功能”。[2]由于“和梅山”仪式之目标在使事主亲属由疾病态过渡到健康态，亦即由癫狂状态过渡到正常状态，因此，它也属于生命通过仪式范畴，亦可按照生命通过仪式的三段模式以及阈限理论加以分析。患者精神恍惚、癫狂成疾即意味着他进入了一个特殊的“阈限”(liminal)，即在某种意义上脱离了正常的社会生活，与社会发生了一定程度的隔离，生命呈现为一种异常状态。总之，他处于社会边缘，不能履行日常社会角色。这一象征性转换过程可归纳为：

仪式前：患病、遭灾；人神关系混乱；“受礼者”的生命处于边缘状态。

仪式中：转换、过渡；法师在仪式空间中，为解除当事人及其家庭成员所受灾病、困厄，迎请有关神祇来助力，并采用“文”、“武”相兼方式，“和送”梅山“三大王”部下兵将各归方所，不再缠扰病者。

仪式后：健康、平安、吉祥；人神关系和谐；“受礼者”脱离癫狂状态，进入下一阶进入（或恢复）正常生命状态。

但“和梅山”仪礼不同于标志人生重要阶段的仪礼，如诞生礼、成年礼、结婚礼、葬礼。后者均在人生固定阶段举行，是个体生命由上一阶段的一种过渡性、标志性礼仪，如由少年至成年，由单身至成婚，由存在至死亡。其目标不仅在使当事者（仪式主体）顺利度过生命历程中的关键时刻，完成人生角色转换，而且在社区中相关的成员据此重组关系，调整其互动，使因补充新成员或丧失已有成员而受到冲击的社会结构由此重新进入稳态。

因此，标志人生重要阶段的仪礼实际上是两种社会角色的转换，在转换的前后，亦即在此过程的两端，当事人有着确定的人格与身份。但在转换过程中，即阈限阶段，仪式主体无法在既定的社会结构中找到自己确切

---

1 Gennep, A. Van. *The Rites of Passage*. London: Routledge & Kegan Paul, 1960.

2〔英〕埃德蒙·利奇《文化与交流》，郭凡、邹和译，上海人民出版社 2000 年版。

的位置，这时他若出现在社会中，便会扰乱该仪式主体所在文化空间的原有秩序。而通过仪式的举行，就会使之在既定的社会秩序中拥有明确的社会地位和角色身份，从而消解其模棱两可的社会状态，维护各种文化空间界限。由此，我们可得出结论：标志人生重要阶段的仪礼聚焦于社会层面的个体（或群体），它努力将模棱两可但同时又是无可避免的社会状态从日常生活中“转移”出去，并在仪式过程中消解之。

与标志人生重要阶段仪礼不同的是，“和梅山”傩仪并非在人生固定阶段举行，而在当事人出现病厄时，确切说，在因梅山神祇三大巨头的部下兵将作祟而致其精神恍惚、癫狂成疾时方举行。该仪式之目标，并非要使仪式主体从一种社会角色过渡到另一社会角色，而在使“受礼者”之生理状况得以“复转”（健康—疾病—健康），进而恢复其正常的社会角色。换言之，“和梅山”傩仪所关注的并非是社会层面的个体（或群体），而是生物层面的乃至宇宙观层面的个体（或群体）；是要恢复自然与超自然的秩序，以便使仪式主体复归于健康的生命状态。正因二者的目标指向不同，所以其实现路径也大相径庭。

（三）人神鬼关系的复位：由混乱到和谐

实践“和梅山”仪式的群体，对作为生物体之“个体”的人，有其独特的理解。他们确信，人有灵魂，并居于人体之中。当灵肉合二为一时，生命将保持正常或健康状态；反之，若灵魂为梅山神主所属兵将攫去而丢失，将意味着其融合状态被打破，肉体身单形只，灵魂飘忽无依，生命便会出现异常或病态。其中所昭示的正是该族群的人神观或曰生命观。此外，该族群还认为，灵与肉相分离，将会扰乱原本和谐的宇宙秩序，并混淆圣境与俗境的界限。这一信仰结构，亦彰显着中国人和谐均衡的宇宙观及其文化精神。对此，李亦园先生曾归纳为“致中和”或“三层面和谐均衡模型”宇宙观：一者自然系统（天）的和谐，包括时间的和谐与空间的和谐；二者个体系统（人）的和谐，包括内在的和谐与外在的和谐；三者即人际关系（人）的和谐，包括人间的和谐与超自然界的和谐。[1]“和梅山”仪式中所隐寓的宇宙观与此理念有相合之处，从中亦可见出此仪式认同者们的宇宙观与中华传统宇宙观之间共同性及承继关系。

1 李亦园《李亦园自选集》，上海教育出版社 2002 年版。

人类学家格尔兹认为，宗教调整人们的行动，使之适合头脑中的假想宇宙秩序(cosmic order)，并把宇宙秩序的镜象投射到人类经验层面上。在神圣化的活动仪式中，生存世界与想象世界借助一组象征符号得到融合，变成同一世界，从而使人们的现实感产生独特转变。[1]人们所以要举行“和梅山”仪式，其终极目的即在于“适合头脑中假想的宇宙秩序”，实现灵与肉的相互融合，人、神、鬼各居其位。法师在仪式中所作的赎魂、和送、取魂等一系列努力，旨在使病者被三洞梅山神部下兵将攫走的灵魂归附其本身，“受礼者”亦恢复其常态，一时因相互分离所导致的混乱的宇宙秩序得以整肃而达致和谐。“和梅山”仪式恰是实现生物层面以及宇宙层面的个体（或群体）和谐均衡的介质。其中实际上亦暗含着此族群神观的某些层面。

总之，个体、自然界以及超自然界由无序到有序，灵魂与肉体由分离到融合，人、神、鬼关系由混乱到和谐，其过渡与转换过程，实质即是人观、神观、宇宙观不断彰显的过程。此过程，在道真“和梅山”仪式中得到了最为集约化的表达，并成为当地族群内部“文化底座”最深沉的“隐喻性陈述”。

三、结语

虽然与冲傩、阳戏等大型傩仪相比，“和梅山”傩仪的规模偏小，但其严谨的操作规程却同样涵蕴着极为丰富而深刻的文化信息，尤其是当它作为道真民间一种十分常用的傩祭仪式时，其学术价值便更加突出。本文从象征人类学维度对此傩仪予以观照，其意旨即在于揭示其隐秘的意义世界，解读其本身的隐喻价值，以及道真地区族群的人观、神观、宇宙观等意识形态的某些层面。当然，这仅是一个初步的探讨，相信还会有很大的推进空间。祈望各位方家指教！

1〔美〕克利福德 · 格尔兹《文化的解释》，纳日碧力戈等译，海人民出版社 1999 年版。

从“许愿”到“还愿”

——临武傩祭仪式过程的人类学探讨

贵州民族大学西南傩文化研究院 陈玉平

一、临武傩仪述略[1]

流传于湖南省郴州市临武县大冲乡油湾村的傩戏，又名“舞岳傩神”、“大冲傩戏”，俗称“神狮子”。相传为油湾村17世祖王思能于明成化年间，在从师学习傩祭作法的过程中，有所创造丰富，而后油湾村的村民在长期的生活和劳动中，一代代心口相传。[2] 2008年，临武傩戏被列入湖南省第二批非物质文化遗产名录。

临武傩仪活动往往经历一个很长的时间跨度，即要从当年的正月许愿到翌年正月还愿并闭坛，需要一年的时间才算功德圆满。许愿当年的冬天，开始进行仪式的筹备，如装彩神像、开光点眼、拨兵等。仪式的空间，并非固定在某个单一的场所，而要根据求傩神庇佑的村庄、宗族、家庭与油湾村距离远近不等的情况，确定表演时间和场地，或在室内或在室外；同时需要在油湾村和距油湾村几十里或百里之外的外地之间来回往返，完成表演仪程。

“许愿”是还愿的前奏，或者说，“还愿”是基于“许愿”而举行的仪式，所以二者紧密关联。临武“许愿”仪式包括下列程序：(1) 请法师：由村庄的户老或长者主持，在春季由操持人携纸香烛、雄鸡、红包，到油湾村法师家请法师择吉日前来府第许愿（舞岳傩神狮子愿）。(2) 愿主（福主）家许愿，供愿牌：①法师择选良辰吉日到福主家中许愿（许愿在当年春季进行，还愿在翌年的正月进行）。②备三牲、写文疏通牒、写愿牌，吉时

1 主要参考会务组提供的资料。

2 湖南省文化厅编《湖南省非物质文化遗产名录》，湖南人民出版社2009年版，759页。

在公祠或家宅设坛摆桌，陈设三牲、酒礼、果品、愿牌、焚香、秉烛、鸣炮、化钱。法师升坛拜叩各路神仙进行许愿、供愿牌。(3) 许愿：舞岳傩神从外村庄许愿回本村庄后，每年春季（正月）必须择好吉日，重新召集傩神扮演者许下傩愿，以求人丁平安、香火兴旺。

而在即将举行还愿仪式的前一个月里（许愿当年的冬天），油湾村的法师要在本村中进行一系列的准备活动。包括：(1) 成立班子：①油湾村傩戏操持人在本村选出主盟、干缘、香首、会首、神老、结缘等。② 做三娘旗一把（用白布做中，红布锁边），旗上通乡贯地名、庙宇扮神人姓名，书写所许“愿”的内容。(2) 装彩神像：年初傩神在外许愿、还愿经日晒雨淋，傩面具很容易变色，到冬天就得由操持人请丹青师傅装彩裱画。(3) 开光、点眼：装彩成功后，选开光吉日，备三牲祭礼、陈设香案、焚香秉烛为神像（面具）开光点眼。

由于前一天春天的许愿，在经历了一些过渡性的仪式和准备活动后，法师们组成的班子在主人家正式举行“还傩愿”仪式。其程序包括：(1) 路祭；(2) 拨兵；(3) 会兵设宴；(4) 安兵歇马；(5) 勾愿；(6) 参神；(7) 安龙神；(8) 打狮子；(9) 造船；(10) 行船；(11) 斩小鬼；(12) 烧船送邪；(13) 倒水、倒旗布、卜卦；(14) 踏罡、兜神、闭坛。[1]

整个仪式应包含从“许愿”起直至“还愿”期间的一系列活动。而“还愿”仪式则体现为这样的结构：请神——祭神——送神。这是一个具有普遍意义的仪式结构。在一年的仪式周期中，祭坛的设置、巫师的操作都涉及一系列有关空间、实物、动作、语言的象征符号，而福主则被认为实现了生命状态的过渡与转换。

二、许愿—还愿：人神之间的“交换”

无论基于何种目的（如老人延寿、小孩过关、求子等）而许愿，往往是人遇到了生存或生命的危机。人们试图借助神的力量，并与神达成某种

1 在别的著述中，这一程序有一些差异：①正月出行，小请神，差兵，起马，上脸子；②参庙；③到福主家拦门杀猪宰羊、祭神；④进门、下马、下脸子、收兵、安兵歇马；⑤九神过关；⑥勾愿（还愿）；⑦安龙神；⑧打狮子；⑨起马、差兵、造船、收邪；⑩斩小鬼；⑪倒水、兜神等，共 11 个环节。湖南省文化厅编《湖南省非物质文化遗产名录》，湖南人民出版社 2009 年版，760 页。

“交换”，通过仪式的操作，恢复患病者或受难者的生命状态。从“许愿”到“还愿”经历大致一年的时间，这在临武形成了一种制度性的周期。而这一时间周期的终点，一方面对许愿结果进行确认，更多的是在许愿后对神欠下的“债”的酬还，它强调人对神许下诺言后的偿还义务，而不在于人完全实现愿望后与神之间的“实质性”的交换。

总的来说，傩仪大多是企图将处于灾病处境中的个人或家庭解脱出来，很少有单纯以欢庆为目的而举行的傩仪。在民俗信仰中，许愿涉及神、鬼两种对人的生命和生存有重大影响的对象，故许愿是一个很严肃的问题，一般不轻易许。人们认为，鬼给人们带来疾病和灾难，这不仅意味着人与鬼之间关系的混乱，也意味着人与神之间关系的混乱——一定程度上，鬼是受神所统辖的。人患病或遭灾，向神许愿，试图借助神的力量驱逐邪魔鬼怪。人向神表达愿望，但要付出一定代价，这表明人试图与神达成某种“交换”关系，即人在疾病或灾厄处境中，祈求神的帮助，许下给神奉献的牺牲，以达到身体康复、灾难解除的目的。若人所许下的愿望实现后，就必须酬神还愿。若不履行还愿手续，神便要对许愿者实施惩罚。笔者在贵州所调查的许多个案中，人患病和遭灾，都被认为是因“旧愿未还”而遭到神对人的惩罚。所以“许愿”与“还愿”就是通过建立人神鬼之间的和谐关系，使神鬼各居其所，恢复正常的宇宙秩序。

从许愿到还愿的过程可看做一个阈限期。向神许愿，祈求身体康复、灾难消除，在一年之后举行仪式酬神还愿。这一过程是人与神之间建立象征性交换的过程。这一过程必以巫师为中介。如果把许愿视为生命状态过渡和转换的开端仪式（有学者将许愿称为“仪式前的仪式”[1]），那么在这一仪式之后愿主期待着愿望的实现。临武的许愿—还愿以一年为期，在还愿仪式中，仪式中的许多环节都显示了愿主兑现许愿时的承诺，并试图了结人神之间的“交换”关系，如仪式中将所许之愿勾销（勾愿）。

就临武傩祭仪式来说，“许愿”与“还愿”二者相距一年时间（这是一个并不算长的“过渡期”），也就是说，愿主与神“达成”的关系持续了一年时间。而在一年的时间里，也许福主许下的愿已实现，如病人恢复了健康，灾难已消除。但人与神“达成”的交换关系，在期满一年后，就需要解除。所以还傩愿仪式与其说是病人身体状态的转换仪式，毋宁说是

---

1 张建建《冲傩还愿：贵州傩仪的结构、类型、意义》，贵州人民出版社1997年版，1页。

愿主及其家人心理状态的转换仪式。这一仪式既包含着脱离（即“分割”）的意义，又包含着整合（聚合）的意义。我们可以把仪式区分为“肯定的仪式”和“否定的仪式”（它们与“认同仪式”和“驱逐仪式”、“聚合仪式”和“脱离仪式”相对应）。尽管“认同”与“驱逐”或“聚合”与“脱离”常常是联系在一起的，二者被视为一个仪式的两个方面，但人们的取向却是十分明确的。在傩仪中，仪式主体（如患病者）本身处于一种脱离状态，但这是一种否定性的脱离状态，而不是肯定性的脱离状态。它不是文化所设定的脱离，也不是人们预期中的脱离，即这种脱离不是人为的，而是有很多外在因素（如天灾、人祸、瘟疫）。仪式的目的是摆脱这种异常状态，进入正常状态，聚合于群体中。

举行傩祭仪式必基于主人某种现实的需要。人们试图通过许愿—还愿的方式与神进行“交换”。而还愿的“手续”，必落实到具体的细节中。愿主要向神灵奉献牺牲，必须由巫师将各界神灵请到家宅来，在这一空间中将牺牲献给神，才更有效。而且巫师还要让神见证宰杀、除毛洗净、煮熟的全部过程。一方面，愿主表现出献祭的虔诚态度（巫师也要表现出虔诚态度），另一方面要在祭祀空间这一“现场”，看到神领受牺牲的情况，并看到自己向神许的愿被勾销，侵扰生命的邪魔鬼怪已禳除，人与鬼、神之间的各种冤结、“官司”已了断。愿主一方面希望实现人神之间的“交换”关系，另一方面又希望这种交换关系实现后，了结二者的关系。所以愿主希望通过巫师在仪式过程中完备还愿的手续。

人生过程中往往会出现不同的生命状态。而不同状态之间的转换或过渡常常要经由一定的仪式并在一定的空间内完成。就临武傩仪来说，还愿仪式的空间是在愿主的家中。在当地人信仰观念中，这一空间的设置对仪式主体具有重要的意义，即当仪式主持人（巫师）带领仪式主体及其家人进入人神聚合的仪式空间，并从这一空间“脱离”（或分割）时，仪式主体便象征性地获得了一种新的生命状态。

三、从武力驱逐到和平遣送

福主要了结向神许下的信愿，就要延请巫师举行仪式，请诸神降临，神灵来到设于福主家中的祭场，见证仪式的举行，并领受献祭。在民间观念中，主人遭灾遇病，其罪魁祸首是那些邪魔鬼怪，但神灵并不能直接驱赶这些邪魔鬼怪，它必须调动、派遣神界的千军万马来完成这一任务。这里就形成这样一个关系链：

主人（许愿的人家）—巫师—神灵—神界兵马—邪魔鬼怪

巫师要降下神灵，迎接阴兵阴将，就要做好各项准备工作。包括：铺路造桥并对造好的路、桥进行祭祀，使之神圣化；祭祀神界兵将、调动、会集、请唐、葛、周三位将军率领各路兵马[1]，在三岔路口处团兵（即不让这些年代马在岔路口掉队或走错路）、安顿兵马；设宴款待各路兵将。从仪式过程中，可以看到，巫师通过设置祭坛，迎请神灵及其兵马，以强大的武力驱逐作祟于主人的邪魔鬼怪，具体地说，就是要驱瘟、逐疫、除煞、赶鬼、解冤、禳（灾）星等。

傩除仪式除了用强大武力对那些邪魔鬼怪进行驱逐以外，还必须以和平的方式遣送——要给这些邪魔鬼怪献给祭品，请它们上船。将船送到三岔路口或有水流的溪边，法师念咒烧船。

在傩祭仪式中，我们常看到“和瘟”、“和梅山”、“和送”等科仪。在民俗信仰中，那些邪魔鬼怪并不是一驱了之，它们也有强大的力量。武力驱赶只是手段之一，并不能完全解决问题。所以还要对那些驱逐对象进行献祭，与它们讲和，最后请他们上船，将它们送归大海。故“和”是傩祭仪式的一个重要内容和程序。“驱”、“和”并用，目的是强化傩除仪式的效果。“和”的主要内容是给邪魔鬼怪奉献适当祭品（当然这些祭品显然与奉献给神的祭品有等级、品质、数量上的差异），奉劝它们离开，不要来作祟主人。

在民俗信仰中，瘟疫、鬼魅住在水界（下界）[2]，所以要用船来遣送。

---

1 在其他地区的傩祭仪式中，神界兵马被称为五猖兵马，即由五猖统率阴界神兵神将。在湖南傩戏中也有“祭五猖”（又名“跳五猖”、“发五猖”、“遣五神”）。湘北澧县傩坛之《发五猖》内容是：掌坛师命五猖将士为傩坛内外扫清妖孽，其间，五猖将士执各色花旗在傩坛上翻滚舞蹈。湘中邵东傩坛之《祭五猖》，又名《点兵》、《窜坛》。此坛傩仪中，掌坛师执旗，八法师随行，快速在傩坛上穿来穿去，象征千军万马，气势磅礴。（孙文辉《巫傩之祭：文化人类学的中国文本》，岳麓书社 2006 年版，126 页）在贵州德江等地的傩祭仪式“差发五猖”环节中，傩坛法师派遣五猖神率领阴兵阴将去收魂及制服诸般邪怪。由两位傩坛法师上坛，身穿战袿，腰系战裙，头包红帕武丑装饰，一边跳一边差发五营兵将。

2 中国人的民俗信仰将世界分为“三界”（神界、人界与鬼界）。相应的就是天界、地界、水界。在贵州省德江傩堂戏中。桃源（园）洞分为上洞（天仙洞）、中洞（地仙洞）、下洞（水仙洞）。傩神们住在上洞和中洞，而妖魔鬼怪住在下洞。所以打开桃源洞，只打开上洞和中洞，不能打开下洞。

这只船往往用茅草或稻草编成。巫师通过仪式使之圣化，即在造船的仪式环节中唱述造船的神圣过程：包括采木、请鲁班造船、请画匠来装饰等。然后，请那邪魔鬼怪上船。船作为水上的运输工具，在傩除仪式中，成了一种重要的象征符号。在阴阳五行学说中，癸为北方，为水。故送瘟船要送往北方。走水路，不一定都要送到河边，一般只送到三岔路口，然后把茅船烧掉。

“行船”的仪式环节在主人的村子或家里进行。法师请唐、葛、周三将军，差兵起马，点齐各路神兵，傩神绕村串巷，行船收邪。还要在主人家或在村里斩小鬼。这一环节颇具象征意义：法师押小鬼在路上；关云长在离众神数十米处耍刀，象征着斩小鬼，云长从数十米处与众神齐声呐喊——“呜呼！斩杀小鬼！”；众神与全村人在锣鼓声、鞭炮声中追逐小鬼。象征着邪魔鬼怪被驱逐出境外，福祉赐予境内。而在斩小鬼后，将草船送到三岔路口或有水流的溪边，法师念咒烧船，象征着瘟船通过水流，进入大海。

至此，逐除的程序还没有完成，为使逐除的手续更加完备，还得操作一系列带有隔离性质的象征行为：(1) 倒水：巫师认为傩神在外还了许多的愿，恐把一些不吉祥的东西（鬼祟、邪怪、灾难）带回家；(2) 倒旗布：将旗中心用白布所写的乡贯地名、庙宇和神人等的名字及场景、日期等内容读毕，用纸钱一同火化，表示从许愿日到还愿日止，福主（举行仪式的主人）对神灵许下的所有愿信，已全部酬还，不留下任何痕迹，对神不留任何挂欠；(3) 踏罡：即踩八卦。将九位神摆成九宫八卦。法师持土地棍，念咒语。按乾、坎、艮、震、巽、离、坤、兑中走罡步，象征着将瘟神、百怪精邪等封锁隔离，不得入境内。

这一隔离的过程，采用了语言、动作（舞蹈）等象征符号，使福主的日常生活空间与邪魔鬼怪居住的空间隔离开来，以确保福主一家的生活空间洁净、吉祥，无任何邪秽干扰，同时，象征人的世界与神鬼的世界处于象征性的秩序化状态。

结论：从临武的傩祭仪式中，我们看到傩祭仪式的普遍结构，即基于家庭中某人的疾病和灾难而许愿，在愿望实现后，举行还愿仪式。仪式操作所采用的一系列象征符号，并不是随意的，而是表现了中华传统文化的某些深层观念，呈现了中华民俗信仰中的宇宙观，以及对神、鬼世界及人神鬼关系的认知。

参考文献

1. 湖南省文化厅编《湖南省非物质文化遗产名录》，湖南人民出版社 2009 年版。
2. 孙文辉《草根湖南：湖南民族民间文化解读》，岳麓书社 2009 年版。
3. 张建建《冲傩还愿——贵州傩仪的结构类型意义》，贵州人民出版社 1997 年版。
4. 郭净《傩：驱鬼·逐疫·酬神》，（香港）三联书店（香港）有限公司 1993 年版。
5.[日]诹访春雄《中日韩民间祭祀仪礼的比较研究》，黄强、叶汉鳌译，（台北）施合郑民俗文化基金会 1997 年版。
6.[英]埃德蒙·利奇《文化与交流》，郭凡、邹和译，上海人民出版社 2000 年版。

古希腊戏剧中的祭祀性特色

——从酒神崇拜和祭祀活动说起

中央戏剧学院艺术管理系　陈珂

古希腊戏剧：发生于宗教仪式和节日

今天掌握的所有的证据——考古材料、剧作本身以及由雅典人提供的相关描述，可以推论古希腊戏剧起源于它的社会宗教仪式和由此而来的节日。从发生学的角度看，这种特征与人类历史上的宗教发展保持着重要的联系。戏剧与宗教是一个互动的关系。

在作为宗教仪式和节日组成部分的古希腊戏剧形态中，其语言形态也包含了大量的宗教成分。用今天的眼光来考察，会发现这些语言形态具有寓教于乐的特点，而且往往说教大于娱乐。这一点也与中国戏剧形成的初期状态——《周礼》所提供的"建国之学政"中寓教于乐的形态形成有趣的对比。

瓦尔特·贝尔科特：《希腊的宗教》，哈佛大学出版社 1985 年版。

虽然在古希腊形形色色的祭祀仪式中有他们既定的祭司，但那里却没有等级森严的僧侣集团，也没有一本固定的圣书。古希腊在这方面与中国也很相似，它的上层，特别是知识阶层基本上是自然主义的。他们在自然神和人格神之间摇摆，人与神相似或相近。他们都把"天地"、"自然"放到最高位。对于广大普通的古希腊公民说来，多神论或泛神论是主流。他们对一切与己相关，或对己有利的神祇都来者不拒，比如酒神狄俄尼索斯 (Dionysus) 就是没有在雅典土生土长的外来神祇。

古希腊人不单喜欢多神崇拜，还愿意用各式各样的多种方式来崇拜他们的神灵，并且有众多的社团参与。中国历代的普通人群也具有这样的特点：泛神化、多神信仰是主流，什么神祇都相信，甚至包括鬼，只要是于己有利的超自然力量，都可以成为顶礼膜拜的偶像，从皇亲国戚到普通百姓，这种状况持续数千年。

在这样的背景下，古希腊人通过这些形形色色、多彩丰富的祭祀活动及节日，来展示各自高超的形体技巧和技艺。那些古希腊神灵也被各式各样的娱乐活动包围着、崇拜着，例如拳击、战车比赛、兵器武艺、诗歌、舞蹈等，这其中最重要的当然是戏剧。

在古希腊城邦中，正式的宗教节日将这些活动组合一起，吸引着本地的和域外的群众来到这喧嚣的假日。这些观众既是这个场合的观众也是另一个场合的观众，他们到处逛来逛去，随兴所至，自由自在，无拘无束。

有关酒神节的重要问题：历法和气候

古希腊戏剧活动是在宗教节日开展的。他们的这些酒神崇拜和祭祀活动究竟是在什么时间举行的？还有，因为它们是在露天举行的，当时对此起关键作用的“天气”又是怎样的？

古希腊的历法状况：复杂而含混

古希腊的历法复杂而含混。笔者经过反复比对，考察下来依然是一头雾水，在查阅了多种资料下的结论是：这个问题的说法众多，有太多的含混不清，而且还没人告诉你原因。还有一种可能是，过去学者做学问要绷着，仿佛什么都明白似的，不明白或不落实的地方就含糊其辞，让后人更加迷糊。其实历史上的迷雾太多，无须矫伪，完全可以明确地告知读者——这里是我的无知。

古希腊的历法在理论上虽然还可以大致让人有数，但实行起来基本上是一团糟的状态。阿里斯托芬曾经在喜剧《云》里，借掌管时令的月神之口，嘲讽古希腊人说，你们这么乱弄，连我这个掌管时令者都找不到北，不知该何时到何地去享受你们的供奉了，搞得众神都埋怨我。

以笔者的一点常识来看古希腊历法，大约可以知道它类似中国的阴阳历。其就是用月亮起落的周期来作为月令天数计算的基本单位，以地球自转（太阳的起落）来记日，以地球绕太阳的公转来纪年。这种历法里面的

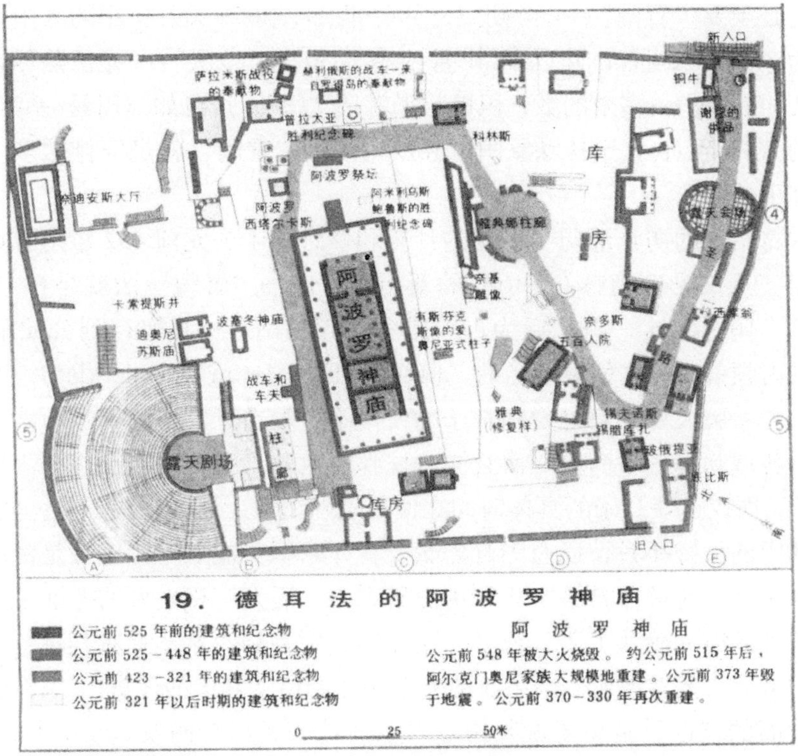

古希腊阿波罗神殿和剧场平面图（采自《钱伯斯世界历史地图集》）

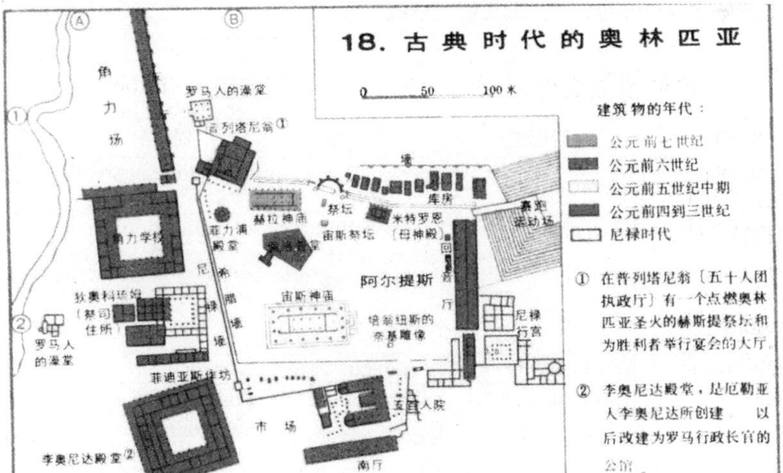

古希腊奥林匹亚平面图（采自《钱伯斯世界历史地图集》）

特点是必须要“置闰”：一个朔望月约等于29.53059天，一年的太阳日周期略为365.24220日，除以12个月约等于30.43685天——无法除尽。月与日其间之差——多余的数，积累起来就是“闰”。这也如《周易·系辞传》所说的“归奇（jī）于扐以象闰，五岁再闰”。“置闰”就是安排这多余出来的日子的方法。

古希腊人的历法经历了多次的计算和修订，于公元前432年由雅典官方确定了天文学家梅顿(Meton)的新历法。这一“置闰”法就是在19年中置7个闰月。这一历法后为古希腊各城邦采纳，一直实行到公元前30年罗马占领前后。这就是著名的“梅顿历法”（Meton's Calendar）。有趣的是，古希腊人好像对月份和日子的使用不是很在意，所以梅顿历法在使用中，各城邦都各自为政；而且同一城邦的执政官又有以自己执政为年号的传统，所以这些日子的具体时间在使用上和记载上更是乱成一团。同时，由于其中的大月小月，以及闰月怎么安置并未明文规定，所以更是乱中添乱。事实上，有关古希腊文化和历史研究中，后人有相当大的考证工夫都花在事件的时间确认上了。或者，这需要集中各路专家学者对其进行一次全面的考证，基本形成一个主流的方案，才会厘清其中的迷雾。

下面的《古希腊重要城邦历法对照一览表》出自网友Liptontea。这是笔者看到的较好反映了古希腊历法的一个表格。有了它，我们对古希腊人的酒神崇拜和祭祀活动的时间状态将有一个基本准确的参照。这是过去很多著述中所忽视的，所以值得一列。

《古希腊重要城邦历法对照一览表》（作者：liptontea[1]）

雅典	斯巴达	德尔斐	提洛	对应于公历
Hecatombaeon月（以夏至为新年）	Hecatombeus月	Ilaius月	Hecatiombaeon月	7–8月
Metageitnion月	Carneius月	Theoxenius月	Metageitnion月	8–9月
Boedromion月	Panamus月	Bucatius月（以秋分为新年）	Bouphonion月	9–10月
Pyanepsion月	Herasius月（以秋分为新年）	Heraeus月	Apatourion月	10–11月
Maimacterion月	Apellaeus月	Apellaeus月	Aresion月	11–12月
Poseideon月	Diosthyus月	未知	Poseideon月	12–1月
Gamelion月	未知	Dadaphorius月	Lenaion月（以冬至为新年）	1–2月

1 引自http://liptontea.bokee.com/6262782.html。

雅 典	斯巴达	德尔斐	提 洛	对应于公历
Anthesterion 月	Eleusinius 月	Poetropius 月	Hieros 月	2–3 月
Elaphebolion 月	Gerastius 月	Bysius 月	Galaxion 月	3–4 月
Munychion 月	Artemisius 月	Artemisius 月	Artemision 月	4–5 月
Thargelion 月	Delphinius 月	Heracleius 月	Thargelion 月	5–6 月
Scirophorion 月	Philasius 月	Boathous 月	Panemos 月	6–7 月

原作者说明：由于古希腊没有一种统一的历法，各城邦都是实行自己的一套历法，所以即使他们最后都使用了 Meton 历法，但是在诸如哪一年加闰月、加几个闰月、闰月放在哪个月之后等等方面，都是彼此不一样的。这就给后人想研究某个具体的历史事件发生的确切时间带来了极大的麻烦。该表成立的条件是：大家都没有加闰月。如果有一个城邦加入闰月，则下表中它名下的各月将顺延。而且这里没有考虑大月变为小月，小月变为大月的情况。此表参考了 *A Dictionary of Greek and Roman Antiquities*（William Smith 编）223 页以下的表格，以及王晓朝的《希腊宗教概论》中的类似表格。具体拼写可能有少许差异。

希腊的气候状况

下面的《雅典（希腊）气候资料》出自香港天文台 1961–1990 年近 30 年的统计数据，当是比较可靠地反映了希腊雅典地区的各月份的气候状况。虽然时隔两千多年，但也可以对我们理解和想象古希腊人在一年中不同的酒神祭祀和宗教节日里举办戏剧活动的背景和环境特色。

雅典〔希腊〕气候资料

气象站位置：北纬 37.9 度，东经 23.7 度，海拔 15 米

	气候资料日期	1月	2月	3月	4月	5月	6月	7月	8月	9月	10月	11月	12月
平均最高气温（摄氏度）	1961–1990	13.4	13.9	15.8	19.4	24.0	28.5	31.6	31.4	28.2	23.0	18.9	15.2
平均气温（摄氏度）	1961–1990	10.2	10.5	12.4	16.0	20.6	25.0	27.8	27.6	24.3	19.3	15.4	12.0
平均最低气温（摄氏度）	1961–1990	7.0	7.3	8.6	11.7	15.8	20.0	22.8	22.6	19.7	15.5	12.0	8.9
降雨量（毫米）	1961–1990	45.2	47.8	44.3	24.8	14.4	6.0	5.6	8.1	9.7	47.8	50.8	66.3
降雨日数*	1961–1990	5.4	5.8	5.5	3.7	2.3	1.2	0.5	0.8	1.1	4.3	5.2	6.7
日平均日照（小时）	1961–1990	4.2	4.8	5.9	7.7	9.4	11.2	11.7	11.0	9.2	6.7	5.1	4.1

*降雨日表示日降雨量不少于 1.0 毫米。
资料来源：香港天文台。[1]

1 引自 http://gb.weather.gov.hk/。

酒神崇拜：死亡与再生、自由与狂放

酒神狄俄尼索斯是一个外来的神祇，据说于公元前13世纪前后由古希腊东方的小亚细亚传入希腊。到了公元前8–前7世纪，也就是在荷马时代前后，这种相关酒神的祭祀活动已经相当盛大，可莫思（komos）[1]——一种祭祀酒神、庆祝丰收的狂欢宴席及歌舞、附带还有神秘的崇拜仪式，已经在古希腊生产葡萄酒的地区流行起来了。

葡萄栽培和酿酒术发生

现代考古发现，大约在7000年前，人工葡萄栽培最早出现在小亚细亚的里海、黑海及其南岸地区。在那前后，南高加索、中亚细亚、两河流域的中东都有了葡萄栽培的考古发现。

一座大约在4500年前的古埃及墓葬被开掘，墓葬的主人叫布塔·哈特普（Ptahhotpe 或 Ptah–Hotep）。这位古埃及的地方官员和第一总理（the city administrator and first minister）生活在第五王朝（the Fifth Dynasty）时代，时间大约是公元前25世纪晚期到公元前24世纪早期[2]。他的墓葬中有一幅壁画描绘有葡萄的栽种和采收，还有酿酒的情景。一般认为这是葡萄酒酿酒术的最早记录。

地中海地区的文明发生状况笔者已有前述。古埃及—古克里特（迈锡尼）—古希腊，这是一个三级跳。来自中东（小亚细亚一带）和古埃及的葡萄业在公元前13世纪前后（距今3300年）传入古希腊，当为可信的史实。

酒神传说中的重要特点：死亡与再生、自由与狂放

有关酒神的传说有很多版本，这也是可以想见的。在漫长的民间传说过程中，不同的地区，不同的传颂者及其背后不同的情绪、心态和目的，

---

1 komos，希腊文，原意为“宴会”或“狂欢”。

2 众多汉文网站转引的说法是：“Ptah—Hotep墓址，据（距）今已有6000年的历史。西方学者认为，这是葡萄酒业的开始。”（http://www.winechina.cn.）这可能有误。因为古埃及最古老的王朝建立时期也只是在公元前3200–3100年，也就是距今5200年左右，那已经无从考证，只是传说中的所谓“美尼斯第一王朝”（Menes, the Egyptian king of the First dynasty）了，更不用说Ptah–Hotep时代根本不可能“据（距）今已有6000年的历史”。

都会使传播的内容和细节、方式和形态发生变异，并由此产生了众多的有关酒神及其祭祀活动的版本，但大体上的信息还是有基本认同的。比方说，酒神的出身被附会到宙斯的血缘里，虽然他是人间女子的私生子，但父系的血脉却是宙斯这个最高阶位的神。这显然说明他是来自父系社会时代的产物。

另外，据说酒神出生时因为母亲西美乐（Semele）被宙斯嫉妒成性的妻子赫拉所欺骗，一定要让宙斯实现对自己承诺的有求必应，而要求他现出原形，来当面表达对自己的爱。由于人与神之间不能直接面对面，当宙斯在固执的西美乐坚持下，不得不现出原形时，已经怀孕数月的西美乐在宙斯现身的当口，就被神的荣耀烧焦。宙斯把尚未长成的婴儿连同子宫一起，从烧焦的母亲身体里拉出来，撕开自己的大腿让他重新进入父亲的“子宫”里。[1]这样，狄俄尼索斯就有了两次的生。“Dionysos”就是“两次出生的宙斯之子”的意思，这似乎跟古埃及的法老之父奥西里斯的再生神话有相当的关联[2]。

从这个传说里，可以观察到人类对死亡的焦虑和恐惧以及对再生的向往和渴望。这个问题的解决是一切宗教中最基本也是最高阶的问题。同时，也可以从这个传说故事里，窥见某种早期母系社会向父系社会转变中的无奈和抵抗：男人的“原形”现身，让女人被雷击并死亡。这里的“原形”在神话传说中虽然找到了一个神圣的借口：凡人不能直接面对神的荣耀，也不能直面神的本来面目，不然就会被神的荣耀烧死——这里已经暗示了凡人的原罪性。但是，撇开这种有神论的外壳，如若从人的角度看，恐怕就能看到女性意识对男权时代的无奈和抵抗之情。

（希腊）索菲娅.N.斯菲罗亚：《希腊诸神传》，（美）黛安·舒加特、张云江译，国际文化出版公司2007年版。此书是笔者见到目前译作中较好和较全面的有关希腊诸神的介绍和解释的书籍

1 有关酒神的传说有很多版本，这里无法一一列举，进一步的考证可在诸多相关文章中看到。

2 参见陈珂《戏剧形态发生论》（中国戏剧出版社2009年第1版）第一部分第二章《古埃及的奥西里斯殉难剧》。

酒神狄俄尼索斯骑豹图（马赛克拼板），发现于马其顿王国首都培拉的酒神神殿，时间为公元前4世纪晚期，培拉考古学博物馆藏

“舞蹈中的酒神狂女”细节来自帕斯坦红彩（古希腊的）双耳大饮杯，时间为大约公元前330—320年。摄影提供：贾斯托，2007年

古希腊人的酒神崇拜和祭祀活动：起初并未得到广泛认可

古希腊人的酒神崇拜和祭祀活动一开始并没有得到广泛认可。乡村和底层的人们对酒神的崇拜很热衷很强烈。在葡萄开花时节，以及葡萄酒发酵成熟的时节，很多酒神崇拜者和酒奴们高举阳具图腾，由笛子和鼓声伴奏，载歌载舞，狂欢畅饮；甚至一些酒神的侍女们在深夜的森林里举着火把，挥舞着象征酒神得胜的常春藤缠绕的木棒，如神附体般转悠，口中不停呼唤酒神狄俄尼索斯的神号。这里面当然伴随着各种放纵和无节制的行为。这些情绪化的狂放的“可莫思”——狂欢盛宴和祭祀活动的形态，在一个相当长的时期中，让很多人难以接受。

在伊卡里乌斯（Icarius）传说中，这种状况就有所反映。这个神话里的国王伊卡里乌斯曾经善待酒神狄俄尼索斯。酒神作为报答，教他栽种葡萄和酿酒术，但又警告他要藏好酒桶，不然会引来灾祸。伊卡里乌斯没有上心，酿酒后招待给一群牧羊人喝。牧羊人醉酒发晕，以为喝了毒药，将伊卡里乌斯殴打致死，把他的尸体扔到埃尼格诺（Anygro）井中，还用大石压住井口。伊卡里乌斯的女儿伊瑞歌妮（Erigone）在忠犬梅拉（Maera）的引领下，找到父亲的尸体。伊瑞歌妮伤心不已，上吊自杀（伊莱特拉 Electra[1] 的原型），忠犬梅拉也随主而去。酒神得知，让当地村民个个得了抑郁症，郁郁寡欢，不断上吊而亡。村民害怕，不得不开始祭祀供奉酒神和他的伴侣们。

底比斯国王彭透斯（Pentheus）的传说也反映了这种早期状况。底比斯国王彭透斯是阿格薇（Agave）的儿子，阿格薇是酒神狄俄尼索斯母亲西美乐的姊妹，所以彭透斯与狄俄尼索斯是表兄弟关系。彭透斯反对酒神崇拜，关押酒神的女侍们，还化装为酒神女侍的模样，冒险到举行酒神祭祀的西塞隆山（Cithaeron，位于希腊东南部）去一探究竟。他的伪装被发现，被母亲带领的一群酒神狂放女追赶，最后她们把他撕成碎片；他的母亲还把他的头钉在一根缠绕常春藤的木棍上，从此这种缠绕常春藤的木棍就成了酒神祭祀活动中酒神得胜的象征物。

酒神崇拜：从乡村来到城市、由民间成为官方

古希腊人的酒神崇拜和祭祀活动从乡村来到城市，从底层进入高层，由民间活动成为官方活动，并非一蹴而就。

从民间到官方：历经五六百年

这一过程如果从公元前 13 世纪算起，差不多经过五六百年，直到公元前 7 世纪科林斯的执政官皮里安德（Periander，公元前 625- 前 585 年在位，为希腊七贤之一）时代，才有官方作出批准举行“狄俄尼索斯崇拜”（Cult of Dionysus，or Dionysus Cult）的记载。

随后，酒神崇拜和祭祀活动成为古希腊最重要的公众活动之一，逐渐得到了广泛认可。雅典的执政官皮西特拉图（Peisisitratus，约公元前 600- 前 527 年），西锡安的执政官克利斯提尼（Cleisthenes，约公元前

1 伊莱特拉：阿伽门农（Agamemnon）与克勒特尼特拉（Clytemnestra）的女儿。其母与情夫埃古斯托斯（Aegisthus）联手杀了阿伽门农。伊莱特拉为父亲报仇，与其弟俄瑞斯特斯（Orestes）杀死了他们的母亲和她的情夫。Electra complex：（精神分析）恋父情结。

570– 前 508 年）都做出了类似的官方批准。[1]

“狄俄尼索斯崇拜”：核心价值和意义

“狄俄尼索斯崇拜”的核心价值和意义，来自古希腊人对酒神的塑造中所透露出的人生观和价值观。从他们对酒神的生长过程的传说里，一些重要的特点很值得关注。

狄俄尼索斯的成长是原野式的。他完全在田园和森林中长大，没有受到任何来自家庭的羁绊和人类社会道德观、伦理观和人生观的约束。认识到这一点对理解酒神崇拜尤为重要。后世的讨论，都很少进一步讨论酒神的这个关键背景，大多就事论事地展示了酒神的诸多行为，而缺乏对其特性的深入开掘。

古希腊人对于狄俄尼索斯这位他们特别喜欢的神祇，给予了这样的总体设计：在原野中长大，与一群漂亮的异性小精灵——宁芙美少女们为伍，有率性而为的羊人伴随其左右。他得到神启，发明了葡萄栽培和酿酒技术，引来了醺醺然的狂欢。他从来没有受到任何大神的高压和管理，更无杂七杂八的社会关系羁绊。虽然有一种版本的传说中，提到宙斯嫉妒的妻子赫拉一直对情敌西美乐的这个疯疯癫癫的儿子不依不饶，让他居无定所四处流浪。但更多的传说都赋予狄俄尼索斯一种自由奔放的性格，尤其是还让他那被大神宙斯的荣耀烧焦了的母亲西美乐复活，带领一批狂放女追随在狄俄尼索斯左右，把那些对酒神不敬或虚伪矫情的家伙一一撕裂——所谓对酒神祭祀的“疯狂、暴力和血腥”的见解，大约就出自于此。

哲、诗、酒三位一体的文化底蕴

酒神的这种豪无羁绊的特性，是古希腊文化中最关键的哲、诗、酒三位一体的文化底蕴之一，是它们得以统领风骚数千年的基础之一。古希腊有关“酒”的“可莫思”——情绪和潜意识层面的浪漫、天真和狂放，赋予了古希腊文化极其重要的特质。这一特质，正是古希腊酒神的这种特定背景所赋予的，这也是其他文化所缺乏的，或者是没有如此特别的酒文化

1（希腊）索菲娅 .N. 斯菲罗亚：《希腊诸神传》（〔美〕黛安 . 舒加特、张云江译，国际文化出版公司 2007 年版）有关酒神狄俄尼索斯的部分。

特质和背景。[1]

酒神崇拜："疯狂、暴力和血腥"吗？

葡萄开花节在公元前13世纪的小亚细亚西岸古希腊的殖民地爱奥尼亚（Ionia）地区流传。它与酒神狄俄尼索斯的各种版本的神话传说互为因果，形成了一种被称为"可莫思"的"狂欢宴会"及祭祀活动。有人认为这些活动充满了"疯狂、暴力和血腥"，是这样吗？

远古与今天的对话：粉饰、甜腻化，还是粪便、酸辣化？

古希腊人的酒神崇拜和祭祀活动这种充分情绪化的狂欢盛宴，由于出自于对神的敬拜和奉献，在古希腊时代形成了杂糅各种因素的特殊载体，被装进了很多奇特的东西，包括神秘的结社和秘传仪式。当然，最重要的是，古希腊人的酒神崇拜和祭祀活动成为了古希腊戏剧之源。

在当代很多相关古希腊人的酒神崇拜和祭祀活动的论述中，相对忽略了一个重要问题——有神论的古希腊人与基本上是无神论的现代学者之间如何对话的问题。一方面是过去很多学者对古希腊人的酒神崇拜和祭祀活动的粉饰化、隐讳化和甜腻化，包括像尼采这样逆反的人物[2]；另一方面是现当代不少学者对它的粪便化（scatological）[3]——贬损化、猥亵化和酸辣化。这种矛盾状况的产生，笔者认为大致有如下原因：

1．当代学人的反思或解构。反思是对过去历史现象及其中所蕴涵的思想意识形态的重新清理和解读，解构或建构。刚刚过去的20世纪是个伟人世纪。这种伟人世纪的特点是，日当中天照耀一切，灼热耀眼；芸芸众

---

1 这个话题在陈珂《戏剧形态发生论》（中国戏剧出版社2009年第一版）第三部分第四章《戏剧的综合：哲、诗、酒》中进一步展开讨论。

2 陈珂《戏剧形态发生论》（中国戏剧出版社2009年第一版）第三部分第七章第五节《尼采对古希腊喜剧的粉饰》。

3 scatology：n.（名词）1.（1）粪石学：如在医药，古生物学或生物学中对粪便等的排泄物的研究；（2）粪学：热衷于排泄物和排泄物的功能；（3）对这类热衷的精神研究；（4）海经（Obscene）文学：色情语言或文学，尤指色情地或幽默地描绘排泄物及其功能。——《美国传统双解词典》。2．粪便研究；粪便学；【医】粪便诊断；【古生】粪石学（研究粪便化石）；猥亵描写；对猥亵情节的兴趣。——《现代英汉综合辞典》

生仰视赞颂，把一切可能的感情倾注其中，基本丧失了自己——这不但是把自己的时代伟人化，而且也把过去的一切都伟人化；由崇敬当下的伟人，到崇敬一切过去的伟人。当日薄西山以后，其在惯性中依然以粉饰、隐讳和甜腻来歌颂其功德。显然，正在行进中的21世纪是对这种伟人世纪反思和清理的时代。文绉绉的“解构”一词，实际上是这种逆反思维的学术化表达而已。

2. 古代与今世在思想意识形态上的落差。今世学者一般处于无神论或人本主义背景中，但却自以为是地去看待有神信仰的古人，由此产生这种思想意识形态上的落差。这种落差往往导致某种以己之心度古人之态的特点——古今在思想意识形态上的无神论与有神论，在戏剧形态上的写实化和仪式化之间的巨大反差，成为今人看古人最易出现的误读基础。

当用类似这样的眼光去看古希腊人的酒神崇拜和祭祀活动的结果，往往就会一方面出现尼采式的对古希腊人的粉饰、隐讳和甜腻，以及另一方面的贬损、猥亵和酸辣。如下面的一种见解：

> 狄俄尼索斯是古希腊的酒神，掌管葡萄的栽培和葡萄酒的酿制，同时也作为疯狂之神、戏剧之神和秘仪之神受到古希腊人的崇拜。在他的崇拜仪式中充满了疯狂、暴力和血腥，当然也有狂欢、喜悦和淫荡，在以理智、中庸和节制为特点的古希腊人的生活中，为什么会有这样一种另类的崇拜广泛流行呢？这种充满非理性色彩的崇拜和理智的希腊人的思维方式是一种什么样的关系呢？要探讨这一问题，就必须深入到狄俄尼索斯崇拜的源头……[1]

古希腊人的酒神崇拜和祭祀活动“充满了疯狂、暴力和血腥”这一看法之所以成立，恐怕还是有些忽视了古代人类祭祀活动的首要前提，就是有神论的统摄——这才是“狄俄尼索斯崇拜的源头”。这种统摄带着很强烈的心理暗示或灵魂控制作用，使参加者或当事人受到“神”（也可看做是一种有序力量）的引领而不仅仅是“魔”（也可看做是一种无序力量）的控制。或者可以说，在古代人类祭祀活动即便有部分的“走火入魔”现

---

1 魏凤莲、刘立辉《狄俄尼索斯崇拜来源考证》，《山东理工大学学报》（社会科学版），2003年第19卷第4期。

象发生，但从总体上或从主流上或从一定的历史跨度上看，还是邪不胜正的。其实这也是人类的邪教总不太能够撑起大气候的原因。同时，这也是众多带有生殖崇拜的民间习俗能够“干净”而不是“肮脏”的缘故——那里面往往带有原始性教育，以及婚姻、家庭和生育传统的“传帮带”，甚至还包括超越辈分的“乱伦”性行为，都不完全是邪恶和肮脏的，或者至少在那个特定的时空间中，它是常态的。

祭祀活动的“疯狂、暴力和血腥”：仪式性和象征性特点

众多人类祭祀活动和神话传说中所传达和描绘的“驱赶”、“驱逐”、“殴打”、“撕裂”等行为形态，比如酒神祭祀中的“狂女”们——美娜德们（Maenads）的类似举动，往往都是象征性和仪式性的。它们是远古逐魔驱邪仪式的遗孓，而不是真的“疯狂、暴力和血腥”的行为。只要稍微做一些田野工作就可以获得很多这方面的佐证。比如中国农村诸多远古留存至今的这类祭祀仪式活动——傩，还有“花儿”之类的民间节庆习俗活动，以及流传于非洲大陆和南亚一代的类似民间宗教仪式等等，都是活生生的例证。另外，在中国史书和典籍中有关“大傩”——宫廷傩的记载中，也能佐证这种类似的“驱赶”、“驱逐”、“殴打”等祭祀活动的行为形态是象征性和仪式化的。[1]

古希腊人的酒神崇拜和祭祀活动也不可能例外。只是它发生久远，其社会和文明发展很快，这些遗孓早已消失殆尽，除了耸人听闻的传说和一些古人以讹传讹的文字记载，我们再也找不到可供田野工作的实例了。

“要探讨这一问题，就必须深入到狄俄尼索斯崇拜的源头……”这个源头，应该就是古希腊人有神论背景的源头，而不是后世人文主义者根据传说和记载想当然的“事件”的源头。在那些“疯狂、暴力和血腥”的事件背后，并不仅仅是“人魔”在肆无忌惮地干坏事，而是由“神灵”在统领和掌控参与者和当事人的心灵，使他们的行为成为介乎于放纵和规范，色情而不淫荡的中庸之态。

这正是古希腊文化和文明之所以魅力四射、美不胜收的根本原因。它

1 陈珂《戏剧形态发生论》（中国戏剧出版社 2009 年第 1 版）第二部分第四章《方相氏：一个角色的诞生》。

正是人类青春期最美好的时代——天真烂漫、本色原味，充满欲望，但也充满理想；思想丰富，无拘无束，敢爱敢恨，但也羞羞答答，青涩酸甜；逆反出格，无所畏惧，但又光明正大、敞亮自然……

《雅典人献祭酒神和狩猎女神》图的启示

从下面这幅《雅典人献祭酒神和狩猎女神》图中，可以看到这种祭祀活动的神圣性。神灵的统摄是对于全家族的，其狂欢也都是在家族与家族间的状态中进行的。中国乡村现今遗存的各种民间祭祀和宗教节庆活动，也都与此同样或类似——血缘或家庭关系，村庄各家族世代同居的关系，再加上神祇的统领。假如其中确有某些"疯狂、暴力和血腥"的行为，也应该都是在这种背景下产生的——其仪式性和象征性才是其本质特性，而不是真刀真枪的打杀和暴烈的情景。中国古代的傩仪，方相氏"殴方良"的祭祀活动，都带有这样的性质。[1]

雅典人奉献的浮雕，一个笛子吹奏者和他的家庭成员在酒神和月亮与狩猎女神之前（敬拜）。出自古希腊阿提卡地区，大约公元前360—前350年。摄影提供：比比·圣保罗，2008年

1 陈珂《戏剧形态发生论》（中国戏剧出版社2009年第1版）第二部分第四章《方相氏：一个角色的诞生》。

中国傩仪《打黄鬼》的启示

下面这几幅刊自《中国青年报》的《河北武安固义村傩戏纪事》图片，可以看到这种“疯狂、暴力和血腥”行为的仪式性和象征性特色。在图中的傩仪《打黄鬼》中，摄影兼报道者张雷对此的文字描绘是这样的：

> 扮演黄鬼者，头发、四肢和身上全涂成黄色，只穿黄色棉坎肩和棉短裤，做出恐惧的神态。仔细看，四肢上还被插上了四把尖刀，弄得鲜血淋淋，当然这都是化装的结果。黄鬼被擒，吉祥如意。村里的各种表演队伍开始庆祝，旱船、秧歌、舞狮子，各式花车齐上阵。近百名青年挥舞着柳棍，一路呐喊示威。整个队伍走走停停，边走边演的队伍走到哪里，哪里就掀起高潮，人们尽情地宣泄，把自己融入狂欢的海洋。最后，黄鬼押上斩鬼台时，群情激奋，礼炮震天。透过弥漫的烟雾，黄鬼被就地正法，鲜血喷溅，象征着人类对邪恶的胜利。这成为整个活动的高潮。[1]

在大鬼的带领下，黄鬼被簇拥着押出村外

“……恐惧的神态……鲜血淋淋……近百名青年挥舞着柳棍，一路呐喊示威……人们尽情地宣泄……群情激奋，礼炮震天……弥漫的烟雾，黄鬼被就地正法，鲜血喷溅……”倘若去除当代人的理性逻辑，仅留下这些直接描绘性语言，这一傩仪恐怕就是一个个“疯狂、暴力和血腥”的场面。如若参与者和承传者都真心实意相信这不是“演戏”的话，其代代相传的话语一定是肯定的，不容置疑的“疯狂、暴力和血腥”。

“源头”与“流传”是不同的概念。源头的浪漫或天真，并不代表流传的变异与扭曲。后来进入雅典城邦的酒神祭祀及宗教活动，在城市化之

1 张雷摄影报道《河北武安固义村傩戏纪事》，《中国青年报》2009 年 3 月 25 日。

扮演黄鬼的外来打工者

中午时分，黄鬼被推上斩鬼台“正法”，欢呼雀跃的村民手舞柳棍祈福新年平安吉祥，整个活动也进入高潮

后产生的那些粪便学（scatology）行为，当然也包括酒神祭祀进入雅典后的那些秘密性仪式和淫乱，甚至发展到罗马时期肆无忌惮的色情、狂乱和变态，以及现当代具有邪教性质的种种状况，其与原生态的主流的古希腊人酒神崇拜和祭祀活动还是有本质区别的。当然，这也不是如尼采对于古希腊人的酒神崇拜和祭祀活动的撇清和矫伪，也不是耸人听闻的“疯狂、暴力和血腥”。这两者恐怕都是有点戴着有色眼镜来看待古希腊人的酒神

崇拜和祭祀活动，其中可能都有一定程度的偏颇。

欧里庇得斯《酒神的伴侣》：酒神崇拜的仪式性和戏剧性

欧里庇得斯在悲剧《酒神的伴侣》[1]中曾对这些酒神崇拜中的女信徒或女祭司们的状态进行了描绘。该剧大约创制于公元前410年，为马其顿国王阿克劳斯（Archelaus）统治时期。剧中多处描绘了酒神狂女们的仪式性和戏剧性的行为——倘若当真把它们看成写实意义上的文字，那肯定会得出暴力、凶杀、血腥的结论，正如我们在上面引用的《打黄鬼》傩仪的描绘性文字那样。除了彼此在形态上的差异，从本质上看，它们的性质都是一样的，即仪式性和戏剧性。为证明这两大特性的存在，笔者在此将欧里庇得斯《酒神的伴侣》中描写酒神崇拜最为“暴力、凶杀、血腥”两段文字摘录如下：

> 彭透斯：你聪明而又聪明，可是在你需要聪明的时候，你却很傻。
>
> 狄俄尼索斯：在最需要聪明的时候，我却是天生的聪明人。但请先听听那人的话，他下山来向你报告消息；我会待在这里，决不逃跑。
>
> 〔报信人甲自观众左方上。
>
> 报信人甲：彭透斯，统治底比斯疆土的君主，我从白雪飘飘的克赛隆山[2]来到这里。
>
> 彭透斯：你带来了什么紧急消息？
>
> 报信人甲：啊，国王，我看见一些疯狂的女人，她们受了刺激，赤着雪白的脚跑出城，特地回来向你和城邦报告她们做的破天荒怪事。可是我愿意先听听你的意见。你要我把那里的事从实讲出来，还是把话收卷一些？因为，国王啊，我害怕你暴烈的性情，突发的愤怒，无限尊严的仪容。

1 该剧也译《巴克斯的女祭司》。《简明英汉词典》解释Bacchae为“酒神之女伴”，酒神Bacchus之女性崇拜者或女祭司。《美国传统双解词典》的解释是：源自希腊语 Bakkhai，巴克斯的女性崇拜者。Greek Mythology Roman Mythology（复数名词）【希腊神话】【罗马神话】The priestesses and women followers of Bacchus. 酒神巴克斯的女伴：巴克斯的女祭司或女性追随者。

2 克赛隆山，Kithairon，or Cithaeron，位于希腊东南部。

彭透斯：尽管说吧，你不会受到惩罚；因为我们不该迁怒于无辜的人。有关那些狂女的事，你说得越怪，我越要严厉地惩罚这个教妇女们做坏事的人。

报信人甲：太阳刚刚射出光线使大地温暖，牧放的牛群们爬上山坡，那时候我看见三队歌舞的妇女，其中一队由奥托诺厄带领，一队由你母亲阿格薇带领，还有一队由伊诺带领。她们全都懒洋洋地睡着了，有的背靠在枞树枝上，有的用橡叶当枕头，随便躺在地上，却也不失体面；她们并不像你所说的迷醉于酒与笛音，在僻静的树林中追求库普里斯。你母亲突然自狂女们当中站起来大声呼喊，叫她们从睡眠中醒来，当她听见戴角的牛吼叫的时候。她们立即起来，把酣沉的睡眠从眼中撵走——优美整齐，真是奇观，老的少的，其中还有未婚的姑娘。她们先把头发打散披在肩上，然后把松开的鹿皮捆好，把舐着自己的脸的蛇束在梅花鹿皮上。有的把小鹿或野的狼子抱在怀里，喂它白色的奶——她们是刚分娩的母亲，扔下了婴儿，奶子正在发胀。她们头戴常春藤冠，或是橡叶，或是盛开的旋花。有一个拿着神杖敲敲石头，石孔里便喷出一股清泉；另一个用大茴香秆插在地里，神便从那里送出一股清泉；如果有人想喝白色饮料，只需用指尖刮刮泥土，就可以得到一股奶浆；每一根缠着常春藤的神杖都滴出香甜的蜜汁。你现在非难这位神，若是你在那里看见了这些事，你便会向他祈祷。当时我们这些放羊放牛的人聚在一起，热烈讨论她们做的这些可惊可怕的事。我们当中有一个人，常进城游逛，舌头很巧，他向大家说道，你们这些住在神圣山坡上的人啊，我们是不是去把彭透斯的母亲阿格薇从狂欢队里赶出来，为国王效劳？我们认为他说得对，大家藏起来，埋伏在丛林深处。她们在约定的时刻舞着棍子狂欢作乐，同声呼唤伊阿科斯，布洛弥俄斯，宙斯的儿子，以致整个山林和山中野兽都欢欣鼓舞，大自然也随着她们的奔跑而活跃起来。碰巧阿格薇在我身旁跳舞，我便从我藏身的丛林中一跃而出，想要将她拿获。她却嚷道，我的善跑的猎狗啊，有男人在追捕我们，快跟我来，跟我来，拿着堤耳索斯当武器，我们撒腿就跑，没有被狂女们撕碎；她们手里没有刀剑，却去攻击我们吃草的牛。那时候你可以看见，有一个女人双手把一头奶胀的，叫吼的小母牛扯作两半，其余的女人把一些老母牛撕成碎片；你可以看见肋骨或分趾的牛蹄扔得东一块，西一块，鲜红的肉挂在枞树枝上滴血。那些凶猛的公牛片刻前还怒气上角尖，一会儿就被许多年轻女子用手拖倒，躺在地上。它们骨头上的肉，在你还来不及眨一眨你的尊眼，就被撕碎了。然后她们像飞鸟一样，腾空奔跑，跑过下面广阔的平原——那平原靠近阿索波斯河，给底比斯人出产许多果实。她们冲进克赛隆山下的许西埃和厄律特赖村落，像敌人一样，把一切弄得天翻地覆，甚至把孩子们从人家家里抢走；所有的东西都放在她们肩上，没有绳子系住，却也没掉在黑色的地上；她们没有铜铁兵器，只是头发上有火，却又烧不着自己。村里的人因为遭了狂女们抢劫，很生气，就去拿武器。啊，国王，那景象看起来真可怕！他们的枪尖投过来不见血，而她们的棍子扔过去却见了伤，他们掉臂而逃，女人追赶男人，莫非是神在帮助？她们后来又回到她们动身的地点，就是神为她们流山泉水的地方，在那里把血洗掉。那些蛇又用舌尖把她们脸上的血点舐干净。啊，主公，你还是把这位神接到城里来吧，不管他是谁。他在各方面都伟大，我并且听人说，他赐凡人以解忧的葡萄。没有酒，就没有库普里斯，人间其余的快乐也就会消失。

歌队长：我虽有所畏惧，不敢在国王面前随便说话，还是要把我的意见讲出来，狄俄尼索斯没有什么不如别的神。

彭透斯：狂女们的强暴行为已经像火一样烧来，在全希腊人眼中这是一件非常可耻的事。我们不可迟疑！（向卫队长）快到厄勒克特赖城门口去，下令召集所有持重盾的兵士骑快马的队伍，执轻盾的步军以及挽弓的射手，我们要出兵打狂女。在女人手中受这样大的痛苦，真叫人受不了！

〔报信人甲自观众右方下。

狄俄尼索斯：彭透斯，你听了我的话，全不采纳。我虽然在你手中受尽了虐待，还是要劝你不必拿起武器去攻打天神，你暂且安静一点吧！布洛弥俄斯不容你把狂女们从欢乐的山上赶下来。

彭透斯：别教训我！你挣脱了铁链，还不好好保住你的自由吗？还要我惩罚你吗？

狄俄尼索斯：最好向他献祭，不要生气，不要用脚踢刺棍，是凡人就别反抗天神。

彭透斯：要献就献那些该死的女人的血，在克赛隆山峡谷大杀一阵。

狄俄尼索斯：你们会一齐败下阵来，在狂女们的神杖前抛下你们的铜盾逃走，那才可耻呢！

彭透斯：和这客人缠在一起真麻烦，无论如何他都不肯住嘴。

狄俄尼索斯：好朋友，事情还有好办法。

彭透斯：什么办法？你要我听我奴隶的命令吗？

狄俄尼索斯：我可以不动刀枪，就把那些妇女带到这里来。

彭透斯：啊，你是在对我捣鬼。

狄俄尼索斯：捣什么鬼？我是用我的技巧救你的命。

彭透斯：你和她们同谋，要永远过狂欢节。

狄俄尼索斯：是的，我是和这位神同谋。

彭透斯：(向卫队)把我的武器拿来！(向狄俄尼索斯)闭上你的嘴！

狄俄尼索斯：别忙！你愿意看她们在山上挤在一起吗？

彭透斯：是的，出一缸金子也愿意。

狄俄尼索斯：为什么？你发生了这样大的欲望吗？

彭透斯：我看她们喝醉了会难过的。

狄俄尼索斯：看了难过，又有什么愉快呢？

彭透斯：真的愉快，她们坐在枞树下观看。

狄俄尼索斯：她们会把你搜查出来，尽管你偷偷地去。[1]

《酒神伴侣》中的“伴侣”就是指这些美娜德（Maenad）[2]。她们从来都不是以温和、雅致而淑女的形态出现的。《简明英汉词典》中的翻译是“酒神的女侍，狂女”；在罗马神话中，她们有时被称作 Bassarids——带有“时髦女郎”的意味。这当是正解，因为在不少古希腊地区出土的文物作品中，美娜德（Maenad）们差不多都有着动态、时髦并颇为狂放的形态。这也应该是青春期少女们最美好、最动人的姿态。

这一段是底比斯执政官彭透斯得到狂女们的消息，准备前去攻打她们。他的表兄酒神狄俄尼索斯劝他无效，彭透斯男扮女装，前往打探。下面一段被认为是最为血腥和无情的场面——母亲杀死儿子，狂女们撕碎了这个反对酒神的男人兼底比斯城邦的执政官，这里面似乎还有母系意识的残留。

---

1 欧里庇德斯著，罗念生译《酒神伴侣》，《罗念生全集》第 3 卷，上海人民出版社 2004 年版，373—377 页。

2 maenad：n. Bacchus 的女侍，狂女。——《简明英汉词典》

一件阿提卡红彩陶杯碎片上描绘的抓着鹿后腿的酒神狂放女，大约公元前 480 年。摄影提供：贾斯托，2006 年

穿着古希腊少女特有服装——裙筒（Chiton）的酒神女侍的舞姿 古希腊赤陶雕塑，公元前 3 世纪塔兰托（意大利东南部的港口城市）制造。现存于纽约大都市艺术博物馆。摄影提供：安德罗·巴雷特，2008 年

这些血腥的场面，当然还是按照古希腊悲剧的老规矩，由报信人来叙述，而不是直接表演这样的动作。另外，本剧中的歌队长是男扮女装的角色，所以在这里被称呼为“女人”：

报信人乙：这是什么话？为什么这样说？女人，你听见我的主人遭遇不幸，而高兴吗？

歌队长（唱）：我是外方人，用外地的腔调欢呼欧嗬！我再也不因为害怕铁链而哆嗦了。

报信人乙：你以为底比斯没有男子汉了吗？

歌队长（唱）：只有狄俄尼索斯，狄俄尼索斯才管得了我，底比斯奈何我不得。

报信人乙：女人，什么事我都可以原谅你，但幸灾乐祸是不对的。

歌队长（唱）：请你告诉我，快说呀，这个做坏事的坏人（指彭透斯）是怎样死的？

酒神女侍 法国学院派画家威廉·阿道夫·布格罗作于1894年

报信人乙：我们离了底比斯城的住所之后，一会儿就跨过了阿索波斯河，朝着克赛隆山坡往上爬——彭透斯和我。我跟着去伺候主人，还有那位客人，他引我们去侦查。起初我们在绿草如茵的空地上坐下来，脚步无声，嘴不说话，看得见人家，而人家看不见我们。下面是峭壁环抱的峡谷，有溪水浸润，松树成荫，狂女们就坐在那底下，手中做一些玩耍的事情。有的把神杖上松散的常春藤重新卷好，扎成花球，有的轮流唱酒神巴克斯的山调，像是从精巧的轭下脱了身的马驹那样快乐。那不幸的彭透斯看不清那群妇女，他这样说，啊，客人，从我们站立的地方，我没看见那些虚伪的狂女；我爬到崖边或高耸的枞树上，应该可以看清楚她们的可耻行为。于是我看见这客人做了件奇怪的事：他抓着一支很高的枞树枝往下拉，越拉越低，拉到黑色的地上，树枝弯得像一张弓，或者像一个圆木饼在转动，当半径线画出圆周的时候，客人就是这样双手把小卜的树枝拉下来，使它弯到地上，这不是人力所能做到的。他把彭透斯安置在枞树枝上，让它轻轻地从他手里滑上去，他很小心，免得把他摇落下水。树枝直上高空，我的主人骑在树枝上，与其说他看见了狂女们，不如说狂女们看见了他。他坐在上面刚刚被人看清楚，那客人就不见了，那时空中有声音嚷道——我猜想是狄俄尼索斯在嚷："啊，女郎们，我把这个讥笑你们和我以及我的教仪的人带来了，快向他报复！"那声音正在嚷的时候，天与地之间出现一道神光。天空寂静了，林中树叶无声，再也听不见野兽咆哮。她们没有听清楚那呼声，站起来四面张望。那声音又在鼓励她们。卜德摩斯的女儿们认出了分明是酒神巴克斯的命令。她们就往山上冲，像斑鸠那样快——我是说他母亲阿格薇和她的姐妹以及全体女信徒。她们跑过溪水汹涌的峡谷，跑上悬崖，引受了神的灵感而发狂。她们看见我的主人坐在枞树上，就爬到对岸耸立的石头上，先用石子使劲扔过来，用枞树枝扔过来打他；有的甚至用神杖对着彭透斯扔过来——多么残忍的打击啊。好在都没有打中，因为那可怜人虽然陷入圈套，无法逃命，却高高在上，她们尽管卖力气，也打他不中。最后她们像雷电一样劈下了一些橡树枝，用这些杠杆，不是铁打的，来撬那树根。但是她们白费力气，于是阿格薇嚷道："来，狂女们，围着树站着，抓住树枝，好捉拿这只爬在树上的野兽，免得他泄露了神的秘密的歌舞仪式。"她们许多只手抓住枞树，把它从地里拔起米，彭透斯坐在高处，就从那顶上跌下米，他一声声地痛哭，知道厄运临头了。他母亲作祭司，首先献祭，向他扑过来；他从头发上把带子扯下来，好让不幸的阿格薇认识他，不至于把他杀死。他摸着她的下巴说道："母亲呀，是我，是你的儿子彭透斯，你在厄喀翁家中生下的孩子！啊，母亲，可怜可怜我吧，别为了我的罪过，把我，把你的儿了杀死！"但是她嘴吐泡沫，眼珠乱转，神经不正常，她已被酒神巴克斯迷住了，不听她儿子的话。她抓住他左边的小膀子，踏在这不幸的人胸上，把他的胳膊扯下来，不是倚靠自己的力气，而是倚靠神力，她的手才变得这样灵巧。伊诺在对面用力，把他的肉撕下来，奥托诺厄和整队的女信徒也扑上来。多么嘈杂的声音！他在尽力呻吟，她们却在欢呼。有一个女人拿着一只胳膊，另一个拿着一只脚，上面还有皮靴，他的肋肉被撕光了；她们把彭透斯的肉抛来抛去，每一只手都染了血。他的尸体分散在各处，有一块压在粗拉拉的石头，还有一块埋在林中树叶深处不容易寻找。他那可怜的头被他母亲弄到手，把它当一只山上狮子的头穿在神杖的尖端，举起来走过克赛隆山深山，让她的姐妹们在后面跳狂女舞。她正在进城，为这不幸的狩猎而狂喜，频频呼唤酒神巴克斯，她的打猎的伴们，追捕的助手，胜利的赏赐者——在他的帮助之下，她赢得的只是眼泪。我要趁阿格薇还没来到宫前，离开这里，因为我不忍看这悲惨的景象。我认为自制和敬神是最好的德行，对那些有了这美德的人，这是最美妙的财富。

〔报信人乙自观众右方下。

十二　抒情歌

歌队：让我们为酒神巴克斯歌舞，让我们为龙的后人彭透斯的遭遇而欢呼，他穿上女人衣服，拿着大茴香秆做的美丽神杖，自取灭亡，还叫一头公牛，把他引到灾难里。卡德墨亚的女信徒咧，你们挣来的是光辉的胜利，但结果是悲哀和眼泪。把滴血的手浸在自己儿子的血里，是一场"多么美丽的"搏斗啊！[1]

1 欧里庇德斯著，罗念生译《酒神伴侣》,《罗念生全集》第 3 卷，上海人民出版社 2004 年版，382–385 页。——个别中文人名和地名笔者作了调整。

羊人和酒神女侍　阿提卡黑彩杯，公元前 6 世纪末。摄影提供：比比·圣保罗，自有作品，2007 年

如果我们不是用古希腊人哲诗酒的超现实的戏剧性眼光，而是用通常的写实主义的眼光来看这样的台词，恐怕就会把这“一场‘多么美丽的’搏斗”看成是真实发生的情景。就像中国河北武安固义村傩戏的《打黄鬼》一样，作为一场献给神的祭祀，那是要做得越真实越好，一定得要弄得跟真的一样，才算是表达了对神的敬虔之心。这样的表达和真实之间，究竟有多少“假作真时真亦假”的戏剧性和真实性，倒是一个很有趣的考察课题。不过，像类似古代玛雅那样真实的活人祭，也许在远古希腊的酒神崇拜和祭祀活动中也不一定没有发生；但是在古希腊的酒神崇拜和祭祀活动中，却应该不会发生——此时的酒神崇拜和祭祀活动已经处于理性的控制中，戏剧性和娱乐性此时已经成为它的基本和主要的功能。

上页的组图是一群羊人和酒神女侍在采摘葡萄以及准备酿酒的劳动场景。这完全是一幅和平的景象，与那些纵情狂欢的画面形成对比，说明了古希腊的酒神崇拜和祭祀活动的丰富性和多样性。

小结

鲜花与粪便，美化与恶化？这是后来者对过去的历史现象难以摆正的立场和心态。戏剧形态的发生既然是在“发生”，就离不开发生的过程——对历史史实的探究。现代发生学和现象学说到底并没有什么玄机，其实不过是一种治史的方法和立场、心态和手段而已。应该说，20世纪之所以被称之为“现代”或“后现代”，就是对过去传统的“为尊者讳，为亲者讳，为贤者讳”（《春秋公羊传·闵公元年》）的反思和解构。

探究古希腊戏剧形态的发生，也面临这样的问题。过去的探究，人为的迷魂阵太多，鲜花与美化，粉饰与矫伪，让我们难得一窥古希腊戏剧发生的本来面目。貌似真实的背后是一种加长加大的袍子下装出来的高跷，虽然只要轻轻一推就倒，但却没人去推那么一下。不过，今世后现代式的粪便化与恶化，也让人觉得有些于心不忍或矫枉过正。21世纪来临后，也许人们能够多拉开一些审美距离，平和多一些，愤怒少一些，让过去的过去，让该来的过来。至少在重新探究古希腊戏剧形态的发生中，我们要多一些中间的或中立的立场——这是达到或接近公允、公正、公平的一个重要基础。

从这个角度看，其实后来者并不是比前人更聪明和智慧，而是更中立、客观和公允。因为离开得越远，情绪化的东西也许会更少一些，理智也许会更多一些，目光也许会更深入一些而已。

祭祀文化是渊源于人类先民采集－狩猎时期的慧智遗迹

——临武“路祭”的意义与价值探讨

西南民族大学 陈文汉

村落历史有980年之久，形成傩文化活动也达540余年，湖南省郴州市临武县大冲乡油湾村的傩仪、傩戏、傩舞中的“路祭”节目，是远古人类先民，还在采集—狩猎为生存生活时期，就产生的祭祀仪式雏形的遗迹。由历代先民不断地传承和升华，形成了现代人类多样性生产生活元素，构建成为繁复的祭祀活动中的“群体祭仪”与“个体祭仪”融为一体的娱乐文化。

祭祀活动是人类独有的文化现象，其他动物都没有。它折射出人类在生存、生产、生活历程中，以求大自然万物的护佑和恩赐，避免受灾磨难、受惩加害的种种想象与探索。

祭祀活动在人类历史上，无论居住在不同地域、来源不同种族、使用不同语言文字、信仰不同风俗习惯的人们，从世界各地的考古遗迹证明，均在相同或不同的古代都尚行过，只是时限的差距与崇拜的轴心有所差异而已。但祭祀的目的均是一致的——人身的健康安全、物资的丰盛充裕、心理的踏实无惧等愿望。

从今天仍流传民间的各地各民族的祭祀祭仪活动模式观察，也可以从原始人的生存生活情境设想，原始人类的祭祀活动可想而知，一定是简单和单调的。但在漫长的人类社会发展进程中，有的民族根据依赖自己生存生活的地理环境，社会制度等各种因素联系到一起，人为地把它升华繁荣兴旺，把人们的衣食住行都与祭祀文化挂起钩来，理不清数不尽的各种祭祀祭仪，融入了语言、文字、文学、音乐、舞蹈、天文、地理、哲学、医学、军事、论理、道德、肌理等学识为一体，构建成庞大的社会活动功能，中华民族夏商时代，应是最盛行的时期。本人以从事祭祀文化研究的调查、采访、观摩体验，下面以中国傩戏学会提供的《中国湖南临武傩戏文化国际学术研讨会部分参考资料》之“路祭”一场的节目，简要谈点自己的认识和看法，以供同仁鉴析。

一、路祭祭仪的含义

经过千百年历代艺人的虔诚传承和精心打造演化，原始万物崇拜的宗教信仰雏形的娱神祭祀模式，今天已成为娱人戏剧。“路祭”节目应当属于祭祀类型中的“群体祭祀”之“季节祭仪”。群体祭祀是因为福主是代表全村村民，向傩神许下的愿；傩戏操持人是大家选出来的承办班子；出资是由本村全体成员共同捐集的；得益者即是愿望祈求，以傩神为主轴，邀请天神、地祈、人神众多神明共同护佑和赐福全村男女老幼所有居民：“村坊安宁，平安清泰，人人得福，个个沾恩”。

说是季节祭仪，因为路祭是初春福主代表本村村民向傩神许下的愿，翌年春还愿的过程。从宗教信仰的角度审视，它应该是太阳崇拜的含义，例如在“拔兵”节目的“差三帝将军”程序中，把“所请得的兵马必须在黎明前万物初醒时，第一声灵物响动，才能鸣起牛角，把拨回的兵马交与营内，法师卜卦，应卦后表示拔兵成功，奏乐收兵”；从生产角度看，无论原始采集—狩猎时期，还是农牧生产时期，人类的传统生产生活方式，一年总是一个恒定的周期，即当年初许愿，翌年春还愿；从情感角度去考虑，它有更丰富的含义，最基本的理念就是，向傩神许过的愿要付诸承诺予以还愿。

二、路祭节目的祭祀模式遗迹

各地各民族，不论先进民族还是后进民族、富裕民族还是贫穷民族，都曾在不同时期或相同时期流行过各式各样、丰富或单调的祭祀活动。中华 56 个民族，几乎都有祭祀活动的文化历史，尤其西南众多少数民族中，有的至今仍流传着很多原始的祭仪模式。在临武傩戏的“路祭”节目中，也有不少祭祀遗迹：如“开光点眼”、“拨兵”、“祭路”、“造桥”、“法师卜卦”、“设宴”、“叩祭天兵”等等。

最原始的遗迹要算第三节“会兵设宴”中的“杀雄鸡，将鸡血倒入五个酒杯中，款待各路神兵猛将”。西南四川省凉山彝族自治州的彝族人，至今在各种类型的祭仪中，仍保留着许多原始模式。如用牲要严格限定雌雄性种，祭品严格分血祭—肉祭、生祭—熟祭、烧祭—煮祭；献品要严格限定六畜种类；用物也要严格限定划分使用香草—毒草、野草—秸秆以及五谷种类等等。按照常规推理，血祭（生祭）、供果品的祭仪模式，应当在远古人类先民还没有正常使用火之前，在狩猎－采集时期就产生了祭祀仪式雏形的遗迹。例如，我国只有语言和习俗，没有文字，信奉萨满教的东北鄂伦春族，延至现在，以狩猎为主要生活来源的人群，上山狩猎时，都要向选定的大树行祭，以求狩猎平安与猎物丰硕，便是一个鲜明的例证。因为远古人类先民，应当无一民族不从采集—狩猎的生产历史而步入当代。采集狩猎收获的不确定性和自身生命的危险性，是困扰人们的难题。在先民的思绪中，野兽都是生活在森林中的，猎物即是森林的居民，人要取用它，就应该得到它主人的允许，所以人类很多民族都有崇拜树木的习俗。例如，美国印第安民族与分别居住在地球东方相距几万里的中华彝族人都把同一树种——紫杉树崇为“神树”。由于生物共同的本能感知，人们萌想出各种生物都有所依赖生存的盟主，要想获取它，应向盟主表示某种行为才应有获得的机遇。这种崇拜思路，对所有生物的生存生活发展规律是合乎逻辑的。

三、“卜卦”是祭祀文化的轴心学说

在临武的路祭节目程序的傩仪、傩舞过场中，牵涉卜卦的遗迹不少。卜卦行为在祭祀活动中，是包罗万象的一门预测学问，即是祭祀文化的轴心学说。就整个卜卦的形式和模式观察，它的功能是预测人类自身的吉凶祸福，它的愿望是预知未来的一切征兆，它的目的是想避凶纳吉。在祭祀文化的各种祭仪中，所采用的卜卦方式和方法看，它贯穿所有祭祀祭仪的一切过程，它所取用的“卜卦用物”也是无所不用。今天人们能接触到的以骨卜、牲卜、植物卜为最普遍。就本人很熟悉的四川凉山彝族人，用于各种动物骨卜的就有舌卜、胛骨卜、腿骨卜、头骨卜等；用于牲卜的就有鸡卜、猪卜、蛋卜及五脏六腑卜等；用于植物卜的更多，有竹笺卜、木刻卜、木杈卜、毛线卜等；用于人卜的有按脉卜、绕石卜（托梦卜）、油水卜、铧口卜等；用于命理卜的有孕育卜、命宫卜、岁宫卜、命运卜等数不胜数。

四、彝族毕摩教卜卦中的命理说

中华彝族主要聚居或散居在祖国西南的川滇黔桂四省区，自古信奉万物有灵的泛灵论，以祖先崇拜为核心，各地彝族人都盛行各式各样的祭祀活动。下面以四川凉山彝族祭祀文化中，预测学规律之对人的命运卜卦方法中的“命理说”做一下介绍。命理说的关键要素是依据每个人的“性宫”[1]、“命宫”和“岁宫”配套阴阳五行、十二生肖、日月星辰等诸多要素综合推论测算。

（一）命理规律

1．性宫

性宫是以雌雄性别而定的恒定宫，在彝族毕摩教的祭祀文化说教中，把所有男性成员定为北方宫，把所有女性成员定为南方宫。

2．命宫

“命宫”是指每个人的命运根基。以父母生育自己时的年龄所决定。无论男女，都固式化地规律所定性，且终生不变。规则是以十二生肖与四面四方挂钩，相互轮换测算，变化出每个人的不同命宫。

测算方法是，本人出生年——十二生肖中的某个属相年，以当年父母的年龄确定每个人的命宫。

推算公式：

（1）一个人的命宫：$1×8×2=16$。

公式中的1，指一个人，8指八方位，2指父母二人。含义是说，无论男女，父母赋予自己的命宫都在16之内的一种或两种。

（2）所有人的命宫：$2×8×2×12=384$。

这里的第一个2，是指两性男女，8指八方位，后面的2指父母双亲，12指十二属相。也就是说，世人男女的命宫仅384种（指的是第一前提的命宫根基，往后的第二、第三……前提是“乘方式”的无穷多）。

其中，一个人的岁宫和命宫有“同位”与“不同位”的两类，原理是：

1 性宫——在彝族毕摩教中，把男女的本宫划分为南方、北方两个恒定的宫位。

彝族毕摩教命理学说中，岁宫、命宫是最重视也最常用的一种推论依据。同位者指的是，一个人出生的当年，轮到他们的父母岁龄，恰好在约定俗成的男女各自的本宫位上，他（她）的命宫和岁宫都是同一个；父母岁龄不在约定俗成的宫位上，一个人就有本宫和命宫两个宫位。还可能是三个、四个宫位。这种推算是很清晰，也较简便的。即一般原理（除预算生育的外），大多自然生育的部分，出现同位、不同位的公式，不外乎就是八分之一乘以二或再乘以二的各种命宫。即一个人，可能出现的各种岁宫和命宫的概率是八分之一、十六分之一、三十二分之一之一种。难以推算清楚的是，往前代追溯，若干代以及其他各类各性的相生相克说教相联系，就会出现万花筒图像式的无穷多现象。

3. 岁宫

“岁宫”是在“本宫”的基准上延伸运转变化的，本宫、岁宫的推算方法（公式）。

（1）本宫

“本宫”是毕摩[1]教仪中约定俗成的固定宫，可称为“性宫”，即以出生年为基准，男女有别，男性为南方宫，女性为北方宫。

公式：1×2=2。

即男女两性每人一个固定的本宫。

（2）岁宫

岁宫是在本宫和命宫的基础上延伸展开的“综合宫”。每个人的本宫、命宫和岁宫都逐次向八方运转，一年一方，八年一轮。

公式：8×2×1=16。

即每个人八年有 8 个或 16 个宫位。从前代人的岁宫产生与后代人的相生相克规律和规则运转。

“8 个或 16 个宫位”的可能性是：岁宫本宫同位者只有 8 个宫，一年一个；岁宫本宫不同位者，则一个人有 2 个宫位，八年一轮，就变成 16 个宫位。

4. 强宫弱宫的划分

在彝族文化的命理命运说教中，对于源头追溯十分苛刻，衍生出了无

---

1 毕摩——彝语，有三种含义：第一种指古代彝族等级社会中的两种职业等级名称；第二种指从事宗教祭祀祭仪活动的职业名称；第三种泛指一切祭祀祭仪活动。

穷多的因缘（今天可称为与现代科学的遗传学相似的一种学说。）

“强宫”和“弱宫”是以父母生育自己时的年龄来划段的，划段方法有多种，以下举且在民间通常运用且较简单的一种：它以父母岁龄划段，年轻时为强宫，年中时为平宫，年迈时为弱宫。

以五年划段的强弱宫：

父母 20–30 岁出生者为强宫段；

父母 30–40 岁出生者为平宫段；

父母 40 岁以上出生者为弱宫段。

在具体的命理中，有几种分段法，一种是以五年为一段，各段又有五花八门、各种差异的诸种释译。

强弱宫以五岁为一段的划分公式：$1\times2\times5\times12=120$

这公式中的数字，1 指当事人，2 指父母俩，5 指五段，12 指十二属相，即是说，男女强弱宫的推算和功能是相同的原理，长期以来，在祭祀仪式的诸多过程中，凉山彝族以母系项为第一前提，父系项为第二前提。其原因难于在现有篇幅内讲清，待以后专题探究。

“强宫弱宫说”与“母系要素为主，父系要素为辅”的剖析：强宫弱宫的说教，事实道理很明白，即是父母身强力壮时养育的孩子，其肌体素质比父母年迈体弱时才养育的孩子更好一些。但在毕摩文化的说教中，并不如此直白地释义。总以各种方位、五行、生肖等诸种说教相联系予以解释，剖析其因，除了根深蒂固的神鬼信仰外，传统观念和情感心理也有一些原因。一方面，在传统意识中，多子多女为富有的象征；另一方面，在不少传说典故中，年迈得子后，子孙成名成器者很多；再加上，在漫长的父系制社会历史上，彝族人的习俗礼仪规则中，长子和幺子在弟兄中居于重要位置的理念有关。

至于在岁宫命宫的推算和运用中，以“母系项为第一要素，父系项为第二要素”的规则，按其今天的生物学、遗传学解释，当然是很清楚很明白的原理，但是在古代，先民们对生物遗传现象虽有观察，而毕摩教文化的理论基础是建立在自然崇拜的神鬼学说上，并不是建立在生物科技基础上的说教。

人类各民族的大多数，均以父系为主线，而彝族的父系制奴隶社会的保持又是最长与最严格的。笔者认为，在命理学中，以母系要素为第一前提的习俗，当源于很早以前的母系制社会时期。

（二）相生相克的推算原理

相生相克的推算是网状式的一门多项繁复知识，测算依据涉及多种要素，与生物繁衍后代的系数相似，不过它是向前代祖先罗列推算的。用高等数学公式计算也是无穷的难以计算准确的一门学说，因为世人谁也理不清自己的始祖父、始祖母是哪时期哪个人。然而从唯物史观看，毕摩文化的神鬼学说，也不能一言而定为“荒诞说”，它恰好说明今人所知晓的“世上没有两个一模一样的自然物”的基本原理。按彝族毕摩教的说法，双胞胎、多胞胎的姊妹和弟兄是相同的命理。再按现代科技的误差要求，分秒不差及零点几几秒的精准度去测定，双胞胎的呱呱坠地也总有几分几秒的时间差。

本文所介绍相生相克说，也只能粗线条地勾勒一点基础型的说法。

所谓相生相克说，在社会制度十分后进的彝族人中，所注重的事务是“无孔不入”的，繁杂的相生相克学说对婚配择偶、迁徙移居、征战制敌、播种收割、“出牧收畜”[1]等大事小事，事事都需要预测一番。下面介绍一下相生相克的基础原理说教。

1．十二属相的相生相克规则

十二属相相生相克学说内容很多，是最基本常用的命理要素，依据十二个属相与四面四方相联系而产生的，为便于理解和探究它的原理，画一简图以示其意。

（1）相生的十二属相图表

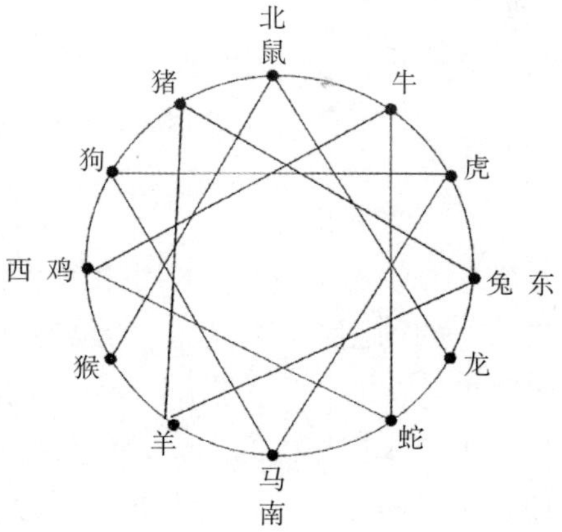

1 出牧收畜——让牲畜避开不适气温（如夏初把牲畜迁往高山草原，秋末再朝矮山草场放养）的放牧方式。

毕摩教的十二生肖属相相生组合口决：

猴龙鼠相生
牛蛇鸡靖神
狗马虎融洽
兔猪羊吻和

（2）相克的十二属相图表

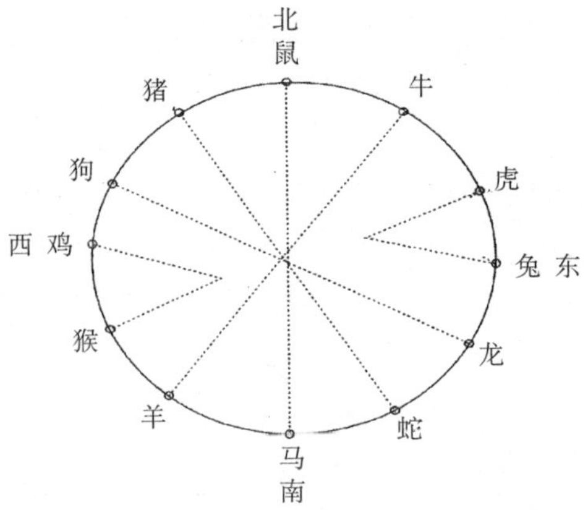

毕摩教咒辞中的十二属相与方位挂钩构成相克的口诀：

东方克虎兔
西方克猴鸡
北方克猪蛇
南方克马鼠
狗龙二属克
牛羊二属克

相生相克缘由的分析：相生相克示意图，在毕摩文化古籍经书中没有发现过这样的构图，但笔者也不是刻意这样构成的。相生相克的十二属相之间的特点，有的与方位搭配，有的没搭配，它们的构成，有几个特色。

（1）十二属相相生的划分，没有涉及方位。

（2）十二属相的四组相生物，无论怎样调整方位，把相生的三个属相连接起来，三者间都形成等边三角形。

（3）相生的四组动物，都有同质性：在彝族习俗中，一三组为忌食物，二四组为可食物。其中“龙”是不了解的物，只能以传说典故中所说的神圣灵物来看待，把它划入忌食类是顺理成章的；可食类中的“蛇”一般彝族民间把它归为忌食物，但俗言仍有“把蛇当鱼食”之说。

笔者认为，把中华民族的十二属相中的龙，确定为一种具体的灵长类动物，把蛇换作鱼，那就很简明了。

相克的十二属相，在两两相克的六组中，四组与方位相联系产生相克，两组单纯相克。究其原理，也较难以识别其缘由。笔者肤浅的看法是：地理环境、气候与动物生长的适宜性或不适宜性有一定关联。比如，古人们可能在具体观察事物时产生这样的心理：①东方是太阳先升起的地域，虎兔大多夜间觅食，希望天亮时间迟一点；②猿猴和飞禽类对黎明喜欢对黄昏恐惧，日落西山它们感到害怕；③北方气候寒冷，猪和蛇都怕冷畜牧；[1]南方气候潮湿多湖海，马、鼠都爱干燥，厌潮湿；⑤狗龙均属智慧物，在一起易产生同类相嫉；⑥牛羊均吃品质一样的草木，两者在一起会引起争食现象等。

2. 择偶婚配中的相冲、相应规则

彝族毕摩教对婚配事宜视作每个人一生的三大生平事务之一（生、婚、死），故对婚配择偶很注重，说教也十分丰富。其中把属相、命宫作为第一前提，在繁文缛节的婚姻礼仪中，能让一对男女凑成完美无缺、毫无瑕疵的合婚是十分困难的，严格意义上说，也是永远不能实现的。在具体运作中，关键把关第一前提，至于第二、第三等前提，采取“弥补”的方法，以各种祭仪处理，以求避之消之。

“相冲”、“相应”针对婚配伴侣间的关系。即是前代父母、祖父母的F1、F2、F3等N代的年龄构成本人的命宫推算。婚配择偶时，除了避开相克外，相生相应的优宫难以求得时，可选择不生不克的平宫，就相生相应的随着岁宫的运转也可在八方六合中出现一种相冲情况。相冲就是夫妻命宫和岁宫同年运转到一个方位。毕摩术语称“相撞”，古语原意是：驮着货物的马在同一条道上相挤相撞的意思。为便于理解，用三角形图，表示优劣命宫的构成和变化。

1 七世祖母亲缘——彝族人婚姻事宜中，追溯考证姻亲血缘的一种理亲标志，精通者被誉为精通亲缘的智者。

（1）父母与孩子三者构成一家人的命宫优劣变化图例

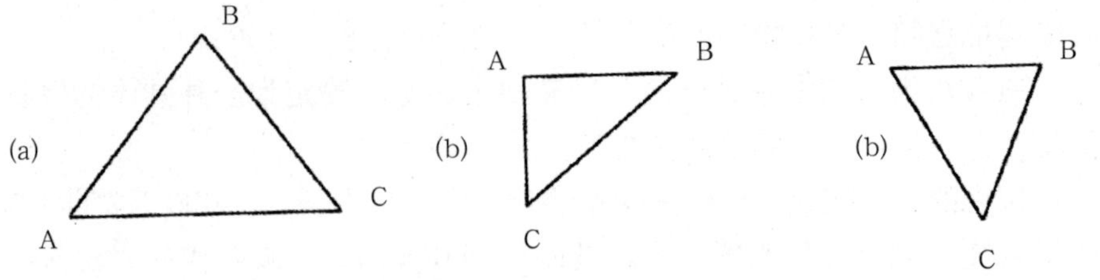

三角形的三个角，分别表示父、母和孩子三者间的宫位：A 表示母亲，B 表示父亲，C 表示孩子。把 A 称为母亲，是因为毕摩教在命理规律中，把母亲的要素划为第一前提，父亲的要素划为第二前提，祖父母、外祖父母划为第三前提，曾祖及以前各代，越往前代越逐次减弱。

上面三个三角形的含义是指一家人的命宫相生相克的三种类型。第一个等边三角形，表示一家三口人之间，构成了完美的相生命宫组合；第二个斜三角形表示父母相生，父亲与孩子不佳；第三个斜三角形，父母间命宫欠佳，但孩子的命宫对父母均好，弥补了父母的命宫相生性不足。这里举的三种类型不是说只有三种，详细罗列，是多种多样的。

（2）三代之间命理构成图例

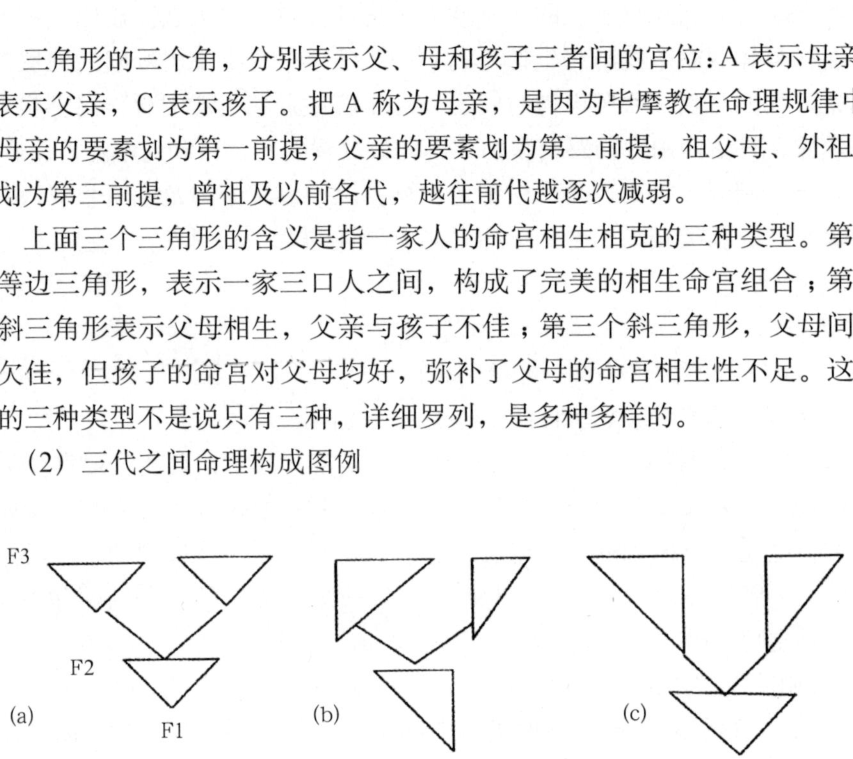

三角形的三个角，同样指父母子女三点，F1 表示当事者本人；F2 表示父母代，F3 表示祖父母代。A 图的含义是，祖孙三代，代代是完美的相生命理组合；B 图示意的是祖孙三代均有缺陷；C 图示意的是祖父代均不完美，孙子代已完美，只是先代基础较差，意味后代有望完美。

多代命理的网状构成，在择偶配偶时，所谓相生相克规律规则有多项，其中普遍重视的第一要素——属相和命宫二项。如果遵循毕摩教的所有条件严格筛选，溯其“七世祖母”[1]的翔实资料，那么一个人终生也追寻不到一个完美无瑕的伴侣，因为它就像万花筒中出现的图形一样，出现无穷多的命理现象。

婚姻中的相冲相应规则：“相冲”、“相应”是依据岁宫命宫运转规律产生的规则。相冲是指，夫妻两人岁宫命宫遵循运转规律，向四面四方运转时，运转到同一方的年，称作“相冲年”；夫妻的岁宫命宫运转到八方的正对方年，称作“相应年”，习俗上把相冲年视作不吉祥年，相应年视作吉祥年。

“相应”说也是同一原理，是指夫妻俩的岁宫命宫运转到八方中的正对方，称为“相应年”。毕摩教视作是“吉祥年”。为便于理解，下面画一个示意构成相冲相应的岁宫命宫运转图例。

（3）岁宫命宫运转图例

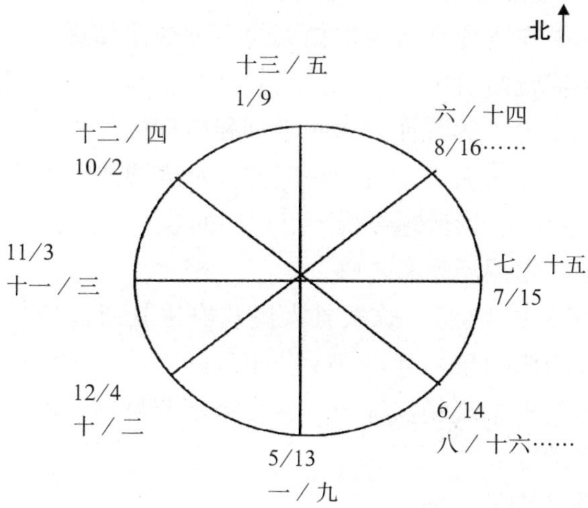

男女岁宫命宫运转方向是相反向的，男为顺时向，女为逆时向。图上阿拉伯数字代表女性岁龄，中文数字代表男性岁龄。按毕摩教的原理，女性出生年(0 岁，彝称 1 岁)她的本宫在北方，她的母亲多少岁生她，便是她的命宫宫位。然后循逆时针向一年移一方，周而复始延续终生；男性出

1 七世祖母亲缘——彝族人婚姻事宜中，追溯考证姻亲血缘的一种理亲标志，精通者被誉为精通亲缘的智者。

生年他的本宫在南方，循顺时向运转，也是与女性一样一年移一方，同样延续终生。

结语

看似儿童游戏的许多人类原始崇拜祭祀祭仪模式，仔细深度考究，也有一些对人类社会文明进步和发展的合理因素，比如，彝族毕摩教学说中的预测学，是毕摩文化的重要组成部分。预测学中的命理学，又系预测学的核心之一，命理学囊括内容很多，依据命宫岁宫、相生相克等规律向外展开，衍生出“人丁命理”、“财富命理”、“宅基命理”、“口碑命理”等五花八门的学说。剔除荒诞、迷信的说教后，也含有不少要素有朴素唯物辩证观。从现代科学的生物科学、遗传学、病理学角度去审视毕摩教的学说，不难发现人类先民也在不断地对自身的检讨和大自然与人的关系进行探索。例如前举岁宫命宫与相生相克的不少规律和规则、所取依据以母系为主，父系为辅就能看出，一个父系制延续了几千年的民族，直到今天仍留存着很多母系为主的特征，说明崇拜和信仰的习俗，不是一朝一夕就能创制或消失的，也为人类学者们探究“人从哪里来？又到哪里去？”、“先有鸡还是先有蛋”的老话题寻得一点有用的参考价值。

再加上几句现场观摩之感。

2012 年 8 月 17 日，临武县人民政府尽其所能地招待我们参会者。从临武国际大酒店出发，到好几十公里远的大冲乡油湾村，亲临以表演性又带有原始性的多个现场实况节目。在多场节目中，本人见少识浅，仅对两个节目略叙感言：

1. 祭土官节目之感

祭土官节目时，演者（当地人）和观者（当地人）态度虔诚认真，对祭土官之节目，我自小在“籍贯”（四川西昌市）见过并有较多了解。国内的各民族、各区域、各地方都有“土主”“土官”之类的庙与或相关事物，但庙的规模不及“精殿之堂”。我在有记忆的三五岁时（没有上学前），我的家乡有不少“土主庙”、“土官庙”，大都建在有点名气的山麓下。庙宇规模很小，小至三四平方米的一小座，土主塑像也是很简朴的一个老者男像，不一定有专职人员守护，过路行人以自愿的方式烧几炷香火、几叠纸钱而已（不用付任何金钱）。究其原因，应当是在漫长而十分悠久的人类生存生活历程的记忆中，人们对土地的珍惜、珍求、珍望的心愿的表达。在鄙人自己对自身都说不清、忆不全、也难以理清的中华彝族“毕摩”世家之一者，虽然学识不多，但略知我父之教至今日之观点都一样——彝族毕摩文化的“轴心经辞”中，“祝、祈、祷”等辞多达50首以上之多祈祷土主的祈祷经辞。这应当是属于众多平民百姓自觉自愿的本能情感的反映——土主、土官享受人间香火应系众诸神之最。

2. 献祭牲头特景之感

在现场节目表演中，宰杀二只猪羊以祭神时，表演者未待猪羊死定时急把牲头剐割摆上祭台，不少同行觉得惨不忍睹。我也有同感，但理解其意——这是在远古先民们的生活情境下的特定行为。希望以后在祭祀仪式中可以做些适当的改善。

3.“路祭”现场之感

主演者两两一组相互激烈追赶镜头（一人抱鸡前跑，一人持械后追），是我们先祖在很久以前“制敌”、“避敌”的遗迹，与今天竞技体育相类似。其中含义可以从众多方面分析考证。

傩与“日祭”
——从“乡人禓”说起[1]

东华理工大学　章军华

乡人禓即乡人傩，禓即傩，前辈学者饶宗颐先生的论述较为详尽，以“上甲微作禓”考究傩起源于殷商上甲微时代。[2]此说得到学术界的普遍认可。与饶氏观点相通，时间略早的相关论述，如前辈学者姜亮夫于1934年的《傩考》一文，从上古音系转训角度释解“禓”与“傩”字同源，并将“傩”释义为“驱强死鬼”，且疑“傩”即“殇祭”。[3]如此，乡人禓（傩）的论述基本可以定谳。但“乡人禓”又源于何处呢？饶氏与姜氏撰文中并没有深入探讨。甲骨文中并无“禓”字，本字作“昜”，而“昜”字的字形结构意义与“日祭”相关，为上古人类对太阳崇拜的祭礼衍化形态，殷商时期演变为祈求天地之气交感，后又延伸为祈求风调雨顺，与社神祭仪融为一体。又，殷商时期并无“乡人”称谓，“乡人”称谓实质是西周以后宗法制度的产物，多与社神祭礼关联。因此，殷商时期的禓（傩），体现出以贵族中下层国人为主体的社祭习俗，目的是祈求天地之气交融而风调雨顺、神人谐和，多用人牲与犬牲以御疫气。

一 、“昜”字的释解

在甲骨文中，“昜”即“禓”，为习见字。在较具权威性的中国社会科学院考古所编辑的《甲骨文编》中，“昜”字形共见12例，分两种类型，

1 本文为教育部人文社科规划项目《中国傩戏史》前期成果。

2 饶宗颐著《饶宗颐二十世纪学术文集》，（台湾）新文丰出版股份有限公司2003年版，1626页。

3 姜亮夫撰《民族杂志》，1934年第2卷第7–12期1592页，见老成旧刊数据库。

一如“口丁”形有1例，一如“日丁”形有11例。[1]两类字形体，均为上下结构体，下部均作“丁”形，一般释为“示”形，如祭坛貌。而上部一作“口”形，一作“日”形，差异则大且表达的意义也相距甚远。

若从“口”形，在甲骨文中多作“人头”形释解，如“子”字上的“口”形便是明显例证，可见与“人头”有关。若作“日”形，则以太阳有关。从《甲骨文编》有11例作“日”形，仅1例作“口”形的状况来看，至少在殷商时期视“昜”为与“日”相关的内涵占绝大多数，且“口”形也有作“日”形训的，如“口東”（京都701）字头上的“口”即象形太阳。[2]因此，把“昜”释解为与太阳有关的内涵似乎更符合逻辑些。

“昜”字上下结构，上“日”下“示”形，从字形表面意义上看，即为“祭台”上的“日”，可引申为“日祭”形态及相关的活动。“日祭”从上古先民自然神崇拜的发生学角度来看，似乎与原始人类的“日食”或“祈雨（旱）”内容有关。连云港将军崖史前岩画上绘有人面的植物形象和日月，或与此类祭祀有关。[3]然而，从殷商卜辞的祭祀活动来看，与“日祭”相关的记载，莫过于祀“天”，“天”即是“日”，由于“天”常与殷先王灵魂相伴而祭，也就等同“帝”的代名词，如殷人以为自己的种族即来源于“天”。如《诗·商颂·玄鸟》：“天命玄鸟，降而生商。”因此，这类祭典的原始形态即为“祭天”，即后世的郊祀之礼。如姜氏说“一切礼俗自其源求之，皆本于民俗。郊祀礼也，盖本之于古黎庶崇祀天日之朴实本习。”[4]

二、“昜”的“日祭”特质形态

现存殷商卜辞多为武丁或以后时期，而“上甲微”便是武王及后世祭祀的一个重要人物，商族祀先祖往往自“上甲微”开始。孟世凯先生说：“上甲微在古书中又称作微。上甲是商族的后人在祖庙中给立的号，叫做庙号。微是上甲的名字。商族自上甲微以后，都是甲、乙、丙、丁、戊、己、庚、辛、壬、癸十个天干作为庙号。上甲微在甲骨文中作“上甲”。商王祭祀上甲的卜辞很多，祀典也很隆重。”“商王大祭祀先公（近祖）时，都是从上甲

1 中国社会科学院考古所编辑《甲骨文编》，中华书局出版1965年版，388页。

2 同上，287页。

3 连云港将军崖岩画遗迹调查，《文物》1981年第7期。

4 姜亮夫著《古史学论文集》，上海古籍出版社1996年版，88页。

开始，祭祀先公先王时也是从上甲开始。单独祭祀上甲时，经常用作牺牲的有牛、羊、猪，至少是一头，多者十头。还经常用人做牺牲来祭祀，少时一人，多时五人、十人，最多的一次是50个羌人。这说明上甲微的后人对他是非常崇敬的。”[1]商人为什么这么重视“上甲微”，是因为他崇尚武功而率部族打败强敌，故《国语·鲁语上》有云“上甲微能帅契者也，商人报焉”。殷商时期把“祭天”与“报祭”上甲微的祀典合二为一，因此也就可以看出殷人郊祀的内涵与意义了，即把祖先崇拜与天神崇拜融合一体，以“报”的形式作为郊祀仪礼的主要方式，目的是祈求与上天融为一体的“上甲微”（祖先英雄魂魄）庇佑打败强敌，或者驱除来自强劲对手的侵害等。

“报”字在上古文字中作上下结构，上部为一手爪形，下部为一人屈膝状。[2]说明最初的“报”祭方式，与抓获人牲有关，即有献功标榜的意义，也有答谢天与帝庇佑的意义，这便是郊祀的原始意义所在，为后世礼仪郊特牲所基本承续，除人牲之外。《世本》所载“乡人禓”即归于“郊特牲”类属，也说明其中的本真与继承性。又，“据殷墟甲骨文材料，殷人在商代后期前段经常束柴燔燎牺牲祭祀神灵，此种祭祀内容即称为‘帝（禘）’，祭祀的目的主要是求雨以祈求好的农业收成”[3]。

因此，“昜”的最初祭仪形态应该包括：以燔、燎的方式祭日以祈求风调雨顺，以抓获人牲的方式献告以报答祖先阴功。这种祭仪特质形态非常隆重，常有专业巫祝主持，并且王经常亲自参加，随从车马浩浩荡荡等。这从承续殷商礼仪的周代祭日记载中可以看出，如石鼓文记载周景王一行去周原仓郊外祀日的仪式，其祭仪主要是磔牲与燎祭，用璜（舟形的玉璜）祀天及祖先。[4]

三、“乡人禓”与傩的社祭特质形态

“昜”字最原始的意义是郊祀太阳，后衍化为与“上甲微”魂魄（帝）相融合，在一定程度上说明殷商统治阶层的生死观念。裘锡圭先生说：“从

1 孟世凯著《夏商史话》，中国国际广播出版社2007年版，80页。

2 崇羲等编《商周图形文字编》，文物出版社2007年版，45页。

3 刘源著《商周祭祖礼研究》，商务印书馆2004年版，71页。

4 王美盛著《石鼓文解读》，齐鲁书社1989年版，7页。

殷周时代的甲骨卜辞和铜器铭文以及《尚书》《诗经》来看，殷周统治者都认为他们死去的先人是在天上的，是在上帝左右的。”[1]而殷商的郊祀之礼，前期由于部族经常迁徙不定，则郊祀场所不固定或随迁车马而载，或以“上甲”为界，诚如郭沫若先生所言“殷之先世，大抵自上甲以下，入于有史时代，自上甲以上，则为神话时代，此在殷时已然，观祀典之有差异，即可判知”[2]。然殷商进入有史时代，郊祀之礼多见与“石”相关。“社之制，盖建大石立于郊野山阿。此《郊特牲》所谓‘必爰霜露风雨，以达天地之气’。”因此，殷商上甲微以后郊祀之礼，多以“石灵”为“天”与“帝”的象征，成为殷商的“石室”宗庙的典型标志，故《吕氏春秋》有云“殷人社用石”之制。《礼记》亦云“天子建国，左庙右社，以石为主。”“此等制度推其始义意，盖以此等石或树木为祖先灵魂托居之所。……甲文作T为原形，即象大石碑。”可见殷人“昜”祭，其以国家为“大石”之象，代表“日”与“帝”的存在，实则“国昜（禓）”之祭，即“国殇”之礼的初始形态。“国有大故天灾，弥祀社稷祷祠，大师宜于社，造于祖，设军社，类上帝，国将有事于四望，及军归献于社，则前祝。”[3]所以，殷武丁时期始见的“上甲微”卜辞记载，当与国之大故或天灾有关，与兵事相关，说明殷人的“国殇”，其实就是国家层面的“大石社”祭。

但这些应该属于统治最高阶层的祭祀形态及生死观念。是否延及“乡人”层面呢？

首先需要知道“乡人”的含义。在殷商时期，商王八迁，早期商人没有都邑的概念，因此不可能有邑人与乡人之分，“乡人”的概念只可能产生于殷商中后期，其都邑概念相对成熟之际，其时商王都邑相对较少，而方国众多，商王与方国之间的关联主要靠神权天授的祭礼来维系，因此“乡人”的概念或泛指方国民众，并不一定成熟。这种不成熟的称谓，甚至一直延续到西周时期。西周时期开始建立一套乡遂制度，或称国、野制度，国是指都城和近郊，主要居住着统治阶级的各级贵族和手工业奴隶；近郊则分成若干“乡”，主要住着属于统治阶级血缘关系的下层，其中多数属于“士”一级，统称“国人”。“国人”享有一定的政治和经济权利，是国

---

1 裘锡圭著《文史丛稿：上古思想、民俗与文字学史》，上海远东出版社1996年版，32页。

2 郭沫若著《卜辞通纂·世系篇》，74页。

3 孙诒让《十三经注疏》，中华书局1980年版，811页。

家军事与经济的支柱；乡之外即野、鄙、遂，指广大农村地区，称为“庶人”或“野人”。所以，在西周乃至春秋战国时期，“乡人”这种称谓并未直见于文献记载。暂见《礼记·乡饮酒义》称乡大夫为“乡人”一例，这已经是汉代的记录了。因此，从“乡人禓”的文献记载来看，与殷商周甚至春秋战国时期的称谓不符合，可能是后人以追述的口吻对前代史料的总结等。或者，“乡人”在西周时期建立乡遂制度以后，对具有血缘宗法关系的“六乡”民众的一种泛称。从这个角度上看，“乡人禓”的发生时代不应该在殷商而是西周以后。且与“上甲微作禓”属于两个截然不同的阶层。所以，只有一种解释，即殷商灭亡之后，殷民诸多氏族被分封鲁，鲁之殷民每年仍在固定时间祭天与先祖。如《左传》襄公九年载：“宋灾，乐喜为司城以为政……二师令四乡正敬享，祝宗用马于四墉，祀盘庚于西门之外。”宋即殷民之后裔，在西门祀盘庚之礼即为郊祀，这与孔子立阼阶（东阶）的方向记载相符，因为孔子知夏礼和殷礼，所以立东阶向西门观礼。这便是“乡人禓”的记载真正来源，说明“乡人禓”源于殷商时期的郊祀礼仪，与社与祖先祭礼有关。

按春秋时期齐国的编制，以三十家为邑，邑设有司；十邑为卒，卒设卒帅；十卒为乡，乡设乡帅；三乡为县，县设县帅；十县为属，属设大夫。五属分设五大夫。则“乡人”的首领为“帅”，也就是“乡大夫”。因此，“乡人禓”的首领只能是“乡大夫”层级的“帅”了。而乡级层面的“禓”，所祭祀的内涵应该与血缘关系相同的“官社”有关，实际是殷商乡士大夫政田合一的“官社”祭礼内涵，即乡级的官方社祭，明显带有军事性的色彩。

殷商乡级官社，以上甲微为重要主题，说明他们的血缘同脉，也说明他们以上甲微为英雄神灵的力量，祈求上甲微为主题的“禓”祭，实际上是把上甲微当成“天神”。这种祭礼仪式，由于殷商的“六乡”本为殷商贵族同宗的中下层士大夫，他们享受一定的国家祭祀权利及充当国家武装力量的主力军虎贲氏，因此，这种祭礼仪式以讲武的形式出现，便一点也不奇怪了。作为“乡人”的宗社，每年在固定的时间与地点举行应该是一种规模比较大的祭祀活动，一是源于祭天，二是祭祀祖先，三是祭祀那些为国捐躯的“乡人”魂魄。多种祭祀主题融合一体，祈求农业丰收及为乡族禳祓灾祸的现实需求等便渐渐成为殷商乡级层面的官社的民风习俗。《商君书·兵守》把一定地域的居民分作“壮男之军，使盛食厉兵，陈而待敌；

壮女之军，使盛食负垒，陈而待令，客至而作土以为除阻及耕格阱，发梁撤屋，给从从（徙徙）之，不洽（给）而燃之，使客无得以助攻备；老弱之军，使牧牛马羊彘，草木之可食者，收而食之，以获其壮男女这食”。这是一种长期分工，而不是临时的措置。名为“三军”之分划，而显为一耕战结合、守望相助之整体，非后世散户乡村所能为。[1]《国语·齐语》云：“伍之人，祭祀同福，死丧同恤，祸灾共之，人与人相畴，家与家相畴。”《孟子》有云：“死徙无出乡。”《韩非子·有度》云：“民不越乡而交。”则可知殷商的“乡人禓”只局限于本乡族之范围内，且可知“乡人禓”的内涵与本质了。《墨子·明鬼》：“若使鬼神请有，是得其父母姒兄，而饮食也，岂非厚利哉。若使鬼神请亡，是乃费其所为酒醴粢盛之财耳。自夫费之，非特注之污壑而弃之也。内者宗族，外者乡里，皆得如具饮食之。虽使鬼神请亡，此犹可以合欢聚众，取亲于乡里。”所以，从后世的这些史料可略见殷商官社“乡人禓”的基本面貌。这些都是重视以祭祀等共同的宗教式精神生活来感召其家族或村落成员间的团结，以达到固其系保其统的社会效果。在宗族外延扩大为乡里之后，彼此间血缘纽带松弛，每每通过定期的共同精神生活，以感召同类，使之不断意识到彼此间仍处在共同联系之中，具有共同语言。[2]

笔者以为，由“乡人禓”向“乡人傩”的转变，也意味着“禓”的本质由祈求向禳祓形式的转化。乡人傩是乡里基层有组织的活动，应属“官社”范畴，或一百户以上的“私社”，但“私社”由贵族主持的可能性不大，因为它是有组织的活动，要得到诸侯国的首肯，具有官方色彩，也为了控制需要。如果是殷人禓传承下来的乡人傩，则殷遗民私社的可能性更大些，承续殷礼需要，但范围与规模则会小得多，孔夫子知夏殷之礼，所以朝服迎之。但到西周改朝换代了，若周人与殷人共同有这个习俗的话，政治色彩决定它的流传。由于西周宗法制度，则官社组织的可能更大些，因此主持者或为王侯官府。此为春秋以前包括商周时期的情况。战国以后的社范围缩小，机制更灵活，小型祭祀以“乡”为基层组织，因此如果有乡人傩的话，首领应该为“田”。从这可能看出殷、西周、东周及秦时“乡人傩”在“乡”、“社”体制下的活动仪式可能出现与之相应的规模大小问题、从

---

1 张金光著《秦制研究》，上海古籍出版社 2004 年版，384 页。

2 同上，387 页。

血缘聚落群集的乡到血缘相对松散的乡的本质变化问题等。祭祀主体是社（无论公与私）则说明傩的本质与社有关，即由蜡祭而来的社祭、腊祭。

傩文化的时令、祭祀和军事伦理

武汉科技大学　孙君恒　高珍

“傩”字从“人”，是与人类日常生活直接相关的活动。傩文化是农耕条件下，在傩神观念支配下的活动方式，是以敬奉傩神为主的多神论信仰的观念体系和操作系统，是人们在农耕生息过程中祀奉傩神的综合性活动。傩戏则多是惩恶扬善的故事，不乏插科打浑，妙趣横生，傩戏要戴面具，所谓“带上脸壳是神，放下脸壳是人”。傩文化显示了倡导人们按照伦理规范行动，希望人们循规蹈矩的内涵。《传》曰：“傩，行有节也。”东汉许慎《说文解字》：“傩，行有节也。从人，难声。《诗》曰：佩玉之傩。”傩文化中，包含有丰富和深厚的伦理思想，时令祭祀和军事伦理值得认真研究。

一、时令伦理

“傩”即“儺”，从该字的组成上来看，它由三部分组成：单人旁、堇和雀。单人旁表示傩与人有关。堇，《说文》中有“堇，时也”，表示傩与“时”，即季节有关。

傩事活动按时令举行，故又称为“时傩”。先秦时期的傩文化原型在时间分布上大体依一年之中的春、夏、秋、冬四时而行，并且各时之傩，都有具体不同的内容。但比较之下，在季春（三月）、仲秋（八月）和季冬（十二月）三时所举行的傩较为重要。此三时的作用分别是：“以毕春气”、“以达秋气”和“以送寒气”。其中又以年终季冬之傩为大，因为“此时强阴既盛，年岁已终，阴若不去，凶邪恐来岁更为人害”。(《礼记·月令》孔颖达疏，下简称《礼记》)

《隋书》载春秋分季冬：“隋制，季春晦，傩，磔牲于宫门及城四门，以禳阴气。秋分前一日，禳阳气。季冬傍磔、大傩亦如之。其牲，每门各用羝羊及雄鸡一。选侲子，如后齐。冬八队，二时傩则四队。问事十二人，赤帻褠衣，执皮鞭。工人二十二人。其一人方相氏，黄金四目，蒙熊皮，玄衣朱裳。其一人为唱师，著皮衣，执棒。鼓角各十。有司预备雄鸡、羝羊及酒，于宫门为坎。未明，鼓噪以入。方相氏执戈扬盾，周呼鼓噪而出。"

时间在季冬腊月等冬季末举行的傩祭规模最大，故被称为"大傩"。《吕氏春秋·季冬》："命有司大傩，旁磔，出土牛，以送寒气。"高诱注："大傩逐尽阴气为阳导也，今人腊岁前一日击鼓驱疫，谓之逐除是也。"古人认为，冬天阴气太重，要驱赶阴气，迎接阳气，以使春天阳气饱满，促进农业丰收。"毕春气、通秋气、送寒气"，古人相信，气是宇宙万物的本源，气分阴阳，阴阳调和才能使全年风调雨顺、寒暑相宜。如不举行"傩"，则"寒暑不时则疾，风雨不节则饥"。《隋书·礼仪志三》载："齐制：季冬晦，选乐人子弟十岁以上，十二岁以下为侲子，合二百四十人。一百二十人，赤帻、皂褠衣，执鼗；一百二十人，赤布裙褶，执鞞角。方相氏黄金四目，熊皮蒙首，玄衣朱裳，执戈扬盾。又作穷奇，祖明之类，凡十二兽，皆有毛角。鼓吹令率之，中黄门行之，冗从仆射将之，以逐恶鬼于禁中。其日戊夜三唱，开诸里门，傩者各集，被服器杖以待事。戊夜四唱，开诸城门，二卫皆严。上水一刻，皇帝常服，即御座，王公执事官第一品以下，从六品以上，陪列预观。傩者鼓噪，入殿西门，徧于禁内。分出二上阁，作方相与十二兽舞戏，喧呼周徧，前后鼓噪。出殿南门，分为六道，出于郭外。"

早在秦汉时期，宫廷傩礼即从神圣祭祀文化逐步向世俗化、艺术化、娱乐化转变。自商周时代便由皇家宫廷傩传承而来的民间傩被发扬光大。在距离江西省南丰县西南12公里的石邮村，至今仍保存着一处明代的傩神庙遗迹。傩神庙作为民间公共祭祀场所，是民间傩发展的见证。而这种傩神庙目前在江西保存数量颇多，仅在萍乡就有80余座，最古老的始建于642年。古代乡傩属一群众性的民俗活动，洎乎今日，傩堂戏演出也是民俗活动之一。例如：壮年夫妇无子要请端公（巫师）冲傩，乃求子习俗；生病要扎茅人冲消灾难，行驱赶巫术；老人生日冲寿傩，祈求高寿；孩子少、多病的人家要打十二太保、保关煞，以保小孩健康成长。凡此种种皆与人生仪礼之民俗事象有关。是故傩戏的演出，又与民俗宗教、农业生产等风俗结合在一起。

江西有悠久的傩事活动与目连大戏的演出传统，正月唱"五贤戏"（又称“大神戏”)、五月唱“端阳戏”、六月唱“关爷戏”。[1] 乐安流坑傩已由仪式转向娱人化，多演《西游》、《封神》、《三国》等题材，而且武傩逐渐具有了实用价值。乐安流坑道光十九年（1839）胤明房谱《乐邑流溪董印明房傩神会略》云：“古者岁终而时傩，吾乡之举此神，犹古之道也。我先祖立庙北垣，就拱宸门上架造敌楼。祭炎储关帝，旁纳诸傩神面。所由来者，吾族地居谷口，实为闽广山寇经途，扰攘之时，屡遭其害。我先世尝修武备，借戏舞以为训练，内以靖其氛，亦外以御其侮也。然而事虽近戏，而周礼部废，似亦未敢厚非，一举而两得。古之人有行之者，吾何以未独不然哉？因以纪其事。每年终月，弟子操习拳棍团牌。新春月之初，结合演戏，装扮古传，成部教演战阵兵法。”[2]

祁门县立春前的一天，县令要率领下属到县城东郊占卜水旱，老百姓则扮戏相从，立春日则祭祀太岁行傩。其他县也是如此。如果说春祀傩仪尚带有古傩驱鬼逐疫意义的话。在民间迎神赛会中出现的傩，则纯粹是一种娱乐了。明嘉靖时，歙、休宁县二月二十八日举行纪念汪华的游行活动，人们戴着面具，在队伍中边歌边舞，即为傩戏。婺源县是徽州诸县傩活动最为兴盛的县份，历史上有“三十六傩班，七十二狮班”之说，往往狮傩同游，一边舞狮，一边是傩舞，以酬神娱人，故有“狮傩会神”之称。

二、祭祀伦理

傩是一种本土的原始宗教，是一种民间宗教。无论中国南方还是中国北方，傩的形式与目的都是娱神娱人，达到神人同悦。既是悦，就得有动作，于是在古老的祭祀仪式上就出现了傩祭—傩技—傩舞—傩戏，再演变下去就有了在各地不同的地方戏剧。人们祭祀的时候十分讲究，彬彬有礼。孔子在《论语 · 乡人傩》中记载道：“乡人傩，朝服而立于阼阶。”

（一）祭祀祖先

傩坛中，在桌上供奉土家人崇拜的祖先神“傩公傩母”，以敬主神、敬家先、还寿愿等形式表达敬祖尊长的伦理意愿。祭祀傩公傩母、行傩事

1《中国戏曲志(江西卷)》，北京，1998 年版，645 页。

2 周銮书《千古一村》，江西人民出版社 1997 年版，401 页。

的场面十分热闹。傩坛一般设在堂屋，堂屋正中摆一张方桌，上供傩公傩母木雕像，二神的脸都被涂成红色。傩神前置燃烛焚香。

“周傩”一直被当做“傩礼”的样板，后世官方傩礼大体保持了这一特点。而周傩的表现形式在《周礼》“夏官”篇中也有明确记载：“方相氏，狂夫四人；掌蒙熊皮，黄金四目，玄衣朱裳，执戈扬盾，帅百隶而时傩，以索室驱疫；大丧，先柩，及圹，以戈击四隅，驱方良。”

在赣西北以武宁县为中心的地带，流行数个同姓村庄联合祭敬宗族祖先行傩的习俗。如熊姓、王姓、陈姓，他们对受敬仰的远祖，都有神话般的传说，宗族视其为保护神，称为菩萨。每年岁除或新春，同姓宗族人氏便各自组织衔傩队、打傩队或摆傩戏队，以轿扛抬祖先偶像，到同姓宗族村庄巡视，领受敬祀，祈保宗族太平吉祥。这种祭祖活动，在举行一定仪式后，便由儿童表演傩，或同宗男女老少团聚，以对歌形式唱傩歌，祈祖赐福。正月初一，先在傩头的村庄举行仪式。清晨起村上便杀猪迎傩，早饭毕，由本村族人中最有威望者作案主主持仪式。[1]

中国民间文艺家协会主席、著名作家冯骥才表示，傩文化中的部分文化价值是不能随意改变的，通过傩文化这种“活化石”，可以触摸祖先的灵魂。傩通过娱神来敬神的方式，取得人神同乐的宗教神奇的效应。”傩以原始宗教的形式传承了民族文化。”[2]

（二）祭祀多神

傩祭祀供奉多神，如家先神、生产生活神、疾病神等。三清（上清、玉清、太清），又称三元；傩公、傩母（又称伏羲、女娲）；司坛图（师承世袭）。他们相信，人死后灵魂并不消亡，而是加入这支浩荡的精灵队伍。人们往往将生病、失火、歉收、不育等，统统看成某种鬼魅神怪在作对。为保护自身，活着的人愿意跟他们讲和，奉上神怪们所需的车马衣食和崇敬，并用歌舞以媚神，如不领情，则兵戎相见。正是这种观念导致了禳除巫术。傩神就是太阳鸟，是光明的象征，代表人间正气，故用傩祭来驱逐

1 赣西北祭祖傩习俗及其仪式活动，http://www.51yala.com/Html/200771213381-1.html。

2 金承乾《巫傩文化源于盘古创世文化》，http://people.hnce.com.cn/c/2009-09-22/38282.shtml。

邪气。傩祭是大规模的宗教典礼，必须统一调度，故“傩”又可解释为“行有节也”。

祭祀的神，有道教的“三清”、“三元”，民间诸神神灵以及各位傩坛祖师等等，十分驳杂。桌子两边还挂着众多的傩面具，也是神灵的象征。桌前扎三洞挑源门，供傩事活动中的“开洞”请傩戏时用。堂屋门前扎戏台供演傩戏酬神之用。行傩事时，观者如堵。土老师身着八幅罗裙，头戴凤冠，手执司刀，在堂屋内傩坛前和着锣鼓声如痴如醉地跳舞，间或还呜呜吹几声牛角，似吟似诵地向神灵祈祷，并不断向神灵叩拜行礼，焚烧纸钱，敬献牺牲。完毕用牛角或竹根卜卦，以验祈祷是否灵验。接下来，土老师戴上面具开始演傩戏。“一时间，天神地祇、牛鬼蛇神、忠臣良将、村夫牧竖毕集一堂，或正神驱鬼，或神仙道化，或金戈铁马，或运筹帷幄，或人间俗事，或言情说爱……表演者载歌载舞，发挥得淋漓尽致。”“呈现出一个神秘而奇特的氛围，气氛时而虔诚肃穆，充满神秘的宗教迷信色彩。

傩祭是既壮美又盛大的活动，故“傩”有“美盛”的含义。“傩仪发源于中原，商周时代由原始宗教变为宫廷巫术；两汉时经过细致的加工，遂与封禅、郊祀等共同构成了维护中央集权体制的巫术礼仪制度；两宋时受到新兴人文文化的冲击，逐渐退出中原而流布于长江以南，与荆楚巫术传统及道教相融合；至明清时又深入云贵高原，在封闭落后的穷乡僻壤找到了生息之地，其影响至今不绝。”[1]

傩逐步向娱人悦众方面演变，加强了其娱乐成分，内涵也大为丰富，其中包含了驱邪扶正、祭祀先祖、祈福求安、祝祷丰收等内容，出现了表现劳动生活与民间传说故事方面的节目，徽州傩活动历史上一直很普及，明清更为盛行。由于扎根在广袤的民间，民间傩有着异常顽强的生命力和创造力，在长期的发展中形成了于腊月流浪农村、沿门逐疫乞讨的“游傩”，由佛教、道教教徒直接参与驱疫除邪活动的“教傩”，带有社火性质的“社傩”，为保家族兴旺的“族傩”，以及愿傩、寺傩、军傩等诸多种类。如今仍然存在的安顺地戏便属于军傩，贵州德江以及湖南湘西一带的傩堂戏便是愿傩。清道光《鹤峰州志》所记表明傩是汉人带入土家族地区的：“又有祀罗神者，为木面具二，其像一黑一白，每岁于夜间祀之，名为完傩愿，此湖南客户习俗。”清乾隆十年《永顺县志》说：“永俗酬神，必延辰郡师

1 郭净《试论傩仪的历史演变》，《思想战线》1989 年 1 期。

巫唱演傩戏。……至晚，演傩戏，敲锣击鼓，人各纸面，有女装者，曰孟姜女，男扮者，曰范七郎。”清同治《来凤县志》说：“一日还傩愿，延巫屠豕，设傩王男女二像，巫戴纸具，饰孟姜女，范七郎，击鼓鸣锣，歌舞竟夕。”

各少数民族的傩仪活动各有特色。比如，因居住大山深处而形成山神崇拜的川西北氐羌和白马藏人，都保留了祭祀山神的大型祭祀活动。图腾崇拜不同，祭祀对象也不同，如云南楚雄彝族的“跳虎节”、“跳豹子”，青海同仁土族的“跳於菟”，广西壮族的“蚂节”。节日祭祀期间，除驱邪逐疫外，还通过舞蹈对族人进行生产、婚姻、生殖和民族迁徙史教育。红苗族的傩愿，出现在云贵高原上，历史也是比较悠久的。随着历史的演变和社会的发展，由原来的傩歌傩舞变成了傩愿，主要以酬神、驱鬼、许愿、纳吉为主的称为阴傩。

（三）祭祀自然

傩文化对秀美生态的伦理追求，表现在对自然万物的崇拜和借助傩神的力量保护生态等方面。日月星辰，山川河流，草木鸟兽，皆有生命，都有看不见的精灵。傩的本义是神鸟崇拜，鸟在稻民心中多柔顺依人，故“傩”有“柔顺”之义。傩字的组成是单人旁、堇和雀。雀则表示傩与鸟类有关。傩是一种季节性很强的祭祀活动，它祭祀的对象是一种神鸟。“傩”字从“隹”（短尾巴的鸟），从原始图腾崇拜的角度考虑，“傩”与远古农耕民族的鸟灵崇拜有关。傩是古代流行在中原地区的一种祭祀，其目的在于驱鬼逐疫，祈福禳灾，保佑平安。就其形式和功能而言，傩是祛邪巫术的一种。”[1]

由于农业生产力水平的低下，人们无法抗御干旱、水涝、瘟疫等自然灾害，与之相适应，湘西傩文化宣扬的是万物有灵观念，日月山川有灵，花草树木有灵，鱼虾蚌鳖有灵，飞禽走兽更有灵。有灵的万物对人有益也可能有害，因此，人必须尊奉这些有灵的东西，与之和谐相处，求得这些神灵为自己生存发展带来好处。贴近人们农耕生活的这些事物，便被尊奉为神，有的成为重要的傩神，并被编入傩歌之中予以称颂，向之祈求。如日神、月神、山神、河神、虎神、蛇神、树神、花神等。

---

1 刘锡成《傩祭与艺术》，《民间文学论坛》1989 年 3 期。

糯，又称“峒禾糯”，是壮侗语族以前常年食用的粮食。但这种糯稻实为一种产量很低、耕作原始、脱粒极难的原始粳糯。根据考古发现和农业专家考证：人类最早发明的栽培稻就是粳稻，这种原始的粳糯最早发源于南蛮地区，历史长达一万多年。中国古代南方发达的农耕文化。良渚、河姆渡、高庙等遗址中的太阳神鸟纹饰、傩具，象征着远古农耕民族的崇鸟风俗。因为从“兽耕鸟耕”中学到稻作的稻民，视鸟神为嘉禾之神，其傩祭的主要职能便是祈求鸟神（傩神）保佑水稻丰收。

傩祭总是和祈禳农业丰收、人畜平安的风俗紧密相关。古代的傩祭，特别是腊月除夕举行之大傩，下及庶人，是一种全民性的祭祀活动。所以古老的傩仪虽在中原地区消失和变异，但在一些偏远、交通闭塞的地区，却借巫术与农业祭祀活动而保存下来，如安徽黄梅戏的传统曲调中，保存有“傩神调”，湖南的“傩堂戏”、“傩愿戏”、湖北的“傩戏”，贵州的“脑壳戏”、“傩坛戏”、广西的“师公戏”等，无疑是古代“乡人傩”的演变、发展及延续，均属傩文化传统的继承和发展。林河认为傩文化就是糯文化（湖南师范大学 2003 年刘冰清的硕士论文《沅陵傩文化的伦理分析》），指出了沅陵傩文化的伦理意蕴，包括以傩神、傩歌形式映现对秀美生态的伦理追求。

三、军事伦理

军傩舞，意为请用神灵助战。军中傩，有人称为“军傩”，为古代军队于岁除或誓师演武的祭祀仪式中戴面具的群队傩舞。其在战争中既有实战意义，又有训练军士和军营娱乐之作用。它虽然是原始宗教仪式中巫术文化的延续和发展，但由于它具有弘扬民族尚武精神，特具阳刚之美。所以，也是中华民族歌魂中一曲英雄壮歌。还有人根据《周礼》原型中关于方相氏“执戈扬盾”的描绘，把周傩解释为“武事”的一种。在古代，人与天与地与人斗，时常是兵民不二、文武合一，其情形即如《左传》所说的“国之大事在祀与戎”。祀就是宗教祭礼，戎就是军事战争。这充分说明古时之人的确是既尊天敬地又崇尚武力的。

“傩礼”与军事息息相关。秦军阵的现实模拟兵马俑坑里有“青面俑”，据考便是军中“傩人”。北魏之时，傩的意义已不限于驱鬼逐疫，它还扩展到军事活动领域，产生了一种列阵展现军威、祈求神灵保佑、表演战胜敌方的“军傩”。傩仪中的驱鬼者与被驱的疫鬼为对阵的两军所替代。由于当时处南北对峙的局面，北魏宫廷表演的军傩，以假定的北魏军队代替驱鬼者，代表胜利的一方，以假定的南方军队代替疫鬼，为战败者。仪式的全过程为北魏军队战胜南方军队的表演。从此，便有了“军傩”这一礼仪。《兰陵王入阵曲》、《秦王破阵乐》就是军傩舞。

傩文化就是以通神之灵和武事之勇去与那些邪疫厉鬼相抗争，并最终将它们统统逐除。从这点上说，傩文化是一种典型的尚武文化和一种闪烁着英雄主义之光的文化。方相氏头戴面具，黄金四目，体现的是借助化装、与神相通的超人一面，而其手执兵器，击鼓大呼则体现了以有形驱无形，以世俗胜邪鬼的人间战斗情景。在早期的傩原型中就包含了“军傩”的因素。

“军傩”比较突出的有两类，一类是直接点明“军傩”这一称谓的，另一类则是关于傩在军中的具体描写的。前者如宋人所述，“桂林傩队，自承平时名闻京师。曰：静江诸军傩。而所在场巷、村落，又有百姓傩”。(宋周去非《岭外代答》) 这里不但明确指明了与百姓傩相并立的军傩的存在，而且强调了二者“名闻京师”的影响。后者则以《魏书·礼志》中的一段描写最为出色：“高宗和平三年十二月，因岁除大傩之礼，遂跃兵示武，更为制令：步兵阵于南，骑兵阵于北，各击钟鼓以为节度。其步兵所衣青、赤、黄、黑，别为部队，盾稍矛戟，相次周回转易以相赴就……阵毕……各个骑将去挑战，步兵更进退以相击，南败北捷。”军傩面具在艺术造型上比较注重刻画人物的性格、生动形象。大体可分为：“正神”，面带微笑，使人感到十分亲切；“凶神”，头上长角，口露獠牙，眉毛倒竖，眼珠突出；“世俗人物”，比较接近现实生活，没有“神气”和“鬼气”三类。据王光普介绍，西固军傩舞过去比较流行，是一种最古老的“民间古军傩舞”。这种民间军傩一直传承到解放初期，约在 1956 年“反右派运动”后销声匿迹。现在，只有少数年龄超过七旬以上的老人才懂得。[1]

“军中傩”的盛大场面，既可看做是傩在军中的一种自然延伸——借大傩之礼以助军威，亦可视为军中武事时对傩的一种强化——以军威壮大傩之礼。其场面既有步兵又有骑兵，既执兵器又击钟鼓，既有挑战又有迎

---

1 张喜平《甘肃非物质文化遗产“军傩”》，http://bbs.qinqiang.org/thread-2763880-1-1.html。

战，并且既分南北又有胜负，全然是一次规模巨大，排场严谨的军事演习。实际上这既是对傩文化的尚武精神的一种提升，同时又是军事对傩所包含的迎神逐鬼式的宗教气氛的一种汲取和强化。此外，《魏书》中还有"因大傩耀兵，有飞龙、腾蛇、鱼的之变，以示威武"这样的描写，显示出军中傩或傩在军中的威武雄壮和变化多端。

军傩通过傩礼而达到以演习尚武之目的。据《安顺续修府志》记载，安顺一带具有"军傩"遗风的"地戏"表演就与此有关。其曰："黔中人民多来自外省，当草莱开辟之后，人民习安逸之境，积习既久、武事渐废……识者忧忧，于是有跳戏之举……盖藉农隙之际演习武事，亦在'寓兵于农'之深意也。"据《旧唐书·音乐志》载："代面出于北齐，兰陵王长恭，术武而貌美，常着假面而对敌。尝击周师金庸城下，勇冠三军。齐人壮之。为此舞以效其指挥击刺之容，谓之《兰陵王入阵曲》。"兰陵王的戴面具看来主要是为了以假面掩盖自己的美貌，从而使敌人望而生畏。由此可以想见他的假面必定是十分凶猛的。而在其他例子中，军士将领们在临敌时所戴的面具则还兼带着盾牌式的防卫功能，故一般用金属制造。如："常战安远、临敌，被带铜面具，出入阵中。"(《宋史·狄青传》) 绍兴四年夏，韩世忠镇江来朝，所领兵皆具以铜为面具。这些都说明面具在军中的实战作用，它们从另一个角度体现了军中傩的特殊性质。[1]

参考文献

1. 林河《中国巫傩史》，花城出版社 2001 年版。
2. 林河《傩史——中国傩文化概论》，（台北）东大图书股份有限公司 1994 年版。
3. 《傩面具》，上海人民艺术出版社 2002 年版。
4. 唐楚臣《中华彝族虎傩》，云南人民出版社 2000 年版。
5. 吴仕忠、胡廷寿编《傩戏面具》，黑龙江美术出版社 1999 年版。
6. 麻国钧等编《祭礼、傩俗与民间戏剧》，中国戏剧出版社 1999 年版。
7. 康保成《傩戏艺术源流》，广东高等教育出版社 1999 年版。
8. 刘 凯《藏戏及乡人》，中国戏剧出版社 1999 年版。
9. 王兆干辑校《安徽贵池傩戏剧本选》，（台北）施合郑民俗艺术基金会 1995 年版。

1 陈跃红、徐新建、钱荫榆《中国傩文化》，中央编译出版社 1990 年版。

10. 庹修明、姜尚礼编著《中国傩戏傩文化》，世界语出版社 1997 年 12 月版。
11. 薛若邻主编《中国巫傩面具艺术》，江西美术出版社 1996 年 7 月版。
12. 郭思九、刘体操《云南傩戏傩文化论集》，云南人民出版社 1994 年 7 月版。
13. 顾朴光、潘朝霖、庹修明、孔燕君编著《傩戏面具艺术——中国巫文化》，贵州民族出版社 1993 年 2 月版。
14. 李华林主编《德江傩堂戏》，贵州民族出版社 1993 年 3 月版。
15. 萧兵《傩腊之风》，浙江人民出版社 1992 年 6 月版。
16. 庹修明《傩戏、傩文化》，中国华侨出版社 1990 年 6 月版。
17. 曲六乙《傩戏、少数民族戏剧及其他》，中国戏剧出版社 1990 年 7 月版。
18. 广西艺术研究所编《广西傩艺术论文集》，文化艺术出版社 1990 年 12 月版。
19. 王恒富主编《傩、傩戏、傩文化》，文化艺术出版社 1989 年 10 月版。
20. 陈跃红、徐新建、钱荫榆《中国傩文化》，中央编译出版社 1990 年版。
21. 张光直著《中国青铜时代》，生活 · 读书 · 新知三联书店 1999 年版。
22. 王光镐著《楚文化源流新证》，武汉武汉大学出版社 1988 年版。
23. 赵德馨著《楚国的货币》，湖北教育出版社 1996 年版。
24. 蔡靖泉著《楚文学史》，湖北教育出版社 1995 年版。
25. 魏昌著《楚国史》，武汉出版社 2002 年版。
26. 张正明著《楚文化史》，上海人民出版社 1987 年版。
27. 徐文武著《楚国宗教概论》》，武汉出版社 2001 年版。
28. 刘冰清《傩文化的家庭伦理内涵——沅陵傩文化的个案研究》，《沧桑》2005 年 5 期。

道真仡佬族傩文化的审美意识

遵义师范学院　刘丽

道真仡佬族傩文化有着久远的传承历史和丰厚的文化积淀，至今还存在着50多个坛班，绝大多数都是在入冬后为主家禳灾还愿，逐凶纳吉，也有部分坛班一年不分时节帮助有困厄人家排忧解难，疏导精神。这些坛班同时也参与到政府组织的各种民间艺术表演之中，随时演出。因此，傩文化在道真民间承载着多种文化功能，是仡佬族文化旅游的一笔宝贵的精神财富。在贵州建设旅游大省的背景下，怎样开发仡佬族地区的民族民间文化，发现其与现代社会相适应的当代价值，从审美的角度对仡佬族民间文化、特别是傩文化进行发掘和研究，具有十分重要的意义。

对人类理想的生存方式和生存状态的探求，是美学研究的终极目的。道真仡佬族傩文化是建立在对生命的关怀与对神的敬畏、与自然协调相处的基础上的一种原始信仰，本质是祈求生命的安康，关怀人的生存状态。其祈福纳吉、驱邪禳灾的意义追求，是它具有原初活力的内核所在，对满足人们心灵和精神的审美需要也具有重要意义。马克思认为，宗教是人类遭遇“无缘无故”的痛苦时的最大的精神安慰，而信仰让他们获得了自我存在和超越自身的力量，正如缪勒所说“领悟无限的主观才能”。生命美学认为，人生的意义是自由，自由的内涵在于选择。而选择一条合乎生命健康自由发展的路径，在专注的生命体验中，让情感获得愉悦，这无疑就是审美活动的最高形态。因此，傩文化在展示过程中，将对自然万物生命的理解溶化为傩案、傩仪、傩歌、傩戏、傩技等仪式制度和情感体验，从敬畏鬼神到娱悦鬼神；由单纯的仪式发展为繁缛的礼仪活动——歌唱、舞蹈、绘画、杂技、体育等多种文化的融合，其内在的规定不断向外辐射，使原始的单一的宗教信仰发展为具有审美意味的文化事项，是特定环境中的人对生存状况的把握而进行的审美活动，渗透着丰富的美学意蕴。我们不仅可以通过差异审美来了解原始古朴的仡佬民众生活，更重要的是我们可以通过傩文化的表演来了解仡佬族的审美表达。

一、崇尚生命、康健乐生、群体认同、仪式象征

审美和傩的核心都是关注人的生存状态及生存方式，关怀人的生存与实践。审美作为一种对现实世界、生存、理念世界的理想性描述，是以人的存在为基点的。天地之大美在于生，生，让世界充满活力，让族群得以延续，让个体生命得以发展。因此，关怀生命、保护生命的安康既是傩仪的目的所在，也是人类的审美追求。在生命美学看来，本质并不存在，存在的只是互相联系、彼此补充的现象，现象世界也有待超越，在对现象世界超越的过程中，世界显现出深刻、丰富的无穷意味，这就是一种美。在傩文化中，生命意识体现为一种对神灵的崇拜，即是将能保佑生命安康的诸神都作为供奉崇拜的对象。供奉的神位除了给予仡佬族生命的伏羲女娲（也称公公和娘娘）两座木雕神像外，还有傩案上绘制的三清（总尊），或者佛教中的如来等神，及传说中的神怪和地方神祇，其有名号者四百多个[1]。傩仪的主体不是单一的神系，而是诸种崇拜结合起来的一种综合宗教形式的表达。只要对我有用、保我平安皆不加排斥崇拜，将所有的民间神或自然物都泛化为崇拜对象，因其能保护人们生命的康健，并在信奉中完成了对自我的生命超越。所以，在庄重神秘的氛围营造中，卦、符、幡、旗、文书、茅人、纸马、草船等替代、传达人们的意愿物品皆赋予了神性，而供奉的豆腐、糍粑，刀头、白酒、净茶，香、烛等也打上了神圣的印记。在对崇拜对象高大完美形象的塑造中，暗示出凡俗世间与神性空间的链接，从而达到庄重神秘的效果。虽然展示的是神巫意识，但在一种有意味的形式之中，实则是对生的关注，是以生命健康为美的审美意识的传达，带有浓郁的象征意蕴。

但是，在对从业艺人的访谈中，我们可以看到，他们对其所挂的释、道、儒图案只不过是由上辈传下来的，对其教义教理并不了解，而其信仰更多的是对原始宗教的承继。这种承继，一方面来源于人对自身生命的不

1 参见冉文玉《道真冲傩阳戏之比较》，《中国·贵州·福泉阳戏学术研讨会论文集》2008年12月版，102页。

可把握感，另一方面，是作为特定的场合举行的一种文化信仰行为，在某种意义上强化着民族的习惯与文化心理，成为维系民族认同的公共符号之一。“所谓公共的符号，指的是事物、关系、活动、仪式、时间等，也就是同一文化共同体内的人们赖以表达自己的世界观，价值观和社会情感的交流媒体。”[1] 面对神秘的宇宙，生命的短促脆弱，自然的异常现象等，让人充满敬畏。于是，希望解除威胁、获得安宁的期盼成为一种群体心理，这种心理在边远落后的黔北山乡，就演绎为一种祈求方式，以幻想中的天人神兵的傩的形式来求得解救。因此，我们可以看到，傩实际是感情和想象融合而形成的“公共符号”，在这符号的象征意蕴中，信仰者对崇拜的对象投入了一种强烈的情感和精神体验，心理冲破了时间与空间的限制，把各种事物相互联系起来，相互沟通，使世间万物都与行为主体一样，有了灵性，有了生命，同时让崇拜的对象在信仰者心目中不断崇高完美，无所不能，这一过程，与艺术创造的过程相似，是在不断强化主体和对象间的心理欲求和情感融合，并由此获得精神的满足和释放。在某种意义上来说，通过氛围的营造，强化了原始心理结构，调动起人们的感知、判断、推理、想象、联想、潜意识等审美特性，将以生命为美的审美意识演绎为丰富多姿的存在样式，这是中国人所特有的祈福文化和审美心理，也是最核心的审美价值的取向。通过象征表达了生命崇拜与乐观的生命审美意识。让崇拜与审美合二为一，在崇拜中获得审美，在审美中强化崇拜。

二、和谐共生、传递记忆，强化团结，彰显个性

美是一种肯定性的价值观念，美的最高形式，是主体与对象的共生共荣。道真仡佬族傩文化在对待自然、社会、他人以及自身的关系上，充分展示了和谐相处生存状态的理想关系。“傩戏的主神是傩公傩母，傩公傩母即是伏羲兄妹，是西南许多少数民族关于生命起源的共同的传说，对生命来源的认同，是生命相安的基础。对傩公傩母的祭拜，体现了一个群体内部共同的生活经验，也表现了民族内相互沟通的深度，五方杂处的人群能在黔北和谐相处，文化的认同是其根本原因。傩文化的存在，是消解这个

1 保罗·康纳顿著，纳日碧力译《社会如何记忆》，上海人民出版社出版 2000 年版。

多民族杂处地区的民族对立的因素，文化的融合为人的融合提供了可能”。[1] 在一个多民族杂居的地区，文化你中有我、我中有你是其存在的必要条件，将“和谐”作为审美的核心也是其必然选择。美的事物不仅在于它能给予精神上的愉悦，更重要的是它得到了群体的认同与肯定。道真仡佬族的傩，与土家族的傩没有根本区别，其仪式满足的是一种宗教功能，承载着的是民俗信仰，是古老记忆的传承。它不仅仅是表达驱邪祈福的愿望，更是一种富有灵性的美学特质的展现，他承载的是一方土地民众的喜怒哀乐，它表达了生息于斯的人们的理想和情思，体现了特定地域民众的精神。因此，在族际间，它讲求的是与其他民族和平相处；在生存方式上，追求的是本土化的文化表达。在道真傩文化的调查中，傩是从业人员与事主、观众在同一平面上的文化认同和情感交流[2]，从而形成一幅和谐共生的融融画卷。

但是，任何一个民族，都会毫无例外地有他们独特的审美表达，道真仡佬族傩文化所表达的审美特质，是以自身的生存境况和精神世界为依托选择满足审美需求的物象，而不是盲目模仿、随人摆弄。对于长期居住于“石旮旯”的仡佬民族，其主体的本质力量是通过对象的存在与本质所显示的。他们根据自身所处的生态环境选择生计模式，首先是顺应自然，吃苦耐劳，恭守自然法则，祭神祀鬼。这是特定生态环境、人文传统、精神生活所决定的。但并不是说，人在自然面前束手无力。在傩的表演中，他们用过刀梯、煞铧、开红山等强力胁迫鬼神，表现人在自然面前的强硬，他们用自己的一套方式建立起与自然的审美关系，将和谐与主体能动互为审美核心价值观，并由此编织着多姿多彩的社会生活，并唤起了感性生命活动及其蕴藏在感性生命活动中的痛苦、新奇、反抗、牺牲等崇高美学精神，传达民族意识中的核心意识。其次，对自身品格的坚守，构成了其文化的独特个性。尽管在道真等地，仡佬民族文化代表性符号已经失落，显性特征已经消失无迹，但存在于心底深处的民族意识一直没有消亡，而是深刻地存留于脑海之中。“当人们根据自己的某种经历与分类意识而把关于社会的想象固化在他们的图案或者动作之中，那么这些图案或者动作就与参与者的整个生活史乃至记忆结合在了一起。”竹崇拜、傩祭、吃新节、始祖崇拜……傩祭祀时所高唱的高岩土地，蛮王老祖等，在记忆深处仍保

1 参见拙文《黔北傩文化的生死观》，《遵义师院学报》2009 年 5 月。

2 参见拙文《行为背后的观念——黔北傩文化考察述要》，《遵义师院学报》2010 年第 3 期。

留着鲜活的印象，并深深地塑造着仡佬族的人格精神，成为仡佬族审美意识形成的内驱力。“某些持续的方面以及周围的环境、顽强而巨大的压力，被加于一个人类集体而起作用，使这一集体中从个别到一般，都受到这种作用的陶铸和塑造。”[1] 在仪式及文化的驱动下，道真仡佬族的傩文化实现的又是一种族属功能，民族的审美与民族自我认同紧密地结合在一起，民族文化的传承以民族精神的彰显有机地融为一体，从而形成民族精神的归宿。

然而不可否认，道真傩的延续和发展是建立在相对封闭与落后的人地关系上的，“在地理位置上基本上都处于边远山区，人口居住相对分散，离现代化的都市、甚至乡村政治集中点（场镇集散地）都有一定的距离。在物质上，当他们需要满足时，必须步行到场镇集散地购置；在文化上，他们需要满足其精神需求时，更多的是从巫与庙中求得，似乎也只有巫与佛、道能及时出现在他们面前。傩文化也就是在这种需求中得以传播和发展的。”[2] 在特定时空坐标中形成的审美意识形态，在文化涵化中发生流变，恒常的审美观念受到了强烈的冲击，因此，在傩中体现的和谐就既有仡佬的和合观念，又有汉人的中和思想，还有其他民族的和平愿望。弗朗斯·博厄斯在讨论原始艺术时说：“任何形式的表现艺术必须引起人们对形式的一致反应，才能产生表现的效果。”[3] 正是这种共同的“和”的形式，形成了相同的审美意识。而人们心灵和精神需要满足的深层根源，使作为人的本质力量的对象化的道真傩就有了独特的审美意义，它所体现的和谐共生的审美理想闪耀着熠熠的光辉。

三、形态多样、自由超越

人对生命自由的追求，既是审美的本质，也是人对审美需求的表达。审美作为一种特殊的人生实践活动，是由审美对象的外在形式和内在蕴涵而产生的。道真仡佬族傩仪式所表现的审美形态，是在傩文化所创设的世界中形成的形式，主要表现为怪诞美、象征美、崇高美、古朴美几种形态。

道真仡佬族傩文化，是原始宗教“万物有灵论”的遗存，因此，它打

---

1 胡经之《西方文艺理论名著教程》，北京大学出版社 2002 年版，418 页。

2 参见拙文《行为背后的观念——黔北傩文化考察述要》，《遵义师院学报》2010 年第 3 期。

3 弗朗斯 · 博厄斯《原始艺术》，贵州人民出版社 2004 年版，239 页。

上了原始人类审美意识的影响。首先表现为一种怪诞美。原始先民常常借助丰富的想象力，于虚幻中构建了许多怪诞的故事和怪诞的“神”的形象。这些怪诞形象体现在傩案中，我们不仅能看到斑斓的色彩，更能看到的是色彩涂抹下的对“三界”的虚构。不管是三清、文殊、十二花园姊妹、王灵官、马元帅、功曹，还是冥王地府、十二茅花；不管是神情端庄、仪态严肃的神圣还是七窍生烟、面目狰狞的神魔，都是一种混合了宗教巫术观念的审美心理感受；而仪式展演中试图通过神圣的场面和凶恶的扮相来获取自然神力，更是使内心的愿望得以实现所祈求的神的意志，人们相信通过仪式会获得超自然的神力，祛除邪恶，从而生活得幸福安康。因此恐怖的扮相实际上是要让虚拟的神的世界实在化，从而构筑起神圣、庄严、神秘、肃穆的神性空间。在傩面上，我们不仅可以看到造型充满夸张、变形而又富个性特征的山王、秦童、孽龙、鞠躬、小鬼、土地、判官、二郎、唐氏太婆、先锋小姐、杨泗、柄灵、梓潼等形象，而且还看到同一形象的不同造型，在道真民俗陈列馆里，不同的柄灵形象就有二十多个，其他形象亦然。在道真所调查的几个坛班，相同名称的面具皆有着不同的造型。不管是正神、凶神、丑角、还是世俗人物，都极大程度地保留了从原始文化中带来的强烈的幻觉心理，他一方面表现了民众的精神信仰，另一方面也生动地体现了仡佬族民间的神秘奇幻审美理想。而在其表达的形式和内涵中，其精湛的雕刻艺术与奇特怪诞的造型，充分表达着民众对美的追求与对丑的摒弃，这正说明，“美是人的自由本性的理想实现”。

对怪诞美的强化，目的是将神、鬼形象化的同时庄严化，从而加强信仰的象征意义。因此，象征美就成为道真仡佬族傩活动审美的重要形态。从祭祀开始，法师敲起锣鼓，灯油师点燃香纸，掌坛师穿上法衣、头戴花冠，摇师刀、舞牌印，恭请诸神入傩堂，通过“架桥迎兵”、“立楼扎寨”等程序，请神临坛，借神圣之力，驱魔逐邪，解难免灾，整个过程都具有十分强烈的象征性。祭拜仪式过程中演唱的各种曲调和舞蹈，皆借助象征的力量，将神鬼及各种自然力拟人化、现实化、具体化。对生命的强烈关注与神巫意识的表达，都借傩的象征功能将之整合为一体。傩仪的每一个情节，都是法师自由的表演和超越人世的象征性追求。从法师请动神圣和祖师，到差兵发马，启动干戈，借兵、造船、合梅山、打替身、破落网、开红山等，翻山越岭，捉妖降魔；象征性的表演，表现出强烈的动势，使人的心灵受到强烈的刺激，不仅使傩仪具有戏剧表演的色彩，富有观赏性，更是“形成和提高了模仿的艺术才能和随之而来的艺术感受能力”。更重要的是将生命为重的意识，化为系列的象征性傩仪展示，并强烈地主宰着人们的行为和心智，积淀为一代代人心灵中的集体无意识。

如果说象征是情感迁移的一种表达方式，那么对神鬼世界的掌控和超越则寄托着人类战胜自然的崇高理想。在强大的自然与无限的宇宙面前，人类希望掌控、并改造自然，这种精神力量与自然抗争表现在傩文化中所引起的情感反应，便构成了美学意义上的“崇高”，傩技就是这种崇高美的体现。

傩技作为傩活动中的一种古老的仪式，是为主家“硬”承担灾难的一种英雄行为，也是古人对灾难的勇敢挑战。在道真傩活动中，程军和张帮宪等法师展示了煞铧、开红山、化骨吞签、过刀桥等傩技。煞铧是赤手从灶火中端出烧得通红的铁铧，迅速跑到堂屋，然后赤脚在烧得红红的铧上反复摩擦，再用牙咬住虽已不鲜红但温度仍然很高的铁铧在屋中表演，最后才用木棍插住滚烫的铧用手端着、口喷桐油于铁铧上燃起熊熊火焰奔走于主家各屋驱邪。整个过程，精彩激烈，诡异神秘，充满着威严与神奇。过刀桥是最常见的傩技，常常出现在过关仪式之中，是傩活动的一个高潮部分，不管是在哪一家做法事，其他的人都可以在这一仪式中“搭魂”。在开坛请圣、立楼搭桥等一系列程序后，法师找来主家及周围人家使用的12把磨得锋利光亮的柴刀，由男性观众站两排端着，法师带着主家或“搭魂”人家的小孩赤脚从上走过，从而达到消灾免难的目的。在这些活动中，人不仅超越了对象，也超越了自身，展示了一种英雄情结。正如朱立元先生所说“原始人往往是在对自然既无能为力而又渴望能实际战胜自然的情感驱动下诉诸于巫术的，在巫术活动中，这种内在的情感被物态化为某种仪式动作或符号形式”。[1]符号的神秘力量强化了主体意识，显示出强悍生命足以与自然中的一切“不可能”形成抗衡，从而形成一幅恢宏壮丽审美画面。

但傩毕竟是一种原始古老的祭祀行为，因此古朴美就成为它不可抹去的色彩。在傩的音乐和傩的舞蹈中我们都可以感受到。“傩坛巫音”作为原始的语言表达和音乐遗响，它以一唱众和的方式强化着傩的审美情态。不管是颂神还是咒魔，多姿多彩的道白和吟唱以及与之相适应的“响器”，使“宗教”意味浓郁的敬神、祈祷活动，表现出神秘而瑰丽的色彩，并诉

1 朱立元《美学》，高等教育出版社 2001 年版，135–134 页。

说着丰富的民族文化信息。而许多傩事音乐与我们采集的民间音乐有着亲缘关系，更让我们感到一种质朴的情感。

与傩祭仪式、傩戏表演紧密相连的傩舞，以舞蹈动作和肢体语言来表达对神的信仰。其“禹步”进退自如，是巫师取悦于神鬼的形体姿态；其“穿花”的婀娜多姿，是在神的帮助下战胜邪恶的盛典。傩的舞步有着严格的规定，手上的动作大多为“执戈舞剑”，动作简朴中蕴含着变化，粗犷有力，夸张奔放，舞动旋转弧度大，收放自如，保持着的是一种原始的质朴和野性，“直是生命机能的表演”，“加强了自己生命的实在性”，让人“体会到最高限度的生命情调。”[1]

傩戏是综合了傩祭、巫音、傩舞的驱鬼逐疫、纳吉祈安的一种娱神敬鬼的表演。表演时穿上服装，戴上面具，模仿、扮演神鬼的动作，借神鬼之名以祈福求愿。傩戏有许多剧目，大多是在祭祀过程中为获得观众的情绪共鸣增加观赏效果而发展起来的，情节世俗化、简单质朴，富有地方化和口语化特征，其随机的调侃，观众参与的广场剧形式，表达了戏剧的原初形态，被学界视为戏剧的萌芽的“活化石”。但在道真傩文化的采集过程中，法师大多注重于正法事的操作，表演的剧目已不多了。

通过对道真仡佬族傩文化的审美意识的分析，我们可以看到，由于历史原因，道真仡佬族傩文化所显示出的文化审美特征不同于其他区域（如屯堡傩文化），虽然接受了汉文化的影响较深，其“文化符号”中呈现出一种隐性的历史文化面貌，但其作为对生命关切的一种表现形式，具有原始宗教的哲学底蕴，审美思维中保留了大量的原始思维因子，以“多神”为核心的崇拜、祭祀、护佑思想，以及“万物有灵的观念”，既是原始信仰的遗存，又凸显出多种文化的融合。它有广泛意义的和谐共生，更多蕴含的则是仡佬族的宇宙观和生活态度。它使道真傩文化在审美思维上具有了文化母体的意义，并由此演绎出仡佬族丰富而独特的审美文化景观，成为其所表达的审美意识、审美形态的基础。其神案、面具、音乐、舞蹈、法事、响器、服装等蕴含的审美价值，既传播着从远古走来的仡佬族文化气息，又为今天已走入现代化的社会提供了一个差异审美的范本。因此，研究道真仡佬族傩文化的审美特质，对于我们合理开发傩文化资源有着十分重要的意义和价值。

---

1 闻一多《神话与诗》，上海世纪出版集团 2006 年版，159 页。

中国民间傩面具文化与图腾扮饰考论

陕西师范大学　黎羌（李强）

在远古的中国，用文字记载的文学形式出现之前，流行于边疆各氏族、部族之间的是呈物质状态的图像艺术，它们由植物、动物及自然生物的机体和形象幻化所制。这些足以代表原始先民精神文化的物化形态，以傩面具为轴心而前沿后续于图腾、文身、黥面、魌头、假面与脸谱扮饰之中，为人类记载和留存了一大批珍贵的文化遗产，并指引了一条古老而活鲜的中华民族宗教与世俗相交织的艺术之路。

我们若翻阅华夏民族造型艺术的史册，以及在现实的民俗生活中去寻觅，可以耳闻目睹许多与傩文化有关联的宗教祭祀和世俗表演，它忠实地记载着中华民族数千年走过来的文明发展历史。对其作发生学、形态学、传播学、阐释学的研究，方可洞悉东方民族独特的文化审美观念与理想。在追根溯源、寻觅傩文化的渊源的过程之中，需要在条分缕析，考释傩面具与远古图腾的关系的基础上，逐渐梳理清楚其史前史，以及流变史还需高瞻远瞩，将中国的傩艺术与周边国家与民族的相同或相似的原始文化形态相比较，描绘出整个人类的傩学蓝图。

一、古书典籍中的神话传说与图腾扮饰

言及中国古代神话传说，其中有大量可供傩文化研究的珍贵学术资料。特别是从《山海经》、《世本》、《列仙传》、《录异集》、《路史》、《淮南子》等古书典籍中寻觅其人神，或人兽，或人鬼的原始形象。在遥远的人类古代社会，人们敬畏天地万物而在自己的想象世界中设计出林林总总的神仙鬼怪形象，并根据宗教需求而选择了其中某物种成为族群的崇拜图腾物。

诸如《山海经》中的神怪世界中有许多半人、半兽、半神的动物形

象，它们其中有许多都是中国先民的图腾崇拜物。诸如人面蛇身、马身人面（二十神）、人面牛身（七神）、彘身人面（十四神）、彘身而八足蛇尾（十神）、鸟首龙身、龙首鸟身、人面龙身、羊身人面、豕身人面、鸟身而人面等。像窫窳："居弱水中，在兕兕知人名之西，其状如龙首，食人。"雷神："雷泽中，龙首而人头，鼓其腹，在吴西。"鼓："兽后变鸟，其状如人面而龙身，亦化为鵕鸟，其状如鸱，赤足而直喙，黄文而白首，其音如鹄。"招司："其状马身而人面，虎文而鸟翼，徇于四海，其音如榴。"这些都是人们在神话想象中竭力崇拜的野蛮、原始、富有神奇力量的图腾形象。

诸如夔："流波山其上有兽，状如牛，苍身而无角，一足，出入水则必风雨，其光如日月，其声如雷，黄帝得之，以其皮为鼓，橛以雷兽之骨，声闻五百里，以威天下。"九尾狐："兽，其状如狐而九尾，其音如婴儿，能食人，食者不蛊。"陆吾："其神状虎身而九尾，人面而虎爪，是神也。"西王母："其状如人，豹尾虎齿而善啸，蓬发戴胜，是司天之厉及五残。"以及"人面蛇身"的伏羲女娲、"八肱八趾疏首"的蚩尤。这些神话形象更是具备人们崇拜的图腾文化特质。

特别是一些形象为人身兽面的神话传说，如出于光山的"计蒙，其状人身而龙首，恒游于嶂渊"；"其状如愚而文臂，豹虎而善投"的"夸父"；"有兽焉，其状如狸而有髦"的"类"；"人身黑首从目"的"袜"；"有鸟焉，其状如枭，人面四目"的"颙"；"有神衔操蛇，其状虎首人身，四蹄长肘"的"彊"等，所长的鸟、龙、虎、豹等兽面，实为后世的图腾面具提供了形象生动的物质与精神财富。

"图腾"是原始人群体的亲属、祖先、保护神的标志和象征，是人类历史上最早的一种文化现象。社会生产力的低下和原始民族对自然的无知是图腾产生的基础。图腾就是原始人迷信某种动物或自然物同氏族有血缘关系，因而用来做本氏族的徽号或标志。所谓图腾，就是原始时代的人们把某种动物、植物或非生物等当做自己的亲属、祖先或保护神。相信他们有一种超自然力，会保护自己，并且还可以获得他们的力量和技能。在原始人的眼里，图腾实际是一个被人格化的崇拜对象。图腾作为崇拜对象，主要的不在他的自然形象本身，而在于它所体现的血缘关系。图腾崇拜的意义也就在于确认氏族成员在血缘上的统一性。人与图腾有什么关系？经总结大致有如下三种认识：

> 1．图腾是自己的血缘亲属，他们用父亲、祖父母等亲属称呼来称呼图腾，并以图腾名称作为群体名称；2．图腾是群体的祖先，认为群体成员都是由图腾繁衍而来；3．图腾是群体的保护神。这是人类的思维有了一定发展后，人类了解到人类与兽类之间有很大差异后，他们不再认为图腾可以生人。但图腾祖先的观念根深蒂固，于是产生了图腾保护神的观念。

“图腾”一词来源于印第安语“totem”，意思为“它的亲属”，“它的标记”。在原始人信仰中，认为本氏族人都源于某种特定的物种，大多数情况下，被认为与某种动物具有亲缘关系，于是，图腾信仰便与祖先崇拜发生了关系，在许多图腾神话中，认为自己的祖先就来源于某种动物或植物，或是与某种动物或植物发生过亲缘关系，于是某种动、植物便成了这个民族最古老的祖先。例如，“天命玄鸟，降而生商”（《史记》）玄鸟便成为商族的图腾。因此，图腾崇拜与其说是对动、植物的崇拜，还不如说是对祖先的崇拜，这样更准确些。图腾与氏族的亲缘关系常常通过氏族起源神话和称呼体现出来图腾的另一层意思是“标志”。就是说他还要起到某种标志性作用。图腾标志在原始社会中起着重要的作用，它是最早的社会组织标志和象征。它具有团结群体、密切血缘关系、维系社会组织和互相区别的功能。同时通过图腾标志，得到图腾的认同，受到图腾的保护。图腾标志最典型的就是图腾柱，在印第安人的村落中，多立有图腾柱，在中国东南沿海考古中，也发现有鸟图腾柱。浙江绍兴出土一战国时古越人铜质房屋模型，屋顶立一图腾柱，柱顶塑一大尾鸠。故宫索伦杆顶立一神鸟，古代朝鲜族每一村落村口都立一鸟杆，这都是图腾柱演变而来的。在西南地区少数民族聚居处刻制着许多假面的图腾柱，并且与当地盛行的傩文化有直接的联系。

关于傩、傩舞、傩仪产生何时、何处，起源如何，据相关资料，大致有上古史前说、夏商周三代说；另有图腾说、中原说、南方说、多元说；狩猎说、农耕说、符号说；等等。相比之下，笔者较赞成“图腾说”，因为此种观念产生久远，傩文化从此获得启发最多。且物象化，看得见，摸得着，并由始至终贯穿傩仪轨的全部过程。

无论是我国先民之氏族、部族、部落联盟，还是当今的民族，都拥有自己的崇拜对象和图腾物，诸如中华民族顶礼膜拜的龙、凤，少数民族信奉的猴、鸟、虎、熊、狼、蛙等，在他们传统祭祀的仪式中，都有至高无上的地位。如苗族学者李智刚在《苗傩三探》认为：

> 傩起源于苗族。鸟即中国古傩原型的最初意象，遗留下来的证据在声音和图像：傩祭驱疫时傩神口中发出“傩傩”之声。……先民造“傩”字时所依据的原始形象：一个身披羽毛、雀顶凤冠的人。而这鸟人，正是崇鸟为图腾的民族，当属发祥于黄河下游至长江中下游一代的苗族先民“九黎”部落。[1]

彝族自古信奉的图腾是白虎，其“虎”在本民族与“傩”音一致。唐楚臣在《虎图腾遗迹—彝族虎节纪实》中说：“虎节以傩舞为主要表现形式：人化装为虎，跳生产、生活、生殖舞蹈，举行傩祭仪式。这是一种较假面傩舞更为重要的原始舞蹈”。[2]

据我国古籍记载，中华民族始祖黄帝“出自有熊之国”，是“有熊国君少典之子”，故名轩辕，号有熊氏，古代官方举办傩仪，大多为“方相氏蒙熊皮”。对此，孙作云在《敦煌画中神怪画》一文中释读：“至于打鬼的人为什么必须蒙熊皮，作熊的装束，这个因为它最初本是熊氏族的图腾跳舞，而且是熊氏及其同盟氏族的战争舞，到后来才演变成一般性打鬼跳舞”。当然以后又演化为龙，这是包括熊在内的多种动物图腾的复合体。[3]

关于中国的图腾与傩文化，我们可以从一些出土文物与民间图文中获悉。诸如彩陶上的图腾：彩陶纹是新石器时代最引人注目的艺术之一。里面的动物纹尤其丰富。常见的有鱼纹、鸟纹、壁虎纹、蛙纹、猪纹、羊纹等，在中国黄河流域的中原平原，汾河流域和渭河流域的中原平原地区，在黄河上游、大夏河和渭河流域的西北地区，都留下了以动物纹作彩陶的器物。鱼纹是最常见的形象之一。中国的人面鱼纹彩陶盆是个很好的例证。

对龙的崇拜在中国历史上是一种绵延了数千年的特殊现象。在中国人的心目中，龙具有非凡的能力，它有鳞有角，有牙有爪，能钻土入水，能蛰伏冬眠；它有自然力，能兴云布雨，又能电闪雷鸣。关于龙的形象，无

---

1 李智刚《苗傩三探》，载《沅湘傩文化之旅》，时代文艺出版社 2000 年版，61 页。

2 唐楚臣《虎图腾遗迹—彝族虎节纪实》，（台北）施合郑氏民俗文化基金会编《中国傩戏傩文化研究通讯》，1992 年版。

3 孙作云《敦煌画中神怪画》，《考古》1960 年第 6 期。

论古今，都没有给出确切形象。而现在人们所表述的龙的形象，都是龙形象完美之后的形态。

我们今天所崇拜的龙到底来自哪个民族的土崇拜呢？据较早较可靠的古代文献记载：远古时期，中国大地上曾先后出现过一些著名的部落，其中最著名的是黄河中下游渭河流域的炎帝部落、黄帝部落，黄河下游的少昊部落，江淮流域的太昊部落。史称炎帝族首领“牛首人身”，故有些学者认为炎帝部落以牛为图腾，但据炎帝的族姓是“姜”，可以认为，姓从母系，姜即为羌，故炎帝的母系图腾为羊。黄帝，意为黄土高原的统治者，其图腾应为黄土。炎帝族和黄帝族属于华夏族团，少昊部落和太昊部落则属于东夷族团。少昊部落以鸟为图腾，太昊部落则以龙为图腾。

另外还有我国南方少数民族普遍崇拜的葫芦图腾：由葫芦神话衍生的传说亦多种多样，最出名的就是盘古开天辟地。据传盘古出世时，将身一伸，天即高，地便坠下，天地相连处，盘古则左手持凿，右手持斧，或用斧劈或用凿击，自是神力，久而天地乃分，二气升降，清者上为天，浊者下为地，自是混浊初开。盘古与葫芦图腾有何关系呢？彝语专家刘尧汉在《论中国葫芦文化》中指出，盘古就是葫芦，盘古的盘，即是葫芦；古意为开端，所谓盘古，即“从葫芦开端”。

黄帝、炎帝、颛顼、禺强、九凤、强良、夸父、繇、魃、犬戎、烛龙、蚩尤、应龙、共工、禹、共工、女娲、帝俊、后稷、老童、祝融、弇兹、嘘、常羲、西王母、奢比尸、天吴、竖亥、句芒、蟲、夔、九尾狐、雷神、陆吾等其神力都不同程度地在历史上起到令我们的先民敬畏、顶礼膜拜的祭祀作用，也同时出现了以图腾、傩面，以及不同神怪装扮的形式。

在人类的“童年时代”，由天地万物与动植物幻变的神灵鬼怪时常左右着我们的先民，并在潜意识上暗示与引导着人们以稀奇古怪的装扮来亲近大自然。古代氏族、部族都普遍信仰原始宗教，各部落联盟都有着各自崇拜的自然图腾。如胡愈之翻译培松《图腾主义》一书叙述：“高尔部落的图腾遗族，至今可考见者，只有姓氏一端，古代有名Eburon者，意即野猪。高尔族古钱上多镌牛、马、野猪的像，这些更是图腾遗迹的明证。”

在中国古代神话传说中，三皇五帝中的黄帝，名轩辕。据《史记五帝本纪》记载其为“有熊国君之子”，故信奉熊之图腾。李则纲著《始祖的诞生与图腾》一书叙述：“武帝梁祠石室画像，伏羲和女娲二人，各有一条具有麟甲的长尾，两相交接，骤视之，殊可怪异。但是就从这种古怪的图像里，也可窥测图腾和古代人物的关系。”[1]

法国文化人类学家列维·斯特劳斯著《图腾制度》一书说明了图腾宗教崇拜与先民难以分割的血缘关系：

> 对图腾制度来说，这确实是一种更便捷的做法，尽管祭祀这种观念依然是西方大型宗教的核心观念，但它也提出了同样类型的难题。每一种牺牲都意味着司仪、神与献祭物之间的自然团结状态，无论是一只动物、一株植物，还是一件物品，都会被人们当成生命，因为只有当发生灾难的时候，它的毁灭才是有意义的。于是，祭祀的观念从中萌发了与动植物相融合的胚芽。[2]

古代先民萌发的与“动植物相融合”的图腾祭祀，不仅加固了他们的宗教仪式，也同时激发了他们的装扮意识。诸如用飞禽走兽的羽毛、皮张，以及树叶花草来装饰自己的肢体。青海大通县上孙家寨马家窑出土的彩色陶盆，即绘有戴羽饰、拖兽尾的远古先民群舞形象。

二、假面、傩面具与傩文化的社会功能

假面或傩面具在宗教与世俗乐舞戏剧表演艺术中的出现，可谓人类民俗文化中的一件大事。正如郭净在《中国面具文化》一书中不无自豪地夸赞：“面具的象征性可以通过改变人的自身来实现，它的这种奇特功能是其他任何宗教或艺术创造手段所难以企及的。”他又说：“人类最伟大最古老的梦想不是征服自然，而是超越自我。在肉体上超越，表现为宗教的想象和艺术的追求。而假面具的奇妙之处就在于它能将这两种超越的方式合二为一，使化装者的灵与肉在瞬间同时变成一种新的形态，跃入一个新的境界。”[3] 易中天主编《艺术的特征》也在从艺术发生学与美学角度来论述“面具和脸谱在戏剧中的作用”：

---

1 李则纲著《始祖的诞生与图腾》，上海文艺出版社1988年影印本，73页。

2 列维·斯特劳斯著《图腾制度》，上海人民出版社2005年版，4页。

3 郭净著《中国面具文化》，上海人民出版社1992年版，1页。

> 在先民与神灵神秘的交流中，表演的意识也开始产生，而献祭表演的歌舞和涉及神的降生、死亡及再生的传说，便成了戏剧诞生的源头。演员要扮演“角色”（另一个人），最便当的办法就是换“脸”。这就是面具和脸谱在戏剧中的作用。戴上面具或画上脸谱，演员就不再是他自己，而是“剧中人”……所以，有了面具，有了脸谱，有了戏服，有了道具和化妆，所谓“粉墨登场”即是。可见，扮演是戏剧区别于其他表演艺术的一个主要特征。[1]

上述两位学者都在探索演员在戴上面具，穿上戏服时所发生的神奇的变化。确实在古典戏曲形成以前，中华民族民间各种表演艺术中，早已产生了两种化妆方法：即面具化妆和涂面化妆。面具化妆来自原始社会的歌舞仪式，其中有代表性的是带有宗教色彩的傩舞，此与后世戏曲发展关系密切。傩舞的特点是舞蹈者一般戴面具，把自已妆扮成神鬼、历史人物和传统人物及各种奇禽怪兽，以表示对神灵的崇拜，对祖先的祈祷，以及对恶魔和不祥之物的讨伐驱逐。

1955年至1976年，在陕西城固地区陆续挖出了48件殷商铜面具，其中23件为人形脸壳，面容凶煞，目眶身凹，眼球外突，中间留有圆孔，悬鼻突出，透雕獠牙。同样造型的面具在陕西洋县和西安老牛坡均有发现。陕西岐山贺家村一号墓也出土过类似的铜兽面个人面。另有河南安阳、湖北盘龙城、北京平谷的商代铜面具；陕西宝鸡、岐山的周代铜面具。美国西雅图美术馆收藏的一件商末周初的高25厘米左右的兽形面具更为典型。四川省广汉三星堆出土了我国目前年代最早的金面具。

在商王朝复杂的祭祀系统中，面具是一种极其重要的巫术工具。它的使用并不限于殷商王室统治的中心区域，而早已推及到像巴蜀那样偏远的地区。从周代以降，“傩”字便逐渐成为假面驱疫活动的专称，并一直沿用至今。有关的祭祀便叫做“傩仪”、“傩祭”；有关的表演叫做“傩舞”、“傩戏”；有关的宗教团体和祭祀场所则叫做“傩坛”、“傩堂”。”周人把傩仪分为三种形式：一曰“天子之傩”；二曰“国傩”；三曰“大傩”。又称“乡傩”。我们如今所能看到的出土文物：湖北随县战国墓出土的漆棺画中戴假面的守护神、台北故宫博物院藏的战国铜壶上的鸟人舞、淮阴战国楚墓铜器“趋

1 易中天主编《艺术的特征》，湖南人民出版社2006年版，171页。

鬼图”；、湖北随县战国墓出土的漆器上的假面假形鼓舞，都带有鲜明的古代面具与傩文化性质。

中国古代宗教祭祀和民间祭祀中，都有巫舞、傩舞。迎神赛会上，跳宗教舞蹈的人常戴面具。“驱傩”是古代一种大型歌舞，有扮人物的，有扮动物的，有扮神的。《后汉书·礼仪志》里所记载的“驱傩”活动的文字，就有关于为驱邪逐疫而演出乐舞的描述。其中扮神的主要舞者是方相氏，“黄金四目，蒙熊皮，玄衣朱裳，执戈扬盾”，戴着“黄金四目”的假面具，穿着黑衣服，系着红色衣裙，一手执戈，一手拿盾。除了方相氏，另外还有十二人戴着兽面具扮演兽，及扮演鬼怪的等等。傩面具千姿百态，人神鬼兽俱全，正邪分明，表现出各自的特点。后世傩活动中涌进了大量世俗化、人性化的社会生活内容，在中国一些地区逐渐形成了戏曲剧种，如贵州的“傩坛戏”、“脸壳戏”，湖北的“傩戏”，湖南的“傩堂戏”等。有些傩戏至今仍作为“活化石”而在民间流传着。

据沈福馨、周林生编的《世界面具艺术》介绍：

> 中国浩瀚的史籍中，对面具的称号不下二十余种。倛象、魌面、魌头、其页头、拔头、钵头、大面、假面、代面、幻面、装面、鬼脸、脸子、脸壳、神面等等，全是面具的别名；在甲骨文和钟鼎文中，曾有过被专家们考为“魌”的象形字：都有明显的人戴面具的造型特征。尔后，在各朝各代的史籍、诗歌、散文及方志中均不乏关于面具及使用面具的记载。自商周以来，各个时代，都有以戴面具为其特征的傩祭、傩舞及由此发展而成的傩戏，其覆盖面之广，规模之盛，延续时间之长，可谓文化史上一大奇观。[1]

此书还解析：“就面具的应用功能考虑，我国历史上曾经出现过狩猎面具、图腾面具、随葬面具、征战面具和百戏娱乐面具等六大类。若将面具的功能和形式延伸，还可以列出一类带有图腾意味或宗教色彩的供奉面具（如吞口）。”我国各地现存的面具，就其艺术风格归类，不外乎三种形态：原始风格的面具、写实风格的面具和藏区“羌姆”（包括藏戏中的立体面具）。贵州“撮泰吉”面具、四川“曹盖”面具。此外，还有一些民

1 沈福馨、周林生编《世界面具艺术》，人民美术出版社 1994 年版。

俗性活动中使用的面具，如广西融水苗族的“芒哥”木雕面具、壮族和土家族的稻草面具、贵州从江的“耍变婆”木雕面具、云南基诺族的笋壳面具等，亦可归入原始风格的面具。

写实风格的面具，主要指以傩戏为载体流传下来的戏剧演出面具。目前尚能寻访到的这一类面具，计有安徽贵池傩戏面具、江西跳傩面具、湖北傩愿戏面具、湖南傩戏面具、四川阳戏面具、广西师公戏面具、贵州傩堂戏和地戏面具、云南端公戏和关索戏面具等。湘西、云贵一带的偏僻山野，即所谓“蛮荒之地”，傩戏面具还较多地存有古傩遗风，质朴而粗放。

“羌姆”跳神面具和部分藏戏面具，佛、菩萨、高僧、护法、金刚、魔妃、鬼卒、动物……构成一条天上、人间、地狱的肖像画廊。其中尤以护法神形象最多。他们所呈现的风格面貌，完全笼罩在一种非人间的鬼神世界的宗教气氛中。西藏的面具艺术，对内地各族亦有着明显的影响。“羌姆”跳神和跳神面具随着佛教的扩散，东达四川，南抵云南，北入青海、甘肃、内蒙古、华北以至东北。青海塔尔寺、甘肃拉卜楞寺、山西五台山、北京雍和宫等寺院的“羌姆”颇负名气。

岑家梧先生著的《图腾艺术史》为我们提供了不仅是中国，还有外国社会中存在的众多假面：

> 原始民族所用的假面，可分十一类，即：狩猎假面、图腾假面、妖魔假面、医术假面、追悼假面、头假面盖、鬼魂假面、战争假面、入会假面、祈雨假面、祭祀假面，其中所搜集图腾假面的材料甚少，惟猎狩假面、战争假面、入会假面、祭祀假面，觉不能断为与图腾无涉。[1]

郭净著的《中国面具文化》引用瑶族有关假面的古代祭祀辞曰：“画得神头有眼有耳，有鼻有口又无身。头是鬼头身是人，十字路头解无脱，阳人带去配阴间。”[2]《世界面具艺术》一书中从审美的角度研究面具文化：“这条恒古大河，在中国流淌了四千年历史。在它的河床中，积淀了各个历史时期的文化基因和文化现象。作为造型艺术，我们主要从审美的角度研究它。但它的价值远非到此为止，还有待于我们从民俗学的角度，从宗

---

1 陈兆复主编《中国少数民族美术史》，中央民族大学 2001 年版，131 页。

2 郭净著《中国面具文化》，上海人民出版社 1992 年版，32 页。

教学的角度，从舞蹈戏剧史的角度和从社会发展史的角度去认真探究它的内涵。”[1]

关于古代面具的最直接、最有说服力的是位于四川省广汉县南兴镇三星村所发现的“三星堆文化遗址”。此于20世纪80年代被考古工作组挖掘的两个祭祀坑内，珍藏着许多珍贵的青铜文物。诸如金质权杖、黄金面罩、青铜立人像与人头像、青铜龙头、青铜虎、青铜鸡、青铜蛇、青铜鸟、青铜铃、青铜树，以及各种玉器、石器、骨器、陶器等瑰宝，另外还有一些造型奇特、价值连城的黄金面罩、青铜人面具与兽面具。

据陈兆复先生主编的《中国少数民族美术史》中记载，三星堆中出土的青铜人面具，一号坑其特点是：“宽脸，圆下颌，粗眉大眼，尖鼻子，有两只云雷形小耳。”二号坑“根据形态可分为三型”，其A型被称为“纵目人面像”，其特征是:“长眉，棱形纵目，低鼻梁”，其“眼球均凸出眼眶”。B型其特点是“方颐宽面，粗眉大眼……鼻棱突出，阔嘴。”C型“面像瘦长，眉较短，杏叶眼，宽额，鼻棱尖直突出，嘴角上翘”。另外如青铜兽面具，其显著特征是：“头上出两卷云形角，双眉斜出向外，眼细长，双眼浑圆，鼻梁细窄，大嘴，嘴角下勾，上下两排牙齿紧咬”。根据出土人、兽面具的尺寸大小与系绳穿孔“推测当为祭祀之际巫师所配戴的面具”。此书在记载出土“黄金面罩”与“青铜人头像”的学术价值时指出：

> 黄金面罩，则与常人脸型大小相当，眉、眼、口部镂空，鼻梁突出。十三件青铜人头像，与真人等大，空心铸造，头戴平冠，高鼻阔目，丰颐大耳，表情各异，这在中国也是首次发现。此外，还有数十件青铜面具、青铜人坐像、青铜龙头、青铜虎等。这些青铜造像，风格独特，线条流畅，比例适当，表现准确，无论是雕塑艺术还是铸造技术都达到了较高的水平。[2]

据国内外专家学者考证，“三星堆祭祀坑”的考古年代在殷墟文化早期至晚期（公元前14世纪—前10世纪中叶），于我国夏商时代在巴蜀地区竟然出现了技术工艺如此之高的青铜艺术，至今令人百思不得其解。另外

1 沈福馨、周林生编《世界面具艺术》，人民美术出版社1994年版，12页。

2 陈兆复主编《中国少数民族美术史》，中央民族大学2001年版，131页。

根据出土的人与兽面具雕像造型特征所辨析，那些高鼻、深目、浓重胡须与宽嘴大耳的人物形象，或出自周边的西南夷族，更多出自西方中亚、西亚的胡人。再如中原地区绝无仅有的青铜人像群雕、神树与黄金面罩，更应来自远方的古埃及、古巴比伦文化，由此可证实历史上巴蜀少数民族与西方诸国的戏剧乐舞有过神奇的装饰文化交流。

自“三星堆祭祀坑”大量青铜器问世，给后人带来较多的难解之谜。例如：三星堆文化来自何方？三星堆居民的族属为何？三星堆古蜀国的政权性质及宗教形态如何？三星堆青铜器群高超的青铜器冶炼技术，以及青铜文化是如何产生的？是蜀地独自产生发展起来的，还是受中原文化、荆楚文化或西亚、东南亚等文化影响的产物？三星堆古蜀国何以产生？持续多久？又何以突然消亡？出土上千件文物的三星堆两个坑属属何年代及什么性质？古代蜀文化的重大“巴蜀图语”何以解开？三星堆出土的青铜器与金器物上的符号是文字？是族徽？是图画？还是宗教祭祀与戏剧乐舞符号？上述种种千古之谜均有待于后人解说与破译。

论及傩与傩文化，无疑起源于原始宗教。在远古时期，生产力低下，人们对大自然的威胁没有抗御能力，一遇天灾人祸，只能用傩祭——这一种原始宗教祭祀的巫术活动来祈告神灵，驱邪逐魔，弭灾纳祥。所谓“摘下面具是人，戴上面具是神”或“戴上面具是角，表演起来是戏”，说的就是傩面具。外形奇特的傩面具是傩文化中傩祭、傩仪中使用的道具，是原始的图腾再现和去灾纳详的吉祥象征。傩面具根植于民间，凝聚了世代民众的审美情趣，面具或写实、或抽象，粗犷狰狞。中国古代有三大祭祀。腊祭，也称“八腊”，祭典神农氏，保佑农事风调雨顺。雩祭，也称“打旱魃”是干旱之年的求雨祭祀。傩祭是驱鬼逐疫的仪式，是中国古代三大祭祀中影响最大，最为隆重的祭祀活动。有“天子傩”、“国傩”、“大傩”之分。“天子傩”为天子专用，仅限于太社的范围之内，诸侯与庶民不得参与，“国傩”不得越出国社的范围，仅供天子与诸侯共同享用，“大傩”下及庶民，举国上下共同举行，故又称“乡傩”。在中国黄河、长江、珠江流域，以及东北和西北地区，都有过傩戏、傩文化的存在，并以不同的方式和形式传承着，形成一个东起苏皖赣，中经两湖、两广，西至川、黔、滇、藏，北至陕、晋、冀、内蒙古、新疆及东北的傩（巫）文化、傩戏圈。

傩面具是傩文化的重要组成部分，它用于傩仪、傩舞、傩戏。有学者将中国傩文化划分为六个广大的傩文化圈，即：北方萨满文化圈、中原傩文化圈、巴楚巫文化圈、百越巫文化圈、青藏苯佛文化圈、西域傩文化圈。傩文化圈几乎涵盖了中国所有地域和民族。中国傩文化的丛系，包括傩的观念、傩的文化根基、傩舞、傩仪、傩戏、傩神、傩面、傩坛（堂）、傩器、傩画，以及有关的驱鬼活动、祭祀酬神活动和求子、度关、医疗、娱乐、建房、超度等法事活动，这些都是我国珍贵的古代宗教与世俗文化遗产。

三、文身、黥面、魌头与脸谱的美学价值

文身、黥面、刺青、涂面、盖面、遮面、剺面、切痕等均为中华民族古代先民保留和遗存的古老的风俗习惯，其中亦投射着当时人们独特的生活方式和审美意识。此种被称为“图腾的装饰”的旧俗曾遍及世界各个土著先民中间，如岑家梧先生在《图腾艺术史》一书中阐述文身的起源和社会功能：

> 文身起源于保护生命之要求，可视为合理的解释，惜顾氏不解图腾同样化的意义，而取生物学的说明，尚距真理一步。原来图腾民族的黥纹，以图腾图像附着于身体之上，即代表图腾祖先的存在，赖此发生魔术的保护力，避免蛟龙之害。[1]

据先秦古籍《淮南子》记载：“九疑之南，陆事寡而水事众，于是人民断发文身，以像鳞虫。”高诱注曰：“文身刻画其体，纳默其中，为蛟龙之状，以入水蛟龙不能害也。”另见《汉书·西夷传》云：“种人皆刻画其身，像龙纹。”《汉书·匈奴传》记载：“匈奴法，汉使不去节，不以墨黥其面，不得入穹庐。王乌，北地人，习汉俗，去其节，黥面入庐。”说明文身、黥面都来自神话想象中的动物形象，古代汉族此种古俗本来自南北边疆之异族。

若追究涂面，用描画或涂抹面部的方法来暂时改变自己所承担的社会角色或掩饰自己的真实身份，是一种非常古老的习俗。涂面就是画在脸上的假面具，是一种超越常规的妆扮标志。如果把涂面的效果用针刺等手段固定下来，即称“刺青”。纹面古称“雕题”、“黥面”、“绣面”，早在《山海经》

---

1 岑家梧《图腾艺术史》，上海文艺出版社 1988 年版，49 页。

里就有记载。如果把涂面的纹样转移到木头等材料上用以佩戴，则变成了面具。

“盖面”，民族学材料告诉我们：在丧葬时遮盖死者的面孔，主要是为了防止亡灵出逃并留在人间作祟。所谓“盖面”，即用遮盖死者面部的面具，多用黄金、玉石等耐久物品或能辟邪的材料制成。遮面，要求不能把面孔盖得严严实实，而要亦露亦藏，以适用于特定的仪式场合。幻面，诸如连云港岩画，云南麻栗坡大王崖画，云南沧源、内蒙古阴山、四川珙县岩画中的幻面都属文身、黥面类的假形化妆。假面，古人把那些用鸟羽兽皮遮盖全身的化妆亦称“假形”。史前的假形化妆，如上所述，在彩陶纹样和远古岩画中屡有所见。“魌头”则是用较为柔软的材料覆于面部的假形，属于傩面具的一种变体。

英国文化史学家朱利安·罗宾逊在长期地处边远的土著民族中进行学术考察过程中发现，人们有一个共同审美追求，即用各种材料来装扮自己的生理器官，使之与神灵世界相接通。他“到过世界各地，和许许多多部落族群共同生活过，所以会认为，每个文化群体会各按需要发明观念和象征符号，以反映其天然的特色”。他在民族艺术学名著《人体的美学》中为我们展示了一幅令人惊奇的土著民族人体修饰艺术之画面：

> 早在任何记诸文字的历史出现之前，男人、女人已经大费周章——甚至忍痛受苦地——把自己本来的形貌躯体加以装饰美化。为的是要追求伴侣，在族群中赢得威望，防止邪魔附身，获得神祇垂青。自那时候起，人体的每一个部位都成为修饰、装点、美化的目标。而这需要付出多少时间、费用，必须受什么痛苦，甚少有人在意。为了成就某种社会公认之美貌，有些人——甚或整个社会——不惜改变自己肢体器官的形状、色泽、质地；腰肢、臂部、鼻子、眼睛、牙齿、毛发、耳朵、脑袋、乳房、皮肤、手、手指、指甲与趾甲、乳头、嘴唇、肚脐、生殖器、肩膀、手腕、颈子、腿、脚、踝、肋骨、脸颊、阴部、脸形轮廓等等，都在此例。[1]

1 朱利发·罗宾逊著《人体的美学——关于人体修饰艺术的惊奇之旅》，广西美术出版社2000年版，1页。

他还指出："甚至到了如今，世界各地的男男女女为了追求难以捉摸的、短暂的、靠不住的'更美'，让自己承受各式各样的束缚与皮肉之苦……为的是成就美丽色相，引来同侪的嫉妒眼光，摄获异性的爱慕，得到特定部落或文化团体的认同……有些社会族群是全体一致，按照传统的模式——有些近乎怪诞——修饰自己身体最隐秘的部位。这些'修'与'饰'多是为了表现宗教虔诚，接受文化仪式，强化族群团结，增添性吸引力。"也正是基于此种文化与美学追求，在后世文明社会与戏剧艺术舞台上出现的诸如燕尾服、鲸鱼骨裙撑、高跟鞋、假发、羽饰、臀垫、文胸、紧身衣、超短裙、假睫毛、长指甲、假面具、红嘴唇，以及各种奇装怪服与时髦化妆等，这些均为人类视觉艺术与民族装饰艺术进化与变异的文化产物。

我们常说的"扮饰艺术"是指人类为适应生活与审美需求而创造的人体装扮与修饰，其中包括从头到脚的扮饰，诸如头饰、发饰、首饰、服饰、手饰、脚饰、配饰等，以及纹身、黥面、面具、假面、魌头、脸谱、化妆等。这些扮饰形式的产生和发展与古今各族人民的宗教与世俗活动有着密切的关系。

根据钟敬文先生主编的《中国民俗史》阐述的中国远古先民人生礼俗，其中包括"拔牙之俗"、"颅骨变形"、"儋耳"等，特别提到"三星堆金面青铜人头像"，并赞誉"原始时代有些地区的人以耳大为美，故以各种方法使耳变大"，接着此书论述：

> 海南岛，古称儋耳郡、儋州，现在还有儋县。儋耳，又作耽耳、担耳，义为大耳。海南岛的古称与《山海经》关于聂耳国的记载相符。著名的四川广汉三星堆遗址的一、二号祭祀坑出土有82尊青铜人像，其特征之一便是耳部特大。这应该是当时居民儋耳习俗的反映。[1]

《山海经·海外北经》记载"聂耳之国"，世俗流行"两手聂其耳"。郭璞注云："言耳长。行则以手摄持之也。"此种"儋耳之法"是土著人为了求美和崇神，从小使耳垂穿洞坠物，将其拉长成形。诸如原始部落先民所推崇的拔牙、染齿、压颅、修眉、嫠面等习俗都是在寻觅一种超脱现实、步入神灵世界的道路。

---

1 钟敬文主编《中国民俗史》，人民出版社 2008 年版，253 页。

在我国古代的宗教祭祀系统中，人牲向来是规格最高的，也是最灵验的祭礼。而人牲的使用，通常采取“猎头血祭”的方式。考古学资料表明，我国的猎头之俗至迟在新石器时代已经产生，而且用于不同形式的祭典。诸如青海柳湾史前彩陶罐上的人形造像，云南战国时期青铜剑柄上的猎头图像。《赤雅·祭枭条》曰：“僚人相斗杀，得美髯公者剜其面，笼之以竹，鼓行而祭，竞以缴福。”

辽宁牛河梁红山文化祭祀遗址出土的女神头像的问世给了我们一个重要启示：古人往往通过面孔的变形改造来强调鬼神超自然、超人性的文化本质。在古代的神话和志怪小说里，人们也常用“幻面”的手法描绘鬼神的容貌。若给予大致的划分，则有神灵幻面、鬼怪幻面和异族幻面几类。如龙首蛇身、人兽相貌之西王母“虎齿善啸，蓬发戴胜。”“细声如窈窕佳人，玉面似牛头恶鬼”；《通典·边防》云“女国”男子“人身而狗头，其声如犬吠。”葛洪《抱朴子》描绘幻化之人：

> 山中寅日，有自称虞吏者，虎也。称当路君者，狼也。称令长者，老狸也。卯日称丈人者，兔也。称东王父者，麋也。称西王母者，鹿也。辰日称雨师者，龙也。称河伯者，鱼也。称无肠公子者，蟹也。巳日称寡人者，社中蛇也。称时君者，龟也。午日称三公者，马也。称仙人者，老树也……

原始的生命崇拜，为面具的发育生长提供了必要的宗教条件。富有实用与审美价值的面具的产生与人体化妆扮饰的演变，不仅存留在与外世接触不多的少数民族之中，再则是借助于乐舞戏剧舞台的表演而传播。英国著名学者赫·韦尔斯著《世界史纲》论断：“在文明发生之前，人类生活中已经有了这些事情：在古代文明地区，当定期的庆祝活动已上升成为庙宇的典礼时，喜闻乐见的故事和短剧、朴素的舞蹈，无疑仍在普通老百姓中继续流传。虽然僧侣们采用了各种各样传说的纲目，例如创造天地万物的故事，并且把许多原始的寓言扩展成为复杂的神话，但他们似乎并没有把它们投进华丽词藻的模型里去加以铸炼，主要的还是看戏。”[1] 他们在参加

1 英国著名学者赫·韦尔斯著《世界史纲》，吴文藻、谢冰心、费孝通译，广西师范大学出版社 2005 年版，153 页。

各种宗教和世俗节庆活动过程中，通过短剧、舞蹈等表演形式，及其面具、装饰来回忆人类的历史和文明进化程度。

在原始社会的人群之中，要数巫筮法师与神灵图腾与涂面关系最为密切。如《山海经·大荒西经》云："大荒之中，有灵山，巫咸、巫即、巫盼、巫彭、巫姑、巫真、巫礼、巫抵、巫谢、巫罗十巫，从此升降，百药爰在。"胡健国著《巫傩与巫术》中引证《易经》载："九二，在床下，用史巫纷若，几无咎。"

薛若邻先生在为《巫傩与巫术》所写的"序"中指出："巫总是与舞联系在一起的,《说文》释'巫':'以舞降神者也。'王国维在《宋元戏曲考》中说：'巫之事神，必用歌舞。'夏商周时代巫祀鬼神的歌词，惜全部失传，巫舞现在还有遗风。"[1]

西方著名学者布罗凯特在《世界戏剧史》(1999 年第 9 版）中专设"戏剧起源"一章，明确指出：

> 世界各地先民在祭祀仪式中，或在同时进行的庆典中，表演者会穿上服装、戴上面具，装扮成这些神话或超自然力量的样子。一旦这种情况出现，就标志着向作为自主活动的戏剧迈出了关键的一步。一切社会交往从根本上说都是表演性的。仪式和戏剧都是几乎所有人类活动的基本元素的组织和应用，只不过方法不同而已。[2]

汉代宫廷经常有大规模的"百戏"演出，包括音乐、舞蹈、杂耍、马戏等，技艺繁多，场面庞大。百戏的演出中有"豹戏"、"大雀戏"以及"鱼龙曼延"等，这些表演大多是模仿动物形象的舞蹈，演者都是伪作假形或面戴"假头"来扮演动物。山东沂南北塞村出土的汉墓百戏画像石刻中，有的演员就是戴假形面具。秦汉时还流行一种"角抵戏"，相传是战国时创造，秦汉而广为传播。角抵戏起初由蚩尤戏发展而来，蚩尤戏是一种竞技表演，很可能是原始时代祭蚩尤的一种仪式舞蹈，逐渐在民间发展成为武术竞技的角抵戏。蚩尤戏表现蚩尤与黄帝争斗，表演者戴着牛角假面相抵。到了汉代，民间更进一步把角抵戏剧化了，如《东海黄公》、《钵头》

---

1 胡健国著《巫傩与巫术》，海南出版社 1993 年版，薛若邻撰序。

2 布罗凯特著，周靖波译《世界戏剧史》，中国传媒大学出版社 2006 年版。

等就是具有故事性的角抵戏。

汉代以后的魏晋南北朝时期，随着故事性情节在歌舞节目中的增多，面具不仅装神扮鬼，刻画世俗人物的也逐渐增多了。北齐文宣帝高洋喜爱粉墨登场之乐舞杂戏，“或躬自鼓舞，歌讴不息，从旦通宵，以夜继昼；或袒露形体，涂傅粉黛，散发胡服，杂衣锦彩。”（《北齐书》卷四）相传北齐兰陵王长恭，武功很高，非常勇猛，但他的相貌美似妇人，自己觉得这样的外貌，不足以威敌，于是用木头刻了个假面，临阵之时戴上，勇冠三军。北齐人为此编创兰陵王戴面具击敌的歌舞节目《兰陵王入阵曲》，这个歌舞节目被认为是“大面”或“代面”的产生，在唐代宫廷中也经常演出。节目中扮演兰陵王的演员所戴假面，有不少人认为是后世脸谱的起源。

中国古典戏曲脸谱作为一种乐舞戏剧的化妆方法，是在唐宋涂面化妆的基础上发展起来的。唐宋涂面化妆又是从更早的面具艺术那里发展来的。面具的渊源可追溯到那遥远的远古图腾时代。正如戏曲理论家翁偶虹先生所说：“中国戏曲脸谱，胚胎于上古的图腾，滥觞于春秋的傩祭，孳乳为汉、唐的代面，发展为宋元的涂面，形成为明、清的脸谱。”

唐代歌舞戏弄中流行的涂面化妆是指在演员脸上直接涂粉墨。涂面化妆虽然还没有后世戏曲中开脸的造型，但它已成为后世戏曲脸谱的直接基础。当时歌舞中，面具与涂面两种方式都被采用着，戏曲正式形成以后，脸谱与面具仍然交替使用，不过，随着时代的发展，面具的使用呈减少的趋势，大部分剧种以勾画脸谱为主（少数角色仍用面具）。唐代的参军戏崛起，戏中有两个角色，一个是“参军”，即扮官的被戏弄的对象；一个是“苍鹘”，即担任戏弄职务的角色，相当于丑，表演以滑稽调笑为主。这两个角色都以粉涂面化妆。

宋代，是戏曲正式形成的时代，涂面化妆得到进一步发展。在宋杂剧、金院本中，涂面化妆形成了两种基本类型：一是“洁面”化妆，一是“花面”化妆。“洁面”化妆的特点是脸上很干净，不用夸张的色彩和线条来改变演员的本来面目，只是略施彩墨以描眉画眼而已。这种化妆又称“素面”、“俊扮”或“本脸”。“花面”化妆的特点是用夸张的色彩、线条和图案，来改变演员的本来面目，以达到滑稽调笑或讽刺的效果。当时的“花面”化妆，用的主要色彩是白（粉）和黑（墨），所以又称“粉墨化妆”。

宋、金时期的“花面”化妆都是很粗糙的。有的画出白眼圈，在白眼圈外再加些黑色花纹；有的在脸的中心部位涂块白斑，额头上画两条黑线。无论怎样勾画，目的都是追求滑稽的艺术效果。因为宋、金杂剧中，科诨（滑稽调笑）占了很大比重。宋杂剧、金院本中“花面”的化妆面貌，在河南温县出土的宋杂剧砖雕、山西稷山马村一号墓出土的金代副净残俑、山西侯马董墓出土的金院本彩俑中，可窥见一斑。尤其是山西侯马董墓出土的金院本彩俑有装孤、副末、末泥、引戏、副净，称为“五花爨弄”。彩俑中左起第一人，画了两个白眼圈，并用墨在脸部中心画了一个近似蝴蝶形的图案；右起第一人打呼哨者是副净在面部中心涂了一大块白粉，并在脑门、脸颊、嘴角上抹了几道黑。这个时期杂剧的涂面与行当的典型扮相越来越接近了，特别是鼻部画白色三角形，就与后世的丑行勾脸十分接近。

宋代南戏在化妆上，继承了宋杂剧的艺术传统，也采用了“洁面”化妆与“花面”化妆这两种基本形式。南戏的净，是从宋杂剧的副净转化而来的，作“花面”化妆。南戏的丑，可能来自民间的滑稽歌舞表演。产生于民间滑稽歌舞中的丑，同宋杂剧中的副净在表演风格上没有什么区别，所以它们到了南戏中以后，配成一对，都以插科打诨、滑稽调弄为其特色。在当时人的观念中，丑即是净，净即是丑，名异实同。在化妆上，丑与净一样，也是用夸张的色彩和线条来达到滑稽调笑的效果。并且丑和净的勾画样式也较接近，与后世典型的丑脸谱的勾画也较相近。

元杂剧涂面化妆形式的多样性和适当夸张，都是为了一个目的，就是要把剧作者和表演者的倾向性（善恶褒贬的评价），通过化妆艺术鲜明起来。脸谱的倾向性，是在表演者和观众之间长期互动对话中形成的。元代杜善夫的套曲《庄家不识勾栏》里曾写了这样一个故事，一个乡下观众进城观看杂剧，便说“中间里一个殃人货，裹着枚皂头巾，顶门上插管笔，满脸石灰，更着些墨道儿抹”。庄稼人没有看戏的经验，错把白粉当成是石灰。孟元老在《东京梦华录》卷七中也有相似描述：“有一击小铜锣，引百余人，或巾裹，或双髻，各着杂色半臂，围肚着带，以黄白粉涂其面，谓之抹跄。”

元末明初学者陶宗仪在《南村辍耕录》说，最早发现的丑角面部化妆即是“粉面乌嘴”，独具滑稽性。北宋皇帝赵佶（徽宗）见爨人来朝，衣装屣履巾裹，面傅粉墨，举动稽滑可笑，于是命优人仿效来演戏。后来面傅粉墨被广泛运用到丑角面部化妆中。

元代是中国戏曲繁荣的黄金时代，脸谱也有了重大发展。打破了以往副净那种白底黑线的基本格局，开后世戏曲脸谱的“整脸”之先河。这个创造使得元杂剧的涂面化妆，具备了三种基本形式：一般正面人物的“洁面”化妆；滑稽和反面人物的“花面”化妆；性格粗放豪爽的正面人物的性格化的勾脸化妆。

元杂剧的性格化勾脸化妆，除了壁画中的粉红脸之外，还有勾红脸和黑脸。在妇女形象的化妆方面，也有“洁面”与“花面”之分。当时的“花旦杂剧”是写妓女题材的戏。扮演妓女，化妆上“以黑点破其面”，以同良家妇女区别开来。还有一种“搽旦”，扮演的是反面妇女形象，化妆上是“搽的青处青、紫处紫、白处白、黑处黑，恰便似成精的五色花花鬼”（见元杂剧《郑孔目风雪酷寒亭》）。

明、清两代，是昆山腔、弋阳腔等演出的传奇剧目的天下，表演艺术的发展和提高，使舞台行当分工越来越精细。宋元戏曲中的净丑角色，到明清戏曲中分化为大净（大面，亦称大花脸）、副净（二面，亦称二花脸）和丑（三面、亦称小花脸）；大净中又有红面、黑面、白面之分；涂面化妆是中国戏曲的主要化妆手段，它吸收了面具化妆的优点。戏曲的涂面化妆可分为美化化妆（俊扮）、性格化妆（脸谱）、情绪化妆（变脸）、象形化妆（动物象形脸）。早期脸谱大都比较单纯，表现手法主要集中在眉眼上。脸谱的多样化是在清初以后，京剧脸谱借鉴了徽、汉、昆、秦各剧种的经验，从一开始就具有较完备的系统性。

清代戏画的净角脸谱已有揉、勾、抹、破各种类型，其中勾脸已分化出整脸、三块瓦脸、花三块瓦脸、碎脸等格式，在将官、英雄、神怪等各种角色中广泛应用。脸谱在颜色上则分红、黄、蓝、白、黑、紫、绿、银等，各种颜色内含一定的象征性且各具妙用。比如红色表现忠勇正直，水白色象征阴险疑诈，神怪脸则多用金银色。丑角脸谱，面部化妆用白粉在鼻梁眼窝间勾画脸谱，与大花脸对比之下，俗称“小花脸”。按照扮演人物的身份、性格和技术特点，大致可分为文丑和武丑两大支系。

清初的人物脸谱里，已有个别的开始在脑门和两颊画点图案，这种手法是从明代神怪脸谱中移用过来的。注意刻画脑门和两颊部位，这在清初是个进步，有利于脸谱的多样化和性格化。清中叶，地方戏兴起，净、丑的脸谱，各地差异较大，但总体上是有了较大发展。特别是京剧形成以后，吸收了许多剧种的精粹，在表演上更臻于成熟和完美，行当划分上更加细密，这使得人物外部造型也更加讲究。脸谱艺术获得空前发展，在形式上更加多样化，在性格上更加个性化，在图案上更加复杂化。

在面具化妆基础上形成的“塑形化妆”是汉、唐歌舞百戏的重要造型手段。塑形化妆的长处一是可以对演员的面部、头部及全身进行夸张的雕塑性的改造，二是便于改扮，使一个演员可以借助于不断更换面具兼演多种角色。面具的缺点是表情的固定化和在某种程度上妨碍演唱。中国地方戏曲充分吸收了假面、假形，以增强自己的造型表现力。

使面具富于变化的称为“变脸”，它是戏曲表演的一种特技，许多剧种都有，以川剧最为著名。早期戏曲的变脸是演员在台下改扮，后逐渐发展为用多种手法在台上当场变脸。其表现形态有面具和涂面两类。面具变脸的手法主要有撕、扯两种，涂面变法有抹、吹、揉、支、画等，显示出面具与妆扮艺术的巨大魔力。

四、郴州临武油湾村傩文化考察的历史价值

据此次中国湖南临武傩文化国际学术研讨会组委会发来的学术研究参考资料称：明朝成化年间（公元1470年）在郴州临武油湾村成形的傩文化活动，传承绵延发展至今已有540余年，依然保存着傩文化的原生态状况，具有傩仪、傩戏、傩舞和路祭等程序的系统性，是容哲学、宗教、民间习俗、舞蹈、音乐等多种形态的综合性民俗活动。

临武傩戏，又名“舞岳傩神”，俗称“神狮子”。临武傩戏，又名“舞岳傩神”，它的整个仪式活动有很大的时空跨度。一是时间上要从当年的正月许愿到翌年正月还愿至闭坛，需一年时间才算功德圆满。其间，当年冬天还有很多筹备、组织、祭祀等繁杂过程，如装彩神像、开光点眼、拨兵等程序。

二是表演空间不是固定单一的场所，要根据求傩神庇佑的村庄、宗族、家庭与油湾村距离远近不等的情况，确定表演时间和场地，或在室内或在室外；同时需要在油湾村和距油湾村几十里或百里之外的外地之间来回往返，完成表演仪程。因受时间和空间的约束，这次为国际会议举行的傩仪、傩戏演出，只限一天时间，因此在程序上作了必要的取舍和调整，演出场地限于在油湾村的祠内和街道上，但主要仪式环节和精彩场面，都保留下来。

在郴州临武油湾村成形的傩文化打狮子，舞狮子过程是狮王与猴王在山中相会的争夺宝珠战，从中描述了猴王的精灵机智和兽中之王雄狮的勇猛，通过精彩表演，猴王最终擒住狮王，从山上牵下来，经过了长沙、衡阳，被舞岳傩神度回。舞狮的表演既有趣味性和娱乐性，同时九位傩神借助了舞狮表演的不同情节，在幕后巧用吉祥诗句给人们带来美好的祝愿。

我们过去在中国南北方各地实地考察过一些傩仪、傩戏、傩舞等傩文化形式，但是缺少对舞狮子与猴王的傩文化表演艺术的认识，再有难以将其与上述神奇怪诞的傩面、魌头、假面具，以及文身、黥面、刺青、涂面、盖面、遮面、鬌面、切痕等扮饰结合起来进行综合性的研究，故此次田野考察期待有所认识与探究。

曲六乙、钱茀著《东方傩文化概论》认为傩仪是融合图腾与傩文化最有效的祭祀表演形式，是充分展示中华民族传统文化的有力保证，此书明确指出：

> 傩仪是一种力量的展示。仪式是群体无意识的理念、情感、愿望、心理的凝聚与宣泄，为达到仪式的最终目的，这凝聚与宣泄便形成一种无形的巨大力量。傩的本质就是同自然，包括看得见的各种自然灾害和肉眼看不见的疫鬼进行斗争，这就必须通过傩仪，并在各种傩仪活动中运用法术和巫术的所谓超自然的力量去征服自然，这就是傩仪几千年来不变的原则。[1]

综上所述，人类崇奉的各种扮饰与面具艺术，都是为了超脱平庸、乏味的现实世界，而靠想象进入理想的神话的未来。按照现代艺术审美的观点，是将历史美的记忆用实物方式记载和述说。据英国学者华莱士·W·道格拉斯撰写的《现代批评中“神话”的不同含义》一文阐释：“‘神话’曾一度成了现代批评中最为重要、最包罗万象的词汇”，“神话的用途看来从‘幻想’经由‘信念’直到‘更高的真理’。这一连串含义的最后一环是：神话成了拯救人类的代名词。”他另外借用文利希 · 卡勒《神话的持续性》中的主要观点：“神话是真理的一切表述方式之总和。神话与理性相结合，

---

1 曲六乙、钱茀著《东方傩文化概论》，山西教育出版社 2006 年版，23 页。

从而构成人类生存的总和”[1]。神话传说与图腾、傩面具、脸谱等装扮艺术作为人类宗教、世俗文化的重要组成部分，也同样在以特有的述说方式在显示其幻想中“构成人类生存的总和”的“更高的真理”的部分功能，这就是古代神话和现代美学所追求的历史文化属性和学术价值。

1 约翰 · 维克雷编《神话与文学》，上海文艺出版社 1995 年版，33 页、39 页。

䐗比鼻，歁丈二

——潮汕俗语中的古文化信息：鼻子与生殖器

汕头大学　隗芾

2007年我访问南非时，正值其大选前夕。人们普遍认为：原来的“好好教授”当总统，治理不了已经混乱了的社会，必须选一位有手腕的“流氓”才行。大家看好的就是现任总统祖玛。说其是“流氓”，绝无夸张。他有许多“勾引”“强奸”的案例，但都能以金钱摆平。祖玛有许多绰号，其中一个就是“大鼻子男人”，实际是说他的生殖器特别发达。甚至在他当了总统后的2012年，还有人画了他冠冕堂皇的全身油画像，公然将那个大的生殖器拉在裤子外面，成为国际奇闻。

在世界许多地区都流传着这种说法：男人的鼻子越大，其生殖器就越大；女人的嘴越小，其阴道口越小。

这种说法肯定不是解剖学上的结论，而是人类几百万年的发展过程中，生殖崇拜的亘古流传。其究竟有何科学根据，并不是我们要讨论的问题。我们所关心的是这种话题所反映的正是远古人类所重视的生命繁衍问题，以及男女选择配偶时的生理追求：生殖器，男子越大越好；女子越小越好。

这种追求在裸体时代可以一见便知，因此，那些不太符合标准的男女，就开始出于掩盖和保护的目的，最先以树叶等天然物将阴部遮盖起来。这就是为什么人类最早的衣服不是用来遮盖其他部位的原因。换句话说，人类最早的遮羞布“巿”（读FU，非市），并非出于御寒的目的，它与衣服的产生并不一致。从此，人们无法直观地判断生殖器官的“优劣”，转而寻找其他规律，才总结出上述的经验，转而从鼻子和嘴上进行判断。而当人类社会习俗将这类话语变得更加隐晦的时候，这些蛛丝马迹只能沉淀于底层的民俗文化中了。但其追求一直延续到现代。

于是，人们在泰国芭提雅会经常看到：人高马大的西方男子专门找那些娇小玲珑的泰国小姐。

在中国东北，人们给过去的俄国人起的外号，叫“老毛子”“大鼻子”，都是一种蔑称。前者无疑是由体毛而来，后者则是因为进入东北的那些俄国人干了许多强奸妇女的勾当，于是传出的信息：鼻子大，生殖器就大，如同野兽。

随着人类文明的进步，这种话题越来越进入隐讳区域，甚至不齿于谈论。然而在人类早期文明中，却是公开智慧之一种。

生殖崇拜与人类自身的发展息息相关，自然也就成为早期傩文化的重要内容之一。

在新疆呼图壁的岩画中，在西域克孜尔洞穴画中，都有对男性生殖器夸张的描画；在西域的小河墓地中，许多墓碑都做成生殖器形状，后来衍化为墓碑。此外，在许多古人类考古现场，都发现了“陶祖”。并且索性以“且”代表“祖”之意。

这些都说明，生殖崇拜在远古时期人类生活中占据着多么重要的地位。

图一 良渚文化出土人面玉玦

距今四千多年前的良渚文化中，出土有一个人面玉玦（见图一），除眼睛通雕外，眉、颊、颧、鼻、嘴均为浮刻。中间的鼻子则画成一个男人的生殖器：包皮翻起，龟头裸露，末端尿道孔一个（鼻子的呼吸孔是两个）。两颊似阴囊展开状，两颧骨则形似睾丸。这件文物证明，远古时代的确经历了把鼻子与生殖器相提并论的阶段。

潮汕地处中国东南沿海，历来有“省尾国角”之称。潮汕话由于地域偏僻，则保留着中原古代语言的特征。因此，在潮汕俗语中至今有“朖比鼻，歜丈二”的说法。这句话在潮汕话中读为“lang bi pin,zuah deng ri”，“二”与“鼻”叶韵。“朖”是古代男子性具的俗写，后来写作“瑯”。“瑯卵”就是朖，男子性具。“瑯”本是古代男子腰间佩戴的棒状的玉坠（见图二），可作性交时的辅助工具，在小说《金瓶梅》中可以经常看到它的用处。四川人管男子性具叫“锤子”，也由此来。潮汕俗语中还有一句叫“鼻锥嘴蕾”，也是用来形容男子英俊之貌的。

“朘”这个字是俗字，意为皮包骨，坚挺，引申为有骨气。与之相对的字是“骳”，解为“委屈”“软弱”。“歠”是“欠、差”的意思。这句歇后语是奚落说某人“能力相差太远”，仿佛朘与鼻子比，相差太大。

图二 玉坠

潮汕话中，以朘说事的俗语还有很多，几乎都是古代流传下来的贬义词。如“朘脬客”（帮闲者）、“朘脬步”（胜人的绝招）、“朘面朘答”（见不得人）、“朘无边 ”（喻得寸进尺、贪得无厌）、“朘图二朘堵火夺”（怒不可遏）、“朘唔睬瓶”（不吻合）、“朘脬歠蠡”（投鼠忌器）、“朘脬给柴马搁着”（骑木马时把阴囊硌着，就此下马）、“掷朘脬”（使阴招置人于死地）。[1]

女子阴户则写成“肭”，读为zi，显然是与“朘”字相对应而造的字。这个字在潮汕话中后来写成“肢”，文言中叫“圣化物”。显然是母系社会尊重女性的文化遗存。

图三 女子生殖器石雕

在云南剑川石钟寺第八窟，就在威严十足的南诏国国王塑像殿的对面，有一个大石龛，供奉着女子生殖器的石雕（见图三），大阴唇张开，阴蒂明显，小阴唇半敞，呈现生育前的状态。当地群众叫“阿秧白”，白族解为“婴儿出生处”。常常有人为了祈求生育而抹油求拜。其标题为“西匹乃”，许多人不知何意，读成“乃匹西”，误。在潮汕话中就是“西方圣母之生门也”。

越是偏僻地方的语言，越能保存一些远古的文化信息，对解开古代文化之谜，会有一定的帮助。

1 见蔡英豪编著《潮汕词典》，上海辞书出版社2007年出版。

国家第一批非遗

——辰州傩的亮点与痛苦

湖南省沅陵县　金承乾

辰州傩，虽然是国家级第一批非物质文化遗产，但它的传承与保护还有不少困难，特别是县级文化主管部门的下属非遗办公室，要挂其牌，要办其事。

因为辰州傩是一种古文化，它因原始、古朴，与现在的高频率的科技发展，人们的欣赏水平大相径庭。但它在人们心中，还留下很深的印记。因为它从单纯的去疫逐鬼，逐步渗进避邪、消灾、纳吉、求子、延年等内容的娱神娱人，人鬼同乐，承诺自我，平衡心理。它有多性的演绎。

一、辰州傩的亮点

其一，它有祭祀的程序性。一堂傩愿，不论是单傩愿还是夹傩愿，不论法事多少，它是步步跟进，按照师傅传的，有条不紊的按部就班。也就是不能走过场，而是一丝不漏地，心底虔诚的完成应做的一切法事活动。其二，它有活跃性，不能是傩祭、傩戏、傩舞等活动。手挽诀、口念诀、脚踩罡、身打旋。既歌又舞，手拿的师刀，傩铃急速的摇摆，与唱腔和锣鼓点构成和谐的辰州傩音乐。因为它的活跃性，使村民有看头，不愿离开，在不少吸引人的地方，观看者会爆发出热烈的笑声和掌声。其三，辰州傩有依赖性。这主要是指有广大群众喜爱的依赖性。这些土老师他不但能歌善舞，还能医治小病，他们从祖传的小验方，小单方入手，能在缺医少药偏远山乡，给人民群众医治一些头痛发烧及跌打损伤的病症。他们在还傩愿时，村寨老少都去观看。七甲坪辰州傩因为群众支持，常年行傩。活动只分大小，从未间断。其四，辰州傩有特殊性。它的特殊性有三点。一是扎傩坛，傩祭在傩坛里演出，大傩戏在坪场草台上演出，而小傩戏就在傩坛里演，它的布景就是四壁悬挂二十四轴傩画。二是戴面具。可女扮男装，也可男扮女装。三是没有丝弦乐器，他是全部用锣鼓点。四是演唱时是一唱众合，增加热闹气氛。其五，辰州傩有它的神秘性。辰州傩的“上刀梯”、“过火槽”、“滚刺床”、“踩犁头”、“软尸”等，让人阴森恐怖，同时又使人惊叹不已，它不同于杂技魔术。这些奥妙现在还未破译。

因为辰州傩的五性演绎，它能生存发展，经久不衰。

二、辰州傩的痛苦

但是，辰州傩同样面临着多种危机。这些危机有的是客观存在的，有的是人为的，只要人人重视辰州傩的生存发展，大多是能克服的。它的危机存在五个方面。其一，辰州傩的法师年事已高，有的相继去世，不少口传东西无法传承下来。如不抢救，必将灭绝失传。其二，断层过长。从1949年到“文化大革命”结束将近有五十年没有人行傩，因在这段时间把它归档在封建迷信内，抄本，面具，法器等均上交烧毁，做法事的土老师办学习班，人人自危。因而不少辰州傩的精髓被糟蹋和毁弃。其三，从傩人员的学徒减少，因为他们从事巫傩文化每天报酬极少，一天只有两包“白沙烟”的代偿，年轻人情愿外出打工，不想当学徒。其四，随着科学技术的普及与应用，人们审美观点自然需求提高。看傩愿只有中老年人，年轻人兴致不浓。其五，不敢放手认真研究辰州傩，发掘发展辰州傩，不敢，不愿拿出必要经费从事辰州傩的搜集，挖掘、培训、包装，使它在人们现实生活中予以展现。有时演出也只是挂挂辰州傩是国家级非物质文化遗产的牌子，原地踏步，不能做大做强，未有很好搬用到现实生活中去。

因有以上五大危机，严重地制约着辰州傩的传承与发展。前面我们也看了当时申报非物质文化遗产时，字字铿锵，大话累累，口号声声，决心坚强，但落实变成纸上谈兵，一纸空文。

这里面严重的存在着认识问题。我们想，国家级非物质文化遗产第一批名录，这事来之不易，我们要当做一回事来搞，当做一件大事来办。

首先我们要知道，中国是世界的文化古国，有悠久的历史和灿烂的文化，继承，弘扬中华民族优秀传统文化，推进社会主义建设，加强爱国主义教育，加强精神文明和物质文明建设，意义重大。国家对非物质文化遗产的保护工作的方针和原则是：保护为主，抢救第一，合理利用，传承发展。工作原则是：政府主导，社会参与，明确职责，形成合力，长远规划，分步实施，点面结合，讲究实效。

我们对照国务院的方针政策和工作原则，结合本地实际，根据国务院以下九个方面的保护工作的主要实施内容对照落实：

一、组织开展非物质文化遗产的现状调查和全面普查。

二、实行非物质文化遗产分级保护制度。建立国家和省、市、县各级非物质文化遗产代表作名录体系。

三、运用文字、录音、录像、数字化多媒体等现代科技手段，对非物质文化遗产进行真实、系统和全面记录，建立档案和数据库。

四、建立传承人（传承单位）的认定和培训机制，通过资助扶持等手段，鼓励非物质文化遗产的传承和传播。

五、对传统文化生态保持较完整并具有特殊价值的村落或特定区域，进行动态的整体保护。

六、合理开发利用传统文化资料，推动优秀的非物质文化遗产融入现代日常生活。

七、普及非物质文化遗产保护知识，提高全社会的非物质文化遗产的保护意识。

八、建立责任明确，运转协调文化遗产保护工作机制。

九、建立一支高素质的专业队伍，培养一批热爱传统文化。专业知识精湛，具有奉献精神的非物质文化遗产保护工作者。

针对国务院这九条政策方针和工作原则。我们认为辰州傩要从以下几个方面进行全面梳理：

一、召开健在辰州傩土老师座谈会。对他们进行录音、录像通过提问、询问，有的放矢，把他们内心藏的东西挖出来，否则，他们相继作古后，这些东西又带进土眼里，这就是一重大的损失。

二、继续搜集、挖掘土老师的唱本，秘本，面具，法器，傩画等实物，专门开办辰州傩艺馆，供人们参观和欣赏。

三、办好辰州傩学员培训班，使辰州傩后继有人。

四、在景区和昆俗村，组织专门辰州傩艺术班子为游客进行演出。对节目全面进行艺术包装。使人民既能知道辰州傩的古韵，又能有高超的艺术表演，在疲劳旅途中能享受到这丰盛的美餐。

五、作好分门别类的归档工作。如唱腔、音乐、面具、剧本、法事、舞蹈的录音、录像及手抄本档案。

六、制定长远规划，建立辰州傩文化艺术团走出辰州、走向世界。扩大辰州傩的知名度。

七、县政府每年拿出专项经费，扶持支持辰州傩生存与发展，要像重视沅陵传统龙舟一样重视这一国家级非物质文化遗产。辰州傩与传统龙舟赛一个是国家级非物质文化遗产，一个是省级非物质文化遗产，二者不能偏废，要同等对待。

八、扩大辰州傩传承人范围。目前，辰州傩传承人只有一人，对辰州傩发展不利，调动不起来土老师的积极性。对老艺人要适当予以照顾。传承人要名副其实，传承人要继续为辰州傩的传承发展作贡献，而不是靠每年 8000 元的经费去养老。不适合者，和低保户一样坚决进行人员调整。这样会大大提高土老师们的信心和决心。

九、辰州傩属第一批国家级非物质文化遗产，在当时申报表上填写的属地是七甲坪镇，参加演出的是七甲坪几十位老艺人。从 2006 年国家给予保护和传承经费，共六年时间，申报属地没有得一分钱，县非遗办在 2005 年给七甲坪镇金氏宗祠挂的辰州傩文化保护基地标志牌，也没有给予维修，只要下面办活动，不给一点经费。更为严重的是，县文化管主管部门个别人打着辰州傩的招牌，承包活动经费去广州、北京等地演出。不少外地专家看后给我村打电话说 ：“老金呀！这帮人把辰州傩搞得非牛非马，已经变味了。”就连不懂傩戏的镇党委书记载军在火场乡斗鸟节看到县剧团演的辰州傩《三妈土地》时也走到我身边说 ：“这不是当时申报的七甲坪那个辰州傩戏的味儿。”因此，老傩戏艺人强烈呼吁中央文化部对下拨非遗经费进行清理和监管，真正做到保护与传承，不要让下面文化部门挪作他用。这样也才能调动广大辰州傩戏老艺人的积极性，使辰州傩永放光辉。

附 录

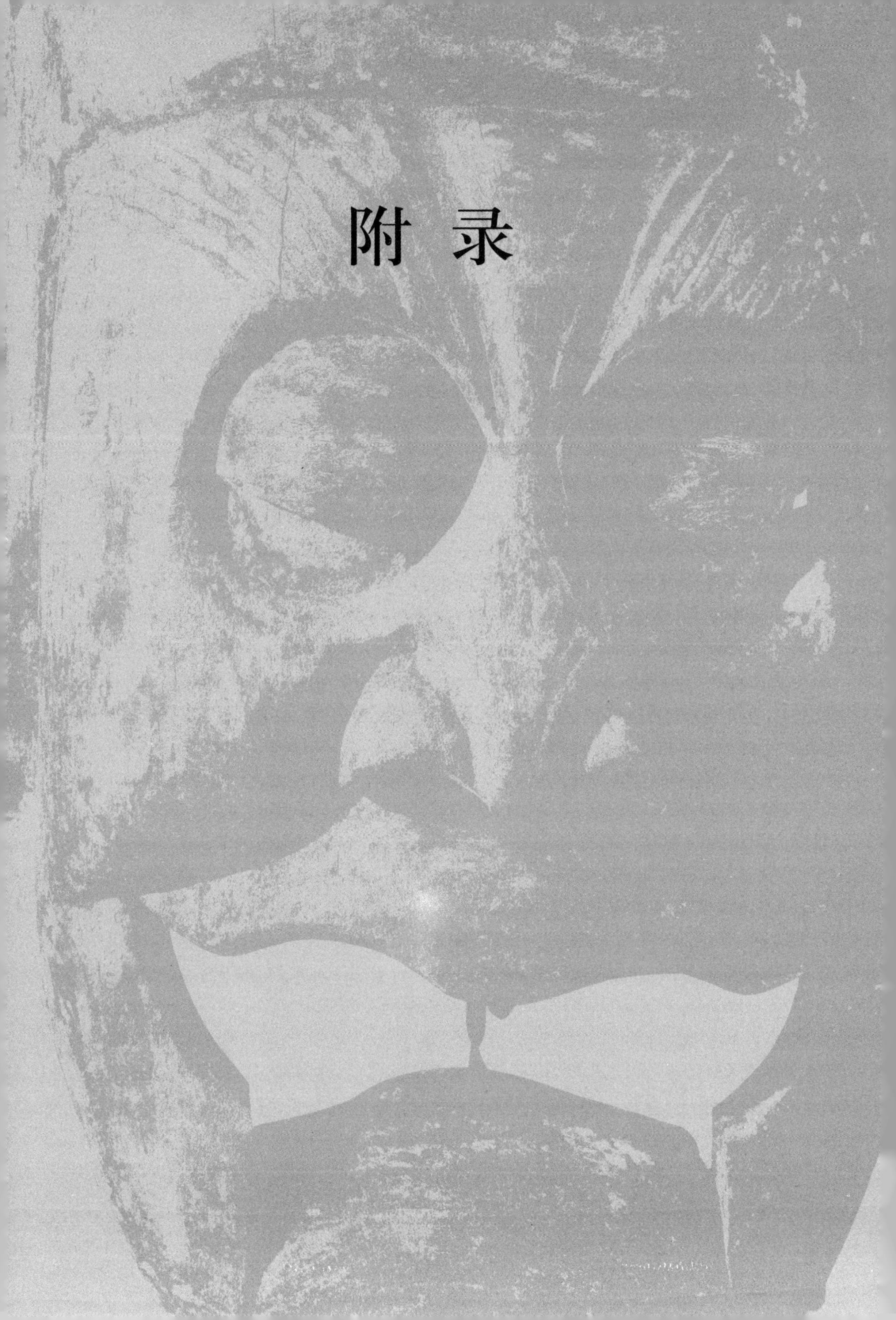

中国湖南临武傩文化
国际学术研讨会组委会名单

顾　问：曲六乙　　中国傩戏学研究会名誉会长
　　　　马文辉　　文化部非遗司司长
　　　　屈盛瑞　　文化部非遗司副司长
主　任：刘　祯　　中国傩戏学研究会会长、中国艺术研究院戏曲研究所所长、研究员
　　　　孟庆善　　湖南省文化厅副厅长
　　　　张希慧　　郴州市人民政府副市长
　　　　贺遵庆　　临武县人民政府县长
副主任：麻国钧　　中国傩戏学研究会法人副会长、中央戏剧学院教授
　　　　刘文峰　　中国艺术研究院戏曲研究所副所长、研究员
　　　　龙齐阳　　郴州市文化局党组书记、局长
　　　　谭玉华　　临武县委副书记
　　　　朱　江　　临武县委常委、常务副县长
　　　　陈秀雨　　临武县委常委、宣传部长
　　　　唐国林　　临武县人民政府副县长
委　员：周华斌　　中国傩戏学研究会副会长、中国传媒大学教授
　　　　巫允明　　中国傩戏学研究会副会长、中国艺术研究院研究员
　　　　朱联群　　中国傩戏学研究会秘书长、中央戏剧学院研究馆员
　　　　姜尚礼　　中国傩戏学研究会副秘书长、中国报道杂志社副编审
　　　　窦雪松　　湖南省文化厅社文处副处长
　　　　巍　俭　　湖南省艺术研究所所长

孙文辉　湖南省艺术研究所研究员、一级编剧
王宗明　湖南省艺术研究所副所长
周作明　郴州市文广新局副局长
苏光仁　临武县人大副主任
黄朱超　临武县政协副主席
胡建文　临武县人民政府党组成员、舜华鸭业公司董事长兼总经理
冯　波　郴州市文化局文艺科副科长
李英姿　郴州市非物质文化遗产保护中心主任
许贤志　郴州市艺术研究所主任
黄学启　临武县政府办副主任
余　玲　临武县委办副主任兼接待处主任
吴塘友　临武县委宣传部常务副部长
曹夏平　临武县文化局局长
王开明　临武县财政局局长
周金明　临武县广电局局长
唐智红　临武县城管局局长
彭善国　临武县卫生局局长
唐旭航　临武县文化局副局长兼文化馆馆长
王贤斌　临武县大冲乡党委书记
唐　鹏　临武县大冲乡乡长
王聪明　临武县大冲乡油湾村支书
王顺明　临武县大冲乡油湾村主任
王太保　临武县傩戏省级传承人

秘书长：朱联群（兼）中国傩戏学研究会秘书长
周作明（兼）郴州市文广新局副局长
副秘书长：曹夏平（兼）临武县文化局局长

湖南省临武县简介

湖南省临武县位于中国南岭山脉东段北麓，地处湖南省南部边陲，与广东省接壤。全县总面积 1375 平方公里，辖 22 个乡镇、300 个行政村（社区），总人口 37 万。县境内盘绕巍峨壮丽的东山山脉和西山山脉，纵横流布的河溪，以西山和东山为分水岭，形成了往北流向湘江、往南流向广东珠江的两大水系，使得临武成为了湘江和珠江的两江源头。发源于西山，贯穿县境，往南流入广东韶关北江的武水河，是临武人民的母亲河，县城因建于武水河畔得名临武。山川奇秀，青山叠嶂，溪河纵横，丘陵起伏，山地苍翠，平原开阔，田土肥沃的临武大地，养育了世世代代生生不息的临武人民。

临武县历史文化悠久。据史料记载，战国时期（公元前 260）楚国考烈王封“临武邑”，汉高祖五年（公元前 202）设“临武县”，至今已有 2200 多年的历史。由于地处北上南下交通关隘，古邑临武是秦汉中央王朝为抗击南越、平息交趾之乱多次屯兵的军事重镇，也是秦汉以来朝廷联通南粤和海外的重要关口，还是我国古代中原通往南方和沿海的西京古道必经之地和咽喉要冲。据考古学家推测，现存的临武县汾市乡渡头汉城遗址与“古邑临武”遗址密切相关，“古邑临武”有过上千年的繁盛时期。

临武县自古“俗尚农桑”，农耕文明的发轫最早可以追溯到舜帝南巡临武。舜帝教民耕种，奏韶乐南风操，在临武留下美丽故事和传说，家喻户晓。临武民间对舜帝的敬仰和追怀之情，代代相传，已成为临武人民殷殷情结。自古就有风味独特的临武鸭、临武香塘鱼、大冲辣椒等农产品，闻名遐迩，其中临武麻鸭被誉为中国八大名鸭之一，被朝廷列为贡品。

临武县具风物之灵秀，得山水之形胜，占关隘之险要。历朝历代政治、军事、经济、文化活动在临武留下了丰富的历史记忆和丰厚的文化遗产。

临武出土的文物有东周时期的编钟，春秋战国时期越式剑、东汉青铜镜、晋代的青瓷等；有商周、秦汉古城遗址、唐宋时代窑址等历史遗迹。临武不愧于“楚南郡邑之最古者，莫如临武”的历史美誉。

历朝历代从中原到临武主政、游学的官宦文人推动了临武人文蔚起，赋予了临武山水形胜以文化内涵，孕育了临武众多的人文景观和诸多历史文化遗迹。唐代大散文家韩愈、刘禹锡，宋代大书法家米芾，明代大旅游家、地理学家徐霞客等官宦文人墨客都曾在临武咏诗赋词留下墨宝和作品。宋代临武县人陈良弼、陈允昌，明代官任兵部尚书的刘尧诲、官任礼部尚书的曾朝节政声清廉，著书立说，留下不少传世著作。他们的人文风范和人格魅力感化着后世临武人子。

临武县不仅农耕文明源远流长，积淀深厚，而且从我国五代起就掀开了以有色矿开采和冶炼为主的工业文明先河，至今已有1000余年的历史。临武素有“有色金属之乡”和“煤炭之乡”的美誉，已探明储量的矿藏有9类50多种，大型矿床9处，中型矿床12处，其中有色矿产资源有锡、钨、铅、锌、铜、钼、铌、钽、锑、铋、锂、铷等；煤灰储量大、品质好，是全国200个重点煤县之一。此外，还蕴藏着丰富的光学萤虫、冰洲石、水晶石等特种非金属矿物。20世纪30年代，地质学家李四光与苏联地质专家在香花岭考察发现的稀有元素聚合晶体“香花石”，临武独有，世界唯一，享有“国宝”声誉。

近几年，县委县政府提出“把临武建设成为交通发达，能源供给充足，区位优势凸显，沿海产业转移承接度大的开放县；建设成为农业产业化和有色矿产品精深加工特色县；建设成为城镇基础设施配套、社会保障体系健全、休闲功能完善的宜居县”的“三县”目标任务，依托县域人文地理、历史文化、物产资源特色或优势，深化改革开放，转变发展理念，全面推进临武经济社会科学全面发展。

县委、县政府大力创优经济发展环境，制定落实一系列招商引资和加快开放型经济发展的优惠政策，临武县的地理交通优势再次彰显承接沿海产业转移的前沿阵地和桥头堡优势，一大批轻工制造产业集群向临武聚集。

与此同时，着力于把丰富的矿产资源优势、优质丰饶的物产优势转变为经济优势，发展有色金属产业集群和农产品精工产业集群，为临武经济发展插上了腾飞的翅膀。以临武鸭、临武香芋、大冲辣椒等农产品为原料的食品加工产业集群迅速发展，其中全国农业产业化龙头企业临武舜华鸭业公司，生产的“舜华临武鸭”成为全国驰名商标，荣获了“中国驰名商标”、“国家地理标志产品保护”、“中国食品工业质量效益奖”、“中国食品安全示范单位”等殊荣。按照高科技含量、高附加值、绿色环保的要求，走新型工业化路子，临武县有色矿业正在朝着采、选、冶、精深加工一体化规模化经营格局转型，打造有色金属产业集群。

生产力快速发展和经济实力的提升，为宜居县建设奠定了坚实的基础。按照“楚南古邑，魅力临武”的定位，依托山清水秀打造园林城市，城市建设日新月异，岭北新城呼之欲出，市民生活水平大幅提升。县域交通状况全面改善，衡武高速、临嘉公路、临连公路全面开工、快速推进，临桂公路、临宜公路相继竣工通车，对外大畅通、对内大循环的骨架日臻完善。城镇扩容提质步伐加快，城区“三纵四横一环线”的主干路骨架基本拉通，绿化、美化、亮化、净化工程全面推进。突出抓好武水河、沙溪河道城市走廊和市政广场、城市公园、城市园林建设，完善城市休闲、娱乐、观光功能。

同时大力推进住宅小区、商业街、创业街、步行街和休闲娱乐场所的建设管理，创新城市文明、城市文化建设管理模式，开展文化进村进社区惠民工程，推进文明和美社区、和美新农村建设不步伐，推开广场文化文艺展演。近几年，临武县成功创建了省级文明县城、省级卫生县城，先后获得全国老龄工作先进县、残疾人社区康复示范县、“五保”供养工作先进单位和全省为民办实事工程先进县、民政工作先进县、农村安居工程建设先进县等荣誉称号。临武大地各项社会事业全面发展，社会保障福利等事业稳步推进，人民群众安居乐业，创享着新时代和谐、和美、幸福的生活。

得天时，居地利，具人和。政通人和，万众一心的楚南古邑，魅力临武，承载着悠久厚重的历史文化，以时不待我，只争朝夕，奋发进取的精神，在新一轮创业转型、科学发展的时代洪流中，乘风破浪，百舸争流，朝着建设产业转移开放县、有色金属和农产品加工特色县、全市一流宜居县的目标任务阔步前进。

临武傩戏人文环境

湖南临武县位于中国南岭山脉东段北麓，地处湖南省南部边陲，与广东省接壤。全县总面积1375平方公里，辖22个乡镇、300个行政村（社区），总人口37万。县境内盘绕巍峨壮丽的东山山脉和西山山脉，纵横流布的河溪，以西山和东山为分水岭，形成了往北流向湘江、往南流向广东珠江的两大水系，使得临武成为了湘江和珠江的两江源头。发源于西山，贯穿县境，往南流入广东韶关北江的武水河，是临武人民的母亲河，县城因建于武水河畔得名临武。山川奇秀，青山叠嶂，溪河纵横，丘陵起伏，山地苍翠，平原开阔，田土肥沃的临武大地，养育了世世代代生生不息的临武人民。

临武县历史文化悠久。据史料记载，战国时期（公元前260）楚国考烈王封“临武邑”，汉高祖五年（公元前202）设“临武县”，至今已有2200多年的历史。由于地处北上南下交通关隘，古邑临武是秦汉中央王朝为抗击南越、平息交趾之乱多次屯兵的军事重镇，也是秦汉以来朝廷联通南粤和海外的重要关口，还是我国古代中原通往南方和沿海的西京古道必经之地和咽喉要冲。据考古学家推测，现存的临武县汾市乡渡头汉城遗址与“古邑临武”遗址密切相关，“古邑临武”有过上千年的繁盛时期。

临武县自古“俗尚农桑”，农耕文明的发轫最早可以追溯到舜帝南巡临武。舜帝教民耕种，奏韶乐南风操，在临武留下美丽故事和传说，家喻户晓。临武民间对舜帝的敬仰和追怀之情，代代相传，已成为临武人民殷殷情结。自古就有风味独特的临武麻鸭、临武香塘鱼、大冲辣椒等农产品，闻名遐迩，其中临武麻鸭被誉为中国八大名鸭之一，被朝廷列为贡品。

临武县具风物之灵秀，得山水之形胜，占关隘之险要。历朝历代政治、军事、经济、文化活动在临武留下了丰富的历史记忆和丰厚的文化遗产。临武出土的文物有东周时期的编钟，春秋战国时期越式剑、东汉青铜镜、晋代的青瓷等；有商周、秦汉古城遗址、唐宋时代窑址等历史遗迹。临武不愧于“楚南郡邑之最古者，莫如临武”的历史美誉。

历朝历代从中原到临武主政、游学的官宦文人推动了临武人文蔚起，赋予了临武山水形胜以文化内涵，孕育了临武众多的人文景观和诸多历史文化遗迹。唐代大散文家韩愈、刘禹锡，宋代大书法家米芾，明代大旅游家、地理学家徐霞客等官宦文人墨客都曾在临武咏诗赋词留下墨宝和作品。宋代临武县人陈良弼、陈允昌，明代官任兵部尚书的刘尧诲、官任礼部尚书的曾朝节政声清廉，著书立说，留下不少传世著作。他们的人文风范和人格魅力感化着后世临武人。

临武傩戏表演程序

临武傩戏表演程序目录

一、请法师
二、福主家许愿，供愿牌
三、傩戏村本地许愿
四、傩戏村本村成立班子
五、装彩神像
六、开光、点眼
七、路桥祭
八、拨兵
九、会兵设宴
十、安兵歇马
十一、还愿
十二、九神过关
十三、走界
十四、勾愿
十五、参神
十六、安龙神
十七、打狮子、抢稻草
十八、造船
十九、行船
二十、斩小鬼
二十一、烧船送邪
二十二、倒水、倒旗布、卜卦
二十三、踏罡、兜神、闭坛

说明

为了便于国内外专家学者在短时间内全面了解临武傩戏，现就 8 月 17 日整天表演的程序作简要介绍。

临武傩戏，又名“舞岳傩神”，它的整个表演程序有很大的时空跨度：一是时间上要从当年的正月许愿到翌年正月还愿至闭坛，才算功德圆满，程序完成。在许愿后的当年冬天还有很多筹备、组织、祭祀等繁杂过程，如装彩神像、开光点眼、路桥祭、拨兵等；二是表演空间不是固定单一的场所，根据有求傩神庇佑的村庄、宗族、家庭距离油湾村（傩戏所在地）远近不同，确定表演时间和场地，或室内或室外，同时与距离油湾村几十里甚至更远的外地之间来回往返表演，完成相匹配和相对应的表演程序。

本次研讨会的展演中，因受时间和空间的限制，部分基本类似的程序予以省略（注明“略”字），有些傩戏异地（外村）的表演程序只能一并在本地（本村）表演。另为节约时间，傩戏的组织准备程序，只作了文字介绍，以显示程序的完整性，为争取空间，对有些表演程序进行了简缩、取舍和顺序调整，并在正文的程序中加以了注明。

由于水平有限，程序及文字表达可能还有疏漏，敬请领导和专家学者谅解。

第一场（2012 年 8 月 17 日上午 9 点—下午 13 点）

一、请法师：某村庄、某宗族、某家庭，因家宅不宁，牲口不旺，或求丁、求财、求福、求寿，需求得傩神庇佑，由村庄的户老或长者作主持，在春季由操持人（操心之人）携纸香烛、雄鸡、红包，到油湾村法师家请法师择吉日前来府第许愿（舞岳傩神狮子愿）。

二、福主家许愿，供愿牌：

1. 法师择选良辰吉日到福主家中许愿（许愿在当年春季进行，还愿在翌年的正月进行）。

2. 备三牲、写文疏通牒、写愿牌，吉时在公祠或家宅的门里面设坛摆桌，陈设三牲、酒礼、果品、愿牌，焚香、炳烛、鸣炮、化钱。法师升坛拜叩各路神仙进行许愿、供愿牌。

三、傩戏村本地许愿：舞岳傩神从外村庄许愿回傩戏本村后，每年春季（正月）必须择好吉日，重新召集傩神扮演者在本村许下傩愿，以求人

丁平安、香火兴旺。(表演形式基本同上)(略)

四、傩戏村本村成立班子：

1. 油湾村傩戏操持人在本村选出主盟、干缘、香首、会首、神老、结缘等。(这些角色是本届福事的主要人物，其他人士通称“信士”)

2. 许愿时需做三娘旗一把（用白布做中，红布锁边)，旗上贯以乡籍、地名、庙宇、扮神人姓名，写上所许“愿”的内容。(略)

五、装彩神像：年初傩神在外许愿、还愿经日晒雨淋，傩面具很容易变色，到冬天就得由操持人请丹青师傅装彩裱画。(当年冬季在傩戏本村进行)(略)

六、开光、点眼：装彩成功后，选开光吉日，备三牲祭礼、陈设香案、焚香炳烛为神像开光、点眼。(当年冬季在傩戏本村进行)

七、还愿（翌年春季择吉日，在福主村或者家里进行。实际程序是接“路桥祭”)：

1. 新年正月出行还愿（请神，差兵起马，上脸子、唱摇子)。

2. 参庙（出行还愿途中路过庙宇、神像都需参神)。

3. 杀牲祭（舞岳傩神来到福主家，福主要拦门、杀猪、宰羊祭神)。

4. 进门把中（中门摆桌子一张，陈设糖果、水酒、众神聚桌边，倒酒洒地，各神断四句祝福，语毕进厅)。

5. 下马、唱摇子，安兵歇马。

八、打狮子、抢稻草（在福主村或家里进行。实际程序接“安龙神”后面)：

1. 打狮子：舞狮子过程是狮王与猴王在山中相会的争夺宝珠战，从中描述了猴王的精灵智取和兽中之王雄狮的勇猛，通过精彩表演，猴王最终擒住狮王，从山上牵下来，经过了长沙、衡阳，被舞岳傩神度回在一起的故事情节。舞狮的表演既有趣味性和娱乐性，同时九位傩神借助了舞狮表演的不同情节，在幕后巧用吉祥诗句的形式给人们带来美好的祝愿。

2. 抢稻草：“稻草”是猴王与狮王表演时，铺垫在地上的禾草，也是法师安排的一种吉祥物品。几百年来，人们一直把此稻草视为神草，是神狮所赐的吉祥草。传统的说法中，这草拿回家中，带来吉祥如意，放在猪、牛栏内六畜兴旺，祛瘟保吉等，故在舞狮表演完后村民一哄而起，把所有的稻草一抢而空。

中午法事毕，与会专家学者和代表在油湾村用中餐。

第二场（2012年8月17日下午14时 – 19时）

一、路桥祭（实际程序接第一场：六、开光、点眼后面，在春季许愿后的年冬12月中、下旬之间择吉日在傩戏本村举行）。

1．设坛请圣。

2．行三献九叩之祭（叩祭天兵、本境各位王侯及城隍三元法主、六曹宗师、各位隍王部下诸路精兵、本宗历代考妣以及无主孤魂）。

3．祭路、造桥、祭桥：用白布摊在地上，两法师身穿神服，各持七星宝剑，请三元门下造桥师及种树仙人，鲁班师傅伐木、踞板、做桥，丹青师傅画桥、画水，拱桥师、架桥师、墩桥师造桥，目的是为了千军万马有路行、有桥过。

二、拨兵（时间在春季许愿后的冬天12月中、下旬之间择吉日在傩戏本村举行）。

1．傩神扮演者，主、干、香、会、神老、结缘、操持等人，在拨兵晚前一日都得到齐，准备拨兵工作，操持备三牲、香烛纸炮等祭祀之用物。

2．黎明前在野外三岔路口处设坛拨兵。（在请神的过程当中所有人不得有半点喧哗和响动）

3．差三帝将军：由三位法师扮三帝将军，一位主法师手执旗幡护坛，其他二位法师各执雄鸡持七星宝剑、令旗跪于坛前。护坛法师念念有词请神拨兵：叩请上唐、中葛、下周三位将军各路兵马（请每路神兵都要卜卦）。所请得兵马必须在黎明前万物初醒之时，第一声灵物响动，才能鸣起牛角，把拨回的兵马交与营内，法师卜卦，应卦后表示拨兵成功，奏乐收兵。

4．团兵：沿途有三岔路口处要团兵。（团兵是为了拨回的兵马不掉队，不走错道路）

5．安兵：到祖祠内，唱摇子，收兵、护像。

三、会兵设宴。

1．会兵：用五个酒杯盛酒，按金、木、水、火、土五行方位放在茶盘中。两位法师手持雄鸡、法铃，令旗作法，会集各路神兵猛将。

2．设宴：杀雄鸡，将鸡血滴入五个酒杯中，宴待饮各路雄兵猛将。

四、安兵歇马（紧接上场）：

五、勾愿（还愿内容之一，实际程序接、“跳傩神，走界”后面，在福主村或家里进行）：

1．第二天黎明前，由法师在祖祠或家宅大门内设坛，将傩神安放在桌面上，备三牲、酒礼等祭祀品，叩请昔日许愿时请动的各路神明。

2. 读文疏，卜卦，宣读愿牌，卜卦如愿后，表示昔日许下之愿如愿以偿。蒙求神恩，不负神债，将愿牌撕破，装入文疏函内，用火焚化冥钱答谢天曹，勾愿功果完成。

六、参神（勾愿功果完成的次日早晨起来，扮神人员拜神，在福主村或家里进行）。

七、安龙神（在福主村或家里进行。实际程序接：打狮子、抢稻草后面）：

1. 用一个抖糍粑切成五份，在厅内的东角、南角、西角、北角、中间五行方位每角放一块，焚香烛插在五块糍粑上。

2. 傩神跳五方，即：安五方龙神。

3. 将神水洒五方，祈求五龙归位，还宫镇宅、扶正、除邪，以赐家宅兴旺，人寿安康。

八、造船（在福主村或家里进行）：用稻草编结草龙船，法师将草龙船放在法坛，舞弄七星宝剑，造东西南北中五方之河水，收五瘟及百怪精邪等载入船上，送入大海。

九、行船（在福主村或家里进行）：法师请唐、葛、周三帝将军，差兵起马，点齐各路神兵 ，傩神绕村、串巷，行船收邪（主要地点在养殖牲畜之处）。

十、斩小鬼（在福主村野外三岔路口进行）：在野外三岔路口进行。法师压小鬼在路中，其他傩神拉开间距，按顺序排列，关云长离众神数十米处耍刀，法师念动咒语："开天门、闭地户、留人们、塞鬼路，云长舀水魔刀，斩小鬼……"云长从数十米处与众神齐声呐喊——"呜呼！斩杀小鬼"。此时锣鼓喧天，鞭炮齐鸣，众神与全村人奋力追逐小鬼。意味着邪魔鬼怪驱逐出境外，福祉赐予境内。

十一、烧船送邪：(在福主村进行)：斩小鬼后，将草船送邪到三岔路口或有水流的溪边，法师念咒烧船。(到此，还愿程序在烧船送邪后全部完成)。

十二、倒水、倒旗布、卜卦（该程序是傩神在外面还愿回来后，在本地傩戏所在地油湾村进行）：

1、倒水：傩神在外还了许多的愿，恐把一些不吉祥的东西（鬼祟、邪怪、灾难）带回家。倒水，就是一滴不留的把不吉祥的东西倒出去，意为在求得本村的清平、安静、和谐、吉祥、幸福。

2. 倒旗布：将旗中心白布所写的乡籍、地名、庙宇和神人等的名字及场景、日期等内容读毕，用纸钱一同火化，表示从许愿日到还愿日止，福主对神灵许下的所有愿望不留下痕迹，全部消除，对神不留任何挂欠。

3. 卦诚：是法师对九神扮演者在这次福事整个过程中虔诚度的测试。

十三、踏罡、兜神、闭坛（在傩戏本村进行）：

1. 踏罡：(踩八卦）将九位神摆成九宫八卦。法师持土地棍，念咒语，按乾、坎、艮、震、巽、离、坤、兑、中走罡。意味将瘟神、百怪精邪等封锁隔离不得入境内。

2. 兜神、闭坛：法师踏罡后把傩神用布兜起封闭，在家祖神龛旁放三至七天，择吉日备三牲、香烛等祭祀品，将封闭的傩神开封、安位。意为村坊安宁，平安清泰，人人得福，个个沾恩，六畜兴旺，人们安居乐业，从而达到追求和向往美好生活的最终目的。

（下午法事毕就晚餐）

晚上 7:00　与会专家学者和代表在油湾村用晚餐

第三场（2012 年 8 月 17 日晚上 20：30 分）

一、九神过关（临武傩戏，也叫跳傩神，在福主村或家里进行。实际程序接“还愿”后面）：

1. 焚香炳烛，设傩坛、跳傩神，又称“过关”（跳傩神是在“还愿”程序的当天晚饭后进行，傩坛搭在福主家或祖厅）。

2. 过关：第一场“三娘关”，第二场“夜叉关”，第三场“云长和二郎关”，第四场“土地关”。

故事主要是描述了“三娘”与“来保”结伴，从广东韶州府到京城寻找外出多年的丈夫，沿途经过了“夜叉关”、“云长、二郎关”、“土地关”。每一关都采用了不同的表现形式，戏文采用了很多谐音、双关语和问答的手法，巧妙利用戏文内容和表演形式，达到了祭祀、驱邪、祈福和人神共娱的效果。

二、走界（法师头顶桐油灯作法，在福主村或家里进行）。

全程毕。

千年油湾

吴泽军　王贤珍

临武县大冲乡油湾村，又称油榨湾村，位于县东北部马侯岭山脉莽莽苍苍的崇山峻岭之中，属于海拔较高的高山地区，春秋冬三季多低温、云雨和霜寒、雪冻天气，夏季日照充足，空气清新宜人。马侯岭以东是峰峦叠嶂的骑田岭山脉，西北是巍峨绵延的桂岭（八源山）山脉。油湾村自古交通闭塞，农业生产环境和条件有限，以种植水稻，耕种紫姜、魔芋、辣椒、薯类、包谷等作物为经济收入来源。该村以王姓氏族聚居，共有5个村民小组，农户213 户，人口900多人。

油湾村开村立居历史悠久，至今有1000余年历史。大宋康定年间，王氏始祖仁鞠公徙居蓝山县里田村开基立业，二世祖添羽公移居蓝山里田上湾村，大宋淳熙年间，七世祖贤德公居油湾村外三里的马蹋蹬下，十七世祖思能公，卜吉油湾风景秀丽，山峦起伏，青山翠岭，水源充足，树木成荫，风水祥顺，于明朝天顺年间迁入了油榨湾村。

油湾村呈狭长形往东西两向伸展，村居依坐北朝南方向修建。村北是郁郁葱葱的后龙山，杂木丛生，四季常青，有红豆杉、檀木、鸽子树等珍贵树种。山麓紧邻村庄，横跨村东西两侧，山巅平圆，千百年来生生不息地护佑油湾村的生灵。后龙山以北，分布蜿蜒起伏的山峦，环抱山下的田亩和油湾村，从山峦发源的两条溪河汩汩流淌，流经油湾村后龙山东西两侧，流经村南和村北，流入村中人盛潭，再流入村前的水塘和水田，汇入村前对门岭岭脚的河沟，流出村外。村居水流九曲十湾，形成油湾村秀水环抱，风水祥顺的水脉流势。与后龙山对望千万年的对门岭，一样郁郁苍苍，像一道翠绿的长屏横立在村前水田以南。村左边青龙山脉北高南低布局，缓坡延伸至村东南角的村口，村右白虎山脉，与村后龙山以北的山峦连为一体，兽脊一样起伏奔腾，层峦迭起，山势浩然，极尽视线尽头，甚是雄伟壮观。四面山势错落有致，高低成势，俯瞰有如雄师盘踞之势，平视又呈将军座椅之形布局。村右白虎山脚下的田畴中间，挺立一座秀丽的山包，宛如油湾村座椅之形的一只扶手。关于此山，村里自古流传还有两个生动神奇的说法：一说此山是将军升帐的帅印，一说是滚狮子的绣球。山上建有观景亭——对越亭，站在对越亭，眺望四面青山奔腾，村居依依，风声徐徐，令人心神荡漾。

油湾村得天独厚的自然地理风物，得助于天籁造化神功之神奇，极尽风光秀丽之美。

承禀王氏一脉深远丰赡的文化道统，油湾村王氏世族在开基立业、绵延发展的近千年历史中，注重人文礼俗传承，维兴世业，振兴族人，积淀了深厚的人文内涵。明清时期临武、蓝山、嘉禾三县几次撰修《王氏族谱》，先后有大明皇赐探花及第翰林院编修、累官礼部尚书兼经筵日讲掌詹事曾朝节，大明皇赐进士第、兵部尚书兼御史丞总制两粤刘尧诲、大清康熙时县知事进士第、文林郎知临武县事润江王之湖等为王氏修族谱撰序，盛赞王氏宗族人脉绵长、礼乐兴盛、人文壮观，极尽颂扬之意。作为王氏始祖仁鞠公、七世祖贤德公传人，油湾村历代世祖秉承先祖遗风，践行文教节序，忠孝仁义之气盛行于村中，村中人文蔚起，气韵浓郁，人文形态丰富多彩：有绵延传承五百年至今的“临武傩戏”展演，每年正月通宵达旦表演“接神闹鼓”，娶亲嫁女唱“哭嫁歌”以及“小调”、“跳龙”、“舞狮”表演等。明朝成化年间，十七世祖思能公倾力修建村中风水景观人盛潭，后世族人修建了思能公祠，筹建了龙朝庙。在康熙乙未年、辛未年间分别建造了恺公祠和贵公祠。历朝历代油湾村王氏族人在人力、物力和财力并不丰裕的条件之下，克服高山峻岭的自然环境的限制，创造和累积了众多人文景观，孕育了深远的人文气脉，习传后世和今人。

千年油湾秉承传统文化道统，得到人文气象熏化和山川灵气浸染，孕育了油湾王氏族人纯厚敦敏的品格气象，为临武傩戏在油湾村的生根开花和发展传承，创造了极其肥沃的土壤。

傩音飘飘

——临武傩戏简介

临武傩戏，又称“舞岳傩神”，俗称“神狮子”，明朝成化年间，开始在临武县大冲乡油湾村成型发展，一代代口授身传，流传至今，已有500余年的历史。在五百余年的历史演变中，油湾村傩戏吸取临武地方其他艺术精华，形成了独具一格的临武傩戏。

临武傩戏和其他地区的傩戏一样，是以许愿、还愿为依托，以傩坛为载体，以祭仪出现的一种戏曲艺术。它从祭民族神开始，以戏娱人又娱神为目的，通过歌、舞、戏来完成原始宗教祀仪。程式化的传统表演，一唱众和为主的歌唱形式，保留着表演艺术由祭祀、歌舞、说唱向戏曲演变过渡的特征。

临武油湾村傩戏的诞生，一方面缘于该村所处的封闭、偏僻、艰苦的生活环境和落后的物质生产条件，激发村民追求美好生活的愿景；另一方面是该村十七世祖思能公法师，从师学习傩祭作法，为乡邻中布法求神，吸纳乡邻之愿景，表达乡邻内心的意志，和乡邻共同创造了傩戏这一既娱神又娱人的戏曲形式。

油湾傩戏表演弥漫着神秘的巫楚文化气息。表演的场地不固定，有较大的流动性，而且都在户外进行，程式中的“行程”必须要游村走巷，环山神游。祈福“斩小鬼”必须在村外三岔路口进行。扮演傩神角色，无论角色是男是女，都是男性扮演，即使文场、武场、伴奏者都是男性充当，忌讳女性参与。演员扮演的角色泛称傩神，均戴有民俗中具有驱邪作用的樟木雕刻成的面具。傩戏表演的背景布置、装饰、图案、经幡等都具有神异的特点和通幽冥的意味。表演的进程伴有香烛焚烧，三牲果品呈供，酒茗的敬奉，弥散浓郁的幽秘气息。

油湾村傩戏表演程式，分为傩仪、傩舞和傩戏。傩舞、歌唱和对白贯穿在傩戏之中。每遇家宅不幸、人畜不旺、家中怪异作祟、家人生病、逢遇凶险，或老人祈求高龄、满寿时要还“阳寿愿”，未满寿已逝的、寿期后要还"阴寿愿"，夫妇求子女，如愿后还"子童愿"等情况，即可举行傩仪活动。傩仪表演过程弥漫对神灵的敬畏和感恩的情绪，映射出俗世心灵向神灵求助，试图改变命运的诉求。

临武傩戏故事、"傩神"角色经过艺术改造和创新，自成体系。既有神化故事里镇邪布善的天神天将，如二郎神、夜叉、土地，也有历史流传的贤惠、孝忠、正直的化身人物，如三国时代的关云长，如广东韶州府白沙江人氏三娘，聪慧伶俐，正直为神，如来保，出家人，在少林寺当和尚，云游五岳修成正果。这些经过改造和创新的神灵角色，满足了傩仪、傩戏的需求和乡邻的喜好与愿景。

临武傩戏演员角色穿戴的服饰与面具，古朴、粗犷，舞蹈动作刚劲、洒脱、亢奋有力，又刚柔兼备，映射了当地生活形态、民俗风貌，表现了人们驱邪纳吉的强烈愿望和内心的喜怒哀乐，以及与艰难困苦条件作斗争的进取精神。

傩戏音乐的曲牌固定，以民间歌曲为基础，包括山歌、小调、叙事歌曲、劳动歌曲，夹杂有民间歌舞音乐，歌唱以一唱众和为主，同时带有民间道教音乐的特点，旋律简单、跨度不大，并伴有对白和吟诵性的说唱。伴奏的乐器有战鼓、堂鼓、小锣、大锣、唢呐、牛角等地方乐器，气氛热烈，场面热闹。

临武傩戏充分表现了人神平等的原始宗教观念，带有浓厚的宗教色彩。同时临武傩戏吸收了临武花灯、小调、神话传说等地方艺术精华，带上了浓郁的临武地方特色，深受当地群众喜爱。临武傩戏载歌载舞的表演，有唱有帮的诵唱，诙谐幽默的插科对白，饶有生活情趣的细节表演，使表演者与围观者在思想感情上融为一体，产生共鸣，从而得到精神上的愉悦与满足。

沿袭古老傩戏特征，保存原始戏剧的特质和记忆，带有浓郁的地方特征的临武傩戏，为我们研究中国戏剧演化史、宗教之起源、神话传说流传和民俗学、社会学以及临武地方历史文化艺术等方面提供了活生生的范例，不愧为文化遗产家族中的"戏剧艺术之源"和"中国戏剧的活化石"。

为了保护传承临武傩戏，临武县人民政府于2007年出台实施了《临武傩戏五年保护计划》，致力临武傩戏区域保护建设和傩戏传承人培训，并开展对临武傩戏的深入研究与挖掘。2009年11月召开湖南临武傩文化研讨会。2009年临武傩戏成功申报为湖南省非物质文化遗产项目。2011年成立临武傩文化研究基地。

通神的表演　生命的诉求

——湖南临武傩戏及其傩文化活动综述

吴泽军

在湖南省临武县东南面偏远山区大冲乡的中部，王氏世族世居、聚居人口超过900人的油湾村，始建村于北宋中叶（1030），至今已有980年的历史。大明朝成化年间（1470）在油湾村开始成形的傩戏及其傩文化活动，传承绵延发展至今，已有540余年，依然蕴藏傩文化的原生态，富有傩仪、傩戏、傩舞和路祭的系统性和多种哲学、宗教、民间习俗、舞蹈、音乐等多种元素的综合性。油湾村傩戏及其傩文化活动，以其通神的表演，表现生命的诉求，向我们展现人类亘古不变的心灵世界和祈求阴阳调和、风调雨顺、五谷丰登、年丰人寿、国泰民安、天下太平的千古梦寐，意蕴缤纷，余韵缭绕，回味无穷！

衍生环境和历史沿革

“楚南部邑之最古者，莫如临武。”战国时期楚国设临武邑。汉高祖五年（公元前202）建县，湘南置县历史最悠久县之一的临武县，地处湖南省最南部，南岭山脉东段北麓。临武县大冲乡位于县南部东山山脉以南的偏远山区，离县城30余公里城东，油湾村位于大冲乡中部，离乡政府4公里，村庄坐北朝南，山峦和峰岭将村庄和耕地层层包围。就在这个偏远、封闭的高山环绕的村庄里，大明成化年间，该村十七世世祖思能公外出从师傩祭作法，学成后回村布法求神创造了具有独特风格的降妖、驱邪、赶鬼的舞岳傩神，俗称“神狮子”。由于思能法师的引导组织，村民的积极参与，布施傩仪、习演傩舞和傩戏，蔚然成风，远近闻名。由此，油湾村成为县内唯一有傩戏及其傩文化活动的村庄（因此，县文化部门将油湾村傩戏直接命名为临武傩戏，下文提及的“临武傩戏”均指“油湾村傩戏”)。尽管朝代更迭，世事变化，但由于世族重视，广大村民喜闻乐见，法师继承有序，演职人员后继有人，临武傩戏及其傩文化活动得到了很好的传承。油湾村的村民在长期的生活和劳动中，用跳“神狮子”来倾诉自己的情感，表达自己的理想，表达自己对未来的向往，在长期的表演过程中，“神狮子”融入祭祀活动，吸收多种音乐元素和各种外来民间艺术的活性因子，互相渗透，形成了明显的地域特色，并一代代心口相传，演变成了今天的“临武傩戏”。新中国成立后，因破除迷信和破“四旧”以及“文化大革命”的影响，表演活动一度进入低谷乃至废止。改革开放后，由于政府和文化部门的重视，加之法师和主要演职人员的积极投入，表演活动得以逐步恢复。

仪式仪程和民俗功用

临武傩戏是傩事仪式程序中的一个重要环节。但由于傩戏富于表演性和情趣性，易于吸引观众，给观众留下深刻印象，人们习惯性地把傩文化系列活动简称为傩戏。临武傩戏沿袭古老傩文化的特点，以许愿和还愿为情节依托，以傩坛为载体，以祭仪出现，并伴以傩舞和傩戏等艺术表演成分。临武傩戏及其傩文化系列活动按先后演进程序大体可划分为33道程序，每道程序又分若干环节。按仪式活动的情节性质的不同，它可分为“许愿”和“还愿”两部分，它的表现形式有傩仪、傩舞和傩戏三种。而傩戏和傩舞又在一定的时机和傩仪互为融合。无论是傩仪、傩舞、傩戏还是路祭，表演人物情景丰富，表演情境都弥漫着神秘的巫楚文化气息。表演的场地不固定，有较大的流动性，而且大多在户外进行，程式中的“行程”要游村走巷，环山神游。祈福“斩小鬼”必须在村外三岔路口进行。扮演傩神角色，无论角色是男是女，都是男性扮演，即使文场、武场、伴奏者都是男性充当，忌讳女性参与。演员扮演的角色泛称傩神，均戴有民俗中具有驱邪作用的樟木雕刻成的面具，面具造型诡异、夸张、粗犷、古朴，服饰色彩鲜明艳丽。傩戏表演的背景布置、装饰、图案、经幡等都具有神异和通幽冥的意味。表演的进程伴有香烛焚烧、三牲果品呈供、酒茗敬奉，弥散浓郁的幽秘气息。演唱形式也是多种多样，有独唱、齐唱、对唱、清唱、伴唱、一启众和等形式。傩舞动作原始、古朴、粗犷、刚劲、洒脱，亢奋有力，又刚柔兼备，风格独特。

临武油湾村傩戏的形成，缘于所处的封闭、偏僻、艰苦的生活环境和落后的物质生产条件，使得人们把一切灾难和困苦归咎于妖魔鬼怪的向往美好生活，把摆脱命运困境的希望寄托于上帝、天仙、龙神。由此，人们借助傩仪、傩舞和傩戏这一特殊的感通神灵的形式和载体，向神灵表达虔诚和敬意，通过愉悦神灵向神灵表达诉求，祈求神灵驱邪驱魔，祈求如意美好的生活理想。每遇家宅不幸、人畜不旺、家中怪异作祟、家人生病、逢遇凶险或老人祁求高龄、满寿时要还“阳寿愿”，未满寿已逝的、寿期后要还“阴寿愿”，夫妇求子女、如愿后还“子童愿”等情况，即可举行傩仪活动。傩仪表演过程弥漫了对神灵的敬畏和感恩的情绪，映射出俗世心灵向神灵求助，试图改变命运的诉求。

文化意义和艺术价值

临武傩戏具有傩仪、傩舞、傩戏和路祭的系统性，又富有多种哲学、宗教、民间习俗、舞蹈、音乐等多种元素的综合性。它的表演活动一般在半夜开始串村过巷，边唱边跳边念，狮猴嬉戏，尽显民间原始娱乐的形态。整个表演程式充分表现人神平等的原始宗教观念，带有浓厚的多种宗教色彩，佛、道、儒家文化元素交错渗透，具有浓郁的神秘的荆楚民俗文化特质，在研究哲学、宗教、历史、民俗、社会和文物、文学、艺术、舞蹈、戏剧等方面，都具有宝贵的参考价值。油湾村傩戏及其傩文化活动，以它通神的表演，表现生命的诉求，向我们展示着人类亘古不变的心灵世界，展示人类祈求阴阳调和、风调雨顺、五谷丰登、年丰人寿、国泰民安、天下太平的美好理想。这一切对于我们今天坚持以人为本，建设先进文化，塑造美好心灵，构建和谐社会，诉求美好生活，都具有十分重要的启示意义。

傩戏被誉为“戏剧艺术之源”、“中国戏剧的活化石”。除了保留着“傩戏”最原始特征，临武傩戏经过五百多年的风雨演变，形成了它自身的鲜明特色：其一，“神灵”故事和“神灵”角色尊重传统神话的规约，又根据需要进行了艺术加工和创新，带有地域性和独创性。临武傩戏故事、傩神角色经过艺术改造和创新，自成体系，满足了傩仪的需求和乡邻的喜好与需求。其二，临武傩戏载歌载舞的表演，有唱有帮的诵唱，歌唱以一唱众和，诙谐幽默的插科对白，饶有情趣的生活细节，使表演者与围观者容易思想感情上融为一体，产生艺术上的共鸣。其三，傩戏音乐的曲牌固定，以民间歌曲为基础，包括山歌、小调、叙事歌曲、劳动歌曲、夹杂有民间歌舞音乐旋律，伴有对白和吟诵性的说唱。这一特点说明临武傩戏把表演娱乐性糅入祭神的严肃性，实现由“娱神”向“娱人”的过渡。这一衍化过程是傩戏人性化的过程，是傩戏与时俱进向生活学习的过程，向人民群众不断贴近的过程。其四，伴奏带有民间道教音乐的特点，旋律简单、跨度不大，伴奏的乐器有战鼓、堂鼓、小锣、大锣、唢呐、牛角等地方乐器，气氛热烈，场面热闹。

带有浓郁地方特色的临武傩戏，沿袭古老傩戏特征，保存原始戏剧的特质和记忆，保留着表演艺术由祭祀、歌舞、说唱向戏曲演变过渡的特征，为我们研究中国戏剧演化史、宗教之起源、神话传说之流传和民俗学、社会学，以及临武地方历史文化艺术等方面提供了活生生的范例，具有极其重要的文化价值和艺术价值。

发掘保护和传承发展

受极“左”思潮的影响，临武傩戏表演曾一度被废止，改革开放后逐渐恢复，20 世纪 80 年代初期，傩戏恢复上演，每年正月期间，大冲乡油湾傩戏被数十次应邀邻近乡村进行“许愿” 和“还愿”傩事。随着科普工作的普及，影视文艺节目和现代歌舞的流行，傩戏的受众面日益缩小，傩戏表演淡出了农村民俗娱乐文化市场。傩戏传承人面临断代的危机，傩戏的传承发展面临新的困难和严峻挑战。近几年，由于非物质文化遗产保护意识不断增强，政府对临武傩戏保护工作的重视支持和投入，临武傩戏的恢复工作全面加快。2007 年县里成立高规格的临武傩戏保护工作领导小组，出台实施了《临武傩戏五年保护计划》，将临武傩戏保护工作纳入县、乡、村三级政府的工作日程，大力开展临武傩戏区域保护建设，傩戏传承人培训和临武傩戏的研究、挖掘、整理和保护。一是加强资料整理存档。用文字、录音、录像、照相等手段对临武傩戏原始资料和剧本进行挖掘、补充和真实、全面的记录，采取措施，妥善保存。二是加强宣传推介扩大影响。利用县内重大文艺演出活动和送戏下乡的时机，精心编演临武傩戏节目上演。举办傩戏文化作品专题展览，充分展示临武傩戏的文化魅力。精心编排成适合舞台表演的临武傩戏特色节目，2006年临武县首届艺术节在艺术节开幕式上成功上演，引起社会各界的广泛关注。三是加强临武傩戏研讨。2006年以来先后4次邀请国家和省、市专家到临武研讨傩戏，指导临武傩戏保护和传承工作。四是加快临武傩戏的申遗保护。2007年5月，临武傩戏成功申报成为郴州市第一批非物质文化遗产保护名录。2009年10月，临武傩戏成功申报成为湖南省第二批非物质文化遗产保护名录。目前正准备申请国保。五是加强临武傩戏的传承。2009年6月，临武县大冲乡油湾村傩戏传人正式收徒授艺。县里正在着力营造临武傩戏的生长环境，不断推进多层次、多形式的傩戏文化交流活动，让临武傩戏走出临武，走向世界。

透过文本说临武傩戏

湖南郴州市艺术研究所

临武傩戏，又名“舞岳傩神”，俗称“神狮子”，至今已有500余年历史，一直心口相授，代代相传，无文字可依。近年来，在国家重视之下，临武傩戏先后被县、市、省各级政府列为非物质文化遗产保护项目，当地有关部门成立过专门的资料整理小组，通过传承人口述，以手记的方式，于2009年3月整理出了一套较完整的傩戏剧本。

剧本含《三娘关》、《夜叉关》、《云长二郎关》、《土地关》等主要剧目，其中的人物主要是三娘、来保、关公、二郎神、夜叉、土地、猴王、狮王等，讲述了广东韶州人氏三娘寻夫一路过关的历程。

一个地方的傩戏，可以从多方面加以考证，如从剧本、音乐、面具、傩仪等，本文主要从手头的剧本对临武傩戏加以分析。

文本艺术上的朴拙

《三娘关》再现了三娘、来保二姐弟欲北上寻夫所做的一些准备，如梳妆打扮；《夜叉关》中三娘、来保二人与夜叉神发生小小冲突直至放行；《云长二郎关》中，三娘、来保二人与云长、二郎神发生争执，最后顺利放行；《土地关》则通过内白与土地的对话，把土地神从北京一路到达临武的行程展现出来，最终土地神把三娘带走了。如果说真以戏剧的眼光来审视临武傩戏的话，我们会发现诸多缺陷。一个总的印象是戏味不足，表现在缺乏激烈的戏剧冲突，情节简单，人物形象欠丰满等。以情节来说，三娘、来保二人一路寻夫，过了夜叉关、云长二郎关直到土地关，那么三娘究竟是否寻得夫君范石郎否？剧本没有作最后的交代，只听到土地神不止一次地对三娘说：“满女子带你回去。”三娘便回道：“去就去还要烧把香才去。”至此，即是故事的终结。

当然，作为乡土民间的文化，我们不能也没必要以正统的艺术眼光来苛求它，相反，正是在这种原生味的文化之中，我们看到更多的东西。

一帧优美的湘南民俗风情画

《土地关》中有这样的对白：

内白：你老生到桂阳州见了一个什么样的景致？

土地：见了一个怪怪的古。

内白：那是见了一个古古的怪。就把那古古的怪说来。

土地：听着，见一个有毛的是金瓜，无毛的是冬瓜，奔咛波落的是茄子，滑滑溜溜的是苦瓜，有棱的是西瓜，无棱的是线瓜那一个哟。

内白：你老生讲得好，那是讲倒了。见了那个有毛的是冬瓜，无毛的是金瓜（南瓜），有棱的是线瓜（指丝瓜），无棱的是西瓜，奔咛波落的是苦瓜，滑滑溜溜的是茄子。你讲又讲得好，乃是讲倒了哟。

诙谐的对话中把湘南一年四季的菜园种植全翻出来了，而且描绘得十分逼真。

同是在《土地关》中，我们也听到：

内白：耕种者？

土地：五谷好。

内白：贸易者？

土地：一本万利。

内白：养猪者？

土地：牛牯大。

内白：养鸡者？

土地：遍地红。

……

内白：黄牛上山吃草？

土地：如虎。

内白：水牛下海摸丝？

土地：如龙。

简练的话语把湘南山村人家的农务一一展现，种谷、养猪、养牛，这都是农家为生之要事，但不养马、不放羊、不赶驴。

再看《土地关》中关于湘南的一独特的食物“糍粑”的描述：

内白：那是请得一些姑姑嫂嫂和你来按糍粑。

土地：一按一按按长了。

内白：那是按圆了。

土地：一按一按按拱了。

内白：那是一按一按按平了。

土地：糍粑都按好了……

一个“按”字，非常生动地描摹出湘南人家食品的加工过程，这是地方的，更是独特的。

娱神亦娱人

《夜叉关》中有这么一段：

来保：将军要我念个什么经?

夜叉：念一个经文、经灿、经点。

来保：将军要我念一个又一个，易得易得。

夜叉：什么经文耐煮。

来保：牛头经文，猪头经文，马头经文，越文越糜，越文越烂。

夜叉：什么经灿（春）？

来保：高粱经灿，糯米经灿，产籽经灿，越灿越白，越灿越好看。

夜叉：什么经点?

来保：桐油经点，茶油经点，麻油经点，买三块钱蜡烛，一点一点点到大天光。

以上对话，一方面如上所述反映了湘南的村野生活，另一方面在戏谑中见出娱人之情境。谐音在这里成为运用手段。“经文”中的“经”，在湘南土语中的意思是“经得起，耐得住”；而“文”则是“煮、炖”之意，所以“牛头经文”即是牛头耐煮、经得起炖。同理，其他以此类推，如“桐油经点”即桐油可以燃烧较长时间。由于谐音的利用，使得本是高深的“经”与日常生活的事物联系起来，达娱人之效。又如，在《土地关》中，土地有这么一句：“一蒸蒸出屁来”，这“屁”，乃“气”之意也，虽不见雅，却也颇解人之颐。

一些打油诗般的唱词、对白，让人在轻松风趣中独享临武傩戏之风味。在《土地关》中，土地神不断重复的一句话："行得快，走得快，三两猪油，四两麻油，西瓜皮打卷子，脚底板上刷得清油，老生就这样一刷，那样一溜。"在猪油和麻油上一刷一溜，焉有不滑得快之理？极是生动，把一个风一般行走的土地神活灵活现地展现眼前，娱神进而娱人。

《夜叉关》中有一段来保的唱词，其中有这么几句：

西弥山上一渡桥，这头踩起那头摇。

西弥山上一对鸡，口衔白米笑嘻嘻。

西弥山上一对鹅，口衔青草念弥陀。

西弥山上一对瓜，三岁儿童爱出家。

唱词押韵，诙谐之味，油然而生。

一些比喻也非常生动。在《三娘关》中，来保把三娘的胭脂水粉比作鸡婆屙白屎，虽是俗了点，却极为形象，特别是两物颜色上的相似，即便听来，亦如可见。而且在比较中，来保对三娘的调侃，跃然纸上，令人舒心畅然。

剧本中的一些戏剧动作也极具趣味。《三娘关》中，来保给三娘照镜，一下说高了，一下说矮了，一下说远了，一下说近了，极富动作性，让演员有较大的表演空间，甚至可添些滑稽动作。

云长的形象——色！传统意义上的云长，是横贯儒、道、佛三大教派的神祇，是"义"的化身，但在这里，云长的形象却来了个一百八十度的大转弯——由"义"而"色"！瞧，在《云长二郎关》中，当三娘要过关时，云长在不断地向三娘索要她身上之物：头上之金钗、耳边之耳环、身上之宝衣、腰上之罗裙、脚上之绣鞋，当这些无理要求一一遭到拒绝后，云长还居然恬不知耻地说："何不于许配我大将军，做个夫人也罢。"要求都遭到三娘拒绝后，云长无奈，最后向三娘要了一个兜肚，才终于肯放行。在今天看来，这至少是以权徇私，更让人难以接受的恐怕还是云长的"色"了。我们来看看云长所要何物？乃女人之饰品也，金钗、宝衣、罗裙、绣鞋！这些女人用品，从头到身到腰再到脚，用今天的话来说，一步步逼近女人的性敏感区，真是痞！特别是绣鞋，裹着三寸金莲，在古代的男人眼中，是性的象征，《水浒传》中就有西门庆给潘金莲脱小鞋一幕。再看云长所要的宝衣——罗裙——兜肚，由外往内，层层贴近女人肉身，真是有点麻！兜肚，已是女人贴身之物，实不能见之于众，却被云长公然索纳，还大言不惭地说："你这个蛮婆兜肚绣得清楚，绣得明白……"

忠义化身的云长，在这里变成了一个好色之徒，但正是在这种旧形象的捣毁之中，村夫野老们却获得了前所未有的快感。

关公的形象在全国各地的傩戏中几乎都存在，如湘西傩戏中的"咚咚推"中的《关公教子》、《关公捉貂蝉》，山西傩戏中的《桃园结义》、《三战吕布》，安徽贵池傩舞中的《关公斩蔡阳》，云南澄江的关索戏更是有大量的三国题材，关公均是正面人物，是忠义的化身，而像临武傩戏中以"色"的形象出现的情形，几乎绝无仅有，从中可窥见临武傩戏独特的一面。

关于"范石郎"

《夜叉关》中提到：

夜叉：真正往那里而去？

三娘：京城而去。

夜叉：你到京城所干何事？

三娘：寻丈夫。

夜叉：你丈夫叫什么名字？

三娘：范石郎。

夜叉：闻听你丈夫多年多月在外。

三娘：昨晚书信回来。

范石郎，何许人也？就是传统傩戏《孟姜女》中的范郎——范杞梁！《左传》襄公二十三年中有"杞梁之妻"的记载："齐侯归，遇杞梁之妻于郊，使吊之。"后来《孟姜女》故事不断传播，"范杞梁"中的"杞"和"梁"二字，对于不识字的老百姓来说属生僻字，傩戏多半是民间口头相传，因而"范杞梁"这名字在不断衍生变化，很多情况下只取其音韵上的相似，被演变为范杞良、范喜良、范希郎、范四郎、范士郎、范喜郎、范纪良、万喜良等。如在湖南的桃源、沅陵傩戏《孟姜女》中，"范杞梁"即为"范杞良"。临武傩戏剧本是通过口述记录，把"范杞梁"书写为"范石郎"便不足为怪了。

既然范石郎就是范杞梁，那么当然三娘就是孟姜女了，但这里的三娘乃广东韶关人氏也，我们只能将其当做孟姜女的化身。

在各地的傩戏中，孟姜女被当成傩神加以供奉，而临武傩戏中，三娘代替了孟姜女。傩戏《孟姜女》中有句名言："姜女不到愿不了，姜女一到愿勾销。”在临武傩戏《土地关》的尾声中，土地在唱："福主（爹爹、婆婆、大爷、大娘等）来妆我，三娘保你又何难……”然后接着从多方面替福主歌唱祈福，如买田庄、造住房、好收成、好养殖、早娶妻、中状元等。从中可见在临武傩戏中三娘与孟姜女的地位是何其相似。

孟姜女故事源远流长，自公元七世纪的唐代《同贤集》及敦煌写本的记载开始，至今流传千余年。传说孟姜女生于湖南澧州（即今澧县），下池洗浴时因被范杞梁偷窥而结为夫妻，后范修长城三载未归，孟姜女一路寻去，最后是滴血辨夫骨。太白金星感其贞节与虔诚，遂使范杞梁还阳，夫妻团圆，并封为傩堂勾愿神。

全本傩戏《孟姜女》在清康熙、乾隆年间即可连演数日夜，可见其故事之曲折吸引人，剧本亦是比较成熟的作品。

傩戏《孟姜女》在全国各地也屡见不鲜，如安徽的贵池，巴蜀一带的涪陵、黔江地区的傩愿戏，四川广元的射箭提阳戏，可见《孟姜女》影响之广泛。傩戏《孟姜女》源于湖南澧州，但并非湖南处处均有，具有一定的地域性，主要集中于下湖南（湘西、湘北）一带，而上湖南（湘西南、湘南）则盛行傩戏《桃园洞》。位居湘南的临武傩戏既不演《孟姜女》，也不演《桃园洞》，可见其独具一面。但仔细比较后我们却发现，还是深受这二者影响，明显之处是孟姜女之寻夫与三娘之寻夫，三娘之过三关与《桃园洞》中的闯四关。由此我们可以推断临武傩戏受巫楚傩文化的影响，但影响之程度却较为隐约，如三娘寻夫，究竟寻得否，均无交代。相反，临武傩戏剧本中一开篇就指出主要人物的三娘“家住广东韶州府，小小地名白沙江”，这意味着临武傩戏倒是深受粤北文化的熏陶。这就令人想到临武的地理位置，它地处湘之南端，接壤韶关。相比之下，《孟姜女》故事的源流地澧州，甚至《桃园洞》流行的湘西南地带都是较远之地了。可见本土及邻近地域文化是临武傩戏形成的主要因素及主要特点。

华夏傩戏流传的缩影图

《土地关》中的土地，生在北京，“一刷一溜又溜在何处？”是这样溜的：北京—长沙—衡州—桂阳—临武。与此相照应的脚本《打狮子》里讲述猴子被一路牵行的旅程是：长沙—衡阳—耒阳—郴州—宜章—蓝山——临武—茶山—小湾—大泉—小城—福主家堂。这是否隐含着中国傩文化自北向南的一个传播过程？

傩，一种古老的巫术活动，据文献记载，我国商周时期，广大中原地区十分流行，而且代代相传。但是随着中原地区文明的不断开发，特别是后来孔子的“不语怪力乱神”和“未能事人，焉能事鬼”思想的直接影响，巫术活动相应减少，见于文献记载的规模宏大的傩仪，不仅从宫廷，而且从广大的中原地区渐渐消失。到明清时期，人们对自然认识进一步提高，一些有知识的人更是不相信“傩神”能驱鬼逐疫了，因而，在中原一带，傩舞和傩戏都开始走向衰亡。但由于战乱等原因所带来的人口迁徙却导致傩文化往一些边远、交通闭塞的地区传播。因而在南方、西南的一些地区，如江西、四川、贵州的傩文化反而得到进一步的发展，如楚地素有“巫官文化”之称，《汉书 · 地理志》也曾说“楚人信巫鬼，重淫祀”。

南方及西南地区各民族的傩文化，到底是从中原地区传入还是产生于本土，或者两种因素兼而有之，目前尚无一致定论，但中原文化，也包括傩文化，对南方及西南地区的影响，则是肯定的。

从《湖南氏族源流》（湖南图书馆编著，岳麓书社出版，2006 年 9 月第一版）查知蓝山县大洞乡里田王氏，始迁祖仁鞠公，江西泰和县人，宋仁宗年间（1023—1063），迁蓝山县大洞乡上里田，后裔散居大洞、土市等地。由此我们推知，临武傩戏的产生可能有两种情况，一种情况是源于江西，自江西传入蓝山后，400 余年后的大明成化年间（1447—1487），王氏十七世祖思能公法师从中获学（这一点与临武傩的 500 余年的历史也正好相符合），而源于江西的傩很多都是自中原传入。如果真这样，则进一步验证了华夏大地的傩文化自北向南的传播过程，即“北京—长沙—衡州—桂阳—临武”。

另一种情况是，临武傩戏产生于本土，王氏学成之后一直较完整地保存下来。究竟属何种情况，尚待进一步考证。

傩学界普遍认为，傩起源于中原地带，但也有人认为，傩祭的真正源头是湖南的洞庭湖。[1] 认为：“炎黄大战”之后，蚩尤被杀，其九黎余族南逃江汉、洞庭，与以女娲为人祖的三苗族结成了“九黎—三苗”集团。后来，黄帝又派遣自己的孙子颛顼清剿蚩尤遗族，颛顼及其三个儿子死后都变成了“疫鬼”，动辄作祟蚩尤遗族的小孩与妇女老人，蚩尤遗族便脸戴

1 胡健国的《洞庭湖是傩祭的源头》（刊于《艺海》2009 年，第 9 期）。

蚩尤相的金属面具驱疫，同时口里发出“傩、傩”之声，这便是傩祭的原型。因而该文最后说：“人们很少从那亘古不变的逐疫驱鬼、神灵崇拜和艺术表现形式中感悟到，竟是以洞庭湖为中心的三苗九黎先民，为这种神秘文化写下辉煌的第一篇章。”那么，与最早见于历史记载“傩”的《周礼》中的“方相氏”〔方相氏掌蒙熊皮，黄金四目，玄衣朱裳，执戈扬盾，帅百隶而时难（傩），以索室欧疫〕。有何矛盾呢，该文认为周武王是黄帝中原文化的继承者，在书写《周礼》时当然不允许南蛮反寇蚩尤占一席之地，于是让方相氏取而代之。

如果傩祭的源头真是洞庭湖，那么在临武傩戏剧本中所提的猴子从长沙一直南下到福主家堂的行程正好验证了傩文化从洞庭湖的传播过程。也许当初临武傩戏剧本的创作者也未曾意识到，这简短的行程却暗含了傩文化的一个传播过程，也正是在这种无意识之中，更可看出傩文化的一脉相承。

临武傩文化自500年前产生后，便薪火不断，曾经十分昌盛。清同治年间《桂阳直隶州志》第十三卷《礼志》记载：“‘赛盘瓠’者本徭祀，州中祈福禳病或赛之；以本为腰鼓，长鼓四尺，短二尺；巫以练帛二三尺画诸神，悬之竿；鸣铙、击鼓、吹角，一人以长鼓绕身而舞，二人以短鼓相向舞，随口歌呼；旋舞旋食酒肉醉饱；连数日，费数十金。或夜至野外，灭烛舞，曰‘盘黑鼓’。通志云：‘报怨’者，非也。有力者，每岁或三岁辄赛。临、蓝尤多。其歌尾词辄曰‘寻耶（刘按通“爷”）去’，言盘瓠以寻父死于野，招其魂焉。”其中尤点出“临、蓝尤多。”即临武、蓝山一带尤其盛行傩祭。

民国《蓝山县图志》第十二卷又载：“傩祭驱疫，亦礼遗也，俗以疫气流行时，束稻草，肖蜿蜒，插香无数枝，薄莫，群舁而游行街市里巷间，铙鼓随后，躁而驱之，三昼夜，送水边焚之，牛疫亦然。或延巫作道，家家束茅草，像疫鬼缚于牛栏上，巫装金刚力士状随草龙所至，呼斩疫鬼，或曰疫气可避牛瘅？可医，皆存乎卫生术，苟明乎此，无事乎傩。”

“凡俗所祈祀者，最重关帝，墟市多有之，县西二十里长铺尤盛，岁以五月十三日，祭用特牛，演戏数日乃罢。”虽然说的是蓝山，但临武毗邻之，受其影响是肯定的。

兄妹成婚

《云长二郎关》中，当云长对三娘提出诸多无理要求被拒绝时，来保却说："姐姐，大将军不肯，二将军不肯，何不如许配我和尚郎做个夫人也罢。"一个做弟弟的向姐姐求婚，在这傩戏文本情境中，不禁令我们想起了兄妹成婚的两位傩神，即伏羲与女娲。据学者研究，约在公元前3000年，我国人类确实存在过毁灭性的大洪水，也便产生了伏羲与女娲乘葫芦逃生、兄妹被迫成婚的传说，因而人类把这二神奉为傩公、傩母。在这里，来保虽半开玩笑地要求三娘做他个和尚夫人，但这种无意识，隐约显示出自古以来傩文化所造成的深远影响。

结语

临武傩戏，对于广大湘南地区而言，可谓独秀一枝，它不像有的地区（如湘西），一个地带藏着多处傩戏；也正因为与其他地方傩戏存在着空间的距离，因而在有着受影响的一面外，更多的是产生了自身的本土文化特征。整体上，我们仿佛看到披着一张淡淡的华夏傩戏地图的"舞岳傩神"，更多地点缀了具有临武特色的鲜艳亮点。在这些地方特色之中，还有许多地方有待我们进一步考察、探索，如戏中的主角三娘、来保是韶关人氏，这二人（神）是否真有其人（神）？韶关是否有他们的传说？临武傩戏为何选择他们做傩神？

（刊载于《郴州民间文化》2011年第6期）

临武傩戏·“三娘旗”之文字

鸿钧转泰，百物昭盛世之泰，凤纪更新，四民颂韶华之恩，俯愿恭迎，圣驾敬申报答神庥。

今处

大汉天下湖南直隶郴州市临武县大冲乡一都地名油湾　　祭祀

仁恩土主龙朝庙城隍大王祠下立宅居住　　奉

道经师门下正一　建焚香设供求恩　愿倒河津送宁静境土保吉利泰合众沾恩得福事　　　　　　乞福代香

主盟王○○干缘王○○香首王○○会首王○○等神人等三娘王○○来保王○○土地王○○猴王王○○狮王王○○夜叉王○○小神王○○二郎王○○云长王○○助福信士全村户主名王○○结缘王○○操持王○○等等

右领系合众善人等即日拈香百拜

恭　维

南天门下舞岳傩神金毛狮子　天尊麾下　呈进

秉老君之敕旨，纳人间之悬祷，灵应者乎千秋，赫濯昭於万古，四民感赖无不沾恩者也，言念众等，词诚意者，不为别由，不为别因，情因人生在世，托天地之成，赖神圣而保庇，六畜诸般顺遂，虔诚叩许，朝参

石虎山上昭德尊候保民庇物大斋三牲良愿一封在案。自祈向后果尔神功有准顾蒙乞求恩深幻海，跪祈报赛恩愿，是用香科。届今皇上○年○月○日吉良黄道良辰，乘慈答而善姓，齐羽流鼓乐笙箫，自是铳音宏开宾震迎傩神而降驾，四趾黎民贵境坛场，统集将帅神兵，卫护傩神先锋代兵游参求恩

伏愿

神天洞鉴，地祇昭彰，纳今祈恩之礼，大赐方来之福，更庇家家歌舜日，户户乐尧天，年年添喜，岁岁进粮，男女康泰，老少平安，灾非远殄，火盗冰消，乡坊宁静，境土和平，千祥云集，万福攸归

但臣

谨启

以闻

天运公元〇年〇月〇日俯伏百拜

临武傩戏剧本

人物：三娘、来保、土地、云长、二郎、夜叉、小神、狮子、猴子

三娘关

（设香案、祭祀品、焚香烛、来保上脸子，两手拿小钹，向香案前举礼，后放一封小鞭炮，出场）

（在乐鼓声中出场）

来保白：不要紧来不要慌，等我少脸子出来走四方（跳神）曲牌，过山曲。

三娘上场（整头、戴花、戴耳环、整衣）

白：不要紧来莫要慌，等我三娘出厅堂。

唱：出厅堂来到厅堂，等我三娘出住场。
　　家住广东韶州府，小小地名白沙江。
　　房屋上街金沙店，上盖金瓦下银砖。
　　前面有个金鸡岭，后面有个取柴山。
　　左边有个插旗岭，右边有个沙锣山。
　　龙头出在金鸡岭，龙尾生我十九年。（注：生三娘之地）
　　金盆打水来洗起，罗裙包起上娘身。
　　三天杀鸡安名字，名字叫做是三娘。
　　一岁在娘怀中抱，二岁在娘手中行。
　　三岁在娘裙脚下，四岁离娘前面行。
　　五岁拿柴学烧火，六岁烧火泡茶饭。
　　七岁拿麻学架字（注：苎麻线），八岁拿针学做鞋。

鞋底打起胡椒眼，鞋面绣起鲤鱼鳞。

九岁背车学纺花，棉花纺起白如霜。

十岁原因说不尽，姊妹双双要过关。

三娘白：来保。（来保上场）

来保白：有，出呀门听呀叫，姐呀姐呀叫，二十四莫要到，叫来是咪，咪来是叫，姐姐叫来保慌忙就到。

三娘白：来保。

来保白：有。

三娘白：今天怎么来得这么早。

来保白：来保来得早，望见东边一树枣，这一树枣，那一树枣才是枣，生得多，结得小，捡一个石古（注：石头之意）打那枣，现着两手旁（注：扒之意）开枣，捡起枣，洗起枣，丢到来保口里姐姐甜不甜得好。

三娘白：彩，好吃的哪里，吃在你口里，吞在你肚里，难道要姐姐来定味。

来保白：姐姐谈来不信呀。（转板曲牌）

三娘白：来保，你今天怎么来得这么迟。

来保白：姐姐，昨天嫌我来早了，今天嫌我来迟了，来保肚里有些奇才，洛下两洛（想一想之意）断你四句。

三娘白：紧紧断来。

来保白：来保来得迟，望见西边一树梨，那一树梨，这一树梨，生得多，结得梨，捡一个石头打那梨，吡哩啵啰（掉梨之音）跌下梨，现着两手旁（注：扒之意）开梨，捡起梨，洗起梨，丢在来保口里姐姐咪不咪（好不好吃之意）。

三娘白：彩，好吃的哪里，吃在你的口里，吞在你的肚里，难道要姐姐来定味。

来保白：姐姐谈来不信呀。（转板曲牌）

三娘白：来保今天怎么来得那么慢。

来保白：姐姐前天嫌我来早了，昨天嫌我来迟了，今天嫌我来慢了，来保来得慢，走在家中看一看，又无米又无饭，借上借下，借到隔壁大嫂一筒米，等我来保煮出三样饭，上面生，下面烂，中间夹起焦巴饭，来保不爱吃，吃了十七八碗半。

三娘白：来保你怎么贯吃得（吃得多之意）。

来保白：顺头一走，反头一看，走在庵堂寺观吃了十七八个斋粑不上算。

三娘白：你肚里怎么这样载得。

来保白：福大量大，边边吃得边边（意到处）载得下啰。(转板曲牌)

三娘白：来保与我拿杆金（意梳子）上来。

来保白：姐姐早又不说，师傅拿起喂牛去了。

三娘白：彩，不是这个杆金，是姐姐梳头的杆金。

来保白：晓得了，走到十字街头，城墙足下，一个齿，械出十七八个齿那个是不是。

三娘白：正是个械个。

来保白：晓得。(转板曲牌)

三娘白：来保与我打水来上面。

来保白：晓得了，晓得了，走在福主家中门外凼（注：门前沟里之意）里，晃上两晃，淌上两淌，姐姐水到。

三娘白：彩，这个用不着，要长江大河挑来那个。

来保白：晓得了，晓得了，长江大河，上通下流，流起清古绿色那个是不是?

三娘白：正是。

来保白：晓得，姐姐水到。(洗脸，过山曲，洗脸牌子)

三娘白：来保。

来保白：有。

三娘白：与我拿胭脂水粉上来。

来保白：晓得了，晓得了，走在福主家中号鸡婆屙白屎那个是不是?

三娘白：彩，那个用不着，要到十字街头买来那个。

来保白：晓得了，晓得了，十字街头，城墙足下，挂上那个招牌点红点白那个是不是?

三娘白：正是。

来保白：晓得，姐姐胭脂水粉到。(上胭脂牌子）姐姐梳起头，打起望拿鬏（注:女人头发盘成的结)，长的像马尾，短的像狗毛，糯，糯，糯，好像个巴致。

三娘白：且是标致。

来保白：标致标致，来保口生宽了，不生宽了，活像姐姐样。

三娘白：彩，活像姊妹样。

来保白：姐姐要就要，不要就丢了。

三娘白：来保与我收了。（收起那些胭脂水粉、梳子等东西）

收了收了且莫唱，且唱当初十九年。

十九年来多伶俐，金盆打水巧梳妆。

前面梳起金狮子，后面梳起海龙王。

两边梳起盘龙记，中间梳起茶花香。

梳起黄龙归大海，梳起野鹿满山岗。

梳起岩鹰天上飞，梳起鸡崽画华堂。

梳起田洞四四方，五谷父母在中间。

梳起门楼四四方，一对文武在中间。

梳起大门四四方，门神大哥在两旁。

梳起栋梁四四方，龙凤呈祥在家中。

梳起厅屋四四方，台桌椅凳摆中间。

梳起台桌四四方，金杯牙筷摆四方。

梳起家先四四方，满堂神功坐中间。

梳起火炉四四方，灶公灶母在中间。

梳起房屋四四方，床公床母在中间。

梳起牙床四四方，一对鸳鸯在两旁。

梳起笼箱四四方，金银财宝在中间。

梳起花包四四方，五色丝线在中间。

二十四梳梳不尽，姊妹双双要过关。

（三娘来保同下）航路牌。

夜叉关

（夜叉两手拿锤，向香案行礼，放一小封鞭炮出场）

夜叉上：打四方，曲牌。

白：日是灯来夜是灯，玉帝差我下凡尘。

有人问我名和姓，名叫夜叉是神。

吭讴，夜叉是神，今奉玉帝旨意差我下得凡尘，一来暗察，二来暗访，三来把守关口，不带婆娘从我头关经过，有孝顺者开关而去，

无孝顺者将军就是这样一锤，一锤打了大大的鼓锣，将军站在这旁，看那边来者是谁。(来保上场)

来保白：打关口，打关口。

夜叉白：叫一锤。

来保白：啧，啧，啧，三分不像人，七分不像神，好比三下锄头两下锹，锹煤炭锹出来那个。

夜叉白：生成的雄长。(脸容)

来保白：生又生得好，生起头上两个角。

夜叉白：正也是。

来保白：身上贴起大膏药。

夜叉白：鲜花补字。

来保白：腰上一个大桶箍。

夜叉白：角也大。

来保白：下面雷打火烧脚。

夜叉白：叫也说。

来保白：小小哥们，断你四句。

夜叉白：整整断来。

来保唱：将军头上两个角。

来保白：正也是。

来保唱：下面雷打头烧脚。

来保白：角也大。

内　唱：腰上一个大桶箍。

来保白：鲜花补字。

内　唱：身上贴起大膏药。

夜叉白：你是来保，还是和尚。

来保白：来保又如何，和尚又何如。

夜叉白：来保有头丝。

来保白：和尚呢?

夜叉白：和尚无头丝。

来保白：不瞒你将军说就是无头丝的和尚。

夜叉白：你这个野和尚念一个经。

来保白：将军要我念一个什么经?

夜叉白：念一个和尚真成经。

来保白：将军要我念一个和尚真成经，易得易得，你听着，和尚真成经，家住在南京，生我南京，养我北京，父母养我不成人，丢到庵堂寺观养成人，什么供奉，猪头五牲，什么倒斋，糍粑三碗，醮粑三斤，师傅送我回家去，讨个婆娘像观音，养个儿子像书生，南蓬岭，金城庵，恭喜你驼子发孙，南无南无观世音。

夜叉白：你这个野和尚，和尚真成经念得清楚念得明白还要念一个经。

来保白：将军要我念一个什么经？

夜叉白：念一个经文、经灿、经点。

来保白：将军要我念一个又一个，易得易得。

夜叉白：什么经文（耐炖）。耐煮

来保白：牛头经文，猪头经文，马头经文，越文越糜，越文越烂。

夜叉白：什么经灿（春）？

来保白：高粱经灿，糯米经灿，产籽经灿，越灿越白，越灿越好看。

夜叉白：什么经点？

来保白：桐油经点，茶油经点，麻油经点，买三块钱蜡烛，一点一点点到大天光。

夜叉白：你这个野和尚，经文、经灿、经点念得清楚，念得明白，还要念一个经。

来保白：将军要我念一个什么经。

夜叉白：念一个西弥山上的藏经。

来保白：将军要我念一个西弥山上的藏经，易得易得，你听着。

唱：西弥山上一渡桥，这头踩起那头摇。
有福之人桥上过，无福之人打下桥。
西弥山上一对鸡，口衔白米笑嘻嘻。
西弥山上一对鹅，口衔青草念弥陀。
西弥山上一对瓜，三岁儿童爱出家。
反煨顺煨煨不软，丢在口里变成灰。

夜叉白：你这个野和尚，西弥山上的藏经念得清楚，念得明白，还要念一个经。

来保白：将军要我念一个什么经？

夜叉白：念一个五方五雷的心经。

来保白：将军要我念一个又一个，易得易得，你听着。

唱：一拜东方甲乙木，东方有个木德星。

二拜南方丙丁火，南方有个火德星。

三拜西方庚辛金，西方有个金德星。

四拜北方壬癸水，北方有个水德里。

五拜中央戊己土，中央有个土德星。

夜叉白：你这个野和尚五方五雷的心经念得清楚明白，要你姐姐向前来答话。

来保白：姐姐，将军叫你向前答话。（三娘上场）

三娘白：将军在上小妇一拜。

来保白：野和尚拜年。

夜叉白：你这个蛮婆，行不动容，笑不露齿，不是人家逃出之女，便是胡带之妻，慌慌张张跟起野和尚哪路而去？

三娘白：大路而去。

夜叉白：哪路而来？

三娘白：小路而来。

夜叉白：真正往哪里而去？

三娘白：京城而去。

夜叉白：你到京城所干何事？

三娘白：寻丈夫。

夜叉白：你丈夫叫什么名字？

三娘白：范石郎。

夜叉白：闻听你丈夫多年多月在外。

三娘白：昨晚书信回来。

夜叉白：好好，见你蛮婆有点孝顺，开关而去，你姐弟二人小心而去，慢慢而行，恐怕云长、二郎把守三关，一变二变将军不见。

（夜叉下场）

三娘、来保同唱：（短板）

过一关来又一关，关关盘我十九年。

一心要往山中去，恐怕山中有豺狼。

一心要往小路去，恐怕小路有歹人。

一心要往大路去，恐怕大路有人盘。

一心要往河边去，河边必有渡船人。

来保白：姐姐那边来了一位红眼黑须的将军，我组弟二人躲在一旁。

(在乐牌中二人同下)

云长、二郎关

(二郎手持刀一把，向香案前举礼，后放一封小鞭炮，出场)

二郎上白：二郎出来一位神，玉帝差我下凡尘，兄弟二人行在此，盘察姊妹过关因，有请关圣帝君。

云长上白：有，来了，挂上青龙偃月刀，才来把守三关。

太阳出来丈丈高，狂风吹动柳树条。

年年有个上月季，云长出来耍路刀。

(云长、二郎对耍刀后云长耍单刀)

云长白：头戴金盔坐汉朝，身穿铠甲扣是刀，跨上一匹亦兔马，手拿青龙偃月刀，逢山开大路，遇水架浮桥，吭呕，云长是神，今奉玉帝旨意差我下得凡尘，一来暗察，二来暗访，三来把守关口，不带我婆娘从我三关经过，有孝顺者开关而去，无孝顺者将军就是这样一刀，一刀分为两断，断断不留情，将军站在这旁看那旁来者是谁？(来保上场)

来保白：打关口，打关口。

云长白：照一刀。

来保白：啧啧啧，三分不像人，七分不像神，好比三十晚上吃娘酒吃爷酒吃起鲜天之红。

云长白：生成的雄长(脸容)。

来保白：生又生得好，生起头发根来了。

云长白：自然。

来保白：手提勾刀？

云长白：且是关刀。

来保白：在此所干何事？

云长白：把守隘口。

来保白：时来了运来了，三十年纪长大了，幼年在哪个吊中。

云长白：那个这里不吊中？

来保白：在那七层楼上学法学打，开了三年三月的地铺，扯了一些水气，到如今老来了，筋骨疼痛了，闻听他关将军未烧艾火，如今艾火是我烧好了，送了他三分三钱银子，铜钱不得半个，丝毫不得半厘。

云长白：他说的在哪里？

来保白：他说的在这里，他拿把刀祭小神去了。

云长白：那你就祭着于他，你是单板还是双板。

来保白：单板又如何，双板又何如？

云长白：单板由你过去。

来保白：双板呢？

云长白：盘问你的明白。

来保白：不瞒你将军说，带起妹子手子头大。

云长白：在哪里？

来保白：在荷包里兜起。

云长白：你这个野和尚荷包里怎样兜得妹子起，你在前面走，她在后面跟来。

来保白：当真我在前面走，她在后面跟来。

云长白：你这个野和尚不会答话，要你姐姐向前来答话。

来保白：姐姐，将军要你向前答话。（三娘上场）

三娘白：将军在上小妇一拜。

来保白：野和尚拜年。

云长白：你这个蛮婆，三指梳头，两指穿衣，行不动容，笑不露齿，头戴黄金，脚踩黄泥，不是人家逃出之女，便是胡带之妻，慌慌张张跟起野和尚哪里而去？

三娘白：大路而去。

云长白：哪路而来？

三娘白：小路而来。

云长白：真正往哪里而去？

三娘白：京城而去。

云长白：你到京城所干何事？

三娘白：寻丈夫。

云长白：你丈夫叫什么名字？

三娘白：范石郎。

云长白：闻听你范石郎多年多月往外。

三郎白：昨晚书信回来。

云长白：见你蛮婆有点孝顺，叫你来保上来。

三娘白：来保，将军叫你上去。

来保白：是，你与将军有亲?

三娘白：有亲无亲且会如邻。

云长白：你这个蛮婆前面山又高，后面水又深，叫你姐弟飞翅也去不成。

三娘、来保唱：山高自有人修路。

云长白：水深泥?

三娘、来保唱：水深必有渡船人。

云长、二郎白：山高水深都去得，天上雷公叫沉沉，地上黄犬又咬人，咬了你蛮婆容少可，连我二位将军站也不成。

三娘、来保唱：雷公不打空心树。

二郎云长白：黄犬泥?

三娘、来保唱：黄犬不咬孝顺人。

云长白：好好，你这蛮婆何不头上金钗扯与将军放你姐弟过关去也罢。

三娘唱：头上金钗扯与将军，打散头丝笑坏人。

云长白：好好，你这蛮婆头上金钗扯与将军有择解，何不两边耳环脱与将军，放你姐弟二人过关去也罢。

三娘唱：两边耳环脱与将军，取掉一个不成双。

云长白：两边耳环脱与将军有择解，何不身上宝衣脱与将军，放你姐弟二人过关也罢。

三娘唱：身上宝衣脱与将军，天冷地冻要遮寒。

云长白：身上宝衣脱与将军有择解，何不腰上罗裙解与将军，放你姐弟二人过关去也罢。

三娘唱：腰上罗裙解与将军，打出两腿笑坏人。

云长白：你这蛮婆腰上罗裙解与将军有择解，何不脚上绣鞋脱与将军，放你姐弟二人过关也罢。

三娘唱：脚上绣鞋脱与将军，脚小路长硬坏人。

云长白：你这蛮婆这也有择解那也有择解，何不于许配我大将军，做个夫人也罢。

三娘唱：将军本是英雄汉，岂肯许配大将军。

二郎白：大将军红眼黑须有些恐怕，何不如许配我二将军白面书生做个夫人也罢。

三娘唱：能肯将军刀下过，岂肯许配二将军。

云长、二郎白：肯就肯，不肯就照一刀。

来保白：姐姐，大将军不肯，二将军不肯，何不如许配我和尚郎做个夫人也罢。

三娘唱：和尚郎来和尚郎，今晚说话好不思量。

云长白：你这个蛮婆这也择解，那也择解，今日摸那丝来扯明日摸那丝来扰，横拌直拌，拌出一个兜肚，送我二位将军，放你姐弟过关去也罢。

伴唱绣兜肚

石榴打花石榴黄，白布里子面是兰。
面是缎子青是里，绣个兜肚送将军。
一绣蛤蟆跳上井，二绣狮子配麒麟，
三绣金鸡来报晓，四绣童子拜观音。
五绣五子来成孝，六绣日头晒凡人。
七绣天上七姐妹，八绣神仙吕洞宾。
九绣天上莲花转，十绣鲤鱼跳龙门。
左边绣起摇钱树，右边绣起聚宝盆。
摇钱树来聚宝盆，日落金子晚落银。
日落金子用斗打，晚落银子用秤称。
桐油点灯冲坏眼，茶油点灯无数清。
绣了多少红丝线，断了多少绣花针。
坐了多少冷板凳，卧了多少灶窝门。
百般兜肚来绣起，红纸包起送将军。
将军接到微微笑，伶俐乖巧巧妇人。
将军放我过关去，十层报答九层恩。

云长白：你这个蛮婆兜肚绣得清楚，绣得明白，赐你黄旗一把，金锣一面，逢州吃州，逢县吃县。逢州插在州门口，逢县插在县堂前，你在京城以内找着丈夫才来报答于将军。

三娘唱：逢州插在州门口。

云长白：逢县呢?

三娘唱：逢县插在县堂前。

过一关来又一关，三娘又过土地关。

（三娘、来保下）航路曲牌。

云长白：将军不下马。

二郎白：各自奔前程。

云长白：金刚斗对。

二郎白：劳动大神。

云长白：一年作福。

二郎白：百年兴旺。

云长白：勾销良愿。

二郎白：愿落西天。

云长、二郎下。

土地关

（土地手拿一根拐杖，一手拿一把扇子将土地棍向里边一拜，出场）

土地上场白：老生出来笑呵呵，一根拄杖老汉的手中摸。

老生出来笑颜颜，一根拄杖老汉的手中排。

借动四方逍遥慢打鼓，等我老汉跳出背干龙神滚滚来呀！

（跳四方，鼓乐齐奏）

白：老生出来一口气，生在北京是土地，今晚福主心诚求完良愿，等我老汉出来打扫打扫厅堂地呀！（游乐）

唱：打扫打扫厅堂地，等我老汉烧宝香。

一柱烧香家先上，家先保你得平安。

二柱烧香金炉内，金炉赐你得吉祥。

三柱烧香佛面前，福主面前起牌坊。

牌坊头上七个字，魁星点斗状元郎。

前面有个纱帽岭，后面有个郭岱山。

左边有个插旗岭，右边有个砂锣山。

好住场来好住场，白鹤仙人听阴阳。

两边砂手来得好，砂手绵绵长钱粮。

钱粮长起千万担，人丁发得海万年。

左边栽起摇钱树，右边栽起聚宝盆。

摇钱树来聚宝盆，日落金子晚落银。
日落金子用斗打，晚落银子用秤称。
（注以上土地关上版通称土地板，也称慢板四通锤）转短板，以下中版。
时不通来运不通，挑担白扇下广东。
挑起白扇街上卖，五好六月转北风。
时不通来运不通，挑担棉被下广东。
挑起棉被街上卖，九冬十月转南风。
内白：好背时呀！
时不通来运不通，挑担苎麻下广东。
挑起苎麻街上卖，人人说我卖余棕。（注：乱七八糟的棕衣）
时不通来运不通，挑起猪崽下广东。
挑起猪崽街上卖，人人都说野猪公。
内白：好背时呀！
时又通来运又通，挑起萝卜下广东。
挑起萝卜街上卖，人人说我卖萌冬。（药物）
时又通来运又通，挑起白米下广东。
挑起白米街上卖，人人说我财主公。
内白：走运了呀！
银子卖到三百两，拿回家中买田庄。
买田买到南岳洞，东南西北都对仓。
老人年来老人年，老人八十转少年。
老人翁来老人翁，讨个老婆耳又聋。
要她上园摘茄子，抱着冬瓜去挖空。
要她上园摘韭菜，走在下园拿着葱。
要她河边去挑水，挑水遇着鲤鱼公。
放下水桶去捉鱼，斗篷罩着野鸡公。
（砰当啷，跌地）

土地白：老生一跤跌起，叽趴叽趴，趴将起来，上口无屁，下口就无气。

内　白：彩，你老生一跤跌起，几趴几趴，趴将起来，上口无气，下口就无屁，你老人家乃是讲倒了哟。

土地白：管它倒也好，顺也好，恭贺福主发财都要发到老呀。（唢呐曲牌）

内　白：你老生怎么来得那么慌张？

土地白：慌一慌，张一张，挑一担子呀姜，下就从你们临武过，上就走我们南岳山，老生走了十七达八里，你们后生知道无光又天光呀！（唢呐曲牌）

内　白：彩，我来问你老生怎么来得这么颠懂？

土地白：颠一颠，懂一懂，挑一担粪呀桶，走在那十字街上过，这个娃娃不懂事，那个娃娃不懂礼，搬着老生的桶吃了大半桶，弄起老生一头轻来一头重呀！（唢呐曲牌）

内　白：彩，你老生怎么来得这颠倒哟？

土地白：颠一颠，倒一倒，排（挑）一炉火，敬呀灶，烧了二十四把茅柴烫滚隔壁大嫂一鼎大潲，老生的眉毛胡须都烧完了，你们后生知道不知道呀！（唢呐曲牌）

内　白：彩，我来问你老生是哪一里哟？

土地白：老生的礼数最多。

内　白：就把那里数讲来。

土地白：听着，胭脂礼，墨黑礼，福主前面的田洞里，对门的山窝里，两边的勒窝里（山上有刺的草），老生的纱帽礼，荷包礼，衣袖礼，怀怀礼，还有两个礼送给你们打鼓的呀！（唢呐曲牌）

内　白：彩，我来问你老生是哪一乡？

土地白：从前问我的米，现在问我的姜，我一块钱都买得十七八斤。

内　白：我是问你哪一乡，不是问你的姜。

土地白：老生的乡数就最多。

内　白：说来。

土地白：听着，金一金二金三乡，銮一銮二銮三乡，广一广二广三乡，隔壁大嫂炒豆香，炒麻香，还有两个麻园醮粑送给你们小孩子尝一尝。（唢呐曲牌）

内　白：你老生贵姓哟？

土地白：会订厘秤会订秤。

内　白：一天订得几多把！

土地白：十七八把也不论。

内　白：我倒不肯信。

土地白：你倒不肯信，福主门背有根大大的棕砣秤，老生拿起叽里咕

噜亲手又所订呀！（唢呐曲牌）

内　白：你老生耳朵怎么惯背？（指耳聋）

土地白：三家两伙刚连斗。（指舂米的斗）

内　白：你老生的耳朵怎么惯聋？

土地白：你家舂了他家又舂呀！（唢呐曲牌）

内　白：彩，我来问你老生昨夜哪里而歇？

土地白：塘口眼里歇！

内　白：为何一身又不湿？

土地白：趴上塘头去晒日！

内　白：不是乌龟便是鳖。

土地白：乌龟不笑鳖，齐家泥里歇呀！（唢呐曲牌）

内　白：彩，你老生跳跳舞舞，舞舞跳跳，肥肥胖胖，胖胖肥肥，好像土地一般？

土地白：我土就是个土地，你们不知道我是一个什么土地？

内　白：我就猜着如你！

土地白：你就猜来。

内　白：田神土地？

土地白：不是的。

内　白：路旁土地？

土地白：不是。

内　白：山神土地？

土地白：不是。

内　白：这也不是，那也不是，好像刮茅柴刮出来的那个土地。

土地白：呸！我老生不讲，你们后生不知，生在那南京。

内　白：南京有个城隍，北京就有个土地。

土地白：果然北京，北京，恭贺福主都要与天生呀！（唢呐曲牌）

内　白：我来问你老生，从北京起程，后来落在何处？

土地白：行得快，走得快，三两猪油，四两麻油，西瓜皮打卷子，脚底板上刷清油，老生就是这样一刷，那样一溜。

内　白：一刷一溜又溜在何处？

土地白：一刷一溜溜在一个短沙省来了。

内　白：那是长沙省。

土地白：你们后生行也行得，走也走得，我老生行也行不得，走也走不得，岂不是安它一个短沙省。

内　白：也是一个长沙省。

土地白：召召召，也是叫一个长沙省。

内　白：彩，你到长沙省见了个什么景致？

土地白：见了一个长塘。（湘江）

内　白：那是河道。

土地白：河道上面有两个鸭婆（船）在那里上水。

内　白：那是洋船。

土地白：咿哩啊啦哪一个哟。（船的声音）

内　白：那是探桨。

土地白：蛇必样蛇出来那个哟。（指船帆）

内　白：那是撑篙。

土地白：果然撑篙，撑篙，恭贺福主都要与天高呀！（唢呐曲牌）

内　白：彩，我来问你从那长沙省起程后又落在何处？

土地白：行得快，走得快，三两猪油，四两麻油，西瓜皮打卷子，脚底板上刷清油，这样一刷，那样一溜。

内　白：一刷一溜又溜在何处？

土地白：一刷一溜，溜在一个坐州府来了。

内　白：那是一个叫做衡州府。

土地白：你们后生走也走得，行也行得就安它一个行州府。老生走也走不得，行也行不得，岂不是安它一个坐州府。

内　白：也是一个衡州府。

土地白：召召召，也是叫做衡州府。

内　白：你老生到衡州府，见了一个什么样的景致？

土地白：见了一个古古怪。

内　白：就把那古古怪讲来。

土地白：听着。

内　白：说来。

土地白：见了一个吹长的是喇叭，吹短的是唢喇。

内　白：你老生讲又讲得好，那是讲倒了。见了一个吹长的是喇叭，吹短的是唢喇。

土地白：你要我左拿，我偏偏要右拿呀。（唢呐曲牌）

内　白：你到哪衡州府起程时，后来又落在何处？

土地白：行得快，走得快，三两猪油，四两麻油，西瓜皮打卷子，脚底板上刷清油。老生就是这样一刷，那面就是一溜。

内　白：一刷一溜，又溜在何处？

土地白：一刷一溜，溜在一个溅盐州。

内　白：那是一个桂阳州。

土地白：去年12月挑盐的来的来，去的去，岂不是一个溅盐州。

内　白：也是一个桂阳州。

土地白：召召召，也是叫做一个桂阳州。

内　白：你老生到桂阳州见了一个什么样的景致？

土地白：见了一个怪怪的古。

内　白：那是见了一个古古的怪。就把那古古的怪说来。

土地白：听着，见一个有毛的是金瓜，无毛的是冬瓜，奔咛波落是茄子，滑滑溜溜是苦瓜，有棱的是西瓜，无棱的是线瓜那一个哟。

内　白：你老生讲是讲得好，那是讲倒了。见了那个有毛的是冬瓜，无毛的是金瓜（指南瓜），有棱的是线瓜（指丝瓜），无棱的是西瓜。奔咛波落是苦瓜，滑溜溜的是茄子。你讲又讲得好，乃是讲倒了哟。

土地白：管它倒也好，顺也好，恭贺福主荣华富贵都要发到老呀！（唢呐曲牌）

内　白：我来问你老生，从桂阳州起程后来又落到了何处？

土地白：行得快，走得快，三两猪油，四两麻油，西瓜皮打卷子，脚底板上刷清油，老生就是这样一刷，那样一溜。

内　白：一刷一溜，溜在何处？

土地白：一刷一溜，溜在县临武来了。

内　白：那是临武县？

土地白：召召召，那是一个临武县来了。

内　白：你到临武县见了一个什么景致？

土地白：见了一个大大的花园。

内　白：那是城墙。

土地白：城墙门外东南西北都是狗窝眼。（指城墙门）

内　白：那是城门。

土地白：城门门外有四根大大的猫儿笋。

内　白：那是城墙的宝塔。

土地白：果然宝塔，宝塔恭贺福主都要享荣华。（唢呐曲牌）

内　白：我来问你老生，你从临武县起程后来又落到何处？

土地白：行得快，走得快，三两猪油，四两麻油，西瓜皮打卷子，脚底板上刷清油，老生就是这样一刷，那里一溜。

内　白：一刷一溜，溜在何处？

土地白：一刷一溜，溜在家主福来了。

内　白：那是福主家中。

土地白：福主家中，锣鼓阵阵所为何事？

内　白：迎接你土地，你土地来在福主家中所为何事？

土地白：赐福。

内　白：赐他福来？

土地白：引进家堂镇。

内　白：祸来？

土地白：遣下逻门（指祸出境外的界址）打动前门塞动后户，远走都要他方。

内　白：你赐他福都有了，还要赐他家中人丁，赐他老者？

土地白：重添甲子寿。

内　白：赐他少者？

土地白：四季注长庚。

内　白：有妻者？

土地白：早生贵子。

内　白：无妻者？

土地白：早配枕边婚。

内　白：读书者？

土地白：金榜题名。

内　白：耕种者？

土地白：五谷好。

内　白：贸易者？

土地白：一本万利。

内　白：养猪者？

土地白：牛牯大。

内　白：养鸡者？

土地白：遍地红。

内　白：早晨放出一百个？

土地白：夜晚收回五十双。

内　白：不放者？

土地白：自去。

内　白：不收者？

土地白：自回。

内　白：天上岩鹰？

土地白：不打。

内　白：地上人丁？

土地白：不谋。

内　白：黄牛上山吃草？

土地白：如虎。

内　白：水牛下海摸丝？

土地白：如龙。

内　白：跳沟过圳，四脚？

土地白：端正。

内　白：八爪嘞？

土地白：八爪都要团圆呀！（唢呐曲牌）

唬喉唬喉，五十晚丝来了。

内　白：乃是三十晚上来了。

土地白：你们过的过年，杀的杀猪，抖的抖糍粑，打的打枇杷，老生糯米冇得半节，青菜冇得半皮。

内　白：那你不是好穷？

土地白：你说我穷我又富。

内　白：怎么富法？

土地白：上穿绫罗，下穿绸裤，银子花票拨大路，带起我孙孙崽崽路大路呀。（唢呐曲牌）

内　白：你老人家过年糯米没有半节，青菜没有半皮。

土地白：老生到福主家中把那糯米，抓上两抓，把那衣巾兜转就回来。

内　白：那是你在福主家中，把那糯米量上两斗，把那箩筐挑转就回来。

土地白：老生糯米就有了，还缺少一个大大的秤子（意蒸笼）来称着如它，我东一眺，西一望，望到福主家中那二层楼上一个大大的秤子（蒸笼），来称着如它。

内　白：那是一个大大的蒸子，来蒸着如它。

土地白：一蒸一蒸蒸出屁来了。

内　白：乃是一蒸一蒸蒸出气来了。

土地白：一蒸一蒸蒸硬了。

内　白：乃是一蒸一蒸蒸软了。

土地白：一蒸一蒸蒸臭了。

内　白：乃是一蒸一蒸蒸香了。

土地白：一蒸一蒸蒸老了。

内　白：乃是一蒸一蒸蒸好了。

土地白：糯饭蒸好了，走在大街之上，请得一些高强猛汉和老生来抖的抖糍粑，糍粑都有人抖了，请得一些姑姑嫂嫂和我来打的打枇杷（糍粑），按的按枇杷。

内　白：那是请得一些姑姑嫂嫂和你来按的按糍粑。

土地白：一按一按按长了。

内　白：那是按圆了。

土地白：一按一按按拱了。

内　白：那是一按一按按平了。

土地白：糍粑都按好了，一些姑姑嫂嫂毛手毛脚毛了我十七达八个，三岁儿童多手多脚多了我十七达八个，反头一看，哩哩，你们看那糍粑吃菩萨，糍粑领鉴菩萨去了。

内　白：你老生总是讲倒话，乃是菩萨吃了糍粑菩萨领鉴糍粑去了。

土地白：管它倒也好，顺也好，恭贺福主都要发到老呀！

内　白：我来问你老生，你会排神吗？

土地白：排神就不会排，乃是排神的老脚。

内　白：乃是排神的老手，就把那神排来。

土地白：听着，上等公公请下坐，下等公公请上来，左边的公公请到右边去，右边的公公请到左边来，赐福赐禄的公公请拢来，背岗婆婆得罪我推出去，差出去，闩着门，撑着门。

内　白：你老生乃是讲倒了，乃是上面公公请上坐，下面公公请下来，左边的公公请到左边坐，右边的公公请到右边来，赐福赐禄的公公请拢来，背岗婆婆得罪你，推出去，差出去，闩着门，撑着门，你讲又讲得好乃是讲倒了。

土地白：管它倒也好，顺也好，恭贺福主家中都要发到老呀！（唢呐曲牌）

内　白：你老生会排时？

土地白：排时就不会排，乃是排时的老脚。

内　白：就把那时排来。

土地白：刀一刀二刀三刀四。

内　白：那是初一初二初三初四。

土地白：去掉那个衣字岂不是一个刀字？

内　白：乃是一个初字。

土地白：召召召，也是一个初字，左手天罡时，左手罗拿时，打他不着拿都要拿着他。

内　白：拿着在哪里？

土地白：拿着在福主家中。

内　白：福主家中就有两个小孩子来过关。

土地白：老生把守把守关口。（来保上场）

来保上白：打关口，打关口。

土地白：一拐棍打出你的脑浆来。

来保白：反手扯出你的胡子根来！你老生麦子都黑了？

土地白：那是胡须都白了。

来保白：你老生石板上栽葱，有些蒜头。

土地白：暂是有些葱头，噫，我不盘你，你倒盘起我来了，你是单板还是双板？

来保白：单板又如何，双板又何如？

土地白：单板由你过去。

来保白：双板呢？

土地白：盘问你明白。

来保白：不瞒你老生说，带起妹子，手子头大。

土地白：在哪里？

来保白：在荷苞里兜来。

土地白：你不会说话，叫你姐姐上前来说话。

来保白：是，姐姐，老生叫你上前答话。

三娘白：老生在上，小妇一拜。

土地白：噫，好像我的满女子一般。

来保白：是我的姐姐。

土地白：是我的满女子。

来保白：是你的满女子，你有烟角（指年庚记号）没有？

土地白：难道老生没有烟角？

来保白：摸那烟角讲来。

土地白：甲甲年。

来保白：呸，甲子年。

土地白：乙丑月，丙寅干，丁卯时，青天白日下大雨，晴天墨黑满天星，那年八月十五，花牛婆生黑牛崽崽，所生所养，对你姐姐说到。

来保白：是，姐姐老生传下话来，甲甲年。

三娘白：呸，乃是甲子年。

来保白：乙丑月。

三娘白：是。

来保白：丙寅干。

三娘白：是。

来保白：丁卯时。

三娘白：是。

来保白：青天白日下大雨，晴天墨黑满天星，那年八月十五，花牛婆生黑牛崽崽，所生所养。

土地白：是我的满女子，带你回去。

来保白：是我的同年嫂。

土地白：从前说你的姐姐如今又说是你的同年嫂，你说是你的同年嫂，你有没有生庚？

来保白：有。

唱：同年嫂来同年嫂，同年同月来同日生。

那年八月十五日，丙寅日干卯时生。

土地白：满女子，带你回去。

三娘白：去就去，出少盘费。

土地白：易得易得，打开金箱、银箱将来就有了。

来保白：姐姐我顾你不得了。（来保下场）

土地白：满女子打一个折才、彩、长了一些。

三娘白：乃是高了一些。

土地白：满女子宽了一些。

三娘白：彩，那是大了一些。

土地白：满女子大又大得好，大了一个头。

三娘白：头大好做官。

土地白：你这个九女丝头都做得官，老生的头和纱帽样岂不是要做皇帝。

三娘白：也是做官。

土地白：满女子大又大得好，大了一对眼。

三娘白：眼大看四方。

土地白：你这个画鹛眼都看得四方到，老生的眼睛和桐籽壳一样岂不是要看十七达八方。

三娘白：也是看四方。

土地白：满女子大又大得好，大了一把口。

三娘白：口大好喝汤。

土地白：青菜萝卜汤，喝不喝。

三娘白：三十晚上的团年汤。

土地白：多倒两勺水。

三娘白：正是团年汤。

土地白：满女子大又大得好，大了一个肚。

三娘白：肚大载文章。

土地白：恐怕养双双。

三娘白：也是载文章。

土地白：满女子大又大得好，大了一对足。

三娘白：足大好登山。

土地白：我家养到了十七八个猪婆带你登糠去不去。

三娘白：不去。

土地白：怎样又不去。

三娘白：还要打个歌才去。

土地白：什么作提。

三娘白：白扇作提。

土地白：满女出来笑呵呵，一把白扇手中摸，那位先生出得三个烂死钱，和他做个老婆去不去。

三娘白：不去。

土地白：怎样不去。

三娘白：还要打个歌才去。

土地白：什么作提。

三娘白：拄杖作提。

土地白：老生出来笑颜颜，一根拄杖先生的手中排，那位后生出得三个烂死钱和他做个花边鞋去不去。

三娘白：不去。

土地白：怎样又不去。

三娘白：还要打个歌才去。

土地白：还要打个歌才去，易得。鸡公歌打歌，歌蛋歌，歌起鸡母娘，跳上窝，跳下窝，一日生一个，十月生满窝，满女子想蛋吃打烂一扒锅，打烂扒锅赔吊锅，打烂吊锅赔扒锅，满女子得果多，满女子带你回去。

三娘白：不去。

土地白：怎样又不去。

三娘白：还要打个歌才去。

土地白：还要打个歌才去，易得。从起来走广东去挑锅，这头挑吊锅那头挑扒锅，挑起走那顺头岭，下那顺头窝，天公老爷不作美，下起麻麻雨，地下踩起奔奔波，老生失了一步脚，哐当喃，打烂扒锅赔吊锅，打烂吊锅赔扒锅，满女子带你回去。

三娘白：不去。

土地白：怎样又不去。

三娘白：还要打个歌才去。

土地白：歌你娘的歌，歌人爷的歌，歌起老子大半年去了。

三娘白：彩，是大半夜去了。

土地白：满女子，十九年的耍歌记不记得了？

三娘白：不记得了。

土地白：狗吃你的肝花。

三娘白：狗吃人的肠子。

土地白：老生头发白，牙齿缺关风不到，请你们后台帮唱又帮唱。

唱：我把船来坐在中间，金狮子来泪汪汪烧香炳烛保平安，锣鼓响叮当。

土地白：满女子带你回去。

三娘白：去就去还要烧把香才去。

土地白：好好，就依我满女子。

歌　头：高山岭上起庙堂，姑姑嫂嫂去烧香。
宝香烧在金炉内，求个平安年。
姐姐妹妹去烧香，宝香烧在金炉内，求个读书郎。
哥哥弟弟去烧香，宝香烧在金炉内，求个状元郎。
(以上通称土地中版，转土地下版，妆送三娘。)
何日皇风团团转，团团拜往福主爹爹来妆。
福主爹爹来妆来，三娘保你又何难。
毫子光洋来妆来，拿回家中卖田庄。
何日皇风团团转，团团拜往福主婆婆来妆。
福主婆婆来妆我，三娘保你又何难。
鞋线布条我也要，拿回家中补衣裳。
何日皇风团团转，团团拜往福主大爷来妆。
福主大爷来妆我，三娘保你又何难。
金银财宝我也要，拿回家中造房间。
何日皇风团团转，团团拜往福主大娘来妆。
福主大娘来妆我，三娘保你又何难。
五色丝线我也要，拿回家中绣龙袍。
何日皇风团团转，团团拜往福主大哥来妆。
福主大哥来妆我，三娘保你又何难。
保你种田五谷好，一种下地万收成。
何日皇风团团转，团团拜往福主大嫂来妆。
福主大嫂来妆我，三娘保你又何难。
保你养猪牛牯大，保你养鸡遍地红。
何日皇风团团转，团团拜转福主弟弟来妆。

福主弟弟来妆我，三娘保你又何难。
保你读书登金榜，保你早配降麒麟。
何日皇风团团转，团团拜往福主妹妹来妆。
福主妹妹来妆我，三娘保你又何能。
保你聪明多伶俐，保你嫁个状元郎。

（妆送后，福主设桌摆酒，果品，三娘、土地同坐共饮。三娘、土地唱摇子。）

福主敬我一杯酒，众位神圣端在手。
一堂神圣鉴格后，荣华富贵代代有。
二杯酒来饮得干，福主面前起牌坊。
牌坊头上七个字，魁心点斗状元郎。
三杯酒得甜又甜，福主面前长钱粮。
钱粮长起千万担，人丁发得海万年。
四杯酒来色色新，福主敬酒赛鸿恩。
一堂神圣鉴格后，背岗黄土变成金。
五杯酒得吃得多，狮子头上三个坡。
一堂神圣鉴格后，代代儿孙中京科。
六杯酒来面又花，福主赛过湖南第一家。
一堂神圣鉴格后，代代儿孙中探花。
七杯酒得一条线，福主坐在金銮殿。
一堂神圣鉴格后，代代儿孙做宰相。
八杯酒来面又白，福主养猪花和黑。
大的长上一千斤，小的也要杀八百。
九杯酒来饮得深，福主敬酒赛鸿恩。
一堂神圣鉴格后，代代儿孙坐北京。
十杯酒来饮得干，福主就把茶酒端。
一堂神圣鉴格后，勾销良愿大吉昌。

（收桌，收果品）

众伴唱：

转短板：多谢情来多谢情，多谢福主好厚情。
多谢情来多谢情，多谢瓜子和花生。
多谢情来多谢情，多谢麻园和花根。

多谢情来多谢情，多谢糖果和糕饼。

多谢情来多谢情，多谢糍粑打点心。

从今报赛鸿恩后，发富发贵发人丁。

（圆场，在鼓乐音中土地、三娘下）

次早安龙镇宅

［香案上陈设三牲、酒、供果品，焚香炳烛、等神人，头戴神帕（有花、红各色）成对拜神（大开门迎神曲），拜神三娘和来保；土地一人；夜叉和小神；狮子和猴子；二郎和云长；拜毕，云长、二郎上脸子，各持长刀站立两旁］

云长白：来保。

来保白：有。

云长白：早晨和他家安个龙，谢个土。

来保白：是，天那么长的香。

云长白：照起了。

来保白：雷公大的蜡烛。

云长白：点起了。

来保白：三百斤的猪头。

云长白：放起了。

来保白：八亩田的水豆腐。

云长白：摆起了。

来保白：地八三个。（江湖说红包三个）

云长白：封起了。（来保跳五方龙神）

唱：清早起来把龙安，今早安龙在家堂。

一安东方青龙神，青帝龙神降来临。

今早安谢龙神后，代代儿孙坐朝中。

二安南方赤龙神，赤帝龙神降来临。

今早安谢龙神后，代代儿孙出公卿。

三安西方白龙神，白帝龙神降来临。

今早安谢龙神后，代代儿孙穿朝衣。

四安北方黑龙神，黑帝龙神降来临。

今早安谢龙神后，代代儿孙坐北京。

五安中央黄龙神，黄帝龙神降来临。

今早安谢龙神后，代代儿子出贤人。

注：安谢住后五方洒神水念咒毕。

打狮子

开始把狮子放在铺上稻草的地上，狮子头狮尾出场，先亮相后互相敬礼，然后打四方，耍故事。

断四名：

一：狮子狮子，口衔金子，脚踏龙门，早生贵子。

二：狮子头上一棚草，风吹两边倒。

倒在左边出天子，倒在右边出阁老。

三：耍一堂来又一堂，故事耍了无数堂。

别的故事都不耍，把那洋船扒米来耍一堂。

四：耍一堂来又一堂，故事耍了无数堂。

别的故事都不耍，把乌龟爬沙来耍一堂。

五：耍一堂来又一堂，故事耍了无数堂。

别的故事都不耍，把那鸡公斗对来玩一玩。

六：耍一堂来又一堂，故事耍了无数堂。

别的故事都不耍，把那麻拐跳坑麻来耍一堂。

七：耍一堂来又一堂，故事耍了无数堂。

别的故事都不耍，把那观音坐莲来玩一玩。

八：耍一堂来又一堂，故事耍了无数堂。

别的故事都不耍，把那罗汉晒肚来玩一玩。

九：耍一堂来又一堂，故事耍了无数堂。

别的故事都不耍，把那壁上挂灯来玩一玩。

十：狮子乖来狮子乖，狮子本是单身乖。

前面挖出金狮子，猴子一个筋斗跳出来。

(狮子、猴王，同时进一段精彩的故事表演，然后猴王擒住狮王带回家中)

猴子牵来猴子牵，猴子牵起到长沙。

长沙有个狮子岭，猴子牵起到耒阳。

耒阳有个螺丝岭，猴子牵起到郴州。
郴州有个苏仙岭，猴子牵起到宜章。
宜章有个四方井，猴子牵起到蓝山。
蓝山有个虎头山，猴子牵起到临武。
临武有个大西山，猴子牵起到茶山。
茶山有个黄泥井，猴子牵起到小湾。
小湾有个宋公井，猴子牵起到大泉。
大泉有个龙公井，猴子牵起到小城。
小城有个绣龙岩，猴子牵起到福主家堂。

（乐声送狮、猴王到福主家中，歇马）

斩小鬼

（次日吃了早饭后，造船；众等神人戴神帕上脸子站立两边，法师先请圣，差兵起马，后手持三娘旗唱摇子，唱毕，三娘手持黄旗，带兵前行出外绕邪，持船人在各家的猪栏、牛栏门口绕一圈，三娘将旗摇三下，云长用刀刺三刀，邪收完后到村口外斩小鬼送邪念咒）

法师念：家住驮州府，汉朝人氏，姓关名羽字云长。太阳日出丈丈高，手拿青龙偃月刀，不是父母告诉我，是我常存手面高，关王关王，手段高强。要拿地方鬼，关王出坛场。有请关圣帝君。

云长白：有，来了。

法师念：太阳日出丈丈高，狂风吹动柳树条，年年有个上月季，云长出来耍路刀（注：云长在众神后若十米处耍刀）。小鬼乖小鬼乖，住在南阳十字街，听见北京砂锣响，细摇细摆跳出来。小鬼生得懵懂，奉头大过水桶，左边打个蜘蛛结网，右边打个大鼓灯笼，小鬼听吾吩咐，听吾祝赞。今有福主求还良愿，报赛鸿恩，求福者，福如东海；求寿者，寿比南山；求名者，三元连中；求财者，腰缠万贯；求妻者，蓝田种玉；求子者，添丁入龙；耕种者，五谷丰登；牧养者，六畜成群，鸡鸭遍地。福主家中，一十口，二十口，三十口，五十口，人人康泰，口口平安。男增百福，女纳千祥，家养六畜，早晨放出一百个，夜晚收回五十双，不放者自去，不收者自回，人见不谋，鬼见不知，虎见不伤，四脚端正，八爪团圆，吾今吩咐你，耿耿记身。云长开刀斩邪，小鬼听吾吩咐，听吾祝赞，今有福主求完良愿，报赛鸿恩，打动锣鼓，惊动地方，恐有天殃地殃，人殃鬼殃，水殃火殃，百怪精邪，滕精，树精，山精、水精，竹木妖精，一切诸殃百怪押在马前不得容情卖放，有请兴隆地土地，土地土地有些灵气，请你出来，非为别事，今有福主求还良愿，福主家中，人口人缘，人人吉庆，个个平安，男女迪吉，老少安康，六畜兴旺，牛马满山岗。一丁钱纸，二支篆香（注：两支香之意），送归原位，镇守家堂辅正除邪，百事吉祥，云长舀水磨刀，小鬼，开天门，闭地户，留人民，塞鬼路，人到长生，鬼到无路。〔云长排（排：注云长用刀将小鬼脸具叼起追赶）小鬼脸子，小鬼斩鸡，翻筋斗跑步，众等神人追赶，到有水处烧船，化钱，送邪，毕后，踏罡，兜神。〕

中国湖南临武傩文化国际学术研讨会工作总结

在县委、人大、政府、政协的高度重视和相关部门的协调支持下，由中国傩戏学研究会、湖南省文化厅、郴州市人民政府、临武县人民政府主办，湖南省群众艺术馆、湖南省非物质文化遗产保护中心、湖南省艺术研究所、郴州市人民政府、临武县人民政府联合承办的“中国湖南临武傩文化国际学术研讨会”（以下简称“研讨会”），于 2012 年 8 月 19 日在临武国际大酒店圆满落幕，达到了预期目的。现将活动工作情况总结如下。

一、会议筹备情况

为了把“临武傩戏”申报为国家级非物质文化遗产保护名录、在全国乃至全世界打响“临武傩戏”这张文化品牌终极目标，从 2011 年 11 月，市、县文化局通过各种渠道和方式，与国家文化部非遗司、中国傩戏学研究会、中国艺术研究院戏曲研究所等领导和专家汇报沟通，确定了此次“研讨会”的相关事宜。2012 年 3 月 2 日，临武县文化局与郴州市文化局、中国傩戏学研究会、中国艺术研究院戏曲研究所在北京签订了《关于举办中国湖南临武傩文化国际学术研讨会协议书》（以下简称《协议书》），明确了主办、承办单位，成立了大会组委会，确定了“研讨会”讨论议题、规模、职责分工、经费筹措渠道、会议日程等事项（具体内容见《协议书》）。3 月中旬，文化局向中国傩戏学研究会递交了《建立“湖南临武傩文化研究基地”和加入“中国傩戏学研究会团体会员”申请书》，获得了中国傩戏学研究会的同意和批准。3 月 29 日，县委常委、宣传部部长陈秀雨带领相关部门在油湾村召开了现场办公会，就“研讨会”的准备情况做出了安排部署。5 月 17 日和 6 月 19 日，临武县人民政府分别向湖南省文化厅和郴州市人民政府递交了《关于举办中国湖南临武傩文化国际学术研讨会的请示》(临政[2012]47号和54号文件),并得到回复《湖南省文化厅关于共同主办中国湖南临武傩文化国际学术研讨会的函》,湘文函[2012]35号)。6月18日,县文化局根据《中国湖南临武傩文化国际学术研讨会前期准备工作方案》召开了文化系统干部职工会议,把相关职责任务分工到人,限期完成。7月6日至16日,县委常委宣传部长陈秀雨、副县长唐国林、市文广新局副局长周作明、县文化局局长曹夏平奔赴北京、长沙等地呈送"研讨会"邀请函。8月3日,组织召开了由副县长唐国林主持的"研讨会"协调调度会,完善了《中国湖南临武傩文化国际学术研讨会工作方案》,明确职责分工,细化到人,限期完成。从此,"研讨会"的各项工作如火如荼有序推进。研讨会召开前期,市文广新局局长龙齐阳、副局长周作明,县政府县长贺遵庆、县委常委宣传部部长陈秀雨、副县长唐国林和人大、政协等有关领导曾多次到大冲乡油湾村指导督促村广场、古戏台、观荷亭、龙朝庙、村牌坊、村巷道的整治建设和傩戏传承排演等工作,为"研讨会"如期举办打下了坚实的基础。

二、会议召开情况

历经五个半月紧张而周密的筹备,迎来了"研讨会"的第一天(8月15日)的大会报到。大会邀请到了湖南省文化厅、郴州市人大常委会、市政府、市政协的领导参加。有中国大陆、中国台湾、中国香港、韩国、日本、新加坡、马来西亚、奥地利、美国等国家和地区的110位中外专家学者和中国文化报、中央电视台戏曲频道、新华社湖南分社、湖南日报、湖南卫视、湖南电视国际频道、郴州日报、郴州广播电视台等新闻媒体20多名记者参加。

8月16日上午8点半,"研讨会"开幕式在临武国际商务会所四楼湖南厅隆重召开。主办和承办这次研讨会的相关领导在主席台就座(包括中国傩戏学研究会会长、中国艺术研究院戏曲研究所所长刘祯,省文化厅副厅长孟庆善,中国傩戏学研究会法人、副会长麻国钧,市人大常委会副主任李熙平,市政府副市长张希慧,市政协副主席陈方敏,临武县政府县长贺遵庆,奥地利国家科学院教授布兰德尔,韩国高丽大学校师范大学教授田耕旭,日本神奈川大学教授广田律子,湖南省文化厅社文处处长刘振平,湖南省艺术研究所所长魏俭，湖南省群众艺术馆馆长周志勇，郴州市文广新局局长龙齐阳，中共临武县委常委宣传部部长陈秀雨，临武县政府副县长唐国林)。临武县政府县长贺遵庆向大会致欢迎辞，县委常委、宣传部长陈秀雨宣读国家文化部（非遗司）贺词，郴州市政府副市长张希慧、省文化厅副厅长孟庆善分别向大会致辞，中国傩戏学研究会会长、中国艺术研究院戏曲研究所所长刘祯作了重要讲话。最后，举行了授牌赠书仪式，由中国傩文化研究会法人、副会长麻国钧向湖南临武傩戏研究基地负责人曹夏平授牌并赠书，授予了“中国傩戏学研究会团体会员和湖南临武傩文化研究基地”匾牌。

上午 10 点至 12 点，举办第一场研讨会，会议由中国傩戏学研究会副会长周华斌、韩国高丽大学校教授田耕旭、日本神奈川大学教授广田律子主持，安祥馥、山本宏子、庹修明、杨振良、李新吾 5 位专家学者发言。

下午 3 点至 6 点，所有参会的中外专家学者考察了麦市乡乐源村的古戏台、古祠堂，参观了舜华临武鸭有限责任公司。

晚上 8 点至 9 点，在舜峰广场举办了戏曲晚会，专家学者欣赏了临武小调《冯海盗花》，昆剧《虎囊弹·醉打山门》，临武特色祁剧《贵妃醉酒》、《水漫金山》、《六郎斩子》、《绣楼赠塔》等传统戏和生、净行基本功展示等节目。

8 月 17 日上午 7 点半至晚上 10 点，所有参会的中外专家学者在大冲乡油湾村观摩临武傩戏展演。临武傩戏展演的内容及仪程有“请法师，福主家许愿、供愿牌，傩戏村本地许愿，傩戏村本村成立班子，装彩神像，开光、点眼，还愿，打狮子、抢稻草，路桥祭，拨兵，会兵设宴，安兵歇马，勾愿，参神，安龙神，造船，行船，斩小鬼，烧船送邪，倒水、倒旗布、卜卦，踏罡、兜神、闭坛，九神过关，走界”等。

8 月 18 日全天开展了 4 场研讨会，30 多位专家学者结合 8 月 17 日观摩临武傩戏的感想，针对《火 · 傩 · 巡演》、《现代不丹的圣俗界线》、《古希腊戏剧中的祭祀性特色》等不同观点及学术成果进行发言讨论。专家们特别对临武傩戏的“原生态”、“完整性”、“路祭”等特点特色进行了热烈的讨论和点评。

三、会议成果

这次“研讨会”的成功举办，取得了多方面的成果。一是建构了一个与中国傩戏学研究会纵横互通的协调平台，为临武傩戏下阶段申报国家级非物质文化遗产保护名录和树立文化品牌打下了坚实基础。二是强化了临武形象的宣传，扩大了临武在全国、全世界范围的宣传，提高了知名度。三是收获了《临武傩戏初探》、《临武傩戏“路祭”之意义与价值》、《从“许愿”到“还愿”——临武傩祭仪式过程的人类学探讨》等35篇学术论文，深化了国际傩文化学术的研究，推动了傩文化的传承和发展。四是收集了30份80多条有关“临武傩戏传承保护和开发运用”及临武经济、文化旅游等各项事业发展的意见建议，为临武今后的经济社会发展提供了参考意见。

四、存在的困难及今后的工作设想

“研讨会”圆满结束了，取得了显著成效，但也存在一些问题和困难。一是资金还存在较大缺口。“研讨会”的傩戏展演现场油湾村的改造工程、会务筹备、傩戏的传承排演、戏曲晚会、“国保”申报专题片及文本制作等工作耗资量大，年初的经费预算与活动实际支出存在较大差距。二是临武傩戏的传承保护机制不够健全，演职人员都是农民群众，有些演员大部分时间在外务工，回来排演的误工补助未到位，影响了传承排演的积极性，组织松散。三是申报国家非物质文化遗产保护名录的时间紧迫，九月底前要完成“国保”申报文本和专题片的拍摄、制作、送审等工作。

今后的工作，我们主要从以下几个方面着手和努力。一是做好“研讨会”资料的收集、整理、建档工作，把所有相关“研讨会”的协议方案、文件批复、致辞贺电、声像照片、会务记录等资料建档成册；二是做好部门之间的协调衔接工作，解决资金缺口的问题；三是积极与省艺术研究所、国家文化部非遗司、评审专家衔接沟通，抓紧时间做好临武傩戏申报国家级非物质文化遗产保护名录工作；四是成立“临武县傩戏剧团”，健全完善临武傩戏传承保护工作机制；五是充分利用好“湖南临武傩文化研究基地”这一平台，组织本地傩文化爱好者开展临武傩文化的探讨与研究；六是制定出台《临武傩文化生态保护村建设规划》，列入政府工作计划，逐步实现临武傩戏传承保护工作的科学化、规范化、网络化和法制化。

临武县文化局

2012年8月22日

临武县麦市乡乐园村古戏台（祠堂）简介

临武县麦市乡乐园村，位于临武县东北部雄伟连绵的桂岭北麓，坐南朝北，村南是后龙山，村东和村西均为山岭，村北是宽阔平整的水田。来自桂岭深山的河流猴子江，从村东北部流过，流经村前东北边的田野。南宋时期，蒋姓氏族开始在乐园村定居，至今已有800余年的历史。目前该村有12个村民小组，17070人。乐园村古戏台古祠堂位于村子东南边，南北坐向，大方门开在北墙西侧，总面积为750平方米。整个建筑属小青瓦马头墙风格，由戏台、厢房、四方天井和祠堂等部分构成。有隔墙、花窗和祠堂大门将祠堂跟天井戏台隔开，祠堂大门两侧有两尊雕花石鼓门墩。祠堂大厅正南为蒋氏宗族神坛，供祭神祀祖之用。露天天井兼具戏台空间采光、排水功能，演戏时供乡亲摆凳看戏，举办红白喜事时可铺排宴席。

戏台坐北朝南，呈凸形分布于天井以北，正对祠堂，属砖木石结构。戏台深6.95米，宽6.34米，高1.91米。戏台分前后两台和上下二层，封闭式底层台基由砖块砌成，雕刻花纹的方条石围在台前、台左和台右三沿。上层砖块铺设为台面，前台前沿两柱立于石鼓之上。前台内侧两柱、后台四柱与东西厢房横梁成一体化组合，承起台顶挑梁与横梁，屋面成一体性布局。台前两柱与台后内侧两柱组合成架梁，承起台顶方井式藻井吊顶，无花样木雕装饰。前后台之间，内侧两柱列装木板隔墙，把前后台隔开，内侧两柱又分别与外侧两柱构成东西两侧出入之门，楣额分别刻有“以成”和“始作”字样。

祠堂后半部分屋面两侧是一叠式马头墙，前半部分屋面是三叠式马头墙，戏台墙顶是一叠式马头墙。天井北边存有捐资碑刻残碑一块，为清朝嘉庆年间镌刻。根据村人口述和村北“三善亭”碑刻文字推测，祠堂极有可能修建于清朝嘉庆时期，至今约 210 年的历史。从戏台与祠堂墙面呈非一体性的接缝，以及戏台材质、做工比祠堂粗糙的情况来看，可以推测戏台修建于清末时期。主体建筑保存尚好。

临武县麦市乡水源村古戏台（宗祠）简介

临武县麦市乡水源村位于临武、嘉禾、桂阳三县的交界之处，地处临武县北部麦市乡北大门，位于桂岭以北，坐落在乡境内的大头岭之下。南宋淳熙年间吴姓始祖由广东惠州府迁连州，再迁入现临武麦市境内，明初开始在现水源村址立居。迄今共有近800年历史。村庄依坐南朝北，村南是后龙山，村西和村东是山岭，村子北面和东西北面分布着水田和旱土，一条溪河自村东南的山岭之间流出，绕过村东，流经村北的田畴，流往嘉禾县境。村中现有三个村民小组，870余人。水源村古戏台（祠堂）位于村子东北边，南北坐向，长26.22米，宽13.78米，高7.28米，占地面积364平方米，建筑面积700平方米。整个建筑属小青瓦硬山墙风格。瓦檐采用福寿雕刻青瓦当。方形大门开在北墙西侧，门头题写“吴氏宗祠”四字。门洞东西两墙1.8米高处分别设有小型石狮子一尊，“文革”时遭到损坏。整个建筑由戏台、厢房、四方天井和祠堂等部分构成，祠堂和戏台成一体布局。祠堂一楼大厅正南墙为吴氏宗族神坛，供祭神祀祖之用。大厅两侧由里而外分别有3根圆木柱立于石鼓柱墩之上，与厅堂上方的挑梁和横梁组合成祠堂的山字形硬山顶木构架，承起大厅二楼厢房和屋顶。大厅两排挑梁上有雕花木墩，前厅横梁雕有狮子、人物故事雕刻，后厅横梁上有两条龙雕，“破四旧”时被损坏。露天天井位于祠堂和戏台之间。天井东西两侧底层是过道，二层为厢房。两级石阶连接祠堂前厅和天井，在前厅有东西两条侧门对开在东西两墙。紧靠祠堂前厅东西两侧有一根由2米高直径为0.33米的石柱和另一同样规格的木柱立于天井边缘，和边缘以及戏台两侧厢房的四根同等规格的木柱子与横梁挑梁组成厢房木构架。

戏台坐北朝南，呈凸形分布于天井以北，正对祠堂，属砖木结构，分前后两台和上下二层。戏台前沿东西各有一根柱子，前台外侧东西两边各有柱子两根，后台两侧和外前侧各有一根柱子，八根柱子呈“回”字排列，立于地面上的石柱墩之上，贯穿戏台台面，直顶戏台二屋顶，形成空心台基。台面木板铺设。八根柱子与东西厢房横梁成一体化组合，承起台顶挑梁与横梁。方井藻井吊顶 84 厘米，戏台高 1.88 米，宽 6.25 米，高 7.15 米。台顶采用方井式藻井吊顶，藻井北侧书刻“吴氏宗祠”四个朱红大字。前后台之间，后台内侧两柱装有木板隔墙，把前后台隔开，内侧两柱又分别与后台外侧两柱构成后台左右出入的两扇门。

从建筑材质和工艺可以看出，戏台的修建年代要晚于祠堂。祠堂门口立有两对桅杆石，其中一对已于 20 世纪 80 年代流失，现存一对刻有桅杆石赠造者五位世祖姓名。根据族谱记载的五位世祖信息显示，桅杆石树立年代为大明隆庆至万历年间，至今已有 470 年的历史。戏台西北侧，原有一块祠堂重修捐赠芳名刻碑（现已流失）立于一块大青石板上，主要捐赠者为吴氏二十世祖和二十二世祖，大清乾隆至嘉庆年间生人，距今有 270 年的历史。可以推测祠堂和戏台重修至今历史为 270 年。

横梁雕刻以及木板阶梯和厢房均遭损毁，整个建筑主体保存尚好。

图书在版编目（CIP）数据

舞岳傩神 ：中国湖南临武傩文化国际学术研讨会论文集 / 周华斌，陈秀雨主编. —北京 ：学苑出版社，2013.10

ISBN 978-7-5077-4404-0

Ⅰ. ①舞… Ⅱ. ①周… ②陈… Ⅲ. ①傩文化－临武县－国际学术会议－文集 Ⅳ. ①K892.24-53

中国版本图书馆 CIP 数据核字 (2013) 第 248333 号

责任编辑：潘占伟
装帧设计：徐道会
出版发行：学苑出版社
社　　址：北京市丰台区南方庄 2 号院 1 号楼
邮政编码：100079
网　　址：www.book001.com
电子信箱：xueyuan@public.bta.net.cn
销售电话：010-67675512　67678944　67601101（邮购）
经　　销：新华书店
印 刷 厂：北京信彩瑞禾印刷厂
开本尺寸：710×1000　1/16
印　　张：31
字　　数：508 千字
版　　次：2013 年 11 月北京第 1 版
印　　次：2013 年 11 月北京第 1 次印刷
定　　价：86.00 元